Der Kampf um den Leser im Dritten Reich

Deutsches Exil 1933 – 45
Eine Schriftenreihe
Herausgegeben von Georg Heintz
Band 11

Gisela Berglund

Der Kampf um den Leser im Dritten Reich

Die Literaturpolitik der „Neuen Literatur" (Will Vesper) und der „Nationalsozialistischen Monatshefte"

CIP-Kurztitelaufnahme der Deutschen Bibliothek

Berglund, Gisela:
Der Kampf um den Leser im Dritten Reich:
d. Literaturpolitik d. „Neuen Literatur"
(Will Vesper) u. d. „Nationalsozialistischen
Monatshefte" / Gisela Berglund. – Worms:
Heintz, 1980.
    (Deutsches Exil; Bd. 11)
    ISBN 3-921333-11-3

Copyright 1980 by Verlag Georg Heintz, Wasserturmstraße 7, D-6520 Worms.
Alle Rechte vorbehalten.
Vervielfältigung nur mit Genehmigung des Herausgebers.
Gesamtherstellung: Hain-Druck KG, Meisenheim/Glan
ISBN 3-921333-11-3

INHALTSVERZEICHNIS

VORWORT DES HERAUSGEBERS

In ihrem umfangreichen, bereits 1972 erschienenen Werk "Deutsche
Opposition gegen Hitler in Presse und Roman des Exils (Eine Darstellung
und ein Vergleich mit der historischen Wirklichkeit)" legte Gisela Berglund
eine gerade wegen des "heiklen" Themas imponierend exakte Analyse vor,
die einmal zu den ersten größeren Untersuchungen der sogenannten Exil-
forschung gehört und zum anderen hinsichtlich ihrer wissenschaftlichen
Objektivität bis heute nichts an Gültigkeit verloren hat.   Leider hat diese
Publikation trotz (oder vielleicht wegen?) ihrer fehlenden "Parteilichkeit"
in der BRD nicht die Beachtung gefunden, die sie verdiente.

Ihre neue Arbeit "Der Kampf um den Leser im Dritten Reich" behandelt das
Verhalten solcher maßgeblichen NS-Funktionäre und ihrer Publikationen,
die bislang noch nicht ausführlich analysiert worden sind. Im Zentrum stehen
Will Vespers "Neue Literatur" und die von Alfred Rosenberg herausgegebenen
"Nationalsozialistischen Monatshefte". Welche methodischen wie faktischen
Schwierigkeiten hierbei zu überwinden waren, kann nur der ermessen, der
um die Kompliziertheit und Vielschichtigkeit dieses Gegenstandes weiß und
sich ihnen stellt, wofür das Phänomen der sogenannten "Inneren Emigration"
wohl das prägnanteste Beispiel ist. Die Autorin hält sich primär an die
Quellen, vermeidet jegliche voreilige Be- oder auch Verurteilung und ist
mutig genug, dort, wo die Tatsachen fehlen (oder schweigen!), es letztlich
dem Leser zu überlassen, abschließende und bündige Urteile zu fällen, sofern er sich dazu berechtigt bzw. imstande glaubt.

Es muß noch erwähnt werden, daß das Manuskript zu dem vorliegenden Buch
im wesentlichen schon am 1. März 1978 abgeschlossen wurde, so daß die
allerneuste Literatur nicht mehr im Detail berücksichtigt werden konnte. Da
sich die Arbeit jedoch in der Hauptsache auf die NL und NSMH konzentriert,
ist dies wenig belangvoll; neuere Analysen dürften daher nur noch eine
Bestätigung der hier vorgebrachten Erkenntnisse darstellen und sie bestenfalls
erweitern, eventuell auch noch modifizieren, aber wohl kaum korrigieren.

Zu den in dieser Analyse nicht mehr berücksichtigten Arbeiten gehört auch der vortreffliche von der Akademie der Künste in Berlin 1978 herausgegebene Ausstellungskatalog "Zwischen Anpassung und Widerstand (Kunst in Deutschland 1933-1945)", in dem sich u. a. ein Beitrag von Pavel Liska "Zur Funktion der Kunstkritik im Nationalsozialismus" (S. 58-64) befindet, der sich speziell auf die NSMH stützt. Auch Liska kann wie Berglund nachweisen: "...es (geht) der nationalsozialistischen Kunstkritik in erster Linie gar nicht – wie immer behauptet wird – um das Überwachen einer echt deutschen, rein-rassischen Kunst, vielmehr ist sie zu einer der Waffen im ideologisch-politischen Kampf geworden, welche die Atmosphäre eines totalitären Regimes ausmachen." Somit stellt das Aufzeigen bzw. Bloßstellen der vielfältigen Mechanismen jenes "Kampfes um den Leser" letztlich ein Aufdecken des brutalen Machtstrebens des NS selbst dar.

Der als "Exkurs" (S. 213 ff.) angefügte Beitrag zum Begriff der "Inneren Emigration" wurde bereits 1974 als (inzwischen vergriffene) Broschüre von der "Stockholmer Koordinationsstelle zur Erforschung der deutschsprachigen Exil-Literatur, Stockholms Universität, Deutsches Institut" herausgegeben; er wurde hier durch ein "Literaturverzeichnis" erweitert.

Ich möchte an dieser Stelle Herrn Michael Schumann, der als Designer mir wertvolle Ratschläge für die Gestaltung des Umschlages gab, herzlichst danken.

Worms, im Januar 1980   GEORG HEINTZ

EINLEITUNG

Die Neue Literatur (vor 1930 Die Schöne Literatur) gehört zu den Zeitschriften, die schon vor 1933 die linke und die "jüdische" Literatur bekämpften, wobei sie häufig die linke ("bolschewistische") Literatur mit der jüdischen identifizierte,[1] wie es ja bei nationalsozialistischen Literaturkritikern üblich war. Auch die Rezensenten und übrigen Mitarbeiter der Zeitschrift urteilten scharf nach den sattsam bekannten Kriterien der völkischen Literaturbetrachtung. Man berief sich immer wieder auf völkische und nationalsozialistische "Propheten", die schon vor 1919 und in noch größerem Ausmaß nach 1919 ihre Ideen verbreitet hatten. Diese Politisierung der Literatur bezeugen u. a. die verschiedenen Literaturzeitschriften, die nach 1870 im deutschen Sprachraum erschienen.[2] Die NL war ausgesprochen literaten- und judenfeindlich und kämpfte für ein "freies, reinliches und wesenhaftes deutsches Schrifttum"[3], das (einmal abgesehen von Meinungsverschiedenheiten in Bezug auf Barlach und Wiechert, vgl.Kap.III, mit dem "völkischen Schrifttum" der Nationalsozialisten identisch war. Der Herausgeber der Zeitschrift war Will Vesper, der in seinen Leitartikeln vor und nach 1933 immer wieder gegen jüdische und judenfreundliche Literatur hetzte und einen primitiven antisemitischen Standpunkt vertrat. Er war ab 1933 Mitglied der Deutschen Akademie der Dichtung, wo er aktiv an Vorbereitungen zu den Bücherverbrennungen teilnahm[4]. Bei der Verbrennung undeutschen Schrifttums in Dresden war er Hauptredner.[5] Als Gauobmann des NL-Reichsverbandes deutscher Schriftsteller wirkte er aktiv für seine nationalsozialistische Überzeugung. Sein wichtigstes Sprachrohr, das er immer wieder zum Zwecke der Diffamierung einsetzte (vgl. Kap. I), war die Neue Literatur.

Das Blatt unterschied im Sinne der völkischen Terminologie zwischen Dichtung und Literatur, Dichter und Literat, wobei die Bezeichnungen Dichtung und Dichter[6] das echte, wahre deutsche Schrifttum symbolisieren sollten. Der Dichter wurde so zu einem privilegierten Symbol für die "echten und wahren Gefühle des Volkes". Er wurde zum "Seher" und "Prophet" aufgewertet.[7] Die NL mußte jedoch immer wieder feststellen (vgl.Kap.III), daß das Volk seine echten Gefühle verleugnete, weil es vor 1933 von jüdischen Verführern durch eine minderwertige und volksfeindliche Literatur, sowie eine verantwortungslose und sensationsgierige Presse vergiftet worden sei. Es sei darum die Aufgabe des Dichters, das Volk zu den "echten Quellen des wahren Volktums" zurückzuführen. [8] Er müsse Erzieher des Volkes sein. Die Dichtung erhält so eine direkte propagandistische und erzieherische Aufgabe. Gleichzeitig wird die Dichtung hier zu einem Privileg, das den Dichter über Alltag und Masse erhebt. Hierdurch findet der Dichter immer wieder seine Selbstbestätigung.

Die NL bekämpfte den Intellektualismus, der, wie sie behauptete, für das Literatentum und den Juden so typisch sei. Die Abwendung von der "ratio" bedeutete eine gleichzeitige Hinwendung zu Nation und Volk, sie bedeutete Kampf gegen Internationalismus und Marxismus, gegen Pazifismus, Zivilisation und Großstadtmentalität. Dem Verstand werden Seele, Gefühl und Instinkt übergeordnet. Nicht der Intellektualismus, sondern der Biologismus ist das Motto der "neuen Zeit". [9] Es ist kein Zufall, wenn die Neue Literatur immer wieder die Romantiker als ihre Vorbilder preist, [10] denn auch für die Romantiker standen Dichtung und Dichter außerhalb der Realität, waren Gefühl, Seele und Instinkt dem Verstand übergeordnet. Die Nationalsozialisten berufen sich immer wieder auf die Romantiker, auf Nietzsche, Langbehn, Klages und in gewisser Beziehung auch auf Stefan George und seinen Kreis. [11] Das bedeutet jedoch nicht, daß man diese Dichter und Philosophen, auf die die Nationalsozialisten sich als ihre Vorläufer berufen, auch mit dem Nationalsozialismus identifizieren kann.

Die nationalen und irrationalen Ideen der Völkischen, die schon vor dem ersten Weltkrieg bestimmte intellektuelle Kreise beherrschten, erhielten nach der Niederlage von 1918 neue Kraft [12] und haben für Vesper und seine Zeitschrift eine ausschlaggebende Rolle gespielt. Viele deutsche Intellektuelle verfielen damals einem unklaren ressentimentgeladenen Gedanken- und Gefühlsrausch. [9] Dafür ist Die Schöne Literatur (später Die Neue Literatur) ein Zeugnis von vielen. Die Völkischen strebten genau wie die Nationalsozialisten nach einer neuen, mythischen, starken und lebensbejahenden deutschen Kultur und bekämpften die wurzellose, zersplitterte und degenerierte internationale Zivilisation [13]. Sie bereiteten damit den Weg für den Nationalsozialismus vor. Dieser Vitalismus oder Biologismus hatte auch in anderen Ländern viele Anhänger [14] und Propheten. Nur hat er in Deutschland politisch am stärksten gewirkt. Es muß jedoch betont werden, daß nicht alle Vertreter des Biologismus und der völkischen Ideale später auch Nationalsozialisten

wurden. Manche sind vom Dritten Reich nicht einmal akzeptiert worden. [15]
Umgekehrt gilt aber auch, daß nicht alle Vertreter der liberalen und demokratischen Ideen später gegen die NS-Ansteckung immun waren (vgl. u. a. Kap. III).

Nach dem Willen der nationalsozialistischen Machthaber sollten Dichter und Dichtung
im Dritten Reich politisch-propagandistisch wirken. [16] Wenn man die Dichtung
der sog. Innerlichkeit aus Gründen der Zweckmäßigkeit oft stillschweigend akzep-
tierte oder sogar lobte, so betonte man jedoch immer wieder, daß der Dichter eine
politische Aufgabe habe und Dichtung nicht unpolitisch sein dürfe, [17] denn sie habe
die Aufgabe, das deutsche Volk zum Nationalsozialismus zu führen und der deutschen
Kultur und Dichtung eine neue Weltgeltung zu verschaffen. [18] Sie sollte im Reich
und in der Welt der nationalsozialistischen Weltanschauung dienen.

Diese beiden Forderungen hat Will Vesper mit seiner Zeitschrift voll und ganz
erfüllen wollen. Trotzdem kam er zuweilen in Konflikt mit anderen Kulturgrößen
im Dritten Reich. Wie andere Begriffe der NS-Weltanschauung waren nämlich auch
die literarischen nicht immer klar und leicht zu definieren. Sie wurden daher oft
von verschiedenen NS-Ideologen u. a. in der NL, der Bücherkunde, den Nationalsozialistischen Monatsheften verschieden gedeutet. [19] Dabei spielten Neid und
Prestigehunger sicher eine ziemlich große Rolle. [20]

Überhaupt haben Neid auf erfolgreichere Kollegen, persönliche Ressentiments und
andere ähnliche menschliche Schwächen beim Kampf der NL für die wahre Dichtung
eine bedeutende Rolle gespielt. Solche Motive verbarg man oft hinter völkischen
und politischen Argumenten. Bei ihrem Kampf gegen die linke zeitkritische Literatur
wurden die NL genau wie der NS dadurch unterstützt, daß der Bildungsbegriff
des Bürgertums auf historische Vergangenheit und Innerlichkeit und nicht auf die
Bewältigung realer Probleme der Gegenwart ausgerichtet war. Schon aus diesem
Grunde wurde die linke zeitkritische Literatur als zersetzend empfunden. Aber als
man versuchte, die nationalsozialistische Literatur beim Volk (Bürgertum) durchzusetzen, wirkte sich dieser "Bildungsbegriff" auch gegen die eigentliche nationalsozialistische Dichtung aus. Sie wurde als zu politisch empfunden. Dies ist sicher
auch eine Erklärung dafür, daß die NL und andere NS-Zeitschriften immer wieder
darüber klagten, daß ihre Literatur so wenig freiwillige Leser fand[21].

Wo die "Dichtung der Nationalsozialisten" jedoch wirken konnte, wie vor allem in Schule und Hitlerjugend, gab sie ein falsches Bild der Wirklichkeit, denn die NS-Dichtung und Literaturkritik schilderte eine Welt, die man nach Wunschvorstellungen verändert hatte. Durch den Antisemitismus wurde diese falsche Welt nach einem infantilen Denkmuster interpretiert: man fand im Antisemitismus nicht eine reale, sondern eine magische Erklärung für eigenes und gesellschaftliches Versagen. Das gilt in hohem Maße für die NL und die NSMH. Beide waren antisemitische Blätter, die durch ihre primitiven Haßausbrüche oft an den Stürmer und nationalsozialistische Wandzeitungen[22] erinnern. Hier zeichnete Will Vesper sich ganz besonders aus. Dabei wurde sachliche Argumentation bewußt vermieden. Man diffamierte, statt zu diskutieren, und betrachtete den eigenen Standpunkt als "wissenschaftlich bewiesen". Das gilt für die NL wie die NSMH. Je nach der sozialen Schicht, an die man sich wandte, machten die Nationalsozialisten verschiedene Versprechungen. Wandte man sich, wie die NL, an die "Dichter", dann sprach man von der Unterdrückung der wahren Dichtung durch "jüdische Literaturcliquen" und versprach, sich für die unterdrückte Dichtung einzusetzen. In Wirklichkeit war diese Unterdrückung gar nicht so effektiv, denn einige Bücher völkischer Autoren sind schon vor 1933 in großen Auflagen verkauft worden.[23] Im Grunde ging es um die eigene Geltung, den eigenen Erfolg. Der Nationalsozialismus begünstigte auch hier die mittelmäßigen, ökonomisch benachteiligten und daher neidischen Künstler[24]. Es triumphierte die "Provinz".

Wenn in dieser Untersuchung die NL mit den NSMH verglichen wurde, so geschah dies einmal um zu zeigen, daß es zwischen verschiedenen NS-Zeitschriften Meinungsverschiedenheiten gab, aber auch weil die NSMH mehr als die NL die wissenschaftliche Literatur bewachen und bekämpfen. In dieser Hinsicht ergänzen sich die beiden Zeitschriften.

Anmerkungen zur Einleitung

1) S. a. hierzu u. a. Ernst Drahn: Der Einfluß des Bolschewismus und seine Literatur auf Deutschland. Nov. 1918-1933. In: Bücherkunde H. 10, 1941, S. 298-306.
2) Vgl. Harry Pross: Literatur und Politik. Geschichte und Programm der literarischen Zeitschriften im deutschen Sprachgebiet seit 1870, Olden/Freiburg, 1963.
3) Will Vesper: Vorwort, Neue Literatur (im Folgenden NL abgekürzt), H. 1, 1930 (Erklärung zur Namensänderung der Zeitschrift). S. a. Klaus Vondung: Völkisch-nationale und nationalsozialistische Literaturtheorie, München, 1973. Man berief sich u. a. auf Nadler, vgl. hierzu Josef Nadler: Literaturgeschichte der deutschen Stämme und Landschaften, 3 Bände, Regensburg, 1912/13/18.

4) Vgl. Hildegard Brenner: Ende einer bürgerlichen Kunst-Institution. Die politische Formierung der Preußischen Akademie der Künste ab 1933. Eine Dokumentation, Stuttgart, 1972, S. 22, 81-82, 93, 97-98, 100-101, 104, 109, 114-115. Vgl. auch Kurt Tucholsky: Politische Briefe, roro 1183, S. 23-24. Zu Will Vesper vgl. den autobiographischen Roman von Bernward Vesper (ders. :"Die Reise", Frankfurt/M. , 1977).

5) Vgl. Joseph Wulf: Literatur und Dichtung im Dritten Reich, roro 809-811, S. 75.

6) Vgl. u. a. Hans Jürgen Baden: Von der Sendung des deutschen Schriftstellers. In: Monatshefte für das deutsche Geistesleben, H. 11, 1941, S. 335-340; Renee König: Literarische Geschmacksbildung. In: Das deutsche Wort, H. 2, 1937, 65-70; Wilhelm Westecker: Das Buch als geistiger Kamerad des deutschen Volkes. In: Deutsches Adelsblatt, Nr. 44, 1935, S. 1205-1206 und Friedrich Alfred Schmid Noerr: Das Buch als Volksgut, ebenda, S. 1206-1207; s. a. Geissler, R. S. 22-54. Bei Wiechert konnte diese Haltung vom NS kritisiert werden, vgl. Harald Eschenburg: Die Jugend und der Dichter Ernst Wiechert. In: Der Jungbuchhändler im Neuen Reich, Febr. 1938, S. 61-63, wo E. insbes. Wiecherts kleine Schrift: Eine Mauer um uns baue (Mainz 1937) eben wegen dieser Haltung kritisiert.

8) Siehe 6) und Hans Friedrich Blunck: Volk und Dichter. In: Deutsches Adelsblatt. Nr. 44, 1935, S. 1208.

9) Vgl. Kurt Sontheimer: Antidemokratisches Denken in der Weimarer Republik, München, 1968, S. 54-63 u. a. ; Vondung.

10) Ferdinand Lion: Romantik als deutsches Schicksal, Hamburg, 1947.

11) Vgl. zu George u. a. Elisabeth Gundolf: Stefan George und der Nationalsozialismus, in: dies. : Stefan George, Amsterdam 1976; Klaus Landfried: Stefan George - Politik des Unpolitischen, Heidelberg, 1975; Stefan George. Dokumente seiner Wirkung. Aus dem Friedrich Gundolf-Archiv der Universität London, hrsg. von L. Helbling und C. V. Bock, Amsterdam, 1974, Vgl. zur Auffassung des NS: Melichor Lechter: Zum Gedächtnis Stefan Georges, Berlin, 1934; Text der George-Feier im Januar 1934 in Berlin; Th. Dschenfzig: Stefan George und die Jugend, München, 1934.

12) Vgl. u. a. W. Bussmann: Politische Ideologien zwischen Monarchie und Weimarer Republik. In: Historische Zeitschrift, Nr. 190, 1960, S. 55-77.

13) W. Vesper - P. Fechter: Lob der Armut, Berlin, 1921.

14) Vgl. u. a. Hamsun, siehe Kap. IV.

15) Vgl. u. a. Othmar Spann, auch der "alte Kampfgenosse" Will Vespers Wilhelm Stapel, der Hrsg. "Deutsches Volkstum" (vgl. NL, 1937, S. 48-49), wurde von den NS-Monatsheften (im Folg. NSMH) abgelehnt (vgl. NSMH, 1933, S. 568 u. 1937, S. 410-417). Zu den Angriffen auf Stapel in u. a. dem "Schwarzen Korps" vgl. u. a. Deutsche Briefe 1934-1938. Ein Blatt der katholischen Emigration, bearbeitet von Heinz Hürten, Mainz, 1969, Bd. 1, S. 465-466 sowie Sander L. Gilman (Hrsg.): NS - Literaturtheorie, Eine Dokumentation, Frankfurt, 1971, S. 217-237. Vgl. über Stapel Heinrich Kessler: Wilhelm Stapel als politischer Publizist. Ein Beitrag zur Geschichte des konservativen Nationalismus zwischen den beiden Weltkriegen, Nürnberg, 1967; s. a. Marion Mallmann: "Das Innere Reich". Analyse einer konservativen Kulturzeitschrift im Dritten Reich, Bonn, 1978, S. 23, 47-48, 134, 143. Solche Angriffe bedeuteten jedoch nicht immer, daß es sich um Meinungsverschiedenheiten grundsätzlicher Natur handelt, (z. B. in der Judenfrage). Es kann sich auch um Eifersüchteleien zwischen Konkurrenten handeln, wie es bei der scharfen Polemik zwischen "Bücherkunde" und NL u. a. 1941 (vgl. NL, 1941, S. 163, 234-237) der Fall war. Die Bücherkunde hatte Vesper persönlich angegriffen. Manche Deutschheitsfanatiker unter den Völkischen argumentierten so primitiv, daß sie selbst vom NS nicht ernst genommen werden konnten (vgl. u. a. NL 1934, S. 657-658 u. a.).

16) Vgl. u. a. Wulf, S. 186-436, s. a. Hanns Johst: Maske und Gesicht. Reise eines Nationalsozialisten von Deutschland nach Deutschland, München, 1943, u. a. über

seine Vortragsreisen im Ausland. Das Buch wurde H. Himmler gewidmet. Ders. : Ruf des Reiches - Echo des Volkes! Ein Ostfahrt, München, 1942; ders. : Standpunkt und Fortschritt, Oldenburg, 1933; ders. : Fritz Todt-Requiem, München, 1943; Rudolf G. Binding: Antwort eines Deutschen an die Welt, Frankfurt a. M. , 1933; ders. : Von der Kraft des deutschen Wortes als Ausdruck der Nation, Mainz 1933 (Rede gehalten in der Preuß. Akademie der Künste zu Berlin am 28. 4. 1933); ders. : Der deutsche und der humanistische Glaube im Angesicht der Zukunft, Potsdam, 1937; ders. : Deutsche Jugend vor den Toten des Krieges, Frankfurt a. M. , 1933; Hans Friedrich Blunck: Belgien und die niederdeutsche Frage, Jena, 1915; Gottfried Benn: Der neue Staat und die Intellektuellen, Berlin-Stuttgart, 1933 (2 Rundfunkreden), u. a.

17) Vgl. u. a. Hans Hermann Wilhelm: Soll der Dichter aus der Zeit fliehen? in: Der deutsche Schriftsteller, H. 10, 1940, S. 109-110; Mathias Ludwig Schröder: Der Arbeiter und das gute Buch, ebenda, 1938, S. 11, S. 248; Ernst Günther Dickmann: Die Gestalt des Führers in der Dichtung. In: Börsenblatt für den deutschen Buchhandel, Nr. 90, 1941, S. 149; Ernst Kohlhauer: Wir brauchen harte Dichter. In:Der deutsche Schriftsteller, H. 10, 1941, S. 113-114; Erich Langenbucher: Dichterpreis und Buchabsatz. In: Der deutsche Schriftsteller, H. 3, 1939, S. 53-58; Robert Hohlbaum:Dichtung im politischen Kampf. In: Der getreue Eckart, H. 9, 1939, S. 556-558; Waldemar Glaser: Mehr Gemeinsamkeit zwischen Buchhändler und Rundfunk. In: Der deutsche Schriftsteller, H. 3, 1939, S. 58-60.

18) Vgl. u. a. auch die Arbeit von Hans Hartmann: Die europäische Sendung der deutschen Dichtung. In: Deutsches Adelsblatt vom 10. 11. 1941, S. 665-667. Vgl. Mallmann. M. beweist in ihrer Abhandlung über das "Innere Reich" (im Folg. IR), daß die Zeitschrift trotz oppositioneller Tendenzen letztlich der Stabilisierung der NS-Kulturpolitik diente.

19) Vgl. u. a. Kap. III über Wiechert, Fallada, Barlach, Bergengruen u. a. Siehe auch den Streit um Meister Eckart, NL 1935, S. 125-143, 358-360 sowie S. 363-365, 425, 427-430, S. 623-624 und NSMH, 1934, S. 129-147, 1935, S. 471-472, 1936, S. 166-168; die Uneinigkeit über August Scholtis, NL, 1941, S. 102, 165 vgl. hierzu auch Wolfgang Müller: Zivilisationsroman und naiver Roman. In: Die neue Rundschau, H. 12, 1939, S. 457-458 usw.

20) Vgl. Tucholsky, S. 24.

21) Vgl. Kap.I-III, siehe auch Ludwig Tügel: Wert und Maß der Dichtung. In: Bücherkunde, H. 1, 1939, S. 8-11 u. a.

22) Vgl. u. a. die Wandzeitungen von 1938 vor allem Nr. 3, 6, 7, 10, die u. a. eine Rechtfertigung der Kristallnacht sein sollen, Nr. 7 verteidigt die NS-Synagogenschändung. Hrsg. unter dem Titel "Parole der Woche". 12 parteiamtliche Wandzeitungen der NSDAP, Eher Verlag, München, 1938.

23) Vgl. Dietrich Strothmann: Nationalsozialistische Kulturpolitik, Bonn, 1963, S. 91-92, 377.

24) Das gilt u. a. auch für die Maler; vgl. Berthold Hinz: Die Malerei im deutschen Faschismus. Kunst und Konterrevolution, München, 1974.

I. Der Kampf der Neuen Literatur um die Ausschaltung der verfemten Literatur
im Reich

1. Diffamierung ("Gegen Ungeist, Volksverräter und Volksvergifter")

Die Neue Literatur (vor 1931 Die Schöne Literatur) war seit ihrer Gründung
(1923) ein Kampforgan der "völkischen Dichter", insbesondere ihres Herausgebers Will Vesper, gegen die Literatur der Juden und Judengenossen. Ihr
Kampf begann also nicht erst mit der Machtergreifung. Die Völkischen identifi-
zierten sich mit Staat und Volk und verlangten daher vom Staat, daß er ihnen,
weil sie dem "Gemeinwohl und Volk" dienten, "volkswirksame Autorität" verleihe.[1]
Es handelte sich hierbei auch um eine Auseinandersetzung zwischen Rationalismus
und Irrationalismus, die durch die Machtergreifung verschärft wurde. Dabei muß
jedoch beachtet werden, daß Vertreter des Irrationalismus Gegner des Nationalismus sein konnten (vgl. u. a. Wiechert).[2]

Von 1926 bis 1931 hatten die Völkischen, soweit sie in der Preußischen Akademie
(Abteilung Dichtung) vertreten waren, versucht, gegen das "Berliner Literatentum"
ein eigenes völkisches Akademiekonzept durchzusetzen. Als dies nicht gelang,
traten sie aus der Akademie aus.[3] Zu den Völkischen gehörten Autoren, die
wenig erfolgreich gewesen waren und sich daher für ein Opfer der "Literaten-
cliquen" und der "jüdisch beherrschten Großstadtpresse" hielten.[4] Es ging bei
ihrem Kampf nicht nur um literarische und politische Grundsätze, sondern auch
um Erfolg und Auflageziffern. Das bezeugen u. a. die zahlreichen, oft selbstmitleidigen und immer gehässigen Angriffe in der Neuen Literatur gegen die berühm-
ten und viel übersetzten Kollegen mit den großen Auflagen.[5] Die Neue Literatur
mußte diesen Erfolg natürlich irgendwie erklären. An "Wert und Können" konnte
es nicht liegen, denn die wirklich wertvolle Dichtung repräsentierten die Völkischen. So wenigstens behauptete die Zeitschrift. Der Erfolg sei daher kein
Beweis für literarische "Größe", sondern nur für Einfluß und Macht der jüdischen
Cliquen und internationalistischen Koterien. Während eine verjudete Presse für
die wurzellose Asphaltliteratur geworben habe, habe die gleiche Presse die boden-
ständige, rassenbewußte und volkhafte Dichtung als talentlos, beschränkt und
reaktionär abgelehnt.[6] Der deutsche Leser, der häufig Schundliteratur oder
kulturbolschewistische und jüdische Literatur bevorzuge und die völkische

Dichtung weitgehend als zu schwer ablehne, sei also von Juden verführt, mani-
puliert und vergiftet worden. [7]

Diese Vergiftung wirkte - urteilt man nur nach den Artikeln in der Neuen Literatur
- auch noch nach der Machtergreifung weiter fort, obwohl die "Vergifter" ausgeschaltet bzw. gleichgeschaltet wurden. Zwangsmethoden waren daher zur "Erziehung und Aufklärung" des Volkes notwendig und wurden von der Neuen Literatur
mit Nachdruck gefordert. Im Zuge dieser Aufklärung verleumdete die Zeitschrift
die Werke der verfemten Autoren als jüdisch, wurzellos, international, landes-
verräterisch und pazifistisch. Da der Dichterkreis um die Neue Literatur sich
als Wahrer der echten deutschen Dichtung und als Wortführer des "gesunden
Volkes" fühlte, hielt er sich auch für berechtigt, nach 1933 vom Staat durch-
greifende Hilfe im Kampf gegen den literarischen Gegner (Konkurrenten) zu
fordern, und für berufen, effektive Maßnahmen gegen diesen Gegner vorzuschlagen.
Die Völkischen setzten nun ihre Vorstellungen und Ziele mit politischen Machtmitteln durch. [7] Von den Verlegern und Buchhändlern verlangte man nun, "Seel-
sorger des deutschen Kulturgutes" zu sein. Als deutsch wurde selbstverständlich
nur die Kultur betrachtet, die von der Zeitschrift befürwortet wurde. Alles andere
wurde verdächtigt und verleumdet. Man hatte sich schon seit Jahren darin geübt,
zu verdächtigen statt zu argumentieren, zu denunzieren statt zu begründen. Der
"geistige Kampf", von dem die Mitarbeiter der Neuen Literatur so oft und so hoch-
trabend redeten, war durch solche und ähnliche Methoden schon vor 1933 unmöglich
geworden.

Die Gleichschaltung der Preußischen Akademie war mit politischen und staatlichen
Machtmitteln leicht erreicht worden. [8] Die "Literaten, Juden und Expressionisten"
verließen das Land, verhielten sich still oder versuchten, sich gleichzuschalten
und anzubiedern. Nur wenige hatten den Mut gegen die Gleichschaltung zu protestieren oder sich passiv zurückzuziehen. "Gleichschaltungsmanöver" versuchte
die Zeitschrift zu entlarven. So griff sie die "plötzlich unpolitische Haltung"
verfemter Autoren an, insbesondere von jüdischen[9], oder die Versuche jüdischer
und "kulturbolschewistischer" Verlage sich anzupassen. [10]

Schwieriger als die Gleichschaltung der Institutionen und Organisationen war die
Gleichschaltung des Lesers und damit der Sieg der "nationalen Dichtung". Urteilt

man nur nach den Angriffen in der Neuen Literatur, so scheinen die verfemten Autoren auch nach der Machtergreifung mehr gekauft und gelesen worden zu sein als die völkischen Dichter. Der Kampf um Auflageziffern und literarische Geltung konnte also nur durch die "Erziehung des Volkes" (= Zwangsmaßnahmen) entschieden werden. Zunächst galt es, den Leser durch eine sichtbare und abschreckende Propagandaaktion aufzurütteln und zu warnen. In mehreren Artikeln forderte die Neue Literatur daher Verbote und öffentliche Verfemungen von Büchern und Autoren. Damit gehörte sie zu den Anstiftern der Bücherverbrennungen. Vor allem Will Vesper[11] zeichnete sich hier aus. Er drohte den Verlegern und Buchhändlern, die weiterhin verfemte Literatur herausgaben und verkauften und sich immer noch nicht für die völkische Literatur einsetzten, mit staatlichen Zwangsmaßnahmen. Durch eine "Reihe von Stellen" wurde zwar bald nach dem 30. Januar 1933 unerwünschtes Schrifttum häufig schon "im Manuskript abgefangen". Aber auf der anderen Seite mußte immer noch damit gerechnet werden, daß besonders auf dem Gebiet des schöngeistigen Schrifttums Bücher erschienen, die "unter mannigfachen Tarnungen versuchen, die Durchsetzung neuer weltanschaulicher und politischer Gedankengänge im Volk zu stören und zu hindern."[12] Will Vesper forderte wiederholt ein staatliches Kontrollorgan für das gesamte Schrifttum. Im Juni 1933 wurde die "Reichsstelle zur Förderung des deutschen Schrifttums" geschaffen, die den deutschen Buchmarkt kontrollieren sollte und das Referatblatt "Bücherkunde" herausgab. Die Vororganisation dieser Reichsstelle war die "Reichsbuchberatungsstelle des Kampfbundes für deutsche Kultur", die im Mai 1933 zusammen mit dem Reichsministerium für Volksaufklärung und Propaganda die schwarzen Listen für die Säuberungen der Bibliotheken und der Bücherverbrennungen am 10. Mai 1933 zusammengestellt hatte.[13] Die verschiedenen nationalsozialistischen Instanzen waren jedoch in einzelnen Fällen der Indizierung uneinig gewesen, so daß es für das "große Werk der Säuberung" keine in jedem Fall einheitlichen Richtlinien gab. Doch waren dieser Säuberung die in der Neuen Literatur diffamierten Literaten zum Opfer gefallen.[14] Da die Zusammenstellung der schwarzen Listen also oft willkürlich und zufällig geschehen war, mußten Versäumnisse (weniger Übereilungen) nach dem Autodafé korrigiert werden.

Für die Buchhändler, deren wirtschaftliche Lage ohnehin schlecht war, war die Mitarbeit an dieser Säuberung weder leicht noch selbstverständlich. Sie sollten gerade solche Autoren "aussortieren", die sich bisher am leichtesten verkaufen ließen. Schon das war ein Grund, warum sie ihre Aufgabe oft so schlecht und unwillig erfüllten. Viele von ihnen verkauften – wie die Neue Literatur zu beweisen versuchte – auch nach dem 10. Mai 1933 noch verfemte Autoren. So lange es keine verbindlichen Richtlinien für die Unterdrückung der bekämpften Literatur gab, und es sich nur um einen Prozeß der "Selbstreinigung", ohne genaue Weisungen von autorisierter Seite handelte, konnte man es wagen, sich den Anordnungen der verschiedenen Parteistellen und der staatlichen Behörden zu widersetzen. Diese Situation spiegelte sich in den Angriffen der Neuen Literatur auf Buchhändler und Verleger wider. Da man es zunächst vorgezogen hatte, mit Unterdrückung statt mit Verboten zu arbeiten, konnte mancher Buchhändler und Verleger (vgl. unten die Deutsche Verlagsanstalt) sich damit herausreden, das verkaufte und angegriffene Buch sei nicht ausdrücklich polizeilich verboten worden.

Das drohende Schauspiel der Bücherverbrennungen scheint also allein nicht genügt zu haben, um Volk und Intelligenz zu bekehren und zu überzeugen. Die Neue Literatur hielt es daher für ihre Aufgabe, die staatlichen Organe durch eine rücksichtslose Verleumdung auf verfemte, aber im Reich immer noch verkaufte Literatur aufmerksam zu machen. Gleichzeitig drohte man Autoren, Journalisten und Verlagen direkt, um so eine "freiwillige" Gleichschaltung des gesamten Schrifttums zu erreichen. Die Presse[15] ließ sich schneller gleichschalten als Literatur und Wissenschaft. Das ist schon aus praktischen Gründen leicht verständlich, denn viele Bücher waren vor 1933 konzipiert worden, befanden sich im Januar 1933 im Druck oder wurden vorbereitet. Auch wenn Verlage und Autoren nach dem 30. Januar 1933 ihre Texte hastig korrigierten, so wurden damit nur die augenfälligsten Fehler beseitigt. Solche Bücher konnten von den Nationalsozialisten nicht ohne Kritik[16] akzeptiert werden. In vielen Fällen wurden sie sogar wegen liberalistischer oder jüdischer Auffassungen gänzlich abgelehnt. Die Tatsache, daß eine ziemlich große Anzahl solcher Bücher 1933/34 noch herauskam, ist selbstverständlich kein Beweis dafür, daß Verlage und Autoren damit vor allem Mut und Protest beweisen wollten. Oft handelte es sich auch um Neuerscheinungen, die zu einem politisch gänzlich anderen Zeitpunkt geschrieben worden waren,

(siehe unten W. Hegemann: Entlarvte Geschichte) und daher noch die alten, nun
öffentlich bekämpften Wertungen vertraten. Sicher spielten bei diesem "Protest"
wirtschaftliche Interessen und Fehleinschätzungen eine Rolle. Manches Manuskript
ließ sich auch gar nicht so schnell umschreiben. Beim Kürschner von 1934 war
dies wahrscheinlich der Fall. Obwohl hier keine "ausgebürgerten kulturbolschewistischen Schreier" mehr vertreten waren, waren trotz der veränderten politischen
Lage einige ihrer "Gesinnungsgenossen" (u. a. K. Mann, W. Mehring, W. Hasenclever, L. Frank, A. Wolfenstein, E. Mosse, H. Kesten, A. Thomas, F. Wolf mit
unbekannter Adresse, sowie Th. Mann, Zuckmayer, Schickele, Bley mit neuem
Wohnort im Ausland) aufgenommen worden. Der Mitarbeiter der Neuen Literatur
las es ohne größere Empörung. [17]

Erst bei solchen kritisierten Büchern, die nach 1934 erschienen, kann mit größerer
Sicherheit angenommen werden, daß es sich hier um den Versuch handelte, den
nationalsozialistischen Auffassungen entgegenzuwirken. Dieser offene Protest
scheint häufig von kirchlicher Seite[18] gekommen zu sein, denn die Kirche konnte
sich diese Opposition noch am ehesten leisten. Wie aus dem Nachstehenden zu
ersehen ist, gab es aber auch innerhalb des literarischen und wissenschaftlichen
Schrifttums Bücher, die andere Wertungen vertraten, als es die Nationalsozialisten
forderten. Nach den bitteren Erfahrungen, die man im Jahre 1933/34 gemacht hatte,
kann es sich hierbei (von Ausnahmen abgesehen) nicht um Gedankenlosigkeit oder
Sorglosigkeit gehandelt haben. Obwohl der Nationalsozialismus 1933 zunächst
nur seine politischen, nicht seine geistigen Gegner überwunden hatte, darf nicht
verkannt werden, daß es ihm gerade in der Endphase der Weimarer Republik auf
Grund seiner nationalen Propaganda gelungen war, einen Großteil der Intellektuellen
(insbesondere der Studenten) für seine Ideen zu gewinnen. Der geistige Widerstand
der sich auf Grund der Diffamierungen der Neuen Literatur offenbart, ist daher
eher Ausnahme als Regel.

Auf der anderen Seite sind aber auch Bücher, die wir nach 1945 als Schriften der
"Inneren Emigration" ansahen, von den Nationalsozialisten nicht immer als kritisch
oder oppositionell erlebt worden. So wurden Romane von Wiechert, Bergengruen,
Klepper usw. von der Neuen Literatur positiv beurteilt und empfohlen. Das gilt,
wenn auch in geringerem Ausmaß, auch für die Nationalsozialistischen Monatshefte.[19]
Die Kunst des Zwischen-den-Zeilen-Lesens wurde wahrscheinlich im allgemeinen

nur von oppositionell eingestellten Lesern beherrscht. Andererseits ist die positive Rezension in anderen Zeitschriften und Zeitungen als der Neuen Literatur, soweit sie von Rezensenten kommt, die keine überzeugten Nationalsozialisten waren, nicht immer ein Beweis dafür, daß die indirekte Kritik (falls sie überhaupt vom Autor beabsichtigt war und nicht erst nach 1945 hineingedeutet wurde) vom Rezensenten nicht verstanden wurde. Die positive Beurteilung und Deutung im nationalsozialistischen Sinn kann natürlich auch "böser Wille" sein, der zur Verbreitung gerade dieses Buches beitragen wollte und sich deshalb der Tarnung bediente. [20] Diese verschiedenen Motive lassen sich vom heutigen Standpunkte aus nur schwer beurteilen, sicher scheint jedoch zu sein, daß wir uns weder allzu kritisch ablehnende noch allzu wohlwollende Deutungen erlauben dürfen. Dazu wissen wir zu wenig, denn für die "inneren Motive" der Rezensenten, Autoren, Verlage von damals gibt es aus erklärlichen Gründen nur selten schriftliche Beweise. [21] Die Nationalsozialisten selbst wußten, daß sie sich mit "Tarnungsversuchen" auseinandersetzen mußten, wenn es ihnen auch nicht immer gelungen ist. [12] Welche Nebenabsichten konnte z.B. eine Zeitschrift wie die "Deutsche Rundschau" haben, wenn sie in einem Artikel darauf hinwies, daß gerade verfemte Autoren trotz aller Warnungen an das Volk (auch von seiten der DR) gekauft und gelesen wurden, die Käufer also schuldiger seien als die Autoren. Der Artikel wurde übrigens von der Neuen Literatur mit Zustimmung zitiert. [22] War es vielleicht die Absicht der Deutschen Rundschau, ein wenig schadenfroh darauf aufmerksam zu machen, daß Volk und nationalsozialistische Führung gar nicht immer so einig seien? Solche Artikel mußten von den Nationalsozialisten, die gerade die Einigkeit zwischen Volk und Führer so intensiv propagierten, mit zwiespältigen Gefühlen gelesen worden sein. Es blieb ihnen nur der Ausweg, das Volk als vergiftet und verführt hinzustellen. Auch jeder Hinweis der Neuen Literatur darauf, daß verfemte Bücher weiterhin verkauft wurden, ist daher ein (vielleicht nicht immer empfundenes) Eingeständnis der eigenen Unzulänglichkeit, wenn nicht sogar Niederlage. Andererseits war gerade die Tatsache dieser "furchtbaren und tiefgreifenden Vergiftung" ein Grund, strenge Strafen gegen die Verführer zu fordern.

Der Leser ließ sich trotz aller Zwangsmaßnahmen und Drohungen nicht so leicht "aufklären" und "erziehen", wie man es vielleicht erwartet hatte. Das bedeutet, daß die Ausschaltung der verfemten Literatur nur mit Gewalt und Zwang zu erreichen war. 23) Viele Leser (es handelt sich hier wohl hauptsächlich um Intellektuelle) standen der nationalen Dichtung auch nach 1933 gleichgültig oder ablehnend gegenüber. Um diese "Niederlage" erklärlicher zu machen, mußte die ungeheuere Beeinflußung durch die "verjudete Presse" betont werden. Seit 1933 war diese Presse im Reich gleichgeschaltet. Trotzdem meldete die Neue Literatur immer wieder, daß die verfemte Literatur, soweit sie noch erhältlich sei, im Reich gut verkauft werde. Stefan Zweigs Roman "Marie Antoinette" wurde innerhalb von zwei Monaten (Nov. -Dez. 1932) mit 40 000 Exemplaren verkauft. 24) Die Verkaufsziffern von Lion Feuchtwangers Roman "Der jüdische Krieg" beliefen sich sogar in wenigen Monaten (bis Februar 33) auf 50 000 Exemplare. Ähnliche Verkaufserfolge sollen auch Bücher von Emil Ludwig und Vicki Baum erzielt haben. 25) Der größte Teil dieser Bücher ist vor dem 30. Januar 1933 gekauft worden. Aber auch wenn man das bedenkt, so muß es selbst nach der Machtergreifung noch Käufer (z. T. waren es vielleicht deutsche Juden) für diese Bücher gegeben haben. Und diese Käufer schien es wenig zu stören, daß insbesondere Ludwig, Feuchtwanger und Baum in "infamer Weise" im Ausland gegen das deutsche Volk und Reich "hetzten". Wenn sich schon "das unwissende Volk" und "das dekadente Bürgertum" nicht um diese Tatsache kümmere, dann müsse es, so meint die Neue Literatur, wenigstens die reichsdeutsche Presse tun. Von ihr müsse man verlangen können, daß sie kein Judenbuch mehr lobe. Leider fehle bei vielen einflussreichen Kritikern diese Einsicht. 26) Trotz Will Vespers unnachsichtiger Kontrolle über "nachlässige und richtungslose Rezensenten" fand er immer noch unverzeihliche Lobeshymnen auf Judenbücher und für Judenautoren in reichsdeutschen Zeitungen. Auch hier besann man sich also nicht immer so schnell und so gründlich wie Vesper es erwartet hatte. Ohne seine Anklagen (=Diffamierungen) hätte man sich wahrscheinlich hier und da noch etwas langsamer besonnen. Noch 1935 mußte er feststellen, daß der "unschuldige und begabte Werfel" von manchen reichsdeutschen Journalisten beklagt würde, obwohl dieser in Wien gegen das Reich hetze. Und in den Theatern spiele man weiterhin seine Verdi-Übersetzungen, 27) wie man auch - so klagten andere Mitarbeiter der Neuen Literatur - immer noch Richard Strauss-Opern mit den Texten von Stefan Zweig spiele. 28) 1936 entdeckte die Neue Literatur, daß Judenbücher aus einem

Emigrantenverlag (Knittl) in reichsdeutschen Zeitungen gelobt wurden. Der
Verlag konnte diese Lobeshymnen sogar in seinen Anzeigen im Börsenblatt zitieren.[29] Gewiß war diese Art von Ungehorsam und Trotz häufiger ein Zeichen
von Fahrlässigkeit und Unwissenheit als von Mut. Mancher Rezensent ahnte
vielleicht nicht, daß der Knittl Verlag ein Emigrantenverlag war,und las die
Anprangerung seiner "Lobeshymnen auf Judenbücher" in der Neuen Literatur
mit Angst und Schrecken. Man war nicht immer gut informiert. Auf ähnliche
Weise und aus ähnlichen Gründen haben sich bei Autoren und Verlagen, die
weniger bekannt waren, gewiß auch manche Herausgeber von Handbüchern geirrt.[30]

Ihre schärfsten Angriffe richtete die Neue Literatur gegen Verleger, Buchhändler
und Leihbibliotheken. Im Dezemberheft 1933 und im Maiheft 1934 ging es beispielsweise um die "Säuberung" der Deutschen Buchgemeinschaft in Leipzig von
jüdischen Teilhabern. Auch hier wurde mit allen Mitteln der Verleumdung und
persönlichen Verfolgung gehetzt und entlarvt.[31] Aber noch ließen sich nicht
alle abschrecken und einschüchtern. Sogar nach dem 10. Mai 1933 scheinen die
verfemten Bücher mit ziemlich gutem Erfolg verkauft worden zu sein. W. Vesper
gab immer wieder Beispiele dafür.[32] Im Juni 1934[33] empörte er sich darüber,
daß die Bücher der "Judenverlage" Fischer, Kiepenheuer und Zsolnay immer noch
beliebt seien, daß Bücher von u. a. Th. Mann, Wassermann, Werfel und Salten
die Schaufenster deutscher Buchläden füllen, während die Bücher der eigentlichen
deutschen Dichter nur in der Aschenbrödelecke zu finden seien. Auch Verleger und
Skribenten, die gestern die kommunistische und erotische Schundliteratur herausgegeben hätten,[34] hätten nun ein neues Betätigungsfeld gefunden, indem sie eine grausige
Unterhaltungs- und Kriminalliteratur fabrizierten und so weiterhin das deutsche
Volk verseuchten. Diese Gleichstellung von erotischer Literatur mit "kommunisti-
scher und kulturbolschewistischer Literatur" ist typisch für die Neue Literatur.
Die Zeitschrift behauptete ständig, daß die "kulturboschewistische" (jüdische)
Literatur entweder pornographisch sei oder das Volk ebenso stark oder noch
stärker vergifte als die Pornographie. Vesper prangerte insbesondere den Bahn-
hofsbuchhandel an, der Bücher von Zsolnay, Rowohlt, Fischer, Ullstein und Mosse
verkaufe und sogar Romane von Vicki Baum anbiete. Er forderte nun, daß dieser
"auf niedrigste Instinkte spekulierende Händlergeist" endlich rücksichtslos ausgerottet werden müsse. Seine Anprangerungen haben - wie auch die von anderen

nationalsozialistischen Skribenten - für die "Listen des schädlichen und unerwünschten Schrifttums"Bedeutung gehabt. In diesem Sinne wirkte Vesper auch
innerhalb der Akademie der Dichtung, zumal er hier Vorsitzender des Ausschusses
war, der Buchhandel, Leihbüchereien und Presse kontrollieren sollte. Da jedoch
die neugegründete Reichskulturkammer schon im November 1933 u. a. diese Aufgaben übernahm und eigene Kontrollisten für Buchhandel und Leihbüchereien auf-
stellte, wurden die Vesperschen Listen überflüssig. Schon aus diesem Grunde
mußte er seinen Kampf um die Säuberung der Literatur nun mit Hilfe der Neuen
Literatur führen. In der Zeitschrift denunzierte er das "unerwünschte Schrifttum"
öffentlich. Aber trotz aller Warnungen und Drohungen scheint sich die Situation
auf dem Buchmarkt nur langsam verändert zu haben, urteilt man nach einer in der
Neuen Literatur veröffentlichten Bekanntmachung vom 1. Vorsteher des Börsen-
vereins der deutschen Buchhändler (Wilhelm Baur), in der es im November 1934
noch heißt:

> ...Noch im Verlaufe dieses Sommers haben vereinzelte Buchhandlungen
> durch ihre Auslagen im Schaufenster und Ladeninnern, durch Prospekt-
> versand und Verzeichnisse erkennen lassen, wie wenig sie sich von den
> Grundsätzen bestimmen lassen, die für den guten Buchhandel im national-
> sozialistischen Staat verpflichtend sind. Wir begegnen in der Presse und
> im Schriftverkehr immer wieder dem Vorwurf, daß hier und da Firmen fort-
> fahren, schädliche und unerwünschte Bücher anzubieten, die den Bücher-
> käufer unnötig belasten und enttäuschen müssen. (...) Auch ohne aus-
> drückliche amtliche Anweisung muß jeder Buchhändler wissen, auf was
> es heute ankommt. Wer volksschädliches Schrifttum vertreibt, wird sein
> Recht auf Berufsausübung verlieren.... [35]

Während Vesper im Juni 1934 von "vielen deutschen Buchläden" sprach, wurden
in dieser Bekanntmachung nur "vereinzelte Buchhandlungen" angeklagt. Vesper
mag die Anzahl dieser "nur auf Verdienst bedachter Firmen" übertrieben haben,
sicher ist, daß der deutsche Buchhandel Ende 1934 noch nicht völlig gleichgeschaltet war. Drohungen, wie die von Baur, waren in nationalsozialistischen
Bekanntmachungen, Zeitschriften und Zeitungen nicht selten. [36] Die Neue Literatur
drohte z. B. dem Kiepenheuer Verlag 1934 mit "Fürsorgeerziehung", weil er eine
kleine "vormärzliche Kloake Kästnerscher Verwandtschaft" veröffentlicht hatte. [37]
Auch diese Drohungen scheinen keine totale Wirkung gehabt zu haben, denn im
Mai 1935 [38] mußte Vesper schon wieder feststellen, daß die Bücher der Verlage Zsolnay,
Cassirer, Fischer und Rowohlt weiterhin verkauft wurden und damit auch Bücher

von verfemten Autoren. In Warenhäusern und Antiquariaten würden außerdem ganze Stöße von Judenbüchern (u. a. Polgar, Roda-Roda) verschleudert. Aber auch gegen "deutsche" Verlage mußte Vesper scharfe Vorwürfe erheben,[39] so gegen die Deutsche Verlagsanstalt, Stuttgart, die ein medizinisches Buch von Friedrich Wolf (!) durch Reisende, die von Haus zu Haus gingen, anbiete. Ein "Jude und Kommunist" wurde also im Mai 1935 noch verkauft. Nun genügten Warnungen allein nicht mehr; die Neue Literatur verlangte, daß der schuldige Lektor von seinem Posten entfernt werde. Bei Wolf, der vor 1933 von diesem Verlag verlegt worden war, kann es sich nicht um einen versehentlichen Irrtum gehandelt haben. Bei der Art des Verkaufes kann der Lektor jedoch damit gerechnet haben, man würde nicht bemerken, wer der Autor des Buches eigentlich sei. Aber ganz unwissend um die Gefahr einer Entdeckung kann er wohl nicht gewesen sein, zumal im Buch für die Abtreibung (und die UdSSR) agitiert wird. Geschäftstüchtigkeit mag hier eine Rolle gespielt haben, aber ein Akt der Verneinung nationalsozialistischer Ansichten ist es gewiß auch gewesen. Das Buch wurde nach der Aufdeckung des Falles (u. a. durch die Leipziger Tageszeitung) verboten. Der Verlagsleiter entschuldigte sich damit, daß das Buch von "keiner Polizeistelle verboten" worden sei. In diesem Fall waren böser Wille und versteckte Sabotage jedoch offenbar.

Bei einem Roman wie "Der finnische Reiter" von Hans Freiherr von Hammerstein-Equord[40] kann es sich um Ahnungslosigkeit gehandelt haben. Dieser Autor, der in Österreich gegen die "braunen Bolschewiken" hetzte, war manchen offenbar nicht als "Feind" bekannt, denn sein Buch wurde, wie die Neue Literatur bemerken konnte, in vielen Buchhandlungen, sogar Parteibuchhandlungen, ausgestellt, empfohlen und verkauft. Auch die Nationalsozialisten wußten oder wollten nicht immer gut Bescheid wissen. Manfred Jasser nannte Hammerstein-Equord einen ehemaligen deutschen Schriftsteller. Der Leser konnte dadurch den Eindruck erhalten, es handele sich hier um einen Emigranten. In Wirklichkeit war Hammerstein-Equord Österreicher.

Da alle ausländischen und auslandsdeutschen Verlage für ihre Bücher in Deutschland werben konnten, konnte man auch die Werbung der auslandsdeutschen Verlage in jüdischem Besitz nicht verhindern. Die Neue Literatur entsetzte sich darüber, daß u. a. der Reichner Verlag (Wien-Zürich) das Reich mit Prospekten über

Stefan Zweigs Romane überschwemmen konnte. So und auf anderen Wegen versuche man, die jüdische Literatur auf Seitenwegen oder durch Tarnung nach Deutschland zurückzubringen. 1935 warben Inserate des Reichner Verlages in der FAZ für die Romane von Stefan Zweig. [42] Bei diesen Büchern jüdischer Verlage kann es sich aus erklärlichen Gründen nur um unpolitische oder als unpolitisch empfundene Werke gehandelt haben. Bücher mit einer klarer antinationalsozialistischen Tendenz konnten im Reich (von ganz wenigen Ausnahmen abgesehen) nicht offen verkauft werden.

Die Zustände in den gewerblichen Leihbibliotheken scheinen ähnlich wie im Buchhandel gewesen zu sein, wahrscheinlich sogar "noch schlimmer". Im Oktober 1935 [43] klagte die Neue Literatur, daß hier vor allem das "kitschig verlogene Sofa- und Sensationsbuch" angeboten werde. Die Verheerungen, die dieser Schund anrichte, seien weitaus größer und gefährlicher als die Wirkungen der "unterirdischen Literatur", die ja nur kleinen Kreisen zugänglich sei. Hier wurde zum ersten Mal zugegeben, daß es im Dritten Reich eine unterirdische Literatur gab. Sicher gehörten auch Bücher aus Exilverlagen zu dieser Literatur.

Der literarische Streit, die Verfemungen und Buchverbote müssen hemmend auf den Buchverkauf gewirkt haben. Indirekt wurde dies von der Neuen Literatur im Mai 1936 [44] zugegeben. Die Frühjahrsmesse in Leipzig, auf der nur zwei oder drei Verlage von Bedeutung ausgestellt und die übrigens nur Restbestände verkauft hätten, scheine - so behauptete die Zeitschrift - die Vorstellung zu bestätigen, daß der deutsche Buchhandel sich in einer Krise befände. Der ausländische Beschauer müsse den Eindruck erhalten, daß der deutsche Buchhandel völlig am Ende sei und nur noch Ramschgeschäfte mache. Zur Herbstmesse 1936 sei daher zur Unterrichtung des Auslandes eine geschlossene Ausstellung des gesamten deutschen Buchhandels notwendig.

Die Nationalsozialisten hatten zwar gegen den Buchhandel ziemlich vorsichtig und langsam eingegriffen, aber die ständigen Warnungen, Verfemungen können, ohne daß dem einzelnen Buchhändler selbst die "schwarzen Listen" zugänglich waren, den Buchverkauf kaum begünstigt haben. Um 1936 konnte die Gleichschaltung des Buchhandels jedoch als abgeschlossen gelten. [45] Die "Säuberung" ging also

hier langsamer vonstatten als in den öffentlichen Bibliotheken. Im allgemeinen
wurden "unbelehrbare" Buchhändler verwarnt; nur in wenigen Fällen waren sie
aus der Berufsliste gestrichen worden. [46]

Der Kampf gegen die jüdischen Verlage dauerte bis Ende 1936. Im Februar 1937
konnte Will Vesper "endlich" mit gehässiger Genugtuung mitteilen, [47] daß die
jüdischen Verlage im Reich beseitigt worden seien. Aber damit war der Kampf
seiner Zeitschrift gegen die "jüdische Literatur" im Reich noch nicht beendet.
Es sei nun notwendiger als zuvor, die jüdischen Verlage (namentlich die emigrierten)
im Ausland zu beobachten. Die Werbung dieser Verlage im Deutschen Börsenblatt
müsse verhindert werden, denn man erlebe nun eine "Überschwemmung des deutschen Büchermarktes mit Literatur aus außerdeutschen jüdischen Verlagen." Dies
sei möglich, da die jüdischen Verleger sich geschickt zu tarnen wüßten und sich
"im Inland noch mancher nach der alten jüdischen Kost sehne". Gleichzeitig griff
Vesper die sog. "Renommierarier" dieser Verlage bösartig an und nannte den
Kontakt zwischen jüdischem Verleger und "arischem" Autor "literarische Rassen-
schande". Er verlangte nun, daß die Bücher aus jüdischen Verlagen in den deutschen Buchhandlungen mit "jüdisch" gekennzeichnet werden müßten. Da das
Börsenblatt auf Grund der bestehenden notwendigen Verträge mit dem Auslands-
buchhandel die Anzeigen von jüdischen Verlagen nicht ablehnen oder als jüdisch
kennzeichnen konnte, zählte Will Vesper zur "Unterrichtung der Buchhändler und
Buchbesprecher" im Januar- und Märzheft 1938 die ausländischen jüdischen Verlage auf. [47] Er beklagte ausdrücklich, daß die Inserate der jüdischen Verlage
sich noch lohnten, da in gewissen Buchhandlungen, insbesondere den Bahnhofsbuch-
handlungen immer noch jüdische Bücher verkauft würden. Übrigens hat auch die
Neue Literatur 1933 irrtümlich für ein jüdisches Buch geworben, und zwar für
das später verbotene Werk "Entlarvte Geschichte" von Werner Hegemann, das
Anfang 1933 als Neuausgabe im Hegner Verlag herausgekommen war. Bei Jakob
Hegner handelte es sich um einen "nichtarischen" katholischen Verleger, der
tschechoslowakischer Staatsbürger war und Autoren wie Guardini und Haecker
verlegte. Noch 1936 konnte er in Leipzig Bücher drucken lassen, denn die
Nationalsozialisten behinderten den Verlag - trotz Vespers Angriffen - bis dahin
verhältnismässig wenig. Das Dritte Reich brauchte Devisen. [49] Die Werbung

für Hegemanns Buch in der Neuen Literatur geschah übrigens durch ein dem Aprilheft 1933 beigelegtes Werbeblatt. Dieser Irrtum muß für die Redaktion der Neuen
Literatur ganz besonders ärgerlich gewesen sein, denn Hegemanns Buch war, wie
Vesper später behauptete,"voll von den gemeinsten und heimtückischsten Beschimp-
fungen von allem was einem deutschen Menschen wertvoll und heilig ist. "[50] Vesper
müßte also eigentlich ein gewisses nachsichtiges Verständnis für dergleichen
Irrtümer gehabt haben, die damals bei Autoren mit weniger "berüchtigten" Namen
als Hegemann nicht selten waren. Häufig handelte es sich jedoch bei solchen
Werbungen (in der Zeit von 1933 - 1936) und Empfehlungen nicht um Irrtümer. Das
galt - wieder nach Vesper - u. a. für die Bücherschau der Kulturzeitschrift
"Volksbildung" (Vereinsblatt der Gesellschaft für Volksbildung), die im Juni 1933[51]
noch zu 50 % entweder überflüssige ausländische Bücher von Unterhaltungsschrift-
stellern oder jüdische Literatur wie Rahel Sanzaras Roman "Das verlorene Kind"
(Ullstein) empfehle. Der Verfasser der Bücherschau (Pretzel) müsse daher verschwinden. Aber auch Parteiblätter - entdeckt die Neue Literatur - besprachen
sogar im Jahre 1938[52] noch Judenbücher mit "liebevoller Unkenntnis". Man sei
leider nicht immer gut unterrichtet. Überhaupt fördere die deutsche Presse aus
Unkenntnis oder bösem Willen immer noch jüdische Autoren, u. a. durch die positive
Besprechung eines Lyrikbandes von Alfred Margul-Sperber (=galizischer Jude),
der in einer "ehemals judenfreundlichen Zeitung von einem offenbar nur mühsam
gleichgeschalteten Kritiker sehr gelobt" worden sei,[53] oder bei literarischen
Notizen[54] über jüdische Autoren, wie es u. a. bei der Verleihung des Grillparzer-
Preises (Wien) an Franz Theodor Czokor geschah, der in Österreich emigrierte
Autoren unterstütze und gegen das "Dritte Reich" hetze.

Nach denselben Gesichtspunkten, wie den oben geschilderten, ist auch die österreichische Buchproduktion und Presse bewacht worden. Da es bis zum "Anschluß"
noch möglich war, in Österreich erschienene "Judenbücher" im Reich zu verbreiten,
war nach Ansicht der Neuen Literatur Kontrolle und "öffentliche Aufklärung" notwendig. So griff z. B. Kutzbach eine Lyrik-Anthologie des Phaidon-Verlages[55]
(hrsg. von Ludwig Goldscheider und Paul Wiegler) wegen Gesinnungslosigkeit an.
Besonders irritiert vermerkte er, daß hier Stefan Zweig und Bertolt Brecht ausführlich vorgestellt würden. Das Buch scheint trotzdem im Reich gut verkauft

worden zu sein, denn er schloß seine Glosse mit den Worten:

> ...Aber der charakter- und ahnungslose deutsche Buchhandel vertreibt
> das jüdische Machwerk in wenigen Monaten in großen Auflagen... [55]

In der Exilpresse wurden die Herausgeber der Anthologie angegriffen, weil sie

mit der Neuauflage den Versuch gemacht hätten, sich bei den Nazis anzubiedern. [56]

Erst nach dem "Anschluß" Österreichs konnte die Zeitschrift (April 1938) [57]

triumphierend verkünden, daß die gefährliche Infiltration der jüdischen Verlage

und ihrer Autoren von Österreich her nun beseitigt sei, denn diese Verlage seien

vernichtet worden.

> ...Die Ratten haben nun, schneller, als sie erwartet, die warme Wiener
> Zuflucht verlassen müssen. Einige huschen noch aufgeregt hin und her
> und suchen den so lange bekämpften "Anschluß". Nicht ohne Vergnügen
> kann man es beobachten. Wir werden sie nicht aus den Augen lassen, und
> sie auch weiterhin aufstöbern, wenn sie irgendwo versuchen sollten,
> Deutschland und das deutsche Volk weiter zu schädigen... [57]

Vesper "versprach" also seinen gehässigen Kampf fortzusetzen - und er hielt

sein "Versprechen". Bald entdeckte er, daß es einigen verfemten Verlagen

immer noch gelang, sich zu tarnen. So sei der Juden-Verlag Phaidon [58] nunmehr

von einem Engländer übernommen worden und verkaufe im Reich wieder Bücher

von u. a. emigrierten Juden.

> ...Mit der Förderung des Phaidon-Verlages hilft der deutsche Buchhandel
> dem Juden, der durch die Hintertür entfloh, nun, als ehrenwerter "englischer"
> oder "amerikanischer Kaufmann" durch die Vordertür wieder hereinzukommen.
> Wir sind keine englische Verlegerprovinz. Verlege jeder in seinem Land!... [58]

Indirekt beweist der "Kampf" der Neuen Literatur, daß die verfemte Literatur

durch den (nationalsozialistischen) "Geist", der so oft in großen Worten beschworen

wurde, nicht einmal im Reich zu besiegen war. Erst als die offene Gewalt den

"Geist" unterstützte, konnte der "überlegene Konkurrent" ausgeschaltet werden.

Jetzt erhielt die nationale Dichtung die Chance, den Buchmarkt zu erobern. Aber

nicht einmal das scheint ihr gelungen zu sein. Die Nationalsozialisten vergaßen

oder begriffen nicht, daß die legitime Funktion der Literatur die Kritik an der

etablierten Macht ist. Eine totale Politisierung bedeutet Lobeshymnen auf diese

Macht. Aber diese "Hofdichtung" langweilt den Leser, er flieht in die "Innerlich-

keit" oder sogar in den "Schund". So erzielten nach 1933 vor allem unpolitische

Bücher und Unterhaltungsliteratur (sieht man einmal von staatlich geförderten

Bücher wie Hitlers "Mein Kampf" und dergleichen ab) sowie "Sofaromane" die

größten Verkaufserfolge. Wiederholt wurde dies von der Neuen Literatur zugegeben, dabei erboste sich die Zeitschrift über die "Flucht in den unpolitischen
Stoff". [59] Das gilt übrigens nicht nur für die Literatur, sondern auch für Bühne
und Film. [60] Selbst wenn man berücksichtigt, daß Vesper und seine Mitarbeiter
die Verbreitung der verfemten Literatur im Reich übertrieben, um eigene Interessen
mit staatlicher "Polizeihilfe" schneller durchzusetzen, bleibt die Tatsache bestehen,
daß die bekämpften "Literaten", sobald ihre Bücher irgendwo angeboten werden
konnten, immer noch zahlreiche Käufer fanden. Der "dekadente Leser" wäre, hätte
er mehr Freiheit gehabt, bei seinen alten Autoren geblieben. Seinen "schlechten
Geschmack", seinen "Verrat" konnte die Neue Literatur nur durch Dekadenz und
Verführung erklären.

Durch den Krieg scheint die Gleichschaltung von Verlagswesen und Buchhandel
nahezu total geworden zu sein. Es werden nun kaum noch Mißstände (in der Neuen
Literatur) kritisiert. Ein Bericht von 1940 zeigt [61], daß die Verlage u. a. keine
Neuausgaben von älteren Büchern herausgaben, ohne diese vorher durch "zuver-
lässige Fachleute" durchsehen zu lassen. So konnte ein Mitarbeiter der Neuen
Literatur berichten, daß auf Grund seines Gutachtens u. a. auf die Neuausgabe
einer älteren "total überholten" Lyrikanthologie verzichtet wurde. Dieser "Fach-
mann" schrieb abschließend:

> ... Stärker als an diesem kleinen Beispiel aus meinem persönlichen Arbeits-
> bereich ist mir die Umwertung aller Werte, die seit 1933 bei uns im Gang ist,
> nie bewußt geworden. Zugleich aber habe ich für die begrenzte Sonderauf-
> gabe, die mir damals (=vor ein paar Monaten) gestellt wurde, begriffen, daß
> der Anthologist ein Politiker sein muß, ein Mensch nämlich, der seine Aus-
> wahl aus Dichtwerken von gestern und heute nicht nach seinem persönlichen
> Geschmack, sondern nach den Forderungen der Stunde zu gestalten hat,
> nach Forderungen, die Ausdruck des völkischen Lebenswillens sind. ... [61]

2. Aufklärung und Kontrolle der wissenschaftlichen Literatur

Diffamierung und Abschreckung war die eine Methode im Kampf um den Leser, die
andere war der Versuch, den Leser durch aufklärende Artikel über verfemte Literatur zu einer besseren Einsicht zu bringen. Dazu war es notwendig, die im
Reich benutzten literaturhistorischen Werke nach "Irrlehren" zu durchforschen.
Besonders wichtig waren Bücher, die für den Literaturunterricht in den Schulen

geschrieben worden waren. Schon vor 1933[62] hatte die Neue Literatur festgestellt, daß von den modernen Autoren nicht die volksverbundenen Dichter, sondern
Literaten wie Wassermann, Hauptmann und Th. Mann den Schülern nahegebracht
wurden. Eine Schülerrundfrage hatte außerdem ergeben, daß Remarques Roman
"Im Westen nichts Neues" das bekannteste Kriegsbuch war. Die Ausmerzung der
kritisierten Lehrbücher scheint im Anfang nicht immer effektiv gewesen zu sein.
Noch 1936[63] fand Will Vesper drei Literaturgeschichten für den Schulgebrauch,
die, obwohl sie "total veraltet" waren, noch benutzt wurden. Es handelte sich
dabei um die Literaturgeschichten von Dr. Paul Klausch (Deutsche Literaturgeschichte für den Unterrichtsgebrauch, Hirt & Sohn, erschienen 1923, 4. Aufl.),
Hans Röhl (Abriß der deutschen Literatur, Teubner, ersch. 1929, 5. Aufl.) und Hugo
Weber (Deutsche Sprache und Literatur, hrsg. von Richard Reisig, Verlag Julius
Klinckhardt, 31. Aufl., letzte durchgesehene und ergänzte Neuauflage 1934). Hier
werde "mottenzerfressenes, belangloses Zeug der Vergangenheit mitgeschleppt",
für lebende Dichter von wirklicher Bedeutung sei dagegen kein Platz mehr. Heine
werde z. B. ausführlicher behandelt als Hölderlin. Klausch behandle von den
Autoren der Gegenwart die Juden Wassermann, Brod, Fulda, Schnitzler, Hasenclever, Werfel, sowie u. a. den Pazifisten Fritz von Unruh. Ähnlich sei die Auswahl bei Röhl, der Döblin, Fritz von Unruh, Kaiser, Werfel eingehend behandle
und seine Darstellung sogar mit einem Hymnus auf Werfel als den bedeutendsten
Vertreter der neuen Lyrik abschließe. Sogar bei Weber würden immer noch
einige Juden wie B. Frank, Kornfeld, Sternheim und der Halbjude Zuckmayer
mehr oder weniger lobend erwähnt.

> ... Diese "Literaturgeschichten zum Unterrichtsgebrauch" sind schuld daran,
> daß die deutsche Jugend und das ganze "Volk der Dichter und Denker" ein so
> lahmes, fades Verhältnis zur echten deutschen Dichtung haben. Hier ist die
> Wurzel des Übels, an die man schleunigst die Axt legen muß. Besser gar
> keine Literaturgeschichte in der Schule als solcher Mottengeist. ... [63]

Aus ähnlichen Gründen kritisierte A. Kutzbach[64] den "Deutschen Kulturatlas"
(hrsg. von Gerhard Lüdtke und Lutz Mackensen bei Walter de Gruyter, 1928-1934),
der vielerorts als hervorragende pädagogische Leistung gelobt und für den Schulgebrauch als nahezu unentbehrliches Unterrichtsmittel empfohlen worden sei.
Josef Nadler habe ihn vom Gesichtspunkt der Literaturgeschichtsforschung scharf

angegriffen. Aber auch vom volkserzieherischen Standpunkt aus müsse man,
gerade was die Literaturgeschichtsschreibung über die neuere Zeit betreffe, schwere
Vorwürfe gegen die Herausgeber erheben. Sie hätten nämlich für die Kartengruppe
"Von der Romantik bis zur Gegenwart" (erschienen 1933) einige gänzlich unge-
eignete Mitarbeiter herangezogen wie u. a. Fritz Friedländer, dessen Ausführungen
"voller Halbwahrheiten trotzen". Er lobe u. a. Heine und kritisiere Hölderlin.
Auch die Karten zur jüngsten Literatur von Kurt K. T. Wais seien viel zu flüchtig
und voll von unfruchtbarem Halbwissen. Man spüre mit Friedländer gesinnungs-
verwandte Wertungen. So werde z. B. Werfel als stärkster religiöser Lyriker
seit Klopstock und Novalis gelobt. Die Liste der patriotischen Autoren werde
durch Namen eröffnet, die meist nicht zur hohen Literatur gerechnet werden. Wais
nenne als pazifistische Werke Bücher von Döblin, Remarque, Toller, Werfel,
A. Zweig und Bücher von völkischen Autoren wie Johst, Alverdes, von der Vring,
Binding und E. W. Möller.

> ...Solches und noch mehr Derartiges war möglich und ist möglich und
> wird noch heute als "deutscher Kulturatlas" verkauft... [64]

Daß dieses Werk in dieser Form erscheinen konnte, liegt höchstwahrscheinlich
daran, daß es vor 1933 konzipiert und zum großen Teil geschrieben wurde. Es
handelte sich hier also nicht (nur?) um einen Akt der Opposition von seiten der
Herausgeber, zumal gerade Lutz Mackensen in Artikeln in der Neuen Literatur
und den Nationalsozialistischen Monatsheften die Wertungen des "neuen Deutschlands"
vertrat. [65] Bei solchen Artikel von kritisierten Wissenschaftlern kann es sich
natürlich um einen opportunistischen Wiedergutmachungsversuch gehandelt haben,
plötzlich gewonnene Einsichten könnten natürlich auch eine Rolle spielen. Die
vielen Klagen der Neuen Literatur dürfen nicht darüber hinwegtäuschen, daß die
"Erziehungs- und Aufklärungsarbeit" der Nazis im allgemeinen recht erfolgreich
war, und daß das völkische Schrifttum schon vor 1933 einen weit größeren Einfluß hatte, als die Neue Literatur wahrhaben will. Die von ihr bekämpfte "Kultur
von Weimar" war eine Elitekultur, für die die Volksmassen sich wenig interessiert
hatten.

Kutzbach bewachte durch seine Artikelserie "Literaturgeschichtsschreibung unserer
Zeit"[66] die einzelnen neuerschienenen Handbücher. Die meisten Werke fanden
seine Zustimmung. Schon daran erkennt man, daß die Lage sich seit 1933/34

durchgreifend geändert hat. Einige Werke wurden jedoch noch 1934 und 1936

wegen ihrer judenfreundlichen und liberalistischen Haltung kritisiert, u. a. das

"Handbuch für Literaturwissenschaft" hrsg. von Oskar Walzel (Athenaion, Wild-

park-Potsdam, 1932/35)[67] und ein Werk von Hans Naumann[66]. Bei Naumann

werde der jüdische Rasseneinfluß auf die deutsche Literatur gar nicht erörtert,

außerdem fehle das katholische Schrifttum, er nenne fast keinen Volkserzähler,

dagegen habe er bedeutungslose und verfemte Autoren wie u. a. R. Leonhard, G.

Kaiser, F. Werfel und F. v. Unruh genannt. Er stehe immer noch unter dem Ein-

fluß des Expressionismus. Zwar habe er vieles "verbrannt, was ihn früher

begeistert habe, aber seine Darstellung sei immer noch zwitterhaft". Naumanns

Literaturgeschichte wurde übrigens auch von der Paul Ernst-Gesellschaft kriti-

siert, weil er Paul Ernst immer noch abwerte und den Zivilisationsliteraten mehr

Raum gebe als ihm.[68]

Aber auch die Exilanten kritisierten seine Literaturgeschichte, weil er sich hier

zu sehr angepaßt habe und dem neuen Literaturgeschmack Rechnung trage.[69]

Kutzbach kritisierte[70] übrigens auch den Vorkämpfer der völkischen Dichtung

Adolf Bartels, weil dieser u. a. Ernst Glaeser und Anna Seghers positiv bewerte.

Wenn selbst Bartels sich in seinen Urteilen "irren" konnte, wie schwierig und

mühsam mag es dann erst in den ersten Jahren nach der Machtergreifung für die

einzelnen Herausgeber gewesen sein, ihre Literaturgeschichten, Anthologien usw.

von fremden und dekadenten Literaten zu säubern. Manches, was von der Neuen

Literatur und anderen nationalsozialistischen Zeitungen kritisiert wurde, blieb sicher

nicht aus Protest stehen, sondern aus Unwissenheit und Unaufmerksamkeit. Nicht

immer war es leicht zu wissen, wer nun eigentlich verfemt war, da ja die National-

sozialisten selbst auch nicht immer ganz genau wußten, wer zu den betreffenden

"Literaten" gehörte. In einigen Fällen waren sie sogar uneinig.[71] Die Lektüre

eines Werkes "verriet" nämlich dem Eingeweihten nicht immer den "jüdischen" oder

"dekadenten" Geist. So scheint sogar Kutzbach sich 1933 ein paar Mal geirrt zu

haben, denn es gibt von ihm positive Rezensionen in der Neuen Literatur über

jüdische Autoren.[72]

Besonders schwierig war vor 1936 "der Fall Thomas Mann". Von vielen "recht-

gläubigen" Zeitschriften wurde er bekämpft (u. a. der Neue Literatur, dem Deutschen

Volkstum, Hrs. Wilhelm Stapel), offiziell war er aber noch nicht verboten. Er wurde in manchen ehemals bürgerlichen Zeitungen und Zeitschriften des öfteren gelobt, seine "Emigration" wurde bedauert. Seine Bücher konnten bis 1936 im Reich erscheinen. Vesper und Stapel hetzten gegen ihn [73] als den "Vertreter und Schilderer des dekadenten Bürgertums". Äußerungen der Neuen Literatur über ihn sind von infamer Gehäßigkeit. [74] Man warf ihm vor, "jüdisch versippt zu sein" und um einer "unverwurzelten internationalen Geistigkeit willen das lebendige Verhältnis zu seinem Volk" preisgegeben zu haben. Die Neue Literatur triumphierte, als er 1936 nach seinem Briefwechsel mit Korrodi über die Emigrantenliteratur auch offiziell zum Feind erklärt wurde. Gerade weil er "Anhänger" im Reich hatte, wurde seine Tätigkeit im Ausland gegen das Reich scharf bewacht. Man liest in der Neuen Literatur mehr über s e i n e n "Verrat" als den "Verrat" anderer Emigranten.

Auch in anderen "Fällen" scheinen die Mitarbeiter der Neuen Literatur gründlich gewesen zu sein. In den Jahren 1933-1938 stößt man in Artikeln und Rezensionen ständig auf Vorwürfe gegen Verlage und Autoren, die in ihrer Einstellung zu "judenfreundlich" oder "liberalistisch" waren. So wurde 1933 der katholische Herder-Verlag kritisiert, weil er in seinem (im übrigen positiv bewerteten) Lexikon Tagger-Bruckner und Franz Blei zu schlaff beurteile. [75] Bedeutend schärfer wurde das Nachschlagewerk von Ludwig Hesse "Die letzten tausend Jahre angegriffen" [76] (erschienen bei Müller & Kiepenheuer, Potsdam), weil hier vor allem die jüdischen Autoren und ihre Gesinnungsgenossen behandelt werden — Paul Ernst dagegen nicht genannt sei. Besonders verärgert war Kutzbach darüber, daß das Werk gleich in 10 000 Ex. aufgelegt und in der Presse "mit großem Hallo" begrüßt wurde. Bei Büchern von Hans Vaihinger und Georg Steinhausen erklärte man die judenfreundliche Tendenz fälschlich damit, daß Vaihinger Jude und Steinhausen Halbjude sei. [77] So schien die jüdische Cliquenwirtschaft wieder einmal bewiesen zu sein. Beide Behauptungen mußte die Zeitschrift in einer späteren Nummer zurücknehmen. Diese Art der "Verleumdung" kam öfter vor, ebenso wie eine spätere Berichtigung, meist mit dem Zusatz, wenn schon das Blut nicht jüdisch sei, so sei es doch der Geist. Im allgemeinen wurden die oben genannten Werke kritisiert, weil sie verbotene und geflohene Autoren und Wissenschaftler (also Exilanten) noch behandelten. Es sind natürlich auch andere Werke angegriffen worden, die verfemte aber im Reich gebliebene Autoren, Künstler und Politiker (wie Kästner, Barlach, Wiechert,

Niekisch) lobend erwähnten, u. a. die Schrift von Hans Becker "Von deutscher Wirklichkeit und ihrer Bahn. "[78)]

Die "Bewachung" der wissenschaftlichen Literatur erstreckte sich natürlich auch auf Österreich. Im Januar 1936 und im April 1938[79)] warnte z. B. Manfred Jasser vor deutsch-österreichischen Literaturgeschichten, die Judenliteratur lobten. 1936 handelte es sich um ein von Eduard Castle herausgegebenes Werk, in dem Dekadenz und Judentum einen verhältnismäßig breiten Raum einnähmen (u. a. Schnitzler und S. Zweig). 1938 ging es um den letzten Band dieser Literatur-geschichte, der nur so von Juden wimmle. Jasser griff diese Kritik im nächsten Heft wieder auf und warf dem Mitarbeiter dieses Werkes Dr. Karl Wache gehässig vor, er habe schon in einer früheren Schrift sämtliche Wiener und Prager Juden wohlwollend behandelt, er sei berüchtigt dafür, zahlreiche Intrigen gegen erfolg-reiche nationale Künstler und Schriftsteller angezettelt zu haben. In seinem Auf-satz lobe er (1938) die Juden und werte die nationalen Dichter mehr durch hinter-hältige Herablassung und Andeutungen als durch offene Kritik ab.

Nach 1938 findet man Angriffe und Rezensionen wie die oben erwähnten kaum noch. Wenn 1939 und später ein in "Großdeutschland" erschienenes Werk wegen irrtüm-licher Auswahl kritisiert wurde, dann ging es selten um verfemte Autoren und Emigranten, sondern meistens um die Auswahl innerhalb des akzeptierten oder begünstigten deutschen Schrifttums, oder um kleinere und größere "Fehler", die einem an sich "rechtgläubigen" Autor unterlaufen waren. Ein interessanter, aber nicht typischer Fall war wohl die Literaturgeschichte von Adolf Bartels.[80)] In der Rezension wurde zunächst betont, daß dieser Wissenschaftler die Gefahren des jüdischen Schrifttums rechtzeitig erkannt habe, aber daß in der 16. Auflage seiner Literaturgeschichte (erschienen Ende 1937) noch viel Überholtes und Un-zulängliches zu finden sei. Das gelte vor allem für die Raumverteilung, so seien Wassermann (2 Seiten), Clara Viebig, Georg Hermann (je 1 Seite), Thomas Mann, Heinrich Mann (je 3 Seiten) viel zu ausführlich, viele nationale Autoren (je 1/2 Seite) viel zu gedrängt behandelt worden. Bartels habe keinen Sinn für Ästheten wie George und Rilke, führe aber die vergänglichsten "Literatenwerke" von u. a. Georg Fröschel, Otto Gillen, Gottfried Kapp oder sogar des Kommunisten Ernst Ottwald kritiklos an.

Neben den literaturgeschichtlichen Werken kritisierte die Neue Literatur auch einzelne Jahresbücher und Kalender, u. a. das Bühnenjahrbuch von 1934.[81] Vesper
glaubte, hier erkennen zu müssen, daß die Gleichschaltung in Theaterkreisen nur
sehr notgedrungen und oberflächlich sei. Es würden nämlich in diesem Jahrbuch
vor allem "jüdische Gedenktage" (u. a. von Feuchtwanger) erwähnt. Die Vorliebe
für jüdische und judenfreundliche Stücke sei geradezu peinlich, während die wichtigsten Stücke von Paul Ernst und Kolbenheyer fehlten. Einen ähnlichen faulen Kom-
promiß habe Ernst Krieck an den Universitäten beobachtet. Überall hätten sich
die Liberalisten an die Stellen gesetzt, die für die Vertreter der nationalsozialistischen Ideen bereitet worden seien. Hier übertrieb Vesper. Auch der Goethekalender (hrsg. vom Frankfurter Goethemuseum) scheint die "neuen Wertungen" nicht
immer berücksichtigt zu haben.[82] Oder hatten die Herausgeber die Neue Literatur
nicht gelesen? Die Ausgabe des Kalenders enthielt nämlich 1933 einen Beitrag
von Thomas Mann, 1934 von Hermann Hesse[83] und 1936 von Kasimir Edschmid[84].

Die Anzahl der in der Neuen Literatur kritisierten Bücher war nach 1937 weit
geringer als in den Jahren 1933 bis 1936. Je mehr sich das nationalsozialistische
System konsolidierte, desto vorsichtiger scheinen Verlage und Autoren geworden
zu sein, oder besser – desto weniger Spielraum blieb Verlagen und Autoren, auf
eigenen Wertungen zu beharren. Nach 1939 fand die Zeitschrift nur ganz selten
Gründe, ein Buch, einen Wissenschaftler oder einen Autor öffentlich anzuprangern.
Eine Ausnahme war die Literaturgeschichte von Prof. Dr. Waldemar Oehlke, in der
noch 1942 zwei Emigranten, nämlich Guido Zernatto und Grete von Urbanitzky erwähnt wurden.[85] Beide Schriftsteller waren Österreicher; möglicherweise wußte
Oehlke nicht, daß sie zu den Emigranten von 1938 gehörten, zumal Zernatto noch
1933 von der Neuen Literatur gefördert worden war. Im Augustheft[86] erschien
hier ein Gedicht von ihm unter der Überschrift "Aus neuen Büchern". Oehlkes
Literaturgeschichte wurde im übrigen wegen vieler Ungenauigkeiten kritisiert.
Man vermisse Schriftsteller von Bedeutung, fände dagegen belanglose Unterhaltungs-
schriftsteller. Die ganze Kritik beweist jedoch, daß Oehlke kaum zu den "Rechtgläubigen" gehört haben kann.

Nach den Angriffen in der Neuen Literatur zu folgern, sind liberalistische und judenfreundliche Bücher (auch solche von ausländischen Autoren) in seit 1933 sinkender

Anzahl im Reich von einem "dekadenten Bürgertum" und einem "unwissenden, vergifteten Volk" gekauft worden,[88] solange sie angeboten werden konnten. Mit
dem Kriegsausbruch verschwinden die Möglichkeiten, solche Literatur zu kaufen,
fast vollständig. Parallel mit den oben geschilderten Angriffen ging der Versuch,
den deutschen Leser durch "wissenschaftliche" Artikel über die literarische Be-
deutungslosigkeit und politische Gefährlichkeit der jüdischen Literatur aufzuklären.
Autoren wie Wassermann, Heine, Hofmannsthal wurden als entartete und degenerierte Nachahmer entlarvt,[89] andere wie u.a. Feuchtwanger, Th. und H. Mann,
E. Ludwig als "Landesverräter" und "Werkzeuge des internationalen deutschfeindlichen Weltjudentums" hingestellt.[90] Vor allem Will Vesper berichtete immer
wieder über die deutschfeindliche Tätigkeit ("Greuelhetze") der Emigranten im Ausland. Als die größten Hetzer wurden Feuchtwanger, E. Ludwig, sowie H. und
Th. Mann geschildert. Im Novemberheft 1933[91] entlarvte Vesper die neugegründe-
ten Emigrantenblätter (Neue Weltbühne, Neues Tagebuch, Die Welt im Wort, Neue
Deutsche Blätter, Die Sammlung) als ein Zentrum der "Hetze". Die Mitarbeiter der
einzelnen Zeitschriften wurden aufgezählt,und Vesper forderte den deutschen Buchhändler und Leser auf, endlich zu erkennen, daß jeder, der Bücher dieser Autoren
vertreibe oder kaufe, sich des Landesverrates schuldig mache.

> ...Die Zeiten, wo man ungestraft Arm in Arm mit den Feinden Deutschlands
> sich verbrüdern und dennoch in Deutschland gute Geschäfte machen konnte,
> sind endgültig vorbei... (...) ...Wer Arm in Arm mit jenen Hetzern in den
> gleichen Zeitschriften betroffen wird, ist genau so zu behandeln wie jene
> Hetzer selbst!...[91]

Das war eine sehr ernstzunehmende Drohung an die Emigranten (insbesondere jene,
die sich im Ausland bisher passiv verhalten hatten) und ihre Gesinnungsfreunde im
Reich. Vesper begrüßte zwar die Erklärungen von Th. Mann, Schickele, Döblin,
S. Zweig und Horvath, in denen diese Autoren sich von der Redaktion Der Sammlung
distanzierten,[92] weil sie über den "Charakter der Zeitung getäuscht worden seien".
Aber er wies Th. Mann, dessen "Stimme überall im Ausland gehört werde", daraufhin, daß er mehr tun könne,

> ...als nur nachträglich seinen Namen aus der Mitarbeiterliste der Zeitschrift
> seines gegen Deutschland hetzenden Sohnes und seines Bruders streichen
> zu lassen. Er hat sich oft als Kämpfer für die Wahrheit aufgestellt. Hier
> ist für die Wahrheit gegen Verleumdungen, die ein ganzes Volk und seine
> Regierung beleidigen,vor aller Welt ein Wort zu sagen, das wir von nie-
> mandem mit mehr Recht erwarten dürfen als von Thomas Mann. Am besten
> sage er in der "Sammlung" selbst, was zu sagen ist. Sein Sohn wird ihm
> ja dort nicht den Mund verbieten...[91]

Spott und Schadenfreude sind hier unverkennbar. Aber die Schadenfreude schlug recht bald in Verbitterung um, denn die Propaganda der Emigranten siegte in der Welt häufig über die Propaganda der Nationalsozialisten, und die verhaßte Emigrantenliteratur war viel erfolgreicher als die "echte deutsche Dichtung". Diese Niederlage mußte dem deutschen Volk mit schon bekannten Argumenten erklärt werden. Wieder war es die jüdische Pressemacht in der Welt, die den Emigranten zu ihrem Sieg verhalf und diese Emigranten bei ihrer antideutschen Propaganda ausnutzte. [93] Als besonders übel vermerkte Vesper, daß es den Emigranten in ihren Exilländern gelang, bedeutende Kulturpersönlichkeiten (wie Romain und Gide) für ihre Interessen zu gewinnen. [94] Er hatte die "Verführbarkeit" der internationalen Autoren vorausgeahnt und hatte deshalb den deutschen Pen-Club (1933) ermahnt, den internationalen Zusammenschlüssen fernzubleiben. Aber damals hatte man seine Warnungen zunächst nicht beachtet und mußte so "die Niederlage von Ragusa" hinnehmen. Als die deutsche Gruppe dann Ende 1933 "auf Grund der Emigranten-Intrigen" ihren Austritt aus dem internationalen Pen-Club erklären mußte, triumphierte Vesper: "Der deutsche Pen-Club wird also jetzt gezwungen, das zu tun, was wir ihm bereits vor einem halben Jahr so dringend rieten." [95] Im Mai 1933 drohte er den "Hetzern":

> ...Und wir hören heute noch jede Nacht das Geheul der "Wölfe" (=Anspielung auf Friedrich Wolf) rund um Deutschland, von Kowno über Prag, Budapest, Wien, Rom, Zürich, Paris, Antwerpen, Amsterdam, Kopenhagen, Stockholm, London, New York und im Hintergrund immer Jerusalem. Wir haben nicht vergessen, daß jene "Wölfe" gestern im Innern, den Tod Deutschlands vorbereiteten und ihn heute von außen, nicht weniger mit geifernder Wut fordern. Wir haben gestern und vorgestern gegen diese "Wölfe" gekämpft und darum haben wir ein Recht und die Pflicht, heute wie gestern zu rufen: Wacht! Macht Ernst! Und duldet vor allem nicht länger an den Stellen der geistigen Macht jene gefährlichen Gestalten, die gestern nicht nur mit den "Wölfen" heulten, sondern sie auf das deutsche Volk loshetzten - so wie sie es heute noch tun, wenn sie es heimlich glauben wagen zu können.... [96]

Das galt den "Helfern" der Hetzer im Reich, in diesem Falle den verantwortlichen Lektoren bei der Deutschen Verlagsanstalt, die gestern Friedrich Wolf und Erich Kästner verlegten und jetzt (1935) Bücher von Wolf heimlich verkauften.

Den Ausländern, die den Emigranten beistanden, wollte man zunächst auf diese und ähnliche Weise nicht drohen. Man versuchte daher, sie aufzuklären oder zu überreden. An Warnungen und Drohungen hat es dann auch nicht gefehlt. Aber

die freie Presse des Auslandes ließ sich im allgemeinen nicht abschrecken. So
schlug man internationale Vereinbarungen im "Dienste des europäischen Friedens"
vor. Während der "Woche des deutschen Buches" 1936[97] wandten sich die Vertreter des deutschen Buchhandels mit einer Entschließung an alle ausländischen
Buchhändlerorganisationen. Man bot ein gegenseitiges Übereinkommen an, keine
Bücher mehr zu verlegen oder zu verbreiten, "die unter böswilliger Verzerrung
der historischen Wahrheit das Staatsoberhaupt eines Landes oder eines Volk
beleidigen oder die Einrichtungen und Überlieferungen, die einem Volk heilig sind,
verächtlich machen". Das war nichts anderes als der Vorschlag, das Schrifttum
der Emigranten und ihrer ausländischen Gesinnungsgenossen durch eine Zensur
der Verleger und Buchhändler zu unterdrücken. Eine solche Vereinbarung hätte
vor allem den Interessen des "Dritten Reiches" gedient.[98] Man fand in der Welt
wenig Gehör für diese "Entschließung"; nicht einmal im befreundeten Ausland
(Italien, Ungarn, Rumänien u. a.) gelang es, die Emigrantenliteratur völlig zu
unterdrücken. Aber Ermahnungen und scharfe Proteste wirkten hier allmählich
mehr als in anderen Ländern. Um 1938 wurden schließlich "Judenbücher" unterdrückt und einige Bücher von "nationalen und volkhaften Autoren" wurden verbreitet. Die intensive nationalsozialistische Aufklärungs- und Propagandatätigkeit scheint jedoch nur langsam Erfolg gehabt zu haben. Eine vom Standpunkt der
Neuen Literatur zufriedenstellende Situation wurde erst durch den Krieg erreicht.
Was der "Aufklärung" nicht gelang, gelang den deutschen Truppen. Zuerst in
Österreich, wo man im Februar 1938[99] noch "Pamphlete" gegen das Dritte Reich
und seine Führer (u.a. die Bücher von K. Heiden) verkaufte und fortgesetzt in der
Presse gegen das Dritte Reich "hetzte". Nur einen Monat später wurden die
Emigranten aus diesem "Schlupfwinkel"vertrieben, und die "Hetzzentrale Wien"
existierte nicht mehr. Vesper versprach die "Hetzer" auch in ihren neuen "Schlupf-
winkeln" aufzustöbern.[100] So blieb bis zuletzt die wichtigste Aufgabe seiner
Zeitschrift die Denunziation. Ohne Zweifel hat diese Denunziation im nationalsozialistischen Machtbereich abschreckend gewirkt.

Die Neue Literatur beweist damit, daß die Feinde der Nationalsozialisten, ob aus Versehen oder mit Absicht sei dahingestellt, nicht immer von allen Verlagen als Feinde
angesehen wurden, die es totzuschweigen und zu bekämpfen galt. Die Zeitschrift

entdeckte (s. o.) solche "Sünden" gar nicht so selten. Sie denunzierte die Verlage, die den neuen Geist immer noch nicht begriffen hatten, öffentlich.   Ihr (und Will Vesper) war es gleichgültig, ob hier aus Versehen, Unachtsamkeit oder Absicht gehandelt wurde.   Aber auch die NSMH beobachteten in ähnlicher Weise, wenn auch nicht so gründlich wie die Neue Literatur, die Tätigkeit der Verlage.   1937 [101] entdeckte die NSMH eine "Sammlung neuartiger Lesestoffe", die 1936 vom Verlag Velhagen und Clasing für die deutschen Schulen herausgebracht wurde, in der Juden und Emigranten der deutschen Jugend vorgestellt wurden.   Für die NSMH war diese Sammlung "das stärkste Stück" an Judenfreundlichkeit, das sich ein Verlag seit 1933 geleistet hat. Durch diese Sammlung, behauptete der Artikelverfasser Manfred Pechau, würde die Jugend im "jüdischen Geist unterrichtet".   Da einige Hefte Bearbeitungen von 1932 waren, kann es sich vielleicht um ein Versehen oder um Unachtsamkeit gehandelt haben, wenn Autoren wie Mendelsohn, Heine, Marx, Lasalle lobend und unkritisch genannt werden, ohne daß ein Wort über ihren "zersetzenden jüdischen Geist" gesagt wird.   Aber auch Bücher von Thomas Mann, Jakob Wassermann, Peter Altenberg, Lilly Braun, Franz Werfel, Walter Hasenclever und Johannes R. Becher werden den Schülern kritiklos empfohlen.   Bei Thomas Mann (Der Zauberberg) und Arnold Zweig (Der Streit um den Sergeanten Grischa) geschieht dies sogar in einem Heft, das erst 1934 erschien.   In einem anderen Heft, erschienen 1933, lernen die Schüler Georg Kaiser und die jüdischen Verlage S. Fischer und Kurt Wolf kennen.   "Die neuartigen Lesestoffe", 1936 an deutsche Schulen versandt und für den Unterricht empfohlen, sind also, so empört sich Pechau in den NSMH, eine "Zusammenfassung jüdischer Stimmen in deutscher Sprache".   Die Zeitschrift droht:

> ...Oder will man uns tatsächlich weismachen, daß es ohne die Juden nicht
> geht? Daß keine deutschen Schriftsteller Urteile über die Aufklärung usw.
> gefällt haben? Hierfür wird man doch nicht den Gegenbeweis von uns ver
> langen. Und auch der etwaige Einwurf: ohne Kenntnis des Juden keine
> wirkungsvolle Bekämpfung desselben, rettet den Verlag nicht. In Deutschland
> ist der Jude erkannt und für alle Zeiten erledigt. In Deutschland wird er
> nicht mehr herrschen, und die Kenntnis, die wir aus seinem Schrifttum von
> ihm gewonnen haben, werden wir der deutschen Jugend vermitteln, damit
> sie für alle Zeiten gegen den Giftgeist gefeit ist. (...) Nicht aber gedenken
> wir, unserer Jugend zuzumuten, sich immer von neuem durchzuwühlen
> durch den Schmutz und Unrat jüdischen Geistes - es ist genug, daß unser

Volk einmal hindurchmußte. (...) Im deutschen Volkstum und seiner
Kultur, in dem lebendigen Schrifttum der neuen Zeit, in dem Schrifttum
vor allem, das auf Schulen eingeführt werden soll, zum Unterricht für die
deutsche nationalsozialistische Jugend des Führers, haben jüdische Verfasser und jüdischer Geist – man versuche keine Kompromisse – keinerlei
Raum!... 101)

In ähnlicher Weise sind in den NSMH Literaturwissenschaftler kritisiert worden,
die in ihren Büchern den Juden loben oder den jüdischen Geist nicht erkennen. [102]

Anmerkungen zu Kapitel I

1) Vgl. u.a. Guido Kolbenheyer: Die Sektion der Dichter an der Berliner
   Akademie. In: Süddeutsche Monatshefte, Jg. 28 (1930/31), S. 519-530; s.a.
   Der Weg in die Barbarei. In: Walther Killy (Hrs.) Die deutsche Literatur.
   Texte und Zeugnisse, Band VII, München, 1967, S.1069-1149; s.a. Lionel
   Richard: Le nazisme et la culture, Paris, 1978.
2) Vgl. Neue Sachlichkeit. Literatur im "Dritten Reich" und im Exil, hrsg.
   von Henri R. Paucker, Stuttgart, 1974, insb. S. 9-15.
3) Vgl. Inge Jens: Dichter zwischen links und rechts, München, 1971; sowie
   Brenner, S. 10-16.
4) Hellmuth Langenbucher: Rudolf Huch, NL, 1933, S. 189-190, 194; Unsere
   Meinung (Überschrift des ständigen Leitartikels in der NL, im Folgenden
   U.M. abgekürzt), 1933, S.50-51; Friedrich Hedler: Die deutsche Dichterakademie, NL, 1933, S.249-261; Zeitschriftenschau, NL, 1933, S.469 u.a.
5) U.M. 1933, S. 50-52, 109, 424; 1934, S. 246, u.a.
6) Fritz Rostovsky: Grundriß eines deutschen Kulturgesetzes, NL 1933,
   S.330-335; U.M. 1937, S.207-210 u.a. Vgl. auch die ähnlichen Behauptungen bei Hellmuth Langenbucher: Von der Aufgabe des Buchhandels als
   eines politischen Standes. In: Deutsches Adelsblatt, 1935, Nr. 44,
   S. 1208-1210; s.a. NSMH 1938, S. 1052-1053 (Emigranten sind volks-
   fremd). In Wirklichkeit hat es in der Weimarer Republik eine Vielfalt von
   Presseorganen gegeben, die für die "völkische Literatur" propagierten,
   vgl. u.a. Kurt Sontheimer: Antidemokratisches Denken in der Weimarer
   Republik, München, 1968. Zu Langenbucher vgl. Sander L. Gilman, S.15
   20. Zur sprachlichen Diffamierung vgl. Siegfried Bork: Mißbrauch der
   Sprache. Tendenzen nationalsozialistischer Sprachregelung, München,
   1970, sowie Rolf Glunck: Erfolg und Mißerfolg der nationalsozialistischen
   Sprachlenkung. In: Zeitschrift deutscher Sprache, H. 22, 1966, S. 57-73.
   Zur NS-Literaturauffassung vgl. u.a. Rolf Geissler: Dekadenz und Heroismus. Zeitroman und völkisch-nationalistische Literaturkritik, Stuttgart,
   1964; Uwe Karsten Ketelsen: Vom heroischen Sein und völkischen Tod.
   Zur Dramatik des Dritten Reiches, Bonn, 1970; Gilman; Kurt Hass: Literatur-
   Kritik im Dritten Reich. Frankfurter Hefte, H. 29, 1974, S. 52-60.
7) U.M. 1933, S. 359-360, 424, 476-477; 1934, S.656-657 u.a. S.a. Langenbucher, Rostovsky 6). Vgl. Vespers Aufgabe als Vorsitzender des Aka-
   demieausschusses, der Buchhandel, Leihbüchereien, Presse, Theater
   und Film kontrollieren sollte; Brenner, S.81-82, 91-93, 97-102, 104, 107,
   109-110, s.a. S. 22. Zur Charakterisierung der NL als einer antisemitischen
   "Hetzzeitschrift" vgl. Geissler, S. 25-29; s.a. Walter I, S. 189-196. Vgl.
   außerdem Reinhard Bollmus: Das Amt Rosenberg und seine Gegner. Zum
   Machtkampf im nationalsozialistischen Herrschaftssystem, Stuttgart, 1970,
   S. 27-60. S.a. H. Wingender: Erfahrungen im Kampf gegen Schund- und
   Schmutzschriften, Düsseldorf, 1929.
8) Vgl. u.a. Wulf: Literatur..., Hans Albert Walter: Deutsche Exilliteratur,
   Band 1, Sammlung Luchterhand, S.177-189; sowie Brenner.
9) U.M. 1933, S. 229-231, 292-293, 298-301, 367 (Ewers) u.a. Siehe auch
   Dietrich Aigner: Die Indizierung "schädlichen und unerwünschten Schrift-
   tums" im Dritten Reich. In: Börsenblatt für den deutschen Buchhandel,
   Jg. 26, Nr. 61, 1970, S.1458, sowie Hans Peter de Courdes: Das verbotene
   Schrifttum und die Wissenschaftlichen Bibliotheken, Zentralblatt für Bibliothekswesen, Nr. 52, Juli, 1935, S. 60-61. S.a. Schnell, S.16-33. Vgl. auch
   Kap. III.
10) U.M. 1933, S. 295-296, 1934, S. 322 (Ullstein und Rowohlt) vgl. Kap. III.
11) U.M. 1933, S. 49-51, 108, 229-231, 295-296 u.a.; vgl. Mallmann, S.26.

12) Langenbucher: Von der Aufgabe...., S. 1210, sowie Aigner, S. 1461-1462.
13) Vgl. Brenner, S. 13 sowie Jens und Wulf, Aigner, S. 1444-1445. Der Kampfbund war von Rosenberg gegründet worden, vgl. Bollmus; Mallmann, S. 26. Dieser Mangel an Konsequenz war vielleicht beabsichtigt, um eine spontane Aktion vorzutäuschen.
14) Vgl. u.a. Walter, S. 189-196: Aigner, S. 1430-1480.
15) Vgl. u.a. Walter, S. 170-177 sowie Kap. III, B, Aleff, S. 102-103 usw.
16) Vgl. u.a. die Rezensionen in der NL mit den Überschriften "Romane und Erzählungen" oder "Geistes- und Kulturgeschichte", z.B. 1933, S. 100-101, 143-144, 340-341; 1934, S. 219-220, 374-375 usw.
17) Vgl. U.M. 1934, S. 726.
18) Vgl. u.a. Matthes Ziegler: Bedenkliche Theologie, NSMH 1935, S. 177-181 usw. vor allem die Ausführungen in den NSMH unter dem immer wiederkehrenden Titel "Zur weltanschaulichen Lage", z.B. 1933, S. 276-281, oder unter dem Titel "Kritik zur Zeit", z.B. 1933, S. 472-473, sowie unter "Schrifttumschau", z.B. 1933, S. 762-764 usw. Vgl. auch Aigner, S. 1460 und Kap. III, B..
19) Vgl. Kap. III über u.a. E. Wiechert, W. Bergengruen, A. Kuckhoff, E. Barlach.
20) Vgl. u.a. Margret Boveri: Wir lügen alle, Olten-Freiburg, 1965, S. 470-537; Gisela Berglund: Einige Anmerkungen zum Begriff der "Inneren Emigration" Stockholm, 1974, als Exkurs in diesem Buch.
21) Diese finden sich hauptsächlich in Tagebüchern und Briefsammlungen, also in Dokumenten, die nicht immer zuverlässig sind. Vgl. u.a. Oskar Loerke: Tagebücher 1903-1939, Heidelberg-Darmstadt, 1955; Ernst Barlach: Briefe II, 1925-1938, München, 1969, S. 399-792, s.a. Grimm-Hermand (Hrs.): Exil und innere Emigration, Frankfurt a.M., 1972, S. 31-73.
22) U.M. 1933, S. 423-424.
23) Aigner, S. 1432-1433, vgl. u.a. Frank Thiess: Jahre des Unheils, Hamburg, 1972, S. 85-86, 149.
24) U.M. 1933, S. 51-54. Der Artikel stammt von Richard Schaukal, der in der NL einige Wochen später (U.M. 1933, S. 236-237) wegen seiner österreichischen Gesinnung heftig angegriffen wurde.; S. 478-479. Vgl. auch U.M. 1934, S. 470-471, u. U.M. 1935, S. 462-563 (hier wird auch der Hueber Verlag angegriffen, weil Schankel in die Sammlung "Der Grosse Kreis" eingeschmuggelt wurde). Häufig bekämpften z.B. katholisch eingestellte Autoren wie Schaukal die Judenliteratur (wie auch Zernatto u.a.), ohne sich den Nationalsozialisten im Reich anzuschließen. Dabei darf nicht vergessen werden, daß Kritik gegen die Trivialliteratur und Schundliteratur, die natürlich nicht mit "jüdischer" Literatur verwechselt werden darf, z.T. berechtigt war. Viele, die keine Nationalsozialisten waren, stimmten in dieser Hinsicht den Nationalsozialisten zu. Bei Schaukals Angriff handelt es sich jedoch nicht um diese Art der "berechtigten Kritik", sondern eher um einen "neidischen" antisemitischen Angriff auf einen erfolgreichen Kollegen.
25) U.M. 1933, S. 109, vgl. auch S. 110 über Werfel. Vgl. hierzu und zum Folgenden:Leitheft. Emigrantenpresse und Schrifttum März 1937. Nr. 6, Sicherheitshauptamt der SS. In: Herbert Tutas: NS-Propaganda und deutsches Exil 1933-1939. Deutsches Exil 1933-1945. Eine Schriftenreihe hrsg. von Georg Heintz, Band 4, Worms, 1973, S. 141-143. Vgl. auch U.M. 1933, S. 235-236, 409; 1934, S. 119 u.a.
26) U.M. 1935, S. 560-561, 1936, S. 56 u.a; das gilt jedoch z.B. nicht für das "Innere Reich", vgl. Mallmann, S. 51-53; Alverdes vermeidet zwar antisemitische Angriffe, aber es gibt in der Zeitschrift keinerlei Sympathiebeweise für die verfolgten Autoren.

27) U.M. 1935, S. 174.

28) U.M. 1934, S. 471.

29) U.M. 1936, S. 55-56.

30) U.M. 1934, S. 726; 1942, S. 115-116 u.a.

31) U.M. 1933, S. 721-722; 1934, S. 322-325.

32) U.M. 1933, S. 295-296, 603 u.a., siehe auch Anm. 23 u. 24.

33) U.M. 1934, S. 393-394. Vgl. Thiess, S. 149.

34) Zum "pornographischen" Inhalt der verfemten Literatur vgl. u.a. U.M.
1933, S. 230, 478 (A. Zweig und Sanzara); U.M. 1939, S. 105-106 (Rhoidis) u.a.
Nach Aigner (S. 1437-1438) kann man nach 1933 eine "wachsende Verbotsfreudig-
keit unzüchtiger Schriften erkennen", das liberale Gesetz aus der Weimarer
Republik gegen Schund und Schmutz wurde am 10.4.1935 aufgehoben. Zum
Begriff der Pornographie im NS-Reich vgl. Aigner, S. 1463-1464.

35) Mitteilungen, NL 1934, S. 728. Vgl. Aigner, S. 1431, Vgl. Thiess, S. 16-19,
25-27, 85-86, 93, 100, 202.

36) Kritik der Zeit, NSMH 1933, S. 524, 568; 1934, S. 279-280; 1935, S. 181,
373-374 u.a. Vgl. auch Tutas, S. 10-32 und Aigner, S. 1435-1449.

37) U.M. 1934, S. 119. Vgl. Thiess, u.a. S. 16.

38) U.M. 1935, S. 297-298.

39) U.M. 1935, S. 298-300.

40) U.M. 1934, S. 116-117, 246.

41) U.M. 1935, S. 761-762.

42) Vgl. Deutsche Briefe, Bd. 1, S. 724-725.

43) U.M. 1935, S. 625-628. Zur Verbreitung der unterirdischen Literatur im
Dritten Reich vgl. u.a. Gisela Berglund: Deutsche Opposition gegen Hitler
in Presse und Roman des Exils, Stockholm, 1972, S. 54-55. Zur wachsenden
Verbreitung des literarischen Kitsches vgl. u.a. Werner Bökenkamp: Über
die literarische Halbwelt. In: Bücherkunde, 1937, Nr. 7, S. 387-392. Nach
B. lasse sich beim Kitsch eine staatsfeindliche Gesinnung nur schwer nachweisen, aber Kitsch sei gefährlich, denn er gedeihe nur dort, "wo keine
wirklichen Gemeinschaften bestehen (...), wo die Einheit der Kultur verloren geht" (S. 390-391).

44) U.M. 1936, S. 299.

45) Vgl. Aigner, S. 1467-1471. Einen Bericht über die Probleme und Konflikte
eines Buchhändlers in dieser Zeit bietet: Marianne d'Hooghe: Mitbetroffen.
Meditationen einer Buchhändlerin über die Jahre 1930-1948, Schriftenreihe Agora, Erato Presse.

46) Vgl. Aigner, S. 1454.

47) U.M. 1937, S. 103-104.

48) U.M. 1938, S. 45-46, 154-156. Vgl. hierzu den Kommentar zu Vespers
Vorschlag in der Neuen Weltbühne, Nr. 9, 1937, S. 283 (F.C.W.: Bücher
mit dem gelben Fleck); die NWB warnt, der "gelbe Fleck" kann als Reklame
aufgefaßt werden.

49) Deutsche Briefe, Bd. 2, S. 29; s.a. U.M. 1933, S. 367-368.

50) U.M. 1933, S. 301-302.

51) U.M. 1933, S. 478.

52) U.M. 1938, S. 46.

53) U.M. 1939, S. 419-421.

54) U.M. 1938, S. 149-150.

55) U.M. 1933, S. 477-478; Zitat S. 478.

56) Heinz Wielek: Lyrik-frisch gebräunt. In: Neue Deutsche Blätter, H. 8, 1934, S. 510.

57) U.M. 1938, S. 207, 264; Zitat S. 207.

58) U.M. 1939, S. 44.

59) Vgl. Gerhard Schmidt: Anmerkungen zum historischen Roman, NL, 1940, S. 133.

60) Vgl. Kap. III, C. Die dort angeführten Tatsachen bedeuten jedoch nicht, daß es im deutschen Film keine autoritären und nationalistischen Tendenzen gab. Vgl. gerade zu diesen Tendenzen Siegfried Kracauer: Von Caligari bis Hitler, Hamburg, 1958.

61) U.M. 1940, S. 221-222; Zitat S. 222.

62) Vgl. W. E. Dietmann: Zeitgenössische Dichtung für die Schule, NL 1933, S. 199-204, sowie Wilhelm Schuhmacher: Zeitgenössische Dichtung als Lesegut für Jugendliche, NL 1932, S. 249-251 u. a. Siehe auch Schulanthologien aus der NS-Zeit u. a. Dichtung und Gegenwart, für den Schulgebrauch ausgewählt von Dr. Alfred Simon, Leipzig 1937. Neben den von der NL und den NSMH gelobten Lyrikern findet man hier auch noch (vaterländische!) Gedichte von Rud. Alex. Schröder und Guido Zernatto. Vgl. Deutsche Novellen. Mit Lebensbilder ihrer Dichter, ausgewählt für den Schulgebrauch, Leipzig, 1937, mit u. a. Werner Beumelburg, H.F. Blunck, Felix Dahn, Gorch Fock, August Hinrichs, Robert Hohlbaum, Ricarda Huch (!), H.C. Kaergel, Herybert Menzel, Fr. Schauwecker, Paul Schulze-Berghof, Heinrich Zerkaulen, mit Ausnahme der Huch alles Autoren der NL. Vgl. auch Das völkische Lied. Lieder des neuen Volkes aus dem ersten Jahrfünft des Dritten Reiches, ausgewählt von E. Lauer, München, 1939; Bardorff-Stoll-Steinitz: Deutsche Musik, Frankfurt a. M., 1940 u. a. Vgl. auch Peter Hasubek: Das deutsche Schullesebuch in der Zeit des Nationalsozialismus, Hannover 1972, S. 14-29, sowie Kurt-Ingo Flessau: Schule der Diktatur, München, 1977.

63) U.M. 1936, S. 114-116; Zitat S. 116. Siehe auch Aigner, S. 1466. Heine war nie verboten worden. 1938 gab es z. B. in München eine Polizeirazzia auf seine Werke, aber ein generelles Verbot kam auch jetzt nicht.

64) U.M. 1936, S. 425-427; Zitat S. 427.

65) Vgl. U.M. 1934, S. 53-55, Lutz Mackensen: Zwischen Skepsis und Legende, NL 1935, S. 577-593; ders.: Sprache und Rasse, NSMH 1935, S. 306-315. Vgl. Kap. III, B.

66) Karl A. Kutzbach: Literaturgeschichtsschreibung unserer Zeit I, NL 1934, S. 345-355, vgl. auch U.M. 1935, S. 763-764.

67) Kutzbach: Literaturgeschichtsschreibung .... III, NL 1936, S. 525-526.

68) Paul-Ernst-Gesellschaft erklärt, NL 1934, S. 284-293. Vgl. zu Paul Ernst: Völker und Zeiten im Spiegel ihrer Dichtung. Aufsätze zur Weltliteratur, hrsg. von K. A. Kutzbach, München, 1940. 1942 erschien ein zweiter Band zur deutschen Literatur. Die NL kämpfte in vielen Artikeln für Paul Ernst und seine Ideen. Vgl. u. a. Will Vesper: Paul Ernst, NL 1933, S. 313; Karl A. Kutzbach: Paul Ernsts Dramen, NL 1933, S. 314-329.

69) Prof. Dr. A. Kleinberg: Konjunktur, Horatio, Konjunktur. In: Neue Deutsche Blätter, Nr. 7, 1934, S. 386-387.

70) Kutzbach: Literaturgeschichtschreibung... I, S. 345-355, vgl. Aigner, S. 1464-1465.

71) Barlach und Wiechert werden z.B. von der NL gelobt, von den NSMH abgelehnt, vgl. Kap. III.

72) Romane und Erzählungen, NL 1933, S. 87 (P. Mendelsohn), S. 143 (J. Roth).

73) U.M. 1933, S. 416-417. Vgl. auch Kurt Sontheimer: Thomas Mann und die Deutschen, Fischer 650, 1965, S. 87-95 sowie Siegmund von Hausegger: Offener Brief "An die Neue Rundschau". In: Zeitschrift für Musik, H. 6, 1933, S. 618-619 (Protest gegen Thomas Manns Aufsatz "Leiden und Größe Richard Wagners"). Der Protest gegen Th. Mann scheint jedoch von Generalmusikdirektor Hans Knappertsbusch ausgegangen zu sein. Das "Protestschreiben", das von der ganzen Münchener Prominenz unterschrieben wurde, ist nicht von Hans Pfitzner, sondern von K. verfaßt worden. Es wurde am 16./17.4.4. 1933 von den Münchener Neuesten Nachrichten abgedruckt. Vgl. hierzu Paul Egon Hübinger: Thomas Mann, die Universität Bonn und die Zeitgeschichte, München, 1975.

74) Vgl. u.a. Walther Lindens Rezension über Thomas Mann: Goethe und Tolstoi, NL 1934, S. 519-520; U.M. 1934, S. 80.

75) Adolf Grolmann: "Der große Herder", NL 1933, S. 628. Zu den späteren Angriffen der NS auf den Herder Verlag vgl. Deutsche Briefe Bd. 2, S. 890-891.

76) U.M. 1934, S. 57.

77) NL 1935, S. 164; U.M. 1935, S. 365; vgl. u.a. ähnliche Behauptungen über Corvin in U.M. 1937, S. 48 oder in der Bücherkunde u.a. Der Kunsthistoriker Wilhelm Hausenstein, H. 10, 1941, S. 307-308.

78) Literatur- und Geistesgeschichte, NL 1934, S. 374-375.

79) Literatur- und Geistesgeschichte, NL 1936, S. 39-41; 1938, S. 188-189; U.M. 1938, S. 207-209.

80) U.M. 1939, S. 44-45. Vgl. U.M. 1934, S. 535-537.

81) U.M. 1934, S. 534-535; vgl. auch Ernst Krieck: Die gegenwärtige Problemlage der Wissenschaft. In: Volk im Werden, 1934, H. 4, S. 220-226.

82) Almanache und Kalender, NL 1936, S. 45-46.

83) Hermann Hesse wurde seit 1935 von der NL angegriffen; vgl. u.a. U.M. 1935, S. 685-687; 1936, S. 57-58, 239-242; 1937, S. 371, 424-426; vgl. Kap. II.

84) Edschmid gehört zu den Autoren, die in der NL angegriffen wurden; vgl. Kap. III.

85) U.M. 1942, S. 115-116.

86) NL 1933, S. 487-490; Gedichte von Zernatto wurden noch 1937 in Schulanthologien aufgenommen, vgl. 62). 1938 erschien in New York-Toronto Zernattos Schrift gegen die Nazis "Die Wahrheit über Österreich". Er verließ Österreich 1938.

87) U.M. 1936, S. 118-119, 178-181; Hans Franke: Unerwünschte Einfuhr, NL 1937, S. 501-508 u.a.

88) U.M. 1934, S. 322; 1933, S. 423-424; 1936, S. 606; 1937, S. 528 u.a. Noch pessimistischer wird die Situation in den NSMH beurteilt; vgl. u.a. 1933, S. 460-461: eine Änderung der Einstellung bei den Volksmassen sei eine Arbeit auf "geschlechterlange Sicht".

89) U. a. Marianne Thalmann: Jakob Wassermann, NL 1933, S. 132-137; U. M.
1936, S. 114-115, 426-427; 1939, S. 467-468 (Heine) usw. Vgl. auch Dr.
Otto Mann: Ludwig Björne und der deutsche Journalismus, NSMH 1934,
S. 922-929; Dr. Wolfgang Lutz: Schluß mit Heinrich Heine, NSMH 1936,
S. 792-818; Dr. Ewald Geissler: Von deutsch-jüdischen Dichtern, NSMH
1939, S. 523-537 (Heine, Hofmannsthal u. a.). Hofmannsthal wurde übri-
gens noch in der NL 1935 gelobt; vgl. Romane und Erzählungen, NL 1933,
S. 22-23; Lyrik, 1935, S. 407. Siehe auch Werner Deubel: Fritz von
Unruh und die deutsche Kulturrevolution. Eine Abrechnung. In: Das
Nationaltheater, H. 5, Jg. 1932/33, S. 92-99; Fritz Dietrich: Der "deutsche"
Barde Ernst Lissauer. In: Deutsches Volkstum am Rhein, Jg. 15, Dez.
1933, S. 1007-1009; Hans Karl Leistritz: Die Rolle des Judentums im
deutschen Geistesleben. In: Der deutsche Erzieher, H. 17, 1.12. 1938,
S. 419-421.

90) U. M. 1933, S. 109, 233-236, 359 (H. Mann u. Feuchtwanger) usw. Vgl.
auch Artikel in den NSMH über u. a. E. Ludwig, die Familie Mann usw.;
z. B. 1936, S. 1010-1011; 1939, S. 720; 1941, S. 1015; U. M. 1933, S. 655-
656; 1937, S. 586-588; 1934, S. 55-56 u. a. Vgl. auch Tutas und Kap. II.

91) U. M. 1933, S. 654-656, Zitate S. 654-655, 656, vgl. auch S. 656-658;
U. M. 1934, S. 115-116, 399.

92) Vgl. hierzu u. a. Walter, Band 7, S. 245-247.

93) U. M. 1934, S. 472-473; 1938, S. 150-152, 263-264; Joachimi-Dege: Die
Tradition der "Times", NL 1939, S. 277-284; Die Times und die Schotten,
NL 1939 S. 433-438; U. M. 1939, S. 312-314; U. M. 1937, S. 527-528;
Joachimi-Dege: Amerika -?, NL 1940, S. 128-133; U. M. 1941, S. 240-
241; U. M. 1935, S. 285; 1936, S. 479-481. Vgl. auch Karl Bömer: Das
Dritte Reich im Spiegel der Weltpresse, Leipzig, 1934, und die Rezension
über dieses Buch in der NL 1935, S. 709-710; s. a. ders: Das internationale
Zeitungswesen, Berlin, 1934. Über Schweden machte Bömer hier falsche
Angaben; u. a. S. 121, wo er behauptet, die Familie Bonnier kontrolliere
Svenska Dagbladet. Auch die NSMH bewachten die "Greuelhetze" der
Emigranten im Ausland; vgl. u. a. Thilo von Trotha: Juda, wir und die
anderen Völker, 1933, S. 193-195; Dr. Karl Bömer: Die publizistische
Haltung der englischen Presse zum neuen Deutschland, 1933, S. 339-
342; ders.: Das neue Deutschland in der amerikanischen Presse, 1933,
S. 506-509 usw.

94) U. M. 1933, S. 472-476; vgl. auch Martin Hieromini: Die Krise des französischen Geistes. In: Bücherkunde, 1939, H. 2, S.89-92. Siehe auch
Kap. IV. Zu Rollands deutschen Beziehungen vgl. Der Romain Rolland-
Almanach. Zum 60. Geburtstag des Dichters gemeinsam hrsg. von seinen
deutschen Verlegern, Frankfurt-München-Zürich, 1926.

95) U. M. 1933, S. 365-366, 422-432, Mitteilungen, NL 1933, S. 775, Zitat
S. 725.

96) U. M. 1935, S. 300.

97) Mitteilungen, NL 1936, S. 666-667.

98) In Italien scheint dies z. T. gelungen zu sein; vgl. U. M. 1938, S. 262-263;
U. M. 1939, S. 314.

99) U. M. 1938, S. 97-98.

100) U. M. 1938, S. 207.

101) Dr. Manfred Pechau: Lebendiges Schrifttum?, NSMH, 1937, S. 53-56,
Zitat S. 55-56.

102) Dr. Hellmuth Langenbucher: Die Geschichte der deutschen Dichtung, NSMH,
1938, S. 293-310, 435-445. Kritisiert werden die Literaturgeschichten von
Kindermann, Walther Linden, Christian Jessen, Dr. E.F. May, die noch
Juden lobend behandeln oder gar nicht erkennen. Zu Kindermann, vgl.
Gilman, S. 21-36.

II. <u>Will Vespers "Neue Literatur"</u> über den Erfolg der Exilliteratur im Ausland

1. Niederlage trotz Aufklärung und Werbung

Die Neue Literatur gibt selbstverständlich keine "Geschichte" der Exilliteratur.
In gewissem Sinne setzt sie nur ihren Kampf von vor 1933 fort. Sie diffamiert
verfemte Literatur im Reich, wo sie auch immer angeboten und verkauft wird,
entlarvt Tarnungen und Schleichwege der "jüdischen Verlage" und ihrer Autoren.
Sie versucht diesen Kampf auf das Ausland zu übertragen. Ihr Ziel ist, die "echte
deutsche Literatur" durch Aufklärung, Werbung und staatliche "Maßnahmen" auch
im Ausland durchzusetzen. Es war natürlich nicht die Absicht der Zeitung, ihre
deutschen Leser so allseitig wie möglich über Tätigkeit und Erfolge der Emigranten
im Ausland zu orientieren. Einzelheiten über z. B. Verlags- und Pressegründungen
der Emigranten brachte die Zeitschrift nur dann, wenn diese Fakten die "antideutsche Hetze" der Emigranten beweisen sollten oder auf Verbindungen der Emigranten zu ehemaligen Gesinnungsgenossen im Reich hinwiesen.

Der Erfolg der Exilliteratur war offenbar und mußte daher von der Zeitschrift
erklärt werden. Die Mitarbeiter der Neuen Literatur sahen in diesem Erfolg keinen
Beweis für literarische "Größe", sondern nur einen Beweis für die Macht des inter-
nationalen Judentums, das nicht nur die Weltpresse "beherrschte", sondern die
Verlage und Verlagsbuchhandlungen und daher effektiv für die "jüdische Emigranten-
literatur werben" und die "volkhafte deutsche Dichtung unterdrücken" konnte. Der
Kampf galt also auch auf dem Gebiete der Literatur den Juden und "Judengenossen".
Die Tatsache, daß die Flüchtlinge aus dem Dritten Reich im allgemeinen nur von
Privatpersonen und verschiedenen Organisationen, nicht aber von Regierungsstellen
in den Asylländern unterstützt wurden, [1] spiegelt sich in der Artikeln der Neuen
Literatur nur undeutlich wieder. Die Artikel der Nationalsozialistischen Monats-
hefte können sogar den Eindruck erwecken, daß die Demokratien die Emigranten
unterstützten. [2] Ab und zu las der Leser der beiden Zeitschriften auch, daß die
Regierung in Berlin - nicht immer ohne Erfolg - Druck auf die Exilländer ausübte
und so die Tätigkeit der Emigranten behindern konnte. In einigen Fällen wurden
Exilbücher in den Asylländern verboten. [3]

Schon kurz nach der Machtergreifung erfuhren die Leser der Neuen Literatur, daß die "Emigrantenliteratur" im Ausland große Erfolge hatte, während die "nationale Dichtung" nur selten beachtet wurde. Die Darstellungen der Zeitschrift zu diesem Thema (häufig unter der ständigen Rubrik "Unsere Meinung") mußten den Eindruck erwecken, daß die Exilautoren, insbesondere die jüdischen, viel verlegt und über- setzt wurden, also viel verdienten; Redewendungen wie "Er (=E. Ludwig) aber und die Seinen sitzen in ihren Schlössern am Comer See oder am Hudson"[4] haben diesen Eindruck sicher im Bewußtsein vieler Leser befestigt, zumal immer wieder behauptet wurde, daß das reiche und mächtige Weltjudentum den Emigranten Ver- dienstmöglichkeiten zuschiebe.

Die Berichte über die Erfolge der "Emigrantenliteratur" im Ausland berufen sich häufig auf die Artikel von Dr. Elisabeth Bauschinger u. a. im "Börsenblatt für den deutschen Buchhandel" und in der Zeitschrift "Deutsche Kultur im Leben der Völker" über die Übersetzungen deutscher Bücher in fremde Sprachen,[5] sowie auf Erfahrungen und Erlebnisse von Mitarbeitern der NL im Ausland oder auf so - genannte Leserbriefe aus dem Ausland.

1933-1934: Im Januarheft 1933 berichtete H. F. Blunck[6] aus !talien, daß hier die von den Nationalsozialisten verfemte Literatur vorherrschend sei. Die deutsche Literaturwerbung habe versagt. In einer Anmerkung zu seinem Artikel behauptete die Schriftleitung, daß die "ebenso ahnungslose wie unfähige Ministerialbürokratie" an diesem Mißerfolg schuld sei. Einige Monate später[7] wurden die Vertreter dieser Bürokratie im Reichsministerium des Innern direkt angegriffen (Dammann und Tiedje), weil sie ihr Amt zum Geschäft mißbraucht hätten (zusammen mit einem "hauptsächlich in Kiel ansässigen Professorenklüngel"), Staatsgelder gewissenlos und sinnlos aus- gäben, mit Hilfe der liquidierten und berüchtigten "Stiftung für deutsche Volks- und Kulturbodenforschung" Vetternwirtschaft betrieben hätten usw. Eine gründliche Umstellung der Deutschtumspflege sei daher notwendig und dazu müsse man die Männer berufen, die "in diesem Gelände" Bescheid wüßten und die Herr Dammann mit den Seinen seit Jahren kaltgestellt und verfolgt habe.

Diese Art der persönlichen Diffamierung ist typisch für Will Vesper. Er hat an dieser und anderen Stellen die NS-Behörden auf "Mißstände" aufmerksam gemacht und zu "Säuberungen" aufgefordert. Auf diese und ähnliche Art erklärten er und seine Mitarbeiter Heft für Heft, warum die "Dichtung des neuen Deutschlands" im Ausland so erfolglos blieb: Das internationale Judentum verfolge sie, und die deutsche Werbung versage. Vesper forderte daher immer wieder staatliche Maßnahmen, die einmal die Intrigen des Judentums und der "Saboteure im Reich" unterbinden[8] und zum anderen die rassenbewußte, volkhafte Dichtung im Ausland fördern könnten.

Ganz besonders wies die NL wiederholt darauf hin, daß die deutschsprachige "Judenliteratur" das Auslandsdeutschtum vergifte. Gerade die Auslandsdeutschen müßten daher mit der echten deutschen Dichtung bekannt gemacht werden, nur sie könne dem "jüdischen Gift" entgegenwirken. Dazu seien auch wirtschaftliche Opfer erforderlich. Auslandsdeutsche scheinen wichtige Käufer der Exilliteratur und der Exilzeitschriften gewesen zu sein.[9] Das muß von den Mitarbeitern der NL als besonders schmerzlich empfunden worden sein, denn die Zeitschrift förderte gerade das "volkhafte" auslandsdeutsche Schrifttum und hat sicher den Ehrgeiz gehabt, ein Sprachrohr der Auslandsdeutschen zu sein. Ihre Mitarbeiter waren oft auf Vorlesungstourneen in "volksdeutschen" Gebieten. Ihre Agitation scheint häufig ein Eingreifen der Regierungsstellen in den entsprechenden Ländern veranlaßt zu haben; so wurden u. a. Vorlesungen von Will Vesper verboten. Bücher aus dem Dritten Reich sind häufig auf Verbotslisten gesetzt worden, auch die NL wurde in mehreren Staaten zeitweise verboten.[10]

Kurz nach der Machtergreifung bekam der Leser der NL jedoch auch hoffnungsvolle Prognosen zu lesen. Walther Linden berichtete z. B. von einer Vortragsreise in Südosteuropa und Polen,[11] daß die bodenverwurzelte deutsche Dichtung, die er in seinen Vorträgen behandelt habe, überall Anklang fände. Leider wäre es den pazifistisch eingestellten deutschen Kulturrepräsentanten gelungen, sich anzubiedern. Sie seien oft nur deutsche Staatsangehörige und hätten mit dem "deutschen Geist" nichts zu tun. Aufklärung sei daher sehr notwendig.

Die Neue Literatur mußte im November 1933 erkennen, daß diese Aufklärung durch die Emigrantenpresse gefährdet war.[12] Will Vesper schrieb u. a. :

...Die aus Deutschland entflohenen kommunistischen und jüdischen Literaten versuchen von ihren sicheren Schlupfwinkeln aus, das neue Deutschland mit einem Wall von literarischem Gift- und Stinkgas zu umgeben. Pilzartig

schießen von Prag bis Paris ihre Emigrantenzeitschriften aus der Erde,
gut gedüngt mit tschechischem und französischem Geld. Vielfach handelt
es sich um Ableger und Fortsetzungen früherer Hetzjournale, die einst
im Innern Deutschlands selber alles Deutsche begeifern durften. Wir
haben wenigstens die Genugtuung, daß die "Tagebuch" - und "Weltbühnen"-
Journaille unser Haus nur noch von außen bespeien kann. Wir halten auch
diese in ganz Europa bekannten Hetzer für verhältnismäßig ungefährlich.
Genaue Beobachtung verdienen dagegen die literarischen Emigrantenblätter
schon deshalb, weil in ihnen auch Schriftsteller gegen Deutschland arbeiten,
die gleichzeitig in Deutschland mit der Miene von Biedermännern ihre neuesten Bücher anpreisen lassen. Es gilt einfach und deutlich die Tatsache
auszusprechen, daß niemand, der im Ausland an solchen, gegen Deutschland hetzenden Blättern irgendwie mitarbeitet, noch erwarten darf, daß
seine Bücher in Deutschland vertrieben werden.... 12)

Die im Artikel genannten literarischen Emigrantenzeitschriften waren: Die Welt

im Wort (Hrs.: Willy Haas), Die Neuen Deutschen Blätter (Hrs.: O.M. Graf-Wieland

Herzfelde-Anna Seghers), Der Wiener Bücherwurm, Die Sammlung (Hrs.: Klaus

Mann). Vesper zählte die Mitarbeiter dieser Zeitschriften auf und fuhr fort: "Man

darf wohl annehmen, daß alle diese Herren schon selber keinen Wert mehr darauf

legen, daß das deutsche Volk ihre Bücher liest." Er nannte den Kauf ihrer Bücher

"Landesverrat". Seine Drohung galt vor allem den Emigranten, die sich im Aus-

land bisher politisch passiv verhalten hatten,und ihren Gesinnungsgenossen im

Reich. Vesper begrüßte zwar die Erklärungen von Th. Mann, Schickele, Döblin,

S. Zweig und Horvath, 13) kommentierte sie jedoch mit schadenfrohem Spott und

ermahnte insbesondere Th. Mann in der Sammlung selbst, die "Lügen" seines

Sohnes über Deutschland zurückzuweisen, da ihm sein Sohn ja doch wohl nicht

den "Mund verbieten" werde.

Als das Dritte Reich 1934 seine ersten außenpolitischen Erfolge errungen hatte

und die nationalsozialistischen "Erpressungen" bei den Regierungen in den Asyl-

ländern der Emigranten nicht immer ohne Wirkung geblieben waren, 14) scheint die

Neue Literatur vorübergehend gehofft zu haben, daß die Emigrantenliteratur nun

bald erledigt sei. So konnte der österreichische "Korrespondent" (Manfred Jasser)

der NL "Erfreuliches" berichten: 15) Die aus dem Reich geflohenen Schriftsteller

in Wien und Prag klagen über Absatznot für ihre Bücher. Die Solidarität unter

ihnen bekomme nun bei einem fortschreitendem Schrumpfen des Absatzgebietes

Sprünge. Typisch dafür sei, daß die neuesten Bücher von H. Mann, L. Feucht-

wanger, E. Ludwig und A. Polgar nicht in Wien, sondern in Amsterdam erschienen seien. Gerade Österreich ist von der Redaktion der NL ganz besonders scharf beachtet worden, einmal weil von dort Bücher "verfemter" Autoren ins Reich eingeführt werden könnten, zum anderen weil eigentlich das deutschsprachige Österreich (oder die deutschsprachige Schweiz) ein natürliches Zentrum für die Exilliteratur gewesen wäre. Aber die Regierungen in beiden Ländern hätten eine solche Entwicklung aus politischen Gründen nicht gefördert. [16] In Österreich gab es außerdem gerade in "konservativ" gesinnten Kreisen eine starke Aversion gegen jüdische Autoren. [17] Man kämpfte zwar hier für Eigenstaatlichkeit und wurde daher von der NL als Verräter betrachtet, konnte aber, soweit es jüdische Autoren (wie u. a. S. Zweig) betraf, ähnliche Wertungen vertreten wie die Nationalsozialisten im Reich und in Österreich. Das gilt z. T. auch für die Schweiz. [18] In beiden Ländern fürchtete die Mehrzahl der einheimischen Autoren und Journalisten außerdem die Konkurrenz der deutschen Flüchtlinge. Ähnlich war die Situation in anderen Exilländern. Das französische und tschechische Geld, das die Exilzeitschriften (nach Vesper) finanzierte, ist nur in Ausnahmefällen gegeben worden. [19] Die tschechische Regierung scheint jedoch einige Emigranten für "Propaganda- und Aufklärungsaktionen" im Sudetenland eingesetzt zu haben. [20] Aus Prag meldete die Neue Literatur damals, daß das kulturelle Leben hier einen "sinnlosen Anachronismus" darstelle. Die tschechischen Übersetzungen aus der deutschen Literatur würden nach "den politischen Bedürfnissen der tschechischen politischen Linken" ausgewählt. [21] Es gäbe zwar auch hier einige Proteste gegen diese Linke und die Emigrantenliteratur. So habe die angesehene Literaturzeitschrift "Lumir" (H. 3) die nationalen deutschen Dichter objektiv gewürdigt, sie habe auch die Behauptungen der jüdischen Presse über die Ausschaltung der wertvollen deutschen Literatur im Dritten Reich zurückgewiesen. Auch in anderen tschechischen Zeitungen protestiere man gegen die Asphaltliteratur, bekämpfe die antideutsche Propaganda. Solche Reaktionen seien "ein bezeichnendes Symptom für die wachsende Wertung der kulturellen Erhebung des Deutschlands der Gegenwart". Diese "Zeichen der Besinnung" wurden jedoch zu Beginn des Artikels z. T. entwertet, denn hier hieß es:

> ...Und aus solchen Stimmungen heraus, genau so wie beim alljüdischen "Prager Tageblatt", werden von dieser Seite (= der Linken) alle die Dichter und Denker, die Künstler und Schaffenden, die sich mutig und entschlossen hinter die deutsche Reichsleitung stellen, verdächtigt und angegriffen, wird die kulturelle Sendung des deutschen Nationalsozialismus verleumdet und verächtlich zu machen versucht... [21]

Auch verglichen mit allen übrigen Berichten der NL aus Prag waren diese Proteste
von u. a. der "Lumir" nur kleine Lichtblicke; sie konnte der Vorherrschaft der
Emigrantenliteratur in der Tschechoslowakei nicht ernsthaft entgegenwirken. Die
Nationalsozialistischen Monatshefte brachten damals genauere Berichte über die
Mitwirkung der Emigranten bei der "Vergiftung" der Sudetendeutschen auf Veran-
lassung tschechischer Regierungsstellen;[20] so beherrsche u. a. der jüdische
Emigrant Leo Kestenberg hinter den Kulissen das "Institut für deutsche Volksbildung". Was hier geboten werde, kennzeichne in kaum noch zu übertreffender
Weise die Gesinnung der Literatenclique um die "deutschen" Dichter Mann, die
auch heute noch im Reich in Kreisen sturer Bürgerlichkeit Anhänger hätten.
Genannt wird auch der Roman "Lissy - oder die Versuchung" von F.C. Weiskopf
in dem Not und Elend der Arbeitslosen zu bolschewistischer Propaganda mißbraucht wurden.[21]

Eine gewisse Zusammenarbeit zwischen einzelnen Emigranten und tschechischen
Regierungsstellen hat es damals gegeben, jedoch seit 1937/38 auf Grund des politischen Druckes von Berlin in immer geringerem Ausmaß. Die Exilpresse und Exilliteratur hat von tschechischen Regierungsstellen eine geringe Förderung und viel
wohlwollende Duldsamkeit erfahren, da sie u. a. wohl auch als ein Gegengift zur
nationalsozialistischen Propaganda im Sudetenland betrachtet wurde. Als Gegengift hat sie hier aber nur in Ausnahmefällen gewirkt.[22]

Die emigrierten Schriftsteller hatten von Anfang an behauptet, daß die wertvolle
deutsche Literatur (von Ausnahmen wie Hauptmann abgesehen) ausgeschaltet oder
emigriert sei. Die Neue Literatur versuchte das Gegenteil zu beweisen. Sie
notierte daher jede Äußerung ausländischer "Wissenschaftler" und Autoren, die
dieser These der Emigranten widersprach, mit Genugtuung. Auch die neugegründete
Literaturzeitschrift "Inneres Reich"[23] sollte den Lesern der NL beweisen, daß
mit den "ins Ausland Geflüchteten keineswegs die guten Geister ihr Volk verlassen"
hätten, sondern "daß im Gegenteil im nationalsozialistischen Deutschland die Bahn
erst recht frei geworden ist für die Entfaltung der Besten des "inneren Reiches"
der Deutschen". Hier wird also der Titel der neuen Zeitschrift anders gedeutet,
als die Mitarbeiter gerade dieser Zeitschrift nach 1945 es taten.[24] Nach der NL
war das "Innere Reich" kein Symbol für den Rückzug ins Innere, sondern der totale
geistige Gegensatz zum verfemten Literatentum, nämlich die Erkenntnis, daß alle
Dichtung in der "Seele des Volkes wurzelte". Die Mitarbeiter des "Inneren Reiches" waren daher (nach der NL) auch identisch mit den Autoren, die von der NL
gefördert wurden oder an ihr mitarbeiteten.

Einsichten,wie sie u.a. die Zeitschrift "Lumir" verkündet hatte, blieben Ausnahmen,
denn trotz der anfangs optimistischen Phrophezeiungen der NL über den Rückgang
der Emigrantenliteratur blieb diese im Ausland auch weiterhin erfolgreicher als
die nationale Dichtung, die im Gegensatz zur "deutschsprachigen Juden- und Asphaltliteratur" nur wenig übersetzt wurde. Die Neue Literatur griff nun einige
besonders gefährliche Bücher der Emigrantenverlage direkt an, z.B. im Juni 1934
den Sammelband des Querido-Verlages "Novellen deutscher Dichter der Gegenwart"
(hrsg. von Hermann Kesten).[25] In diesem Zusammenhang erfuhr der Leser der NL
von der Gründung des Emigrantenverlages Querido. Vesper wies sicher nicht ohne
diffamierende Absicht daraufhin, daß der Gründer dieses Verlages der frühere Kom-
pagnon des "in Deutschland weiterbestehenden Verlages Kiepenheuer" sei. Im
übrigen wurden die Emigrantenverlage, vor allem Querido und Allert de Lange i n
der NL nur genannt, wenn vom Erfolg ihrer Bücher im Ausland die Rede war.[26]
Vesper rechnete aus, daß in Kestens Sammelband 16 Juden und nur ein Arier
(Kesten!) vertreten seien, worüber er sich ganz besonders empörte:

> ...Das kann man also im Ausland als "deutsche Dichtung" verkaufen! Und
> das Ausland frisst es und weiß es nicht besser.... [25]

Wie besorgt die NL über die "Vergiftung der Auslandsdeutschen durch Emigrantenliteratur" war, zeigte sich vor allem durch die "Leserbriefe" (?) von Auslandsdeutschen, die aus verschiedenen Anlässen immer wieder um Aufklärung über die
wirkliche deutsche Dichtung baten. Die Zeitschrift ließ dabei durchblicken, daß
es an der mangelnden Aufklärung lag, wenn deutsche Volksgenossen im Ausland
Emigrantenliteratur kauften oder lasen. Vesper war mit der "Aufklärungsarbeit"
des Auslandsinstitut in Stuttgart nicht zufrieden, denn die Bücherlisten des Institutes
gäben kaum Hilfe. Sie stellten neue Bücher ohne wesentliche Rangordnung zusammen und verwirrten und schreckten mehr ab, als daß sie hülfen. Belanglose Unterhaltungsliteratur werde nämlich mit derselben Wichtigkeit behandelt wie "Werke
von Rang". Man brauche daher möglichst bald eine billige deutsche Zeitung, die
das Auslandsdeutschtum über die echte deutsche Dichtung aufkläre, nicht nur über
das "Neue", sondern auch über das "bekannte Alte". Diese Zeitschrift müßte zur
Aufklärung des Auslandes auch in den wichtigsten Weltsprachen erscheinen.
"...Nicht alle draußen sind bösen Willens. Unser schlimmster Feind ist das
Nichtwissen um uns..."[27]

Damit gab er zu, daß wohl die verfemten "Literaten", nicht aber die im Dritten
Reich geförderten "Dichter" auf wirksame Reklame und Beachtung in der freien
Weltpresse rechnen konnten. So waren die völkischen Dichter im Reich wie im
Ausland auf die Hilfe ihres Staates angewiesen. Aus eigener Kraft konnten sie
sich gegenüber der Literatur der "Juden und Judengenossen" nicht durchsetzen.
Man versuchte den eigenen Lesern und den Behörden des NS-Staates immer wieder
klarzumachen, daß Gegenpropaganda notwendig sei, damit "jüdische Literatur"
nicht mehr mit echter deutscher Dichtung verwechselt werde. Als Beweis für die
Erfolge der Emigranten zitierte die NL Briefe empörter Ausländer, die über die
"Begünstigung" der Emigrantenliteratur in ihren Ländern klagten.[27] So schrieb
ein Holländer 1934, daß die jüdisch-deutsche Emigrantenliteratur die echte deutsche
Dichtung in den Niederlanden vollkommen erdrücke. Man sehe die Bücher der Emigrantenverlage überall. Feuchtwanger und Ludwig seien allgemein bekannt. Diese
Bücher könnten leicht vertrieben werden, da sie vor allem von Juden gekauft würden. Vom niederländischen Buchhandel sei keine Hilfe zu erwarten, da er vielfach
unter jüdischem Einfluß stehe. Bei der Presse (u. a. Menno ter Braak in Het Vader-
land) und einem großen Teil des Publikums stöße man auf völliges Unwissen und
heftigen Widerstand, wenn man über die Literatur des neuen Deutschlands schreibe.
In breiten Kreisen glaube man gutwillig an die marxistischen Greuellügen über das
Dritte Reich.

Auch im faschistischen Italien wurde nicht mehr "echte deutsche Literatur" gelesen
als in den demokratischen Ländern. Die NL berichtete, wie völlig "trostlos" hier
die Auswahl in den Buchhandlungen der Provinz sei.[28] Auf Grund eines Mussolini-
Buches sei E. Ludwig allgemein bekannt. In der Schönen Literatur bevorzuge man
S. Zweig, Wasserman, L. Frank, Döblin, sowie H. und Th. Mann neben einigen
wenigen guten deutschen Autoren (Rosegger, Wiechert, Hitler u. a.).

Eine entscheidende Beeinflussung des Geschmackes im Sinne der NL scheine vor-
läufig wenig Aussicht auf Erfolg zu haben. Ständige kluge und großzügige Aufklärung sei also auch hier dringend notwendig. Vielerorts in Europa sei das Bild
das gleiche. In einer Stadt wie Prag,[29] wo man mit allen Mitteln der Reklame
Propaganda für Emigrantenliteratur kitschigster Art mache, sei die Literatur des

neuen Deutschlands fast unbekannt, obwohl der Germanist Ivo Lischkulin und der
Literaturwissenschaftler Arno Novak für diese Literatur eingetreten seien. Die
"Deutschfeinde" würden von der tschechischen Regierung wohlwollend unterstützt.
Nur stellenweise trete in Europa eine langsame Wandlung ein, u. a. in der Schweiz,
wo die liberale "Neue Zürcher Zeitung" nationale Autoren wie u. a. Beumelburg und
v. Mechow[30] positiv beurteilt habe.

Auch in Rumänien verbreite man[31] fast ausschließlich Emigrantenliteratur und
antideutsche Hetzliteratur aus den Emigrantenverlagen in Wien, Zürich und Amsterdam, für die vor allem die "Czernovitzer Allgemeine Zeitung" mit ihrer Monatsbei-
lage "Die Bücherwelt" Reklame mache. Leider fände man in diesem "ostjüdischen
Hetzblatt" auch Anzeigen deutscher Verlage und Firmen, die offenbar "nicht wüßten,
in welches schmutzige Nest sie sich da setzten". Die Zeitung brauche diese Anzeigen
als Tarnung, um beim Auslandsdeutschtum ihre Tendenzlosigkeit glaubhaft zu machen.
Auf Grund einer Anzeige in diesem Blatt erfahre man übrigens, daß der jüdische
Hetzverlag Allert de Lange (Amsterdam) in Leipzig und Wien eine Filiale unter dem
Namen E. P. Tal & Co. unterhalte, die offenbar dazu bestimmt sei, auch am ver-
haßten Deutschland Geld zu verdienen und zugleich "mit einer Reihe übler Machwerke
sanft und vorsichtig und hintenherum die alte Giftspritze wieder anzusetzen", u. a.
habe ein lesbischer Roman der Firma im Reich in wenigen Monaten eine Auflage von
7000 Ex. erzielt.

In England werde[32] vor allem Judenliteratur übersetzt. Auch in den USA[33] habe
man kein Interesse an guter deutscher Literatur. Die deutschamerikanische Presse
versage. Die NL werde in den Bibliotheken unterdrückt. Nur in den deutschen
Textbüchern für Schulen und Universitäten gebe es neben Texten von Emigranten
auch solche von nationalen Dichtern.

Von Skandinavien[34] müsse Ähnliches berichtet werden, auch hier übersetze man vor
allem Autoren wie Th. Mann, S. Zweig, Wasserman, L. Schwarzschild. Den Emigrantenverlagen sei es gelungen, die skandinavischen Verlage und Buchhändler davon
zu überzeugen, daß die eigentliche deutsche Literatur im Ausland geschrieben werde.
Aber das Interesse des Käufers für Emigrantenliteratur sei etwas abgeflaut, deshalb
könne eine deutsche Aufklärung gerade jetzt Erfolg haben. In Finnland[35] finde die
Emigrantenliteratur z. B. wenig Absatz und die Zeitschriften der Emigranten seien

aus den Schaufenstern verschwunden. Bedenklich sei jedoch, daß hier wie im übrigen Norden das englische Buch merklich steigende und das deutsche Buch merklich sinkende Absatzziffern habe.

Ein einziges Mal scheint Will Vesper auf im Reich verbreitete Gerüchte, die auch in der Exilpresse wiedergegeben wurden,[36] einzugehen. Er wies nämlich im Dezemberheft 1934[37] die Behauptung zurück, Schillers Don Carlos sei wegen der Stelle: "Geben Sie Gedankenfreiheit!" verboten worden und behauptete kühn:

> ...Wenn wir das Faulige und Verderbte der Literatur von gestern hinaus-
> fegten, so wahrhaftig nicht, um den muffigen Mief einer reaktionären
> Metternichluft an die Stelle zu setzen, sondern um unser Volk von einer
> geistigen Fremdherrschaft zu befreien, die eine wirklich freie Entwicklung
> der deutschen Dichtung zu verhindern wußte....[37]

2. Aufklärung und Regierungsmaßnahmen gegen die Exilliteratur 1935-1937

Die Berichte über den Mißerfolg der echten deutschen Dichtung ändern sich auch in diesen Jahren nicht. Oft werden die statistischen Übersichten von Charlotte Bauschinger[5] zitiert. Verglichen mit den Berichten in den Nationalsozialistischen Monatsheften[38] wurde der Mißerfolg der nationalen deutschen Literatur im Ausland in der Neuen Literatur ehrlicher und rücksichtsloser dargestellt. Das Ziel der Zeitschrift war natürlich nicht die Wahrheit, sondern ihr "Wille", die nationalsozialistische Regierung davon zu überzeugen, daß Regierungsmaßnahmen (= diplomatischer Druck auf die Nachbarländer) gegen Emigranten und Emigrantenliteratur jetzt notwendiger als zuvor geworden seien. Vesper forderte z.B. staatliche Kontrolle der im Reich übersetzten Literatur und "Druck" auf die Regierungen anderer Länder, insbesondere auf Italien und die befreundeten Länder in Südosteuropa, um auf diese Weise der nationalen Literatur eine größere Geltung zu verschaffen. Sein wichtigstes Argument war dabei immer, daß die "wirkliche" deutsche Literatur im Ausland für das neue Deutschland werben würde, wenn sie nur erst allgemein bekannt würde, und damit zur besseren Verständigung zwischen dem Reich und anderen Ländern beitragen könnte. Solcher Druck ist in Wirklichkeit auch auf andere Länder, vor allem Italien,[39] ausgeübt worden. Trotzdem war und blieb die kühle Ablehnung der "echten deutschen Literatur" in der Welt für Vesper und seine Mitarbeiter ein Grund ständiger Enttäuschung und Verbitterung. Im Januar 1935[40] schrieb er:

...Eine der wichtigsten Aufgaben für die Reichsschrifttumskammer
scheint mir eine Art geistige Planwirtschaft gegenüber und im Ein-
verständnis mit dem Ausland, eine Art geistige Devisen-Kontrolle,
zu sein, die es verhindert, daß andere Völker sich geistig gegen
Deutschland absperren und wir dennoch ihre Literatur aufnehmen.
In vielen Ländern findet zur Zeit nur die jüdische Emigrantenliteratur als "Deutsche Literatur" Aufnahme und Beachtung, z.B. in
Italien! Wir müssen diesen Ländern deutlich machen, daß wir es
so lange gleichfalls ohne ihre Literatur aushalten, wie sie die
unsere aussperren. Es wäre möglich,von hier aus künftig zu
einem wirklich vernünftigen Literaturaustausch zu kommen, bei
dem nicht mehr nur die jüdische Schmarotzerliteratur von Land
zu Land getauscht würde wie jetzt, sondern bei dem jedes Land
durch seine wirklich berufenen Vertreter dafür sorgen könnte,
daß seine eigentliche wesenhafte Dichtung übersetzt würde. (...)
Unsere eigene Bucheinfuhr, das heißt die Übersetzung aus fremden
Literaturen, bedarf gleichfalls genauester Überprüfung. Es geht
nicht an, daß auch weiterhin noch etwa die Tauschgeschäfte eines
Pilsener Juden bestimmen, welche fremden Dichter unserem
deutschen Volk vermittelt werden sollen!... 40)

Als Beispiel dafür wie wahllos und gedankenlos übersetzt wurde, führte er Karel

Capek an, dessen Bücher in Deutschland ein Bombengeschäft seien, obwohl Capek

in der Tschechoslowakei in infamster Weise gegen das Dritte Reich hetze.

Die positiven Veränderungen, die die NL Ende 1934 in den skandinavischen Ländern

zu beobachten glaubte, scheinen eine kurzlebige Illusion gewesen zu sein, denn im

Mai 1935[41] behauptete Will Vesper, daß die skandinavischen Länder sich gegen die

deutsche Dichtung der Gegenwart so gut wie völlig abschließen. Die Emigranten-

literatur sei dagegen mit größtem Erfolg verbreitet worden. Auf diese Weise zeige

man seine Dankbarkeit für die deutschen Verleger, die die nordische Literatur über-

setzt und in der Welt bekannt gemacht hätten. Vesper vergißt dabei, daß es häufig

gerade jüdische Verleger und Lektoren waren, die sich in Deutschland für die skandi-

navische Literatur eingesetzt haben.[42] Besonders erbittert war Vesper über das

Nobelpreiskommitee in Stockholm, das - seiner Ansicht nach - unter "jüdischem

Einfluß" stand. Aus diesem Grunde komme kein wirklicher deutscher Dichter (z.B.

Paul Ernst) für den Nobelpreis in Frage. Als es den Deutschen nach der Verleihung

des Friedensnobelpreises an Ossietzky verboten wurde, in Zukunft einen Nobelpreis

anzunehmen, fand er seine Vermutungen und Behauptungen über die jüdischen Intrigen

in Stockholm bestätigt.[43]

Seit 1935/36 wurden die Berichte über die offizielle deutsche Buchwerbung im Ausland immer zahlreicher[44]; man scheint dabei häufig das Auslandsdeutschtum für das Interesse des Reiches zu engagieren. So berichtete die NL u. a. im September 1935[45], daß der "Deutsche Kulturverein in der Bukowina" eine Ausstellung deutscher Bücher veranstaltet habe, die bei der dortigen Intelligenz stark beachtet worden sei. Nur durch solche und ähnliche Werbung könne man Bücher, die in "deutscher Sprache all das, was uns (= den Nationalsozialisten) hoch und heilig ist, auf das schimpflichste verunglimpfen und in den Kot zerren", entlarven und ausschalten. Ähnliche Ausstellungen müßten überall im Ausland durchgeführt werden, damit die Welt, "der man noch immer mit Emigranten- und Judenliteratur die Augen zu blenden versucht, die aber danach verlangt, endlich wieder das echte Deutschland kennenzulernen", die Neue Literatur kennenlernt. Für diese notwendige Buchwerbung propagierte Vesper noch einmal ausdrücklich im Novemberheft.[46] Dem Ausland müsse endlich deutlich klar gemacht werden, daß die deutsche Dichtung nicht mit den "jüdischen Schmarotzern" vernichtet worden sei. Die Feinde Deutschlands bedienten sich leider der deutschen Sprache, um zwischen Deutschland und der Welt Entfremdung und Mißtrauen zu schaffen und um das Auslandsdeutschtum offen und versteckt mit antideutschen Büchern und antideutschem Geist zu vergiften. Die offenen politischen Hetzbücher seien weniger gefährlich als die geschickte, alles zersetzende jüdische Literatur. Die Bücher der Buchwoche gäben in dieser gefährlichen Situation Schutz und Waffen "gegen völkerzerfressenden Bolschewismus und seelenzerfressenden Amerikanismus".

Die weiteren Artikel der NL bestätigen diese Hoffnungen kaum. So lobte z. B. 1935 der "wirkliche Dichter und Arier" Hermann Hesse[47] in "Bonniers Litterära Magasin" die Exilautoren (u. a. Th. Mann) und den Fischer-Verlag. Vesper war empört, denn Hesse hatte sich mit diesem Lob nicht begnügt, sondern außerdem die neue deutsche Dichtung als Konjunkturliteratur, die nicht ernst genommen werden könne, charakterisiert. Für die NL hatte er damit diese Dichtung an die Feinde Deutschlands und das Judentum verraten und damit die verräterische Rolle der jüdischen Kritik von gestern übernommen.

> ...Hermann Hesse mag seine persönlichen Freundschaften und Sympathien haben, die schon lange nicht mehr die des deutschen Volkes

sind. Aber wenn er als Berichterstatter zu andern Völkern spricht, so
hat er zu seinem Volk zu stehen und zu helfen, die Wahrheit über sein
Volk in der Welt zu Ehren zu bringen. Kann er und will er dabei nicht
helfen, so schweige er wenigstens, wie er von jeher geschwiegen hat,
wenn er hätte seine Stimme für Deutschland erheben sollen... [47]

Als Hesse gegen diese Anklagen in einem Brief protestierte, [48] u. a. mit dem Argument, er sei nicht deutscher, sondern schweizer Staatsangehöriger, warf Vesper
ihm vor, er habe sich schon 1914 von seinem Volk in die sichere Schweiz zurück-
gezogen und sei nun endgültig emigriert. Hesse wird in einem späteren Artikel [49]
als Schulbeispiel dafür dargestellt, "wie der Jude die deutsche Volksseele zu vergiften vermag".

Gerade Skandinavien, das die Nationalsozialisten ja besonders umwarben, [50] enttäuschte immer wieder. Wenn die NL [51] über diese Enttäuschungen berichtete,
polemisierte sie auch mehr oder weniger offen gegen andere nationalsozialistische
Schriften (u. a. die NSMH), die sich gerade über den Norden immer noch Illusionen
machten. [52] Während in Deutschland das Interesse an der skandinavischen Litera-
tur [53] noch nie so groß gewesen sei wie "jetzt" (=1936/37), siege in den nordischen
Ländern die volksvergiftende Emigrantenliteratur über die echte deutsche Dichtung.
Das liege z. T. daran, daß man sich in den skandinavischen Ländern, wie an vielen
Stellen im Ausland, gar nicht die Mühe gebe, gute Bücher aus dem neuen Deutschland überhaupt zu lesen. Man habe immer noch nicht erfaßt (von Ausnahmen wie
Fredrik Böök, Knut Hamsun, Sven Hedin und einigen anderen [54] abgesehen), daß
Deutschland sich durch die nationalsozialistische Revolution vom volksfremden Literatentum befreit habe. In Norwegen und Island [55] sei die Situation ähnlich wie im
übrigen Skandinavien. Die englische und französische Literatur werde auch hier
immer mehr gelesen. Als deutsche Literatur würden nur Bücher von Emigranten
oder Autoren wie Fallada beachtet.

Die Situation schien hoffnungslos zu sein. Die "Emigrantenlüge", daß die ganze
wertvolle deutsche Literatur 1933 emigriert sei, wurde im Ausland anscheinend
allgemein akzeptiert. Da protestierte 1936 Eduard Korrodi in der Neuen Zürcher
Zeitung gegen einen Artikel von Leopold Schwarzschild, in dem diese "Lüge" wieder
einmal scharf und konkret formuliert wurde. [56] Sein Protest mußte von der NL als
Bestätigung und Unterstützung empfunden werden, zumal Korrodi dagegen protestierte,

daß die deutsche Literatur mit der "jüdischen" identisch sei. Das war ja eine "Einsicht", die die NL schon seit Jahren verkündet hatte, scheinbar lange vergebens. Korrodis offener "Protest" konnte nun von Vesper als ein Zeichen dafür gewertet werden, daß in der Schweiz und anderswo "die trüben Wasser, der über ganz Europa eingebrochenen antideutschen Emigrantenhetze allmählich absinken". Die Mitarbeiter der NL werden kaum darüber enttäuscht gewesen sein, daß nun gerade Thomas Mann, sich in einem offenen Brief gegen Korrodi wandte und sich zur Emigrantenliteratur bekannte. Sein Brief wurde schadenfroh in der NL zitiert.[57] Gehässig behauptete Vesper, Mann vollführe hier einen "wahren Eiertanz von scheinbarer Zustimmung zu Korrodis Ablehnung der Frechheiten Schwarzschilds", gebe aber "gleichzeitig Schwarzschild sein Lob und seinen versteckten Beifall", wobei er seine "jüdische Sippschaft" schamhaft verschweige. Mann habe nun endgültig bewiesen, daß er sein Volk verrate und beschimpfe. Seine Bücher müßten deshalb im Reich endlich verboten werden.

> ...Hoffentlich sind über Thomas Mann nun endlich auch diejenigen im klaren, die nach seiner Angabe "drei Jahre lang über ihn schwankten". Glaubt man, daß irgendwo auf der Welt ein Volk es sich gefallen ließe, so von einem in seiner Sprache schreibenden Literaten im Ausland verraten und angepöbelt zu werden, ohne endgültig ihn wie seine Sippe vor die Tür zu setzen?... [57]

Das Dritte Reich hatte sich 1936 stabilisiert, die Appeasement-Politiker dominierten in Europa. Das mußte sich auch auf die literarische Diskussion und die ausländische Presse auswirken. Die Zeichen der "Besinnung", die Vesper dann und wann seinen Lesern melden konnte,[58] vermehrten sich daher etwas. Besonders erstaunlich war es wohl nicht, wenn ein Rezensent der NL entdeckte, daß einige im Ausland herausgegebene Literaturgeschichten (er nannte eine holländische der Professoren van Dam und van Stockum und eine amerikanische von Ernst Rose) neben der Emigrantenliteratur auch die eigentliche deutsche Dichtung behandelten. Rose bekam ein besondere Lob, weil er sich mit Geschick und Redlichkeit bemühe, die gesamte Literatur von der gegenwärtigen deutschen Kulturhaltung aus zu sehen. Aber summiert man sämtliche Artikel in der NL über den Erfolg der "neuen deutschen Dichtung" im Ausland, so änderte sich in den Jahren 1936/37 wenig.

In Argentinien[59] werde gegen die nationale deutsche Dichtung gehetzt. Das dortige starke Auslandsdeutschtum verhalte sich leider passiv. Wenn deutschsprachige

Schöne Literatur überhaupt verkauft werde, so handele es sich meistens um Emigrantenliteratur (Ludwig, S. Zweig, die Brüder Mann, u. a.).

Während die Vorträge Will Vespers in Siebenbürgen[60] vom rumänischen Innenministerium verboten würden, sei man dort gegen die hetzende Emigrantenliteratur weit großzügiger; Übersetzungen aus dem Deutschen gebe es nur von Emigranten und Juden. Die Deutschfeindlichkeit, die keine realen Gründe habe, werde vor allem von Presse und Literatur genährt.

Auch in Frankreich[61] werde die deutsche Literatur mit der Judenliteratur verwechselt (u. a. mit Feuchtwanger, Th. Mann, Wassermann, Brod, Werfel, Baum, Döblin). In Paris[62] habe eine Anzahl bekannter französischer Schriftsteller sich für eine Buchausstellung der Emigranten zur Verfügung gestellt. Diese Ausstellung solle beweisen, daß der deutsche Geist heute in der Emigration seine Heimat habe. Die NL drohte:

> ...Man braucht solche Teilnahme gewiß nicht als Bekenntnis zu überschätzen.
> Der französische Intellektuelle ist etwas sorglos in diesen Dingen. Und man
> weiß, wie in Paris so etwas oft zustande kommt. Aber man wird den französi-
> schen Schriftstellern, die Wert auf deutsche Beziehungen legen, doch bedeu-
> ten müssen, was sie tun, wenn sie sich bei solchem Anlaß und in solcher
> Gesellschaft herausstellen.... [62]

In diesem Zusammenhang erfuhr der Leser der NL auch, daß die deutsche Emigration uneinig war:

> ...Nicht alle (=Emigranten), die wir hier finden sollten, sind dabei. Sollte
> der Zank in der Emigration selbst in diese stille Hinterstube seine Wellen
> geschlagen haben? Interessanter ist zu sehen, was von den Emigratenbüchern
> in fremde Sprachen übersetzt wurde. Es ist nicht so viel, wie man vielleicht
> annimmt, aber immer noch beschämend viel.... [62]

Auch in Italien hatte sich 1937 wenig geändert. Die NL kritisierte u. a. ein Buch von Manilo Manzella als "Machwerk"[63], weil hier die jüdischen Autoren durch eine völlig oberflächliche und unerklärliche Auswahl hervorgehoben würden und die ganze neuere deutsche Dichtung in grob fahrlässige Weise behandelt würde. Das Achsenbündnis hatte zu dieser Zeit also kulturell und literarisch noch nicht gewirkt.

Auch die Verstärkung der deutschen Buchproduktion in der Tschechoslowakei[64] war nach Feststellungen der NL auf die Emigrantenverlage zurückzuführen. Emigrantenliteratur werde aus der Tschechoslowakei ausgeführt, während man die Einfuhr deutscher Bücher z. T. verbiete.

Da die Demokratien anscheinend zu einer freiwilligen "Unterdrückung" der Emigrantenliteratur nicht bereit waren, versuchten NS-Institutionen auf verschiedenen
Wegen internationale "Vereinbarungen im Dienste des europäischen Friedens" vorzuschlagen. So wandten sich während der "Woche des deutschen Buches" (1936)[65]
die Vertreter des deutschen Buchhandels mit einer "Entschließung" an alle ausländischen Buchhändlerorganisationen mit dem Angebot, in Zukunft keine Bücher mehr
zu verlegen oder zu verbreiten, "die unter böswilliger Verzerrung der historischen
Wahrheit das Staatsoberhaupt eines Landes oder ein Volk beleidigen oder die Einrichtungen und Überlieferungen, die einem Volk heilig sind, verächtlich machen".
Das war nichts anderes als der Vorschlag nach einer Zensur, nicht nur über die
Emigrantenliteratur. Eine solche Vereinbarung hätte vor allem den Interessen des
Reiches gedient. Nur in Italien scheint es 1938 z. T. zu einer solchen "Zensur"
gekommen zu sein.[66]

Besonders hoffnungslos war und verblieb die Einstellung der öffentlichen Meinung
in den USA.[67] Dort bestehe immer noch der Wahn, genährt von der überwiegend
jüdischen Presse, daß sich die deutsche Dichtung in den Werken der Brüder Mann,
von Arnold und Stefan Zweig und denen des schwärmerisch gepriesenen Lion
Feuchtwanger erschöpfe. Schon aus diesem Grunde müsse man doppelt vorsichtig
sein, wenn man im Reich amerikanische Literatur übersetze; Presse und Verlag
müßten jedes Werk auf Tendenz und Haltung prüfen, was z. B. bei dem Roman von
Thomas Wolfe "Schau heimwärts Engel", der von der deutschen Presse enthusiastisch begrüßt worden sei, nicht geschehen sei. Wolfe veröffentliche in den Vereinigten Staaten laufend Hetzartikel gegen Deutschland. Während dort der jüdische
Kulturboykott hundertprozentig wirke, wimmle es im Reich von amerikanischen
Produkten. Auch Thomas Mann[68] hetze hier mit anderen Deutschenhaßern und
Kriegstreibern gegen sein Volk und verrate es, wenn er erkläre, man müsse dieses
gefährdete und gefahrvolle Volk wie einen Fieberkranken behandeln. Pessimistisch
beschließt die Mitarbeiterin Joachimi-Dege ihren USA-Bericht:

> ...aber Tag für Tag eine oder mehrere jüdische Giftspritzen - welches
> Volk kann das auf die Dauer aushalten, ohne völlig vergiftet zu werden?
> Und wie in Amerika, so ist es in England, in Frankreich - ja, wo denn
> nicht? - Sprechen wir mit Thomas Mann: "Gott helfe diesen verdunkelten
> und entweihten Völkern!"... [68]

Selbst das Auslandsdeutschtum sei überall[69] durch die deutschsprachige jüdische, nihilistische und bolschewistische Literatur vergiftet worden und werde noch (1938) vergiftet. Gerade darum müsse die echte deutsche Dichtung vermittelt werden, denn es gebe bei den deutschen Volksgenossen und den Vertretern anderer Völker ein wachsendes Interesse für diese Dichtung.

Die Übersetzungsstatistik von Dr. Bauschinger war auch für 1937 entmutigend.[70] Die Neue Literatur mußte daher erneut eingestehen, daß der Büchermarkt in der Welt (auch in Italien 1937) "das deutsche Buch" weiterhin abweise. Überall könne man ein Vordringen des englischen Buches beobachten; die Weltgeltung des deutschen Buches sei immer noch im Rückgang begriffen und die nationale deutsche Literatur werden vom Weltjudentum erfolgreich bekämpft:

> ...Es ist unsere Aufgabe Wege zu finden, auf denen man im gegenseitigen
> Interesse aller Völker einen besseren Austausch ihrer echten geistigen
> Güter herbeiführen kann. Nicht nur ein Weg, viele Wege müssen begangen
> werden.... [70]

3. Der kleine Erfolg durch Gewalt 1938-1943

1938 veränderte sich die Lage auf dem ausländischen Buchmarkt nur durch Gewalt. Zunächst stellte die NL fest,[71] daß man in England die deutsche Dichtung mit der Emigrantenliteratur (Th. Mann, Feuchtwanger, S. Zweig, Remarque u. a.) identifiziere. Die Bücher der Emigrantenverlage (Querido u. a.) würden gekauft und gelobt. Die NL zitierte einen Artikel von Dr. Paul Tabori in "The Bookseller" über die deutsche Literatur, der u. a. enthülle, daß der Rowohlt-Verlag sich mit dem tschechischen Knittl-Verlag zusammengetan habe, um so seine im Reich unerwünschten Bücher loszuwerden.[72] Zu dieser Verbindung gehöre auch der Atrium Verlag. Auf diese Weise mache man ein kleines Versteckspiel mit den deutschen Behörden und Autoritäten. Auch in der Tschechoslowakei sei die aus dem Deutschen übersetzte Literatur immer noch überwiegend Emigrantenliteratur.[73] In Österreich[74] werde die Emigrantenliteratur immer noch mit größtem Aufwand vertrieben. Die verjudete Presse hetze gegen das Dritte Reich, in den Buchläden (insbesondere den Bahnhofsbuchläden) sehe es aus, als seien Feuchtwanger, Döblin, Ludwig u. a. die wichtigsten deutschen Schriftsteller. Neben Hitlers "Mein Kampf" sehe man in

den Schaufenstern der Buchhandlungen oft Konrad Heidens "giftgeschwollenes
Pamphlet". Wien sei unter dem Schutz dunkler Mächte "Schlupfwinkel und Stütz-
punkt deutscher Emigranten" geworden.

Erst nach dem "Anschluß Österreichs"[75] konnte die NL über eine kulturpolitische
Neuordnung in der "Ostmark" berichten, die auch Verlage und Buchhandel erfaßt
habe und gleichzeitig auf die Kulturpolitik der Tschechoslowakei einwirke, so daß
man hier einen langsam einsetzenden Bruch mit der Emigranten-Literatur erwarten
könne. Was durch den "Geist" nicht zu erreichen gewesen war, schaffte jetzt die
Gewalt. Die "jüdischen Verlage" und die "verjudete Presse" wurden gleichgeschaltet und ausgeschaltet. In Österreich wiederholte sich, was 1933 im Reich geschehen
war, schneller und radikaler.

Im übrigen blieb die "geistige Situation" in Europa ziemlich unverändert. Selbst
der Achsenpartner Italien bot dem Volk immer noch Bücher von Juden und Judengenossen als "deutsche" Literatur an. [76] Eine deutsche Literaturgeschichte der
Jüdin Lavinia Mazzucchetti stelle neuerdings (1938) vor allem Juden vor. Der italienische Leser erhalte so ein falsches Bild von der modernen deutschen Literatur.
Erfreulicherweise hätten italienische Verleger nun beschlossen, Bücher von Juden
nicht mehr zu übersetzen. Im November 1938 war zwischen Deutschland und Italien
ein Kulturabkommen abgeschlossen worden, das u. a. auch die Übersetzung von
geeignet erscheinender Literatur vorsah. [66]

Die außenpolitischen Erfolge der Nationalsozialisten scheinen auch in anderen
Ländern gewirkt zu haben. So meldete u. a. Paul Grassmann aus Stockholm, [77] daß
die Einstellung in Schweden sich langsam verändere. So habe u. a. der schwedische
Schriftsteller K. G. Ossianilsson Thomas Mann angegriffen, weil Mann in seinem
"beleidigenden Brief an die Universität in Bonn" gegen sein Vaterland hetze. In
Schweden beginne man nun, die Zivilisationsliteratur der Weimarer Republik leid
zu werden, und man könne daher endlich die Einstellung des neuen Deutschlands zu
dieser Literatur verstehen. Die meisten Deutschlandreisenden gäben außerdem ein
ganz anderes Bild von Dritten Reich als Thomas Mann und seine Gesinnungsgenossen. [78]

Solche kleinen Zeichen der "Besinnung" konnten sogar aus den USA gemeldet werden. [79] Die NL mußte zwar zunächst berichten, daß die Emigranten hier den größten

Erfolg hätten, die größten Auflagen erzielten (vor allem Th. Mann, Ludwig, Wassermann, Feuchtwanger, Remarque), da es der jüdisch-literarischer Kulturkritik
gelungen sei, den amerikanischen Leser vom Wert dieser Literatur zu überzeugen.
Die Folge sei, daß ein ganzer Kontinent über das wichtigste Volk Europas falsch
unterrichtet werde. Der Leser suche nun in den "deutschen Büchern nur die Bestätigung seiner Vorurteile". Die amerikanische Literaturgeschichte bestärke diese
Vorurteile noch. So habe Klaus Mann in einem Artikel in "Books abroad"[80] behauptet,
daß das kulturelle Leben in Deutschland 1933 aufgehört habe, ein kulturelles Leben
zu sein, innerhalb des Dritten Reiches sei alles geistig tot, nur außerhalb der deutschen Grenzen entwickele sich die deutsche Kultur weiter.[81] K. Mann lobe die
Literatur und Presse der Weimarer Republik. Doch auch in den USA scheint es
einen kleinen Lichtblick gegeben zu haben. Die NL konnte ihren Lesern nämlich
mitteilen, daß es so schiene, als habe diese Nr. der Zeitschrift "doch nicht die
allgemeine Zustimmung der amerikanischen Leser gefunden!", denn die nächste Nr.
habe ausgerechnet Will Vesper in den Mittelpunkt der Betrachtung gerückt und sehe
beinahe aus wie "eine Art Entschuldigung an protestierende Leser". "...Es bleibt
auch da noch sehr viel zu wünschen übrig, aber der gute Wille soll anerkannt werden..." lobte die NL. Nur habe man Will Vespers "Sendung, in die dunklen Ecken
der jüdischen Giftmischerbude hineinzuleuchten", verschwiegen. Hat die NL mit
ihrer Deutung recht, so muß wohl angenommen werden, daß die reichsdeutsche
Propaganda selbst in den USA nicht ganz erfolglos gewesen ist.[82] Von einem ent-
scheidenden Erfolg kann jedoch weder in Schweden noch in den USA oder anderen
demokratischen Ländern die Rede sein.

Nach sechsjährigen Erfahrungen dieser Art, bei denen die hoffnungsvollen "Einsichten" im allgemeinen Ausnahmen blieben, gab die NL im Januarheft 1939 zu,[83]
daß die Juden und Emigranten in der Auslandswerbung überlegen seien. Noch immer
würde eine Sammlung wie "Forum deutscher Dichter" (eine Gemeinschaftsprodukti on
der Verlage S.Fischer, Stockholm, Allert de Lange und Querido, Amsterdam), die
fast ausschließlich Judenliteratur enthalte, im Ausland mit Erfolg als deutsche
Dichtung verkauft. Man müsse nun endlich zusehen, daß dies in Zukunft nicht mehr
möglich sei. Vesper ermahnte - wohl in Gedanken an die zahlreichen innerdeutschen
Streitigkeiten zwischen den Hütern der NS-Weltanschauung:

... Nicht Eigenbrötlerei, sondern nur nationalsozialistische Geschlossen-
heit und Einigkeit kann auch hier zum Ziel führen.... 83)

Man dürfe den deutschen Büchermarkt in der Welt nicht länger von Emigranten und
Juden beherrschen lassen, wie es u.a. immer noch in Frankreich und England der
Fall sei. [84] In London besorge der Germanist Prof. Willoughby die Geschäfte des
internationalen Judentums, er lobe die "entarteten" Künstler und die verfemten
Schriftsteller, die aus dem Reich emigriert seien.

Diese ständigen pessimistischen Berichte in der NL können kaum durch einige
optimistische Prophezeiungen im Bewußtsein des Lesers abgeschwächt worden sein.
Hanns Johst Behauptungen zur "Kundgebung des Deutschen Buchhandels", Kantate-
sonntag 1939 [85] über den Umsatz des deutschen Buchhandels, der seit 1933 gestiegen
sei, "obwohl die Juden vor, auf und hinter dem Ladentisch in die Versenkung oder
noch weiter in die Emigration" verschwunden seien, müßten auf den initierten Leser
eigentlich ironisch gewirkt haben. Aber ganz zufriedenstellend scheint die "geistige
Lage" im Reich auch nicht für Johst gewesen zu sein, [86] denn er kritisiert die Übersetzungsmanie der deutschen Verlage als eine Flucht vor dem Programm des Nationalsozialismus. Auch 1938 änderte sich nichts an der Übersetzungsstatistik von
Charlotte Bauschinger. [87] Selbst Italien enttäuschte den Achsenpartner immer noch,
denn hier würden außer Werken von Fallada, Kästner und Rilke samt seichter Unterhaltungsliteratur immer noch 15 jüdische Bücher übersetzt. Von wirklich guter neuerer
deutscher Literatur wolle man überall wenig wissen, auch wenn die Situation (aus
leicht verständlichen Gründen!) in der Tschechoslowakei etwas besser geworden sei.
In Ungarn sei ein Drittel der aus dem Deutschen übersetzten Bücher noch Juden-
oder Emigrantenliteratur, ein anderes Drittel sei nur Schund. In der Sowjetunion
übersetze man im Wesentlichen neue und ältere Judenliteratur von Heine bis Feuchtwanger. Das englische Buch feiere weiterhin große Erfolge, selbst Deutschland
könne ihm nicht widerstehen.

Angesichts dieser "bitteren" Tatsachen forderte Vesper den NS-Staat erneut auf,
mehr für die Übersetzung der guten deutschen Literatur zu tun, und es nicht länger
dem Zufall oder den Juden zu überlassen, was übersetzt werden solle. Man müsse
der Welt unermüdlich den Unterschied zwischen volkhafter deutscher und jüdischer,
leider deutsch geschriebener Literatur klarmachen. Beim geistigen Austausch dürfe

nicht länger ein Einfuhrüberschuß entstehen, die englisch-amerikanische Literatur
dürfe nicht mehr so leicht übernommen werden und auch mit der nordischen Literatur
müsse ein gesünderer Ausgleich gesucht werden.[88]

Mit dem Kriegsausbruch und den deutschen Siegen in Europa veränderte sich auch
"endlich" die "geistige Situation" in den eroberten europäischen Staaten. Nun
konnte man den Besiegten die nationale Literatur aufzwingen und die Emigrantenliteratur verbieten.[89] Aus Holland meldeten z. B. die NSMH 1940 eine "Säuberung
des Büchereiwesens", bei der alle "Machwerke jüdischer und deutschfeindlicher
Emigranten" ausgemerzt würden. Es handele sich vorwiegend um die Produktion
der Verlage Querido und Allert de Lange.[90]

Auch in den neutralen europäischen Staaten konnten die Emigranten und ihre Gesinnungsgenossen nicht mehr so frei wirken wie vor dem Kriegsausbruch.[91] Nur in
Amerika veränderte sich die öffentliche Meinung höchstens zu Gunsten der Emigranten.
Marie Joachimi-Dege[92] konnte daher über eine "intensive antideutsche Tätigkeit"
der Emigranten (u. a. Th. Mann) in den USA berichten. So habe Will Vesper auf
seine Rundfrage an amerikanische Bibliotheken den Bescheid erhalten, daß die
Emigrantenliteratur (mit Ausnahme von vor allem G. Hauptmann) dort so gut wie
allein die deutsche Literatur repräsentiere. In Europa war die Situation für die
echte deutsche Dichtung - nach Vesper - viel günstiger geworden.[93] Während der
europäische Leser vor 1939 fast nur von Emigrantenliteratur gehört habe und man
die Heimatliteratur für etwas Beschränktes gehalten habe, könne er nun (1942) endlich lernen, daß die "jüdische Mistelbeere" keine "echte deutsche Frucht" sei.

Im Aprilheft 1942[94] wurde noch einmal die Übersetzungsstatistik von Dr. Bauschinger
für 1939 ausgewertet. Die enttäuschenden Erfahrungen aus den Jahren 1933-1938
wiederholten sich in diesem "letzten Friedensjahr" noch einmal. Der englische
literarische Einfluß war überall gewachsen. Die europäischen Völker standen ohne
Ausnahme der deutschen Dichtung der Gegenwart verständnislos gegenüber. Das
Judentum, daß den ganzen europäischen Verlagsbuchhandel, die Presse und das Verlagswesen beherrsche, beeinflusse den Geschmack. Nur in Italien sei die Emigrantenliteratur unter Staatsdruck zurückgegangen. In der Tschechoslowakei sei man trotz
der Einordnung ins Reich bei der Vorliebe für das englische und französische Buch
geblieben, nur die Emigrantenliteratur sei notgedrungen verschwunden. (Ähnlich

wird die Situation später in anderen besetzten Ländern gewesen sein, nur daß
dies von der NL nicht offen zugegeben wurde.) Übersetzt werde überall der auch bei
den Juden beliebte Rilke. In Ungarn, Rumänien und Bulgarien habe sich das Bild
auch 1939 (trotz der politischen Bündnisse mit dem Reich) nicht geändert. Schuld
an den Zuständen im Südosten sei die jüdische Verlegerschaft.

Ein Jahr später konnte die "echte deutsche Dichtung" in den europäischen eroberten
Ländern endlich durch Buchausstellungen, Dichterlesungen, Propagandaaktionen und
Druck auf die Verleger (ohne unpassende Störungen durch die Konkurrenz der Emi-
granten) gefördert werden.[95] Fast in jedem Land fanden sich auch einige Opportu-
nisten oder Verführte, die sich für die nationalsozialistische Propaganda ausnutzen
ließen.[96] Einen größeren europäischen Leserkreis hat die "Literatur des neuen
Deutschlands" sicher auch während der Kriegsjahre nicht errungen. Gunst und
Interesse des Lesers ließen sich nicht erzwingen.

Urteilt man nur nach den Artikeln in der Neuen Literatur, so war der Mißerfolg
der echten deutschen Dichtung auf dem ausländischen Buchmarkt fast total. Die
Werbung und Propaganda der Nationalsozialisten hatte vor 1939 trotz großem Aufwand und häufig nicht unerheblichemDruck kaum gewirkt. Vor 1939 fand Will Vesper
einen Grund für so manches Kulturfiasko der Nationalsozialisten im Ausland.[97] Die
Mißerfolge, so behauptete er, seien durch die jüdischen Mittler der deutsche Verlage
und Unternehmer inszeniert worden. Er forderte deshalb, den deutschen Veranstal-
tern zu verbieten, sich in Zukunft durch jüdische Makler und Mittler vertreten zu
lassen. Erst mit Hilfe der Gewalt gelang es nach 1939, den Verlegern in den besiegten Ländern neue deutsche Dichtung aufzuzwingen. In einigen Fällen scheint es sich
auch um "freiwillige" Anbiederungsversuche gehandelt zu haben,[95-96] aber die
geistige Empfänglichkeit der Leser in den besetzten Ländern für die "Literatur des
neuen Deutschlands" war gewiß bedeutend geringer als in Deutschland nach 1933, wo
"freiwillige Gleichschaltung" typisch, Widerstand Ausnahme war, auch wenn diese
Gleichschaltung nicht immer so tief gewirkt hat, wie es scheinen mochte, und dieser
Widerstand häufiger vorgekommen ist, als oft geglaubt wurde.[98]

Anmerkungen zu Kapitel II

1) Vgl. Walter: Deutsche Exilliteratur. ..., Exilpresse 1, Bd. 7, S. 15-16.
2) Vgl. u. a. Dr. jur. E. H. Bockhoff: Ganze oder halbe Neutralität, NSMH, 1938,
   S. 910-915; ders.: Neutralität und Demokratie im 20. Jahrhundert, NSMH, 1939,
   S. 46-66.
3) Vgl. u. a. Emil Ludwig-Cohns "Mord in Davos" als Ausdruck jüdischer Geistes-
   haltung, NSMH, 1936, S. 1010: Ludwigs Buch wurde in der Schweiz verboten.
4) Vgl. u. a. U. M. 1933, S. 109, 233-236 und Tutas, S. 40-41.
5) Vgl. u. a. Dr. Elisabeth Bauschingers Übersetzungsstatistik für 1937 im "Börsenblatt für den deutschen Buchhandel", ausgewertet in U. M. 1939, S. 314-317; für
   1938 siehe U. M. 1942, S. 92-94 sowie dies.: Das deutsche Buch in fremden
   Sprachen. In: Mitteilungen der Akademie zur wissenschaftlichen Erforschung
   und zur Pflege des Deutschtums, 1937 (= 1936), H. 4, S. 473-528; 1937, H. 4,
   S. 481-522; dies.: Deutsche Kultur im Leben der Völker, 1938, H. 4, S. 565-608;
   1939, H. 3, S. 370-420; Sonderdruck der deutschen Akademie in München, 1941,
   H. 2: für die Jahre 1935, 1936, 1937, 1938, 1939. Zur Tätigkeit offizieller Institutionen im Ausland vgl. u. a. Ernst Ritter: Das deutsche Auslandsinstitut Stuttgart 1917-1945. Ein Beispiel deutscher Volkstumsarbeit zwischen den Weltkriegen, Wiesbaden, 1976.
6) Hans Friedrich Blunck: Werbung, NL, 1933, S. 14-16.
7) U. M. 1933, S. 420-422.
8) Viele Beispiele lassen sich dafür in den Leitartikeln (U. M.) finden.
9) Wahrscheinlich sind Exilzeitschriften und Exilbücher von deutschsprachigen Be-
   völkerungsgruppen in verschiedenen Ländern gekauft worden. Vgl. u. a. Walter,
   Bd. 7, S. 18-19.
10) Vgl. u. a. U. M. 1934, S. 474-475; 1935, S. 564 (deutsche Bücher in der Tschechoslowakei verboten); 1936, S. 424 (Vespers Vorträge in Rumänien verboten); 1940,
   S. 175 (über Verbote gegen die NL).
   (Zur Tätigkeit und den Methoden der NS in "volksdeutschen" Gebieten vgl. u. a.
   Lothar Kettenacker: Nationalsozialistische Volkstumspolitik im Elsass, Stuttgart,
   1973).
11) Walther Linden: Deutsche Kulturwerbung in der Welt, NL, 1933, S. 125-132. Es
   waren nicht nur die Botschaften, die diese Werbung betrieben, hier insbesondere
   Presseattaché und Kulturreferent, sondern u. a. auch die Auslandsorganisation
   der NSDAP, der Deutsche Akademische Austauschdienst und Organisationen für
   einzelne Länder wie die Nordische Gesellschaft oder die Nordische Verbindungs-
   stelle. Dabei kam es vor, daß die Botschaftsangestellten oft mit Organisationen,
   die von der Partei geleitet wurden, über die Methoden der Werbung, die Art der
   Werbung usw. uneinig waren. Vgl. hierzu u. a. Åke Thulstrup: Med lock och pock
   (= Mit Versprechungen und Drohungen). Tyska försök att påverka svensk opinion
   1933-45 (Deutsche Versuche, die öffentliche Meinung in Schweden zu beeinflussen),
   Stockholm, 1962.
12) U. M. 1933, S. 654-656; Zitat, S. 654. Vgl. auch Dr. Karl Bömer: Die Methoden
   ausländischer Pressepropaganda, NSMH, 1934, S. 913-921 über die Zusammenarbeit zwischen Emigrantenpresse und den Feinden Deutschlands. In der Einleitung des Artikels wird jedoch behauptet, daß die "Lügen und Fälschungen der
   Emigranten so haarsträubend" gewesen seien, "daß selbst die erklärtesten Feinde

des Nationalsozialismus" von ihnen abrückten. Aber die Auslandspresse hebe sich "bedauerlicherweise nur im Ton nicht in der Tendenz" von der Exilpresse ab.

13) Vgl. hierzu Walter, Bd. 7, S. 245-247.

14) Vgl. u. a. Berglund: Deutsche Opposition..., S. 45-47; Hans Albert Walter: Deutsche Exilliteratur....: Asylpraxis und Lebensbedingungen in Europa, Bd. 2, Sammlung Luchterhand 77, 1972, S. 7-157; Helmut Müssener: Exil in Schweden, München, 1974, S. 72-74 und besonders Tutas, S. 7-32 u. a.

15) U.M. 1934, S. 55-56.

16) Vgl. u. a. Hermann Graml: Europa zwischen den Kriegen, dtv 4005, München, 1969, S. 295-300, 357-362; Walter, Bd. 2, S. 91-100, 106-131.

17) Offiziell fehlte dem "Austrofaschismus" die antisemitische Komponente, er bekämpfte vor allem die Sozialisten. Auch die österreichischen Nationalsozialisten sind von der Regierung Dollfuss und Schuschnigg bekämpft worden. Ein einigermaßen sicheres Asylland für Emigranten ist Österreich natürlich nicht gewesen. Die Behauptungen der NL über Österreich als Schlupfwinkel der Emigranten sind daher stark übertrieben. Vgl. Walter, Bd. 2, S. 91-100. In den NS-Zeitungen im Reich wurde der starke jüdische Einfluß auf die "klerikale österreichische Regierung" immer wieder betont (vgl. Kap. I, Anm. 24,) über Schaukals antisemitische Einstellung). Vgl. u. a. Dr. H. Schramm: Das Judentum im heutigen Österreich, NSMH, 1934, S. 666-672. Hier wurde u. a. behauptet, die Regierung Dollfuss würde vom internationalen Judentum unterstützt, die Wiener Presse sei verjudet. Vizekanzler Starhemberg befände sich in den Händen jüdischer Kapitalisten. Vgl. auch Francis L. Carsten: Österreichischer Faschismus. Von Schönerer zu Hitler, München, 1976 (C. behandelt nicht nur den österreichischen NS, sondern auch den Austrofaschismus).

18) Vgl. u. a. den antisemitischen Leserbrief aus der Schweiz an die NL, 1933, S. 656-658, der durchaus echt sein kann, siehe Walter, Bd. 2, S. 106-131; Peter Stahlberger: Der Züricher Verleger Emil Oprecht und die deutsche politische Emigration 1933-1945, Zürich, 1970, S. 45-78.

19) Walter, Bd. 7, S. 15-16.

20) Vgl. u. a. hierzu die NSMH, z. B. Dr. Karl Viererbl: Kulturbolschewismus in der Tschechoslowakei, 1937, S. 145-158, sowie Zur weltanschaulichen Lage, 1937, S. 262-263, vgl. Walter, Bd. 2, S. 150. Siehe auch Heinrich Mann: Kultur. In: ders.: Verteidigung der Kultur. Antifaschistische Streitschriften und Essays, Berlin (Ost), 1973, S. 162-167. Rede zum Volkskulturtag (gemeinsame Veranstaltung von Deutschen und Tschechen) in Reichenberg, den 25. 6. 1938.

21) U.M. 1934, S. 243-244. (dort auch "Lissy - oder die Versuchung" von F. C. Weiskopf

22) Vgl. Walter, Bd. 2, S. 142-153; ders. Bd. 7, S. 15; Kurt R. Grossmann: Emigration, Frankfurt a. M., 1969, S. 41-48.

23) Mitteilungen, NL, 1934, S. 249. Vgl. hierzu Hermann Kesten: Die deutsche Literatur. In: Die Sammlung, H. 9, 1934, S. 453-460, vgl. Mallmann.

24) Vgl. u. a. Horst Lange: Bücher nach dem Kriege. In: Der Ruf. Eine deutsche Nachkriegszeitschrift, dtv 39, München, 1962, S. 218-220; Mallmann, S. 285-306.

25) U.M. 1934, S. 394-395; Zitat S. 395. Vgl. zu Kesten die spätere Berichtigung U.M. 1934, S. 597: Kesten sei auch Jude, aber er habe es verstanden, sich als Arier aufzuspielen.

26) U.M. 1934, S. 596; 1936, S. 243; 1938, S. 150-151; 1939, S. 43.

27) U.M. 1934, S. 395-397. Vgl. Kap. IV, 80 (Amerikanischer Brief). Vgl. zum DAI Ritter.

28) U.M. 1934, S. 397-398.

29) U.M. 1939, S. 400-401. Vgl. Kap. IV, 103 (Beer und Wolfgramm).

30) Vgl. hierzu die Deutschlandberichte der Sopade, Februar 1935, S. 68-75, wo u.a. behauptet wird, daß bei konservativen Autoren (u.a. Mechow) nach innen Katzenjammer herrsche. Zu diesen enttäuschten Autoren rechnete die Exilzeitschrift eine ganze Reihe von Dichtern, die in der NL positiv beurteilt wurden und z.T. hier mitarbeiteten, u.a. H. Grimm, Kolbenheyer, Mechow, Britting, Alverdes, Binding. Alverdes und Mechow waren die Herausgeber des "Inneren Reichs." Vgl. Kap. III, Zu Grimm vgl. R. Geissler, S. 142-150.

31) U.M. 1934, S. 471-472. Vgl. Kap. IV, 4 (Capesius).

32) U.M. 1934, S. 472-473. Vgl. Kap. IV, 80 (Galinsky und Fehr)

33) U.M. 1934, S. 594-596. Vgl. Kap. IV, 80 (Frese).

34) U.M. 1934, S. 596-597.

35) U.M. 1934, S. 658-659.

36) Vgl. u.a. Brief aus Berlin. In: Das Wort, H. 6, 1937, S. 108-109.

37) U.M. 1934, S. 805-806; Zitat S. 806.

38) Vgl. u.a. Schrifttumsschau, NSMH 1936, S. 286-287 (mit der optimistischen Behauptung, daß sich das deutsche Schrifttum im Ausland wieder durchsetze). Sowie Schrifttumsschau 1937, S. 747 (wo dies insbesondere von Holland behauptet wird).

39) Vgl. u.a. U.M. 1938, S. 262-263; 1939, S. 314; Bauschinger: Das deutsche Buch in ..., 1939, H. 3, S. 376-377 u.a.

40) U.M. 1935, S. 45-46; Zitat S. 45, Vgl. über Capek u.a. S. 108, s.a. Kap. III und IV

41) U.M. 1935, S. 300.

42) Max Tau und Bruno Cassirer verlegten Sigrid Undset, Johan Falkberget, Olav Duun, Gabriel Scott, Tarjei Vesaas. Walter A. Berendsohn gab über Knut Hamsun (München, 1929) und Selma Lagerlöf (München, 1927) Schriften heraus.

43) U.M. 1935, S. 174-175; Mitteilungen; NL 1935, S. 631; U.M. 1936, S. 59-60; 1937, S. 154.

44) Vgl. z.B. Kritik der Zeit, NSMH 1935, S. 952 (Buchpreis bei Export um 25% herabgesetzt), Schrifttumschau, NSMH 1937. S. 573, S. 853-855. In den verschiedenen Ländern bildeten sich Organisationen für die Zusammenarbeit mit dem Dritten Reich, deren ausländische Mitglieder sicher oft eine naive oder falsche Vorstellung vom Dritten Reich gehabt haben, vgl. u.a. Thulstrup, S. 31-52, 124-155, 218-230. Oft wurden Vereinigungen von vor 1933 ausgenutzt und (wenigstens im Reich) gleichgeschaltet, aber auch neue Vereinigungen wurden gegründet, in Schweden u.a. die "Schwedisch-deutsche Literaturgesellschaft" (gegr. 1939), die sich für die Herausgabe der "neuen deutschen Dichtung" einsetzen sollte, vgl. für Schweden auch Müssener, S. 56-58 und für USA die Abhandlung von Caroline Bander über nationalsozialistische Propaganda in den USA, die in Los Angeles erscheint und der Verf. von Prof. Marta Mierendorff im Manuskript zur Verfügung gestellt wurde. Zur Propagandatätigkeit der deutschen Autoren im Ausland siehe auch Hubertus Schröder-Steinegger: Der deutsche Schriftsteller im Ausland. In: Der deutsche Schriftsteller, 6. Jg. (1941), Nr. 2, S. 19-20; sowie u.a. Johst.

45) U.M. 1935, S. 559-560.

46) Will Vesper: Vom Sinn der Buchwoche, NL 1935, S. 641-643.

47) U.M. 1935, S. 685-687; Zitat S. 686-687. Vgl. hierzu auch Hermann Hesse: Neue deutsche Bücher. Literaturberichte für Bonniers Litterära Magasin 1935-1936, hrsg. von B. Zeller, Marbach, 1965. Gerade Hesses Haltung muß Vesper schwer enttäuscht haben, denn er gehörte zu den Autoren, die Vesper bewundert hat; 1927 hatte er ein Hesse-Sonderheft herausgegeben.vgl. Die Schöne Literatur H.7, 1927 (28. Jg.), Leipzig, S. 289-335; S.a. Hermann Hesse: Politik des Gewissens, Frankfurt a.M., 1978; das Buch zeigt, wie unnachgiebig Hesse dem NS von Anfang an gegenüberstand.

48) U.M. 1936, S. 57-58, 239-242; 1937, S. 371, 424-426.

49) U.M. 1936, S. 242.

50) Vgl. u.a. die Zeitschrift der Nordischen Gesellschaft "Der Norden" sowie Thulstrup, S. 31-46 über die Tätigkeit der Nordischen Gesellschaft; s.a. Thilo von Trotha: Der Geist des Nordens, NSMH 1934, S. 69-72 u.a. Vgl. Kap.IV.

51) Vgl. Kap. IV. über u.a. Salminen, Moberg, Laxness, Anderson-Nexö, Sillanpää.

52) Diese Illusionen wurden z.T. noch im Krieg aufrechterhalten,vgl. u.a. Dr. Hans Bähr: Der Protest des Nordens, NSMH 1940, S. 136-141; Karlheinz Rüdiger: Deutschland und der Norden, ebenda, S. 488-490 u.a. Wie wenig diese Vorstellungen berechtigt waren, zeigt u.a. Thulstrup.

53) U.M. 1936, S. 56-57.

54) Vgl. Kap.IV über u.a. Hamsun und Hedin.

55) U.M. 1936, S. 116-117.

56) U.M. 1936, S. 242-243. Vgl. zu E. Korrodi auch Walter, Bd. 2, S.127, 220, 257. Korrodis Einstellung den Emigranten gegenüber scheint ziemlich ablehnend gewesen zu sein. Vgl. auch Stahlberger, S. 109-110, 113, 237-239, sowie Berglund: Deutsche Opposition..., S. 69.

57) U.M. 1936, S. 362-365; Zitat S. 365. Vgl. hierzu auch Hans Hagemeyer: Die sittliche und politische Forderung des deutschen Schrifttums, NSMH 1934, S. 1101-1110, wo es auf S. 1103 heißt: "Wir lehnen die Werke (= Thomas Manns Werke) nicht wegen ihres Könnens, sondern wegen ihrer Haltung ab". Vgl. auch S. 1108, sowie Schrifttumsschau, NSMH 1935, S. 764 (Protest der NSMH, weil ein erheblicher Teil der deutschen Presse Thomas Mann zu seinem 60. Geburtstag "beweihräuchert" hat). Vgl. auch Hübinger.

58) K.A. Kutzbach: Die Literaturgeschichtsschreibung unserer Zeit III, NL, 1936, S. 522-524.

59) U.M. 1936, S. 295-299. Vgl. Walter, Bd. 7, S. 19. In Südamerika war der Einfluß der NS-Auslandsorganisationen in Wirklichkeit groß. Siehe auch Bander: Summary of the Nazi Propaganda in the United States, Nazi Activity in Los Angeles, The Nazi Press. Die Nationalsozialisten versuchten systematisch die "deutschstämmige Bevölkerung" (die sog. Volksdeutschen und die Auslandsdeutschen) für ihre Zwecke zu gewinnen und auszunutzen. Das ist ihnen z.T. gelungen, in Europa im allgemeinen mehr als in USA. Siehe auch Thulstrup, S. 156-230.

60) U.M. 1936, S. 424-425.

61) U.M. 1936, S. 735. Vgl. Kap.IV, Anm. 90.

62) U.M. 1937, S. 479-480; Zitate S. 480 u. 479. Vgl. H. Mann, S. 149-153; s.a. Kap. 4 (Gide und Rolland u.a.); A. Kantorowicz: Politik u. Lit. im Exil, Hamburg 1978.

63) U.M. 1937, S. 367-368.

64) U.M. 1937, S. 478-479.

65) Mitteilungen, NL 1936, S. 666-667.

66) U.M. 1938, S. 262-263; 1939, S. 314. Ein Kulturabkommen wurde u. a. auch mit Ungarn abgeschlossen. Vgl. U.M. 1936, S. 425, s. a. Kap. IV. Für Schweden vgl. Thulstrup.

67) Hans Franke: Unerwünschte Einfuhr, NL 1937, S. 502; U.M. 1937, S. 527-528; vgl. Bander über die Versuche der NS, die öffentliche Meinung in USA zu beeinflussen.

68) U.M. 1937, 586-588; Zitat S. 588.

69) U.M. 1938, S. 40-41.

70) U.M. 1939, S. 314-317; Zitat S. 316.

71) U.M. 1938, S. 150-152.

72) Verfemte Bücher sind übrigens von reichsdeutschen Verlagen und NS-Behörden zu Schleuderpreisen im Ausland verkauft worden; vgl. Walter, Bd. 2, S. 177-178. Die Nationalsozialisten trugen also zur Verbreitung der verfemten Literatur im Ausland selbst bei, eine Tatsache, die den Mitarbeitern der NL sicherlich bekannt war.

73) U.M. 1938, S. 99-100.

74) U.M. 1938, S. 97-98.

75) U.M. 1938, S. 207-210, vgl. auch S. 264-265.

76) U.M. 1938, S. 262-263.

77) U.M. 1938, S. 364-367. Vgl. auch Behauptungen über die veränderte Einstellung im Südosten Europas, siehe u. a. Schrifttumsschau, NSMH 1939, S. 90, ebenda, S. 921; diese optimistischen Behauptungen stimmen jedoch nicht mit Bauschinger, 1938-1939 überein, vgl. dort, siehe auch Kap. IV.

78) Auch in der Exilpresse wurden häufig "Reiseberichte" von ausländischen Journalisten und anderen über das Dritte Reich kritisiert; vgl. u. a. Deutsche Informationen vereinigt mit Deutsche Mitteilungen vom 5. 4. 1938, S. 4. Kritisiert wurden u. a. Schriften wie Sven Hedin: Deutschland und der Weltfrieden. Vgl. hierzu Thulstrup, S. 139-147 und über Böök, S. 133-139.

79) U.M. 1938, S. 419-420.

80) U.M. 1939, S. 263-265; Zitat S. 265.

81) Ähnliches wurde in der Exilpresse seit 1933 behauptet, vgl. Berglund: Deutsche Opposition..., S. 67-71.

82) Vgl. u. a. Walter, Bd. 2, S. 19 sowie Bander: Summary of the Nazi Propaganda in the United States,

83) U.M. 1939, S. 42-44; Zitat S. 44. Vgl. hierzu den ironischen Kommentar in der Internationalen Literatur, Nr. 5, 1939, S. 146 (Neue deutsche Literatur auf Englisch), über Vespers Klagen; siehe auch Braune Buchbilanz, ebenda, Nr. 4, 1936, S. 93-96.

84) U.M. 1939, S. 208-210.

85) U.M. 1939, S. 417-418. Zu Johst vgl. Einleitung, Anm. 16.

86) Vgl. ähnliche Ausführungen bei Bauschinger, 1939, S. 370, 389, 420 über die "neu hereinbrechende Übersetzungswelle"; siehe Kap. IV. Sie fordert einen gesunden Ausgleich mit der nordischen Literatur; vgl. hierzu auch Heinrich Jessen: Nutzen auf Schaden der nordländischen Übersetzungsliteratur, Bücherkunde, H. 6, 1940, S. 159-161.

87) U.M. 1940, S. 123-126.

88) Vgl. Bauschinger, 1939, S. 420 sowie Kritik der Zeit, NSMH 1940, S. 438-439, Schrifttumsschau, NSMH 1940, S. 501 (über das "Sterben" der Exilpresse in Europa).

89) Vgl. Schrifttumsschau, NSMH 1938, S. 467; 1939, S. 89-90, 263, 460, 921; 1940, S. 181-182, 244-245, 310, 377, 637, 720, 817-818 u. a. (u. a. über Vortragsreisen ausländischer Autoren in Deutschland). Siehe auch Kap. IV, Vgl. hierzu u. a. Gabriele Hoffmann: Propaganda in den Niederlanden. Organisation und Lenkung der Publizität unter deutscher Besatzung 1940-1945 (Dokumentation, 1976).

90) Schrifttumsschau, NSMH, 1940, S. 818. Die Säuberung scheint sich in den besetzten Ländern auch auf einheimische Autoren erstreckt zu haben, die Gegner des Nationalsozialismus waren (u. a. Sigrid Undset), vgl. Kap. IV.

91) Vgl. u. a. Walter, Bd. 7, S. 12-13; Berglund: Deutsche Opposition..., S. 46-47; Müssener, S. 74-76.

92) Joachimi-Dege: Amerika - ?, NL 1940, S. 229-230. Vgl. hierzu Bander: United States Entry to the War, December 1941-1945 u. a. Schon seit Kriegsausbruch waren die Möglichkeiten der Nationalsozialisten, in den USA zu propagieren, immer geringer geworden.

93) Vgl. u. a. Mitteilungen, NL 1940, S. 223; U. M. 1940, S. 287; 1942, S. 21-22; Will Vesper: Gespräch mit einem Ausländer über die deutsche Dichtung der Gegenwart, NL 1942, S. 73-76 u. a. Siehe auch 89). Offenbar haben die deutschen Erfolge in den ersten Kriegsjahren im Ausland stärker gewirkt als die eigentliche NS-Propagandaoffensive, vgl. Thulstrup, S. 46-52, 229-230, 253-255. Das schwedische Volk konnte für die NS-Ideen nicht gewonnen werden, aber bestimmte Ideen wie der Antisemitismus und der Antibolschewismus waren zeitweise gangbar. Das scheint auch für andere Länder zu gelten. Vgl. hierzu auch Bander.

94) U. M. 1942, S. 92-94.

95) Mitteilungen, NL 1940, S. 27, 55, 80, 103, 127, 222-223 sowie U. M. 1940, S. 136-137, 188-190, 308-309 usw. Vgl. auch Schrifttumsschau, NSMH 1941, S. 179, 276, 550-552, 632, 751, 955; 1942, S. 405, 822-824 usw.

96) Vgl. u. a. U. M. 1939, S. 417; 1940, S. 147 (Knut Hamsun), Schrifttumsschau NSMH 1939, S. 282-283 (Svensk-Tyska Litteratursällskapet), Brückenschlag von Flandern zum Reich, NSMH 1944, S. 247-253 u. a., siehe auch Kap. IV.

97) U. M. 1937, S. 104-106.

98) Vgl. Kap. III, IV.

III.   "Gegen Innere Emigration und Literatengesellschaft"

A.   Der Kampf der Neuen Literatur gegen Autoren im Dritten Reich

1. Allgemeines

Die Neue Literatur beurteilte alle Werke, die im Dritten Reich erschienen, nach ihren eigenen politischen und literarischen Maßstäben. Romane, Novellen, Schauspiele und Gedichte der "Inneren Emigranten" sind in der NL und in anderen nationalsozialistischen Zeitschriften rezensiert worden.   Die hier vorgelegte Untersuchung beschäftigt sich vor allem mit den "Urteilen" der NL, dabei werden jedoch Rezensionen aus anderen NS-Zeitschriften berücksichtigt, vor allem den NSMH. Die Beurteilung der hier genannten Werke und Autoren war in verschiedenen NS-Zeitschriften nicht immer einheitlich.   Die Nationalsozialisten griffen außerdem auch literarische Werke an, die auf gar keinen Fall zur Inneren Emigration gerechnet werden können, weil sie den literarischen Vorstellungen der Nationalsozialisten nicht entsprachen.   Andere Werke, wie die von Hans Heinz Ewers, aber auch solche von u. a. Kasimir Edschmid werden angegriffen, weil sie bezeugen, daß der Autor allzu eifrig versucht, sich 1933 anzupassen und zu bekehren, um so von seiner literarischen Vergangenheit abzurücken. [1]   Solche Angriffe sind nach 1945 von den bekämpften Autoren oft als Beweis für ihre antinationalsozialistische Gesinnung angeführt worden. [2]   Aber mancher dieser Beweise ist sehr fragwürdig, denn man findet heute in den angegriffenen Werken nicht immer direkte oder indirekte Kritik zum Nationalsozialismus, auch wenn man berücksichtigt, daß die Aussagen in den Schriften der Inneren Emigranten immer verschlüsselt gewesen sind.   Es ist daher heute oft nicht mehr möglich, diese Aussagen so zu deuten, wie sie vielleicht einmal gedeutet worden sind.   Sie sind ja nicht einmal damals von jedem Leser gleich interpretiert worden. Das beweisen u. a. auch die Rezensionen in den NS-Zeitungen und Zeitschriften über Werke von u. a. E. Wiechert und W. Bergengruen. [3] Es ist daher kein Wunder, wenn nach 1945 Werke der Inneren Emigranten von den einen als Aufforderung zur Opposition gegen den Nationalsozialismus gewertet wurden, von den anderen dagegen als bloßer Fatalismus oder Eskapismus, zuweilen sogar als mit dem Faschismus verwandte Gesinnung abgetan wurden. [4] Solche Verurteilungen lassen sich oft mit Hinweisen auf ideologische Gemeinsamkeiten bei nationalsozia-

listischen Autoren und Autoren der Inneren Emigration begründen. Manche
Emigranten (u. a. Wiechert, Reck-Malleczewen) kämpften für eine vergangen
lisierte Gesellschaftsordnung. Sie wollten die Verwandlung der alten ländl
Gesellschaft zur modernen Industriegesellschaft mit ihrer unvermeidlichen
nicht akzeptieren. Sie verachteten und bekämpften diese Vermassung und h
gegenwärtigen Verhältnisse. Ihre Verachtung und ihr Zorn galt ebenso der
rungen, die die Nationalsozialisten hervorgerufen hatten, wie auch den Ver
die durch die industrielle Entwicklung notwendig geworden waren. [5] Dabei
das alte Wahre von ihnen eindeutig und einseitig fixiert. Aber ihr Bild von
gangenheit war weder zutreffend noch künftig realisierbar, denn sie hatten den un-
bestechlichen Sinn für gegebene Möglichkeiten und vorliegende Tatsachen verloren.
Das gilt im übrigen nicht nur für sie, sondern damals wie heute für alle, die in
erster Linie nach ideologischen Kriterien und persönlichen Überzeugungen statt
nach beweisbaren sichtbaren Fakten urteilen. Wunschdenken und Glaubensbekennt-
nisse können Tatsachen weder überdecken noch ersetzen.

Manche Widerstandskämpfer und wohl auch Innere Emigranten sind ursprünglich auf
Grund ihrer Herkunft und der Beeinflussung durch ihre Umwelt NS-Sympathisanten
gewesen, aber später auf Grund ihres Charakters und ihrer Erfahrungen Gegner
der Nationalsozialisten geworden. [6] Obwohl bei konservativen Autoren "falsche
Auffassungen" vorgelegen haben können, darf heute nicht verleugnet werden, daß
sie damals mehr oder weniger kompromißlose Gegner der Nationalsozialisten sein
konnten. Ihre Auffassungen waren mit denen der Nationalsozialisten in vieler Hinsicht nicht identisch, auch wenn sie nach unseren heutigen Begriffen vielleicht
"falsch" sein mögen. Das darf auf keinen Fall verkannt werden, denn die Vergangenheit sollte nicht nur nach den Vorstellungen, Erfahrungen und Erkenntnissen der
Gegenwart gewertet werden.

Eines ist jedoch eindeutig klar: Niemand hat im Dritten Reich Karriere gemacht,
den die Nationalsozialisten nicht wollten. Aber es war durchaus nicht ungewöhn -
lich, daß gerade ein Schriftsteller, der kein Nationalsozialist war, eben aus diesem
Grund mehr Leser fand als ein nationalsozialistischer Autor. Wer aber seinen
Namen und seine Leistung wie u. a. Carossa den Nationalsozialisten auf Anforderung
zur Verfügung stellte, hat Schuld auf sich geladen, auch wenn er kein Parteimitglied

war. [7] Er hat aus Karrieregründen mit seinem Gewissen und seinen eigentlichen Überzeugungen Kompromisse geschlossen. Natürlich gibt es dafür eine menschliche Erklärung: Kein Künstler konnte der Kompromittierung durch den Nationalsozialismus entgehen, wenn er im Dritten Reich tätig sein wollte. [8] Dabei sollte man nicht vergessen, daß das "Überstehen-Wollen" typisch für jede Diktatur ist. Nur sollte man "Opportunismus" später offen zugeben, ohne die kleinen Gesten des Widerstandes als echten Widerstand darzustellen. Was vor 1945 nicht gesagt und getan wurde, ist vielleicht menschlich gesehen verständlich, vielleicht war es oft sogar "vernünftig". Aber es ist keine moralische Rechtfertigung. Nur, wer von uns ist sicher, daß er in der gleichen Situation "heldenhafter" gehandelt hätte? Was aber nicht verständlich ist, ist die "heldenhafte Pose des Märtyrers", in der sich manche"Innere Emigranten"nach 1945 gefielen. Da die meisten von ihnen im Dritten Reich zumindest überaus vorsichtig, wenn nicht sogar "feige" gehandelt hatten, hätten sie nach 1945 den Mut haben müssen, diese Feigheit offen zuzugeben. Die These der Kollektivschuld hat ihnen diesen Mut jedoch nicht leicht gemacht. Wenn man all dies bedenkt, so wirken Erinnerungsbücher wie die von Axel Eggebrecht und Wolfgang Trillhaas befreiend sympathisch und ehrlich. [9] Beide schildern, wie ein anständiger Deutscher sich damals verhielt, ohne ihre "Kompromisse" zu beschönigen oder sich aufzuspielen.

Um in den einzelnen Fällen gerecht urteilen zu können, müßte man Ausflüchte und Entschuldigungen werten, Motive durchschauen und Tarnungen erkennen können. Das ist, wenn überhaupt, leider nur sehr selten möglich. Diese Gesichtspunkte müssen im Stillen jedoch immer berücksichtigt werden, wenn man heute nachforschen will, wie einzelne nichtnationalsozialistische Autoren und Künstler in der Neuen Literatur und in anderen Zeitschriften von den Nationalsozialisten beurteilt worden sind. Das positive Urteil der Nationalsozialisten über einen Autor genügt nicht allein, diesen Autor heute als "geistesverwandt mit den Nationalsozialisten" oder als Mitläufer anzuklagen.

Direkte literarische Opposition, wie sie in den Schriften der Exilautoren üblich war, [10] war für die Gegner der Nationalsozialisten im Reich unmöglich, denn sie hätte für den Verleger und den Autor Selbstmord bedeutet und im übrigen den Leser gar nicht erreicht. Was möglich war, war die indirekte, verschlüsselte Kritik, die

schon beim Leser ein bestimmtes Maß an Nichtanpassung oder an Opposition vor-
aussetzen mußte. Die Autoren der Inneren Emigration arbeiteten wahrscheinlich
mit folgenden Mitteln der verschlüsselten Kritik: 1) Indirekte Aufklärung: Dem Leser
wurde mittels eines Vergleiches (oft eines historischen), auf den er jedoch selbst
kommen mußte, gezeigt, was der Nationalsozialismus eigentlich war. [11] Diese Aufklärung war aber nur dann möglich, wenn der Leser selbst kein Nationalsozialist
war und daher eigentlich schon mehr oder weniger aufgeklärt war. Er konnte also
nicht bekehrt, sondern nur in seiner Haltung bestärkt werden. Im Grunde - und das
war sein Dilemma - schrieb der Autor also nur für Gesinnungsgenossen. Er konnte
neue Leserkreise nur in Ausnahmefällen erreichen. Diese Art der indirekten Aufklärung ist in einer Diktatur natürlich notwendig und darf nicht unterschätzt werden. [12]
2) Man versuchte, den Leser durch geistigen und moralischen Halt davon zu überzeugen, daß er selbst auf Grund seiner ethischen Prinzipien dem Nationalsozialismus
fernstand und sich nicht anpassen durfte. In solchen Werken wurde oft eine zeitlose
Gegenwelt zum Dritten Reich geschildert, eine "heile" Welt. Der Autor versuchte,
seine Leser zu trösten und gab ihnen darüber hinaus den Mut, in seinen mehr oder
weniger ablehnenden Reaktionen auf den Nationalsozialismus zu beharren. In solchen
Büchern wurde nicht über Politik geschrieben, was ja auch unmöglich war. Entscheidend für die "politische" Bedeutung dieser Werke ist, was die Leser damals
beim Lesen des Buches empfanden, ob sie durch das Buch wirklich in ihrer ablehnenden Haltung bestärkt wurden. Diese "Dichtungen der Stillen" sind sicher nicht ohne
jede Bedeutung gewesen.

1931 erschien ein Band solcher Dichtungen unter dem Titel "Die Stillen Dichtungen",
der von Max Tau herausgegeben wurde. [13] Max Tau, Jude und Flüchtling aus dem
Dritten Reich, stellt hier auch Autoren vor, die später hochgeschätzte Mitarbeiter
der NL waren, wie u. a. Kolbenheyer, W. Schäfer, P. Ernst und Stehr. Das ist
nicht so erstaunlich, denn auch die Neue Literatur warb für eine "heile Welt", nur
mit nationalsozialistischem Vorzeichen. Sie beurteilte wohl u. a. aus diesem Grund
Autoren wie Wiechert und Bergengruen positiv (siehe unten). Sie sah die Gegnerschaft nicht. Das lag wahrscheinlich auch an der Vieldeutigkeit der Texte oder
daran, daß einzelne Werke keine indirekte Opposition, sondern nur ein bestimmtes

Maß an "Nicht-Anpassung" vorwiesen. [14] Im besten Falle zeigte der Autor dem Leser, daß er nicht allein war und seine inneren Vorbehalte gegen die National-sozialisten berechtigt waren.

3) Man versuchte, durch religiöse Schriften und Lyrik eine Gegenwelt zum National-sozialismus zu schaffen, um den Leser so zu beeinflussen. Es ist verständlich, daß die Religion in der Diktatur in verstärktem Maß zum legalen Protest gegen den politi-schen Druck wurde. Zahlreiche religiöse Werke (u. a. Gedichte und Schriften von R. Schneider, R. A. Schröder, R. Huch) [15] waren für die Nationalsozialisten gefähr-lich und wurden von ihnen auch als gefährlich erkannt. Das ist für die politische Beurteilung dieser Schriften entscheidend, auch wenn wir sie heute als nicht-politische Opposition deuten. [16]

4) Man schuf durch die Schilderung der vielen kleinen Dinge, die im Gegensatz zur Ideologie der eigenen Zeit standen, eine private Alltagswelt. Bücher dieser Art, die nur auf die kleinen Dinge des Alltags, insbesondere des Familienlebens hin-wiesen, können wir heute als bedeutungslos empfinden. Sie haben jedoch unter dem Zwang der Diktatur den Leser getröstet und in seiner privaten, also auch unpoliti-schen Haltung bestärkt. Sie schufen eine kleine private Gegenwelt zum Nazistaat, unter dem der Leser mehr oder weniger litt. Diese Privatisierung des Lebens war natürlich Flucht aus der Wirklichkeit und bedeutete nicht nur politische, sondern oft wohl auch mitmenschliche Passivität. Man sah, was man sehen wollte.

Es muß noch einmal gesagt werden: Diese Art der Literatur konnte im allgemeinen nur Leserkreise erreichen, die zum Nationalsozialismus kritisch eingestellt waren oder die verschiedene politische Maßnahmen der Nationalsozialisten (z. B. die Juden-verfolgung) nicht guthießen. Vielleicht waren auch Leserkreise erreichbar, die dem Nationalsozialismus, wie aller Politik überhaupt, gleichgültig gegenüberstanden. Solche Leser wurden durch diese Literatur gestärkt und getröstet und konnten der nationalsozialistischen Propaganda daher geistig leichter widerstehen. Es war ab-hängig vom Einzelnen, ob er diese Beeinflußung auch als Aufforderung zum Kampf empfand. Wenige sind (wie u. a. die Studenten der Weißen Rose) den Weg von der stillen, heimlichen Opposition zum aktiven Widerstand gegangen. Überzeugte Natio-nalsozialisten und Opportunisten konnten (vielleicht von Ausnahmefällen abgesehen)

durch diese Literatur nicht erreicht und daher auch nicht "auf   Man
schrieb also nur für schon Aufgeklärte. Dabei darf aber nich   en, [17]
daß die illegale Literatur, die direkt zum Widerstand aufrief,   Kreise
erreichte, bedeutend kleinere als die der Inneren Emigration   publiziert werden konnte.

Eine andere Gefahr war, und das beweist u. a. das Studium   der
NL, [18] daß die indirekt "oppositionellen" Bücher der Innerer   s von
der offiziellen Literaturkritik oft mißverstanden wurden. In   sie
auch (dann handelt es sich jedoch um ehemals "bürgerliche Zei...   eitung-
en") mit Absicht mißverstanden worden. [19]

Um damals in dem oben angeführten Sinne schreiben und veröffentlichen zu können,
war es sicher notwendig, daß der Autor nicht in jedem seiner Werke die oben genannten Haltungen demonstrierte. Aus diesem Grund, aber sicher auch aus wachsender
Gleichgültigkeit, Angst auf Grund von Angriffen in der NS-Presse, Bedrohungen,
veränderter Haltung, literarischen und ökonomischen Interessen, ist es sicher verständlich, wenn nicht jedes Buch eines hier behandelten Autors eine antinationalsozialistische Gesinnung mehr oder weniger deutlich beweist (vgl. u. a. Wiechert). [20]
Da der Autor sich selbst zensieren mußte, um seinen Leserkreis überhaupt zu erreichen, ist es heute schwierig zu beurteilen, wie stark und in welchen Fragen der
Autor damals in Opposition zum Dritten Reich stand.

Oft sagten Nationalsozialisten, Nichtnationalsozialisten und sogar Gegner des
Nationalsozialismus in Worten das Gleiche, ohne das Gleiche zu meinen, da Begriffe
wie Freiheit, Vaterland, Volksgemeinschaft usw. von ihnen verschieden interpretiert
wurden. Auch das erklärt, warum Werke der Inneren Emigration von nationalsozialistischen Rezensenten gelobt und empfohlen wurden, was ja sogar bei einem
entschiedenen Gegner und Widerstandskämpfer wie Adam Kuckhoff der Fall war. [21]
Vor allem bei der Beurteilung von einigen konservativen Autoren mußten die Nationalsozialisten oft in Bedrängnis geraten, wenn es um künstlerische Ausdrucksformen und
den Gehalt der Literatur ging. Fehlurteile sind daher nicht so selten, wie man es
wohl annehmen könnte (vgl. unten Jünger, Wiechert, le Fort, Schröder u. a.). Die
künstlerische Avantgarde wurde nämlich sowohl von den Nationalsozialisten [22] wie von

...en und christlichen Autoren, aber auch von den Kommunisten (vgl.
E... ...bekämpft. Es ergaben sich daher vor und nach 1933 unfreiwillige
G... ...schaften politischer Gegner.[23] Der eigene politische Standpunkt,
da... ...ideologische Interesse, haben also bei der Beurteilung literarischer
W... ...hr bedeutet als der streng literarische Maßstab. Die Bedeutung
ein... ...e oft verkannt, weil man politische und ideologische oder auch
me... ...ien über künstlerische stellte. So konnte natürlich auch gerade
die... ...osition in einem Werk negativ oder positiv auf das literarische
We... ...zensenten einwirken.[19] Das gilt übrigens auch für die Exilpresse.

Für die Nationalsozialisten war es daher immer wichtig, zu erfahren oder zu erkennen,
wie die Leser das Werk interpretierten. Nicht immer vermochten sie, Leserreak-
tionen im voraus zu beurteilen. Daher setzte ihre Kritik manchmal erst ein, wenn
sie erfuhren, ohne es bei dem Erscheinen des Buches vorausgeahnt zu haben, daß
ein Werk von bestimmten Lesergruppen im antinationalsozialistischen Sinn interpretiert wurde.[24] Häufig bewiesen erst die Reaktionen der Leser, ob ein Werk für
die Nationalsozialisten harmlos oder gefährlich war. Daher beurteilten sie Werke
der Inneren Emigration von Zeit zu Zeit oder von Publikation zu Publikation verschieden. Dabei muß auch bedacht werden, daß die meisten Autoren der Inneren
Emigration nicht zur sogenannten "Asphaltliteratur" gehörten, sondern vor 1933
literarische Wertungen vertraten, die sich mehr oder weniger mit den Wertungen
der Nationalsozialisten deckten. Gerade dieser Gesichtspunkt scheint oft bei den
Beurteilungen von Werken der Inneren Emigranten in der Neuen Literatur eine Rolle
gespielt zu haben. So wurden z. B. Wiechert, Bergengruen, R. A. Schröder, aber
auch Barlach von der NL immer noch positiv beurteilt, als diese Autoren in anderen
NS-Zeitschriften schon angegriffen wurden (siehe unten). Möglicherweise lag es
z. T. daran, daß in Zeitschriften wie die NSMH und die Bücherkunde die ideologischen
Maßstäbe total über evtl. literarische Auffassungen siegten. Es können dabei aber
auch Gegensätze zwischen einzelnen Nationalsozialisten eine Rolle gespielt haben.[25]

Andere Werke sind dagegen angegriffen worden, weil sie in Gehalt und Stil den
literarischen Vorstellungen der Nationalsozialisten nicht entsprachen, ohne daß

diese Werke im Sinne der Inneren Emigration interpretiert werden können. Ein Autor wie H. H. Ewers, der vor 1930 zu den Gegner der Nationalsozialisten gehörte, versuchte sich schon 1932 gewaltsam anzupassen (siehe unten). Sein direkt schamloser Opportunismus wurde von der NL ebenso scharf entlarvt und bekämpft wie von den Exilanten. [26] Sein Roman über Horst Wessel ist von der NL heftig abgelehnt worden.

In einigen anderen Fällen entdeckten völkische Autoren, daß sie in vielen Fragen im Gegensatz zu den Nationalsozialisten standen. Die Frontlinien veränderten sich also nach 1933, ohne daß dies von den Exilanten immer genau erkannt wurde. [27]

Vergessen darf auch nicht werden, daß bei Autoren wie Rezensenten oft Existenzangst oder Charakterschwäche mitschrieben. In einigen Fällen konnte die menschliche Anständigkeit und Fairness auch bei Nationalsozialisten über politische Überzeugun - gen siegen. [28] Außerdem mußte sich jeder, der echten politischen Widerstand leisten wollte, offiziell tarnen, wenn er auch nicht gerade für die NL und andere NS-Zeitschriften zu schreiben brauchte. [29]

Dies alles muß vorausgesetzt werden, wenn man Lob und Kritik in der NL oder anderen NS-Zeitschriften zu Werken der Inneren Emigration heute für oder gegen den gelobten oder kritisierten Schriftsteller werten will. Alle unsere Forschungen sowie Urteile können die damalige Wirklichkeit nur bis zu einem gewissen Grade wiedergeben.

2. Autoren, die als entschiedene Gegner der Nationalsozialisten bekannt wurden

1) Adam Kuckhoff gehörte zur Gruppe der Roten Kapelle, die die Nationalsozialisten aktiv bekämpfte. Er ist 1943 hingerichtet worden. [30] 1937 gab er seinen Roman "Der Deutsche von Bayencourt" (Rowohlt, Berlin) heraus. Dieser Roman ist von den NSMH sehr positiv beurteilt und im nationalsozialistischem Sinne interpretiert worden. [31] Der Rezensent schreibt u. a.

> ...Er (= die Hauptperson) entscheidet, oder vielmehr sein Blut entscheidet in
> ihm für das Volk, aus dem er kam. Für diese Entscheidung erleidet er den
> Tod des Landesverräters, in Wirklichkeit aber den Tod der Treue für das
> Volk, aus dessen Schicksal sich keiner durch eigenen Willen entfernen kann,
> ohne dafür sühnen zu müssen. Die Stärke Adam Kuckhoffs ist, daß er nicht

vom Problem her eine Handlung aufbaut, sondern mitten aus dem lebendigen
Strom des Lebens eine Frage aufsteigen läßt, deren Antwort er uns in seinem
Buche in unvergeßlicher Weise gibt. Die Handlung des Romans "Der Deutsche
von Bayencourt" gäbe eine Filmhandlung von stärkster Dynamik ab.... [31]

Wolfgang Brekle interpretiert den Roman 1970 als ein Werk des indirekten Protestes[32]. Er schreibt u. a.:

> ...Durch diese vom Autor gestalteten Schicksale zweier Menschen, die trotz
> anderer Einsicht und Absicht schuldig werden, die töten und getötet werden,
> soll die Unmöglichkeit der Überbrückung des deutsch-französischen Gegen-
> satzes unter den gegebenen gesellschaftlichen Bedingungen demonstriert wer-
> den. Adam Kuckhoff beweist, daß der Nationalismus zu Krieg und Mißtrauen,
> zu Vaterlandsverrat und zu Mord, d. h. trotz entgegengesetzter Vorsätze zu
> unmenschlichem Verhalten führen muß. Der Weg der Überwindung dieses
> Gegensatzes wird durch Barnabas' revolutionäre sozialistische Absichten
> von ihm angedeutet - mehr als Andeutungen waren 1937 nicht möglich -: Um-
> wandlung des Krieges in einen Bürgerkrieg(...). Dieses Buch war anti-
> imperialistisch, antimilitaristisch und deshalb 1937 im weiten Sinne auch
> antifaschistisch. Die Wirkung war wegen der notwendigerweise versteckten
> Aussage begrenzt... " [32]

2) Günter Weisenborn (Ps. E. Foerster und C. Munk) war ebenfalls Mitglied der
Roten Kapelle. [33] Er wurde 1943 verhaftet und 1945 beim Einmarsch der Russen
aus dem Gefängnis befreit. Seine Bücher wurden 1933 verboten. Er galt als "unerwünscht", durfte aber unter Aufsicht weiter verlegt werden. Während des Dritten
Reiches wurden u. a. seine Schauspiele "Die Neuberin" (1935), "Verwandte sind
auch Menschen" (1938) und "Das goldene Dach" (1940) gespielt. Alle drei Schauspiele werden in der NL erwähnt. [34] Nur das erfolgreiche Schauspiel "Die Neuberin" (herausgegeben unter dem Ps. E. Foerster-C. Munk) wurde von Hans Knudsen
besprochen, der u. a. schreibt:

> ...So einfach, wie sich der oder die (pseudonymen) Verfasser die Verhältnisse
> um diese interessante Frau denken, lagen sie theatergeschichtlich allerdings
> nicht. (...) An wirksam gebauten Theatersensationen fehlt es dem Stück nicht,
> das überhaupt reine Gebrauchsware ist. Natürlich lassen sich die Fabrikanten
> des Stücks den Studiosus Lessing mit dem "Jungen Gelehrten" auch nicht ent-
> gehen... " [34]

3) Ernst Wiechert hat öffentlich gegen den Nationalsozialismus protestiert und
wurde 1938 verhaftet.[35] Er galt als "unerwünscht" und stand seit 1934 unter
Gestapoaufsicht. Seine Werke wurden als "ungeeignet" beurteilt. Die NL rechnet
Wiechert zu den "guten" Dichtern. Bei der Besprechung "Spiel vom deutschen

Bettelmann" (München, 1933), die im ganzen gesehen positiv ist, wendet sich der

Rezensent jedoch an Wiechert mit einem "guten Rat", in dem er sagt:

> ... Wir schaffen heute an der Überwindung dieser Not (= Kriegs- und Nach-
> kriegsnot), die nur äußerlich eine materielle, ihrem Wesen nach eine seelische
> Not ist. Wiechert ist noch sehr unsicher im Glauben an ihre Überwindbarkeit.
> Das kommt leider auch in seinem "Spiel vom deutschen Bettelmann" stark zum
> Ausdruck... " [36]

Im selben Jahrgang der Zeitschrift wird Wiecherts "Jedermann" als Schullektüre

empfohlen. [37] Der Roman "Die Magd des Jürgen Doscocil" ist nach Ansicht der NL [38]

eines der wenigen guten deutschsprachigen Bücher, die ins Italienische übersetzt

wurden. Von 1933 bis 1936 werden Bücher von Wiechert in der NL gelobt und emp-

fohlen (Der verlorene Sohn, Der Todeskandidat (!), La Ferme Morte, Der Vater,

Die Majorin, Wälder und Menschen). [39] Martin Kiesig lobt das Erinnerungsbuch

"Wälder und Menschen" als ein schwermütiges, gütiges Werk, das ohne verletzenden

Spott oder Haß sei. Einen Monat später greifen die NSMH dasselbe Buch mit scharfen

Worten an. Die Rezension von Eberhard Achterberg schließt mit einer Drohung:

> ... Er weiß wohl als Förstersohn davon, daß ein Rudel Wild artfremde Tiere
> abschlägt, aber er hat nichts bemerkt von einer Notwendigkeit, auch im
> menschlichen Lebensbereich Artfremdes auszuschalten. So viel Verstehen
> er für seine Vergangenheit findet, so sehr läßt er es sich angelegen sein, der
> deutschen Gegenwart bei jeder unpassenden Gelegenheit kleine geschickte
> Nadelstiche zu versetzen. Ob das nun Bemerkungen über deutsche Ahnen-
> forschung sind oder über die Einwirkung der Umwelt, die Judenfrage oder
> über die weltanschauliche Haltung unsrer Jugend - es wird keine sich bie-
> tende Gelegenheit ausgelassen, um den tiefen Gegensatz unter Beweis zu
> stellen, der die Welt des Dichters Ernst Wiechert von unserer deutschen
> Gegenwart trennt. Die Vermutung, es mit einem einzelnen Seitenweg zu
> tun zu haben, der sich vielleicht aus der Betrachtung der eigenen Jugend
> ergab, wird widerlegt durch Wiecherts Rede vor der Münchener Studenten-
> schaft im Jahre 1934. Wir haben es mit einer bewußten Haltung zu tun, die
> die Persönlichkeit des Dichters und seine Werke ganz erfüllt. So bleibt
> zum Schluß nur die Feststellung zu treffen: Wiecherts Welt und die unsrige
> haben keinerlei Berührungspunkte miteinander, unsere deutsche Jugend
> versteht ihn nicht und er hat ihr nichts zu sagen... [40]

Das Buch gehörte 1937 zu den meistgekauften Büchern und soll besonders von der

jungen Generation gelesen worden sein. [41] Was die NL als schwermütig gedeutet

hatte, deuteten die NSMH als "Weltschmerz ohne Weltanschauung." Achterberg

hatte Wiecherts indirekten Protest nur allzu gut erkannt. Wiechert ist nach 1933

in den NSMH nur einmal positiv erwähnt worden, in einem Artikel von Dr. E. Volz [42] in dem u. a. Hellmuth Langenbuchers Schrift "Volkhafte Dichtung der Zeit" besprochen wurde. Langenbucher rechnete Wiechert zu den Dichtern der Landschaft und des Bauerntums.

Um Wiechert ist damals gekämpft worden. In der Zeitschrift "Der Buchhändler im Neuen Reich" erschien 1938 ein Artikel von Udo Rosenmeyer, der mit folgenden Sätzen beginnt:

> ... In der Februar-Folge dieser Zeitschrift hat Harald Eschenburg den Dichter Ernst Wiechert angegriffen. Da dieser Aufsatz bereits von anderen Blättern übernommen ist und somit die Gefahr besteht, daß die hier dargelegte falsche Auffassung vom Wesen eines unserer tiefsten und innigsten Dichter sich in größeren Kreisen unseres Volkes verbreitet, kann ich nicht mehr schweigen. Es könnte sonst auch gar zu leicht die Meinung aufkommen, daß das, was Eschenburg schreibt, die wirkliche Stellung des Jungbuchhandels wiedergibt. (...) Tausende haben Ernst Wiechert gelesen und rechnen sich zu seiner Gemeinde, sehen in ihm mit Recht den Meister, der ihnen ein Erlebnis geschenkt hat, an dem auch er selbst zutiefst Anteil nahm. Diese Tausende sind bereit, für den Dichter, dem sie so vieles verdanken, jederzeit einzutreten. Unter ihnen auch Jungbuchhändler in nicht geringer Anzahl.... 43)

Der Artikel beweist, wie stark die Wirkung Ernst Wiecherts damals war. Harald Eschenburg antwortete unter der Überschrift "Berufung und Anmaßung" auf Rosenmeyers Bekenntnis und schließt seinen Kommentar mit den Worten:

> ... Wiechert gehört heute zu den Wenigen, die sich im entscheidenden Widerspruch zum Lebensgefühl ihres Volkes finden: einige lösen dieses Los durch eine Lüge, andere vornehm. Allein Wiechert will sich das Martyrium erzwingen, ist so davon erfüllt, daß ihm das Märtyrertum gar zum Inhalt seines Wortes wird. Ein sehr privater Inhalt, der nicht lohnt, ihm auch nur einen einzigen Volksgenossen zuzuführen. Wer leidet, frage nach der Ursache seines Leides, statt es anderen als Idee aufzubürden. Dazu gibt es keine Berufung, dazu ist nur Anmaßung fähig, deren politischer Hintersinn nirgend verborgen bleibt, selbst nicht in den edelmütigen Anspielungen des oben zitierten und mißdeuteten Gedichtes. Kein Jungbuchhändler wird die Schlußfolgerung Udo Rosenmeyers bezweifeln, daß der Dichter dem Volk verbunden bleiben muß. Um so unerklärlicher die Lanze ausgerechnet für einen, der diese Wahrheit beugen will, ja nicht mehr anders kann... 43)

Diese Artikel erschienen, als Wiechert sich schon im KZ Buchenwald befand. Eschenburgs Angriff auf Wiechert war im Februar 1938, drei Monate bevor Wiechert verhaftet wurde, unter dem Titel "Die Jugend und der Dichter Ernst Wiechert" erschienen. 44) Hier wird dem Dichter u. a. seine Rede vom 6. 7. 1933 vor der Münchener Studentenschaft vorgeworfen, die man damals zum Teil als freimütige Kritik

aufgefaßt hatte und die dem Dichter neue Leserkreise gewann. Eschenburg kritisiert "jene unbesehene Hinnahme und Verehrung", die nicht einmal in diesem Maße
Stefan George zuteil wurde. Und gerade weil Wiecherts Wort "so weithin andächtiges
Gehör findet", müsse gesagt werde, daß Wiechert seine Leser der deutschen Gegen-
wart entfremde. Die Münchener Rede müsse heute anders gedeutet werden, als sie
"damals aufgenommen wurde". Sie sei in Ton und Pathos mit der Enzyklika "Mit
brennender Sorge" verwandt. Insbesondere kritisiert Eschenburg die gefährliche
Weltflucht in Wiecherts gerade erschienener Schrift "Eine Mauer um uns baue", die
Hermann Hesse gewidmet war. Wiecherts Mahnungen seien "Kassandrarufe eines
Menschen, der für das Bekenntnis zum Ethos seines Volkes in unserer Zeit kein
Herz aufbringen kann." Trotz dieser Angriffe ist Wiechert in "bürgerlichen Zeit-
schriften und Zeitungen" auch noch 1937 und später gelobt worden. [45]

4) Werner Bergengruen [46] hat nicht nur eigene Gedichte illegal verbreiten lassen,
sondern auch Flugblätter der "Weißen Rose" und Predigten des Bischofs Galen ab-
geschrieben und weitergegeben. Er galt im Dritten Reich als "unerwünscht". Man
ist daher zunächst erstaunt, wenn man entdeckt, daß gerade dieser Schriftsteller
von der NL umworben worden ist. Was man hier über ihn erfährt, läßt kaum auf
eine Gegnerschaft zum Nationalsozialismus schliessen. Als er 1935 einen Erzähler-
preis der Neuen Linie erhält, gehören die überzeugten Nationalsozialisten Will
Vesper und Wilhelm von Scholz zu den Preisrichtern. [47] Gerade Vesper muß Bergengruen sehr geschätzt haben. Das erfährt man u. a. durch seine Rezension über Bergengruens Buch "Begebenheiten" (Berlin, 1935) [48]. Vesper nennt die Geschichten
"kleine Kostbarkeiten der deutschen Prosadichtung." Als 1936 der Roman "Der
Großtyrann und das Gericht" erschien, wurde er von vielen Lesern als indirekte
Kritik am Dritten Reich empfunden. Das scheint Hans Franke-Heilbronn, der den
Roman sehr positiv in der NL bespricht, nicht gemerkt zu haben. [49] Obwohl Bergengruen 1937 aus der Reichsschrifttumskammer ausgeschlossen wurde, [50] nennt
Vesper ihn noch in einem Leitartikel von Juni 1937 "einen der beiden bedeutendsten
heute lebenden baltischen Lyriker" [51]. Bergengruens Werke wurden jedoch nicht
verboten, sondern erschienen auch nach 1937. Lobende Rezensionen über seine
Bücher findet man in vielen Zeitungen und Zeitschriften aus der damaligen Zeit. [52]

Im Aprilheft der NL von 1939[53] werden Gedichte von Bergengruen nachgedruckt.

Außerdem schreibt Ronald Roesch eine sehr positive Würdigung über den "Dichter

Werner Bergengruen". Für diese Nummer hat der gelobte Autor einen besonderen

Beitrag geschrieben. Dieser "Bericht" (Vorfahren und alte Häuser) ist wahrschein-

lich von der Redaktion angefordert worden, denn die Zeitschrift brachte seit 1933

Artikel, in denen verschiedene Autoren über ihre Herkunft und Heimat berichteten.[54]

Im Krieg ist Bergengruen u. a. von Rosenbergs Zeitschrift "Bücherkunde", die mit

der NL konkurrierte,[55] scharf angegriffen worden. Trotzdem ändert sich die Ein-

stellung der NL zu Bergengruen nicht. Seine Novellen "Geheimnisse der Sprache"

werden den Lesern der NL empfohlen.[56] In einer Rezension über den Roman "Am

Himmel wie auf Erden" (1940) behauptet Hasso Härlen,[57] daß Bergengruen hier

eine Höhe seines Schaffens erreicht habe, die erstaunlich und großer Bewunderung

Wert sei. Gerade dieser Roman wurde damals als indirekter Protest[58] gegen einen

gewissenlosen Herrscher empfunden. Aber nach Härlen wurde hier "Größe und Ver-

antwortung eines Herrscheramtes" deutlich, wurde "die Bürde eines solchen Amtes

erkennbar". Die Mehrdeutigkeit des Textes, der für die Werke der Innere Emigration

zwangsläufig typisch war, ließ also hier eine falsche vom Autor wahrscheinlich

nicht.beabsichtigte Deutung zu.

Übrigens war auch der Roman "Der Großtyrann und das Gericht" 1935 vom "Völki-

schen Beobachter" als "Führerroman der Renaissancezeit" gefeiert worden,[59] ob-

wohl Bergengruen den Roman gegen den Nationalsozialismus einsetzen wollte[60].

Der Roman wurde trotz späterer Angriffe in der "Bücherkunde" nicht verboten.

Dieser Roman ist übrigens nach 1945 von den Amerikanern als eines der besten

deutschen Werke mit demokratischer und anti-militaristischer Tendenz beurteilt

worden.[61]

Nachdem die Nationalsozialisten begriffen hatten, daß der von Härlen gelobte Roman

(Am Himmel wie auf Erden) von bestimmten Leserkreisen im antinationalsozialisti-

schen Sinne interpretiert wurde, erhielt er 1941 ein Besprechungsverbot und wurde

als "uneingeschränkt unerwünscht" eingestuft und kurz darauf, nachdem 60 000

Exemplare verkauft worden waren, verboten.[62] Trotzdem nannte Härlen noch im

Januar 1942[63] eine Novelle von Bergengruen (Der spanische Rosenstock) eine

"dichterische Kostbarkeit, über die Paul Ernst sich gefreut hätte".

Vielleicht findet man z. T. eine Erklärung für die unterschiedliche Beurteilung
Bergengruens durch die Nationalsozialisten in der Behauptung Ziesels[64], daß Bergengruen wie auch Klepper von vielen "Idealisten" unter den Nationalsozialisten trotz
offizieller Verfemung gefördert worden sei. So habe er selbst durch seinen Feuille-
tondienst (Hamburg) jeden Monat Gedichte und Erzählungen von Bergengruen veröffentlicht, die in vielen Zeitungen, auch Parteizeitungen nachgedruckt worden seien.
Dies kann jedoch kaum für Will Vesper gelten. Die Förderung Bergengruens durch
die NL erklärt sich wohl vielmehr dadurch, daß seine Schriften den literarischen
Vorstellungen Vespers entsprachen.[65] Bergengruens antinationalsozialistische Haltung kann nicht angezweifelt werden.[66] 1937 erschien anonym in Wien sein deutlich
oppositioneller Gedichtband "Der ewige Kaiser". Er betrachtete das Dritte Reich
als besetztes Gebiet.[67] Seine feindliche Haltung ist von den Nationalsozialisten
verstanden worden, trotzdem interpretieren sie einige seiner historischen Romane
in ihrem Sinne. Das lag wahrscheinlich daran, daß es zwischen Bergengruen wie
anderen christlichen Autoren und den Nationalsozialisten bestimmte Übereinstimmungen
gab. Die Reichsidee, von Bergengruen christlich verstanden, konnte auch nach den
Auffassungen der Nationalsozialisten gedeutet werden.[68] Bergengruen sah in seinen
Herrscherfiguren (Am Himmel wie auf Erden/Der Großtyrann und das Gericht) nicht
den Antichrist, also keine historischen Hitlers.[69] Sie wurden also nicht so negativ
gezeichnet wie ein historischer Hitler gezeichnet worden wäre. Den Anstoß zu seinem Roman "Am Himmel wie auf Erden" erhielt Bergengruen schon 1931 durch eine
historische Reportage in einer Berliner Zeitung.[70] Der Roman wurde also schon
vor 1933 konzipiert.(Das gilt übrigens auch für "Der Großtyrann und das Gericht.")
Beide Romane erhielten aber durch das Erlebnis der dreißiger Jahre einen anderen
Gehalt.

5) Reinhold Schneider hat wie sein Freund Werner Bergengruen seine Gedichte
illegal verbreiten lassen. Er rief in diesen Gedichten und in seinen illegalen Schriften zum Protest gegen den Nationalsozialismus auf.[71] Im Gegensatz zu Bergengruen erkannte die NL ihn ihm den "Feind". 1939 "entlarvt" Will Vesper ihn in einer
Rezension über den Roman "Kaiser Lothars Krone" (Leipzig, 1937) als einen Gefolgs-
mann von Pater Muckermann und damit als einen gefährlichen Feind des Dritten
Reiches.[72] Nach Vesper versteht Schneider es meisterlich, ein geschlossenes

Bild der geschilderten historischen Epoche zu geben. Aber dieses Bild sei mehr aus seinem eigenen Geist als dem Geist der Zeit, die er beschwören wolle. Es würde im Roman viel kluger Schaum geschlagen, der das Wesentliche verhülle. Vielfältige Hinterhältigkeiten vergifteten dem begabten Historiker Wort und Gedanken. Es gäbe Stellen, wo er und sein Held so samtseiden daherkämen wie die Genossen Pater Muckermanns. Der deutschen Jugend und dem deutschen Volke müsse die deutsche Geschichte in einem anderen Ton vorgetragen werden. Schneider erhielt 1941 Publikationsverbot und wurde wegen "Vorbereitung zum Hochverrat" angeklagt.

6) Ricarda Huch trat im April 1933 aus Protest gegen die Maßnahmen der neuen Regierung aus der Preußischen Akademie der Künste aus. [73] Während des Dritten Reiches nahm sie eindeutig gegen den Antisemitismus der Nationalsozialisten Stellung. Zu ihrem 70. Geburtstag 1934 wurde sie in der NS-Presse scharf angegriffen, auch später ist sie immer wieder angegriffen worden. Sie wurde als "unerwünscht" eingestuft, und ihre Werke wurden als "ungeeignet" bezeichnet. In der NL findet man jedoch 1934 eine kurze, aber positive Notiz zu ihrem 70. Geburtstag. [74] In einem Leitartikel aus dem Jahre 1936 [75] rechnet Vesper sie zu den noch "lebenden Dichtern von wirklicher Bedeutung". Ihr Buch "Das Zeitalter der Glaubensspaltung" (Berlin, 1937), das in anderen NS-Zeitschriften kritisiert wurde, wird in der NL von P. Rassow als ein Werk gelobt, in dem "Forschung und Darstellung in einzigartiger Weise gemeistert werden". [76]

In den NSMH wird die Dichterin dagegen scharf angegriffen. Ihr Werk "Das alte Reich" [77] wird in einem Artikel mit dem Titel "Ein berühmter Name und ein unrühmliches Werk" gänzlich abgelehnt. Der Rezensent A. M. K. ruft jeden "ehr- und freiheitsliebenden Deutschen" auf, sich gegen dieses Werk mit "leidenschaftlicher Empörung zur Wehr zu setzen", denn R. Huch habe ihr Können hier in den Dienst überstaatlicher Machtansprüche gestellt. Sie verheimliche dies keineswegs, sondern spreche es mit einer Offenheit aus, die fassungslos mache. Hinter der objektiven Maske schaue immer wieder das wahre Gesicht hervor. Sie sei u. a. für Rom und gegen die Germanen, verfalle in den Stil Kardinal Faulhabers, verteidige die Juden, die nach ihrer Meinung unschuldig gehaßt und verfolgt würden. Sie

behaupte, daß die Ritualmorde nur in der Einbildungskraft ihrer Verleumder bestän-
den. Sie lobe die Klöster. Das ganze Buch sei eine Beleidigung des deutschen Ehr-
gefühls. Die Rezension schließt mit einer Drohung:

> ...Adolf Hitler schuf das heilige deutsche Reich germanischer Nation. An
> dieser Tatsache wird auch Ricarda Huch mit ihrem Buch vom Römischen Reich
> nichts ändern. Wir zweifeln nicht daran, daß die Huch für dieses Werk ultra
> montes höchstes Lob ernten wird. Mag sie denn auch getrost ganz jenseits
> der Berge bleiben und dort die Blüten ihres Geistes verstreuen. Im Deutsch-
> land Adolf Hitlers ist für Magierinnen dieser Art heute kein Platz mehr... 77)

An anderer Stelle wird die "Nichtzugehörigkeit" der Dichterin vorsichtiger ausge-
drückt. [77] Ricarda Huch beurteilte das Mittelalter gänzlich anders als die Nationalsozialisten. Wichtig waren für sie alle Ansätze freiheitlicher Reformideen und
Bestrebungen, vor allem die Selbstverwaltungsbestrebungen, denn dadurch stand
der Mensch, nicht die Institution im Zentrum. Sie kritisierte daher immer den
"Beamtenstaat". Von den Emigranten u. a. Golo Mann sind ihre Bücher lobend
rezensiert worden. Golo Mann nennt ihr Buch "Das Zeitalter der Glaubensspaltung"
"ein Buch voller Schönheit und Klugheit". [76]

7) Stefan Andres "emigrierte" 1937 nach Italien. Seine Bücher erschienen jedoch
weiterhin in Deutschland. Er galt im Dritten Reich als "unerwünscht". Seine
Novelle "Wir sind Utopia", allgemein als ein Zeugnis der Inneren Emigration betrachtet, erschien 1942/43 im Feuilleton der Frankfurter Zeitung, die wegen ihrer "versteckten Kritik" am 31. 8. 1943 von den Nationalsozialisten verboten wurde. [78]

In der NL findet man nur positive Rezensionen über Stefan Andres. A. Kutzbach
rezensiert im Juli 1933 [79] "Eberhard im Kontrapunkt" und spricht hier von "mensch-
lichem Tiefgang" des Autors. Später werden u. a. "Die unsichtbare Mauer" (1935)
und "Die Moselländischen Novellen" (1937) vom selben Rezensent gelobt und empfohlen. [80] Nach 1937 wird Andres genau wie Wiechert in der NL nicht mehr erwähnt.
Andres ist vor 1937 auch in anderen NS-Zeitschriften u. a. in den NSMH positiv
beurteilt worden, das gilt u. a. für "Die unsichtbare Mauer", allerdings hier mit
folgender Einschränkung: "Wenn Andres auch tief gräbt, so gelingt ihm doch nicht
die Synthese, die wir für die Zukunft fordern müssen." [81]

8) Ernst Barlach ist vor allem von den NSMH angegriffen und verfolgt worden. [82]
Sein Schicksal ist bekannt. Seine Bilder und Schriften wurden verboten. Isoliert
und verfemt, nur von wenigen Freunden heimlich unterstützt, starb er 1938 in

Rostock. Die Neue Literatur hat ihn jedoch bis 1936 verteidigt und gelobt. Das Aprilheft 1933 enthält eine Bildtafel von Barlach. Im gleichen Heft werden nicht nur Barlachs Bücher im Cassirer Verlag empfohlen, sondern auch eine Schrift über ihn von Willi Flemming (Ernst Barlach der Dichter, Berlin, 1935). [83] Als W.A. Krüger im Novemberheft u.a. Klaus Manns Zeitschrift "Die Sammlung" angreift, nennt er u.a. Ernst Barlach einen "echten deutschen Dichter", der im Gegensatz zu der in der "Sammlung" verteidigten jüdischen Literatur stehe. [84] Im Juniheft 1934[85] erwähnt H.G. Göpfert in einer Rezension über Bäckers Buch "Von deutscher Wirklichkeit und ihrer Bahn" (Berlin, 1933) in lobenden Worten Barlach, E. Jünger und E. Niekisch (!). Auch zwei Jahre später, zu einer Zeit, als Barlach von den Nationalsozialisten heftig bekämpft wurde, [86] lobt und empfiehlt Hans Eichler Barlachs Buch "Zeichnungen" (München, 1935)[87]. Das ist die letzte Erwähnung Barlachs in der NL. Nachdem 1935/37 die Verfemung Barlachs durch vor allem Rosenberg und sein Amt total geworden war, wagte die NL es wahrscheinlich nicht mehr, ihn zu verteidigen.

Die Angriffe in anderen NS-Zeitungen und Zeitschriften, vor allem in den NSMH waren entscheidend für Barlachs Schicksal im Dritten Reich. 1936 wurde ein Buch über Barlach verboten, 1937 wurde er zum Austritt aus der Preußischen Akademie der Künste gezwungen. [88] Schon 1933 erschien in den NSMH ein Artikel von Alfred Rosenberg mit dem Titel "Revolution in der bildenden Kunst", der am 7.7.1933 auch im "Völkischen Beobachter" abgedruckt wurde. Hier greift Rosenberg die national-sozialistischen Künstler an, die Nolde und Barlach "auf den Schild heben". [89] 1937 wurden Barlachs Werke in der Ausstellung "Entartete Kunst" angeprangert. Anhänger Barlachs wurden verfolgt. [90]

9) Jochen Klepper galt als "unerwünscht" und wurde 1937 aus der Reichsschrifttums-kammer ausgeschlossen, seine Bücher durften aber weiter verlegt werden. Er arbeitete 1933 beim Rundfunk in Berlin und wurde, weil er mit einer Jüdin verheiratet war, entlassen. Am 11.12.1942 nahm er sich mit seiner Frau und Stieftochter in Berlin das Leben. [91] Wie Bergengruen ist er von einigen "anständigen Nationalsozi-alisten" gefördert worden. [92] Hasso Härlen, der sich in seinen Rezensionen in der NL für Bergengruen eingesetzt hatte, lobt in der gleichen Zeitschrift 1938 Kleppers Roman "Der Vater". [93] Härlen zitiert Teile seines Vortrag, den er über diesen

Roman in der Paul Ernst-Gesellschaft gehalten hatte. Er vergleicht Klepper mit
Paul Ernst, den "großen deutschen Dichter". Härlen verteidigt Klepper sogar noch
1941[94] und nennt ihn einen "wirklichen Dichter, für den die geschichtliche Wahrheit Offenbarung Gottes ist". Der Streit um Kleppers Roman "Der Vater" spiegelt
sich in Artikeln der NL wieder. In "Anmerkungen zum historischen Roman"[95] greift
Gerhard Schmidt Herrn H.(=Härlen) an, weil er das Kleppersche Buch falsch beurteilt habe. Es sei verfehlt, dem Roman den Rang eines Kunstwerkes zuzusprechen.
Bei Klepper habe der König keine Gegenspieler von Rang, er werde zum gequälten,
hysterischen Sonderling. Der Roman falle außerdem in einzelne Episoden auseinander. Klepper habe die im Stoff liegenden Möglichkeiten zur Gestaltung überhaupt
nicht gesehen. Schmidt scheint sehr wohl gemerkt zu haben, daß der historische
Roman ein Mittel der indirekten Kritik geworden war, was ja auch gerade bei diesem
Roman der Fall war. Er greift diese Romangattung daher direkt an:

> ...Die seuchenartige Verbreitung der sogenannten historischen Romane läßt
> es angebracht erscheinen, sich einmal grundsätzlich über diese zwiespältige
> literarische Gattung der Gegenwart klar zu werden. (...) Es handelt sich
> darum, Dichtung von Literatur und beides von der Geschichtsschreibung
> abzugrenzen und unbedingte Klarheit zu schaffen. An der Unklarheit hat
> nur die Literatur ein Interesse, weil sie sich dann den Einsichtslosen als
> Dichtung oder als Geschichte -je nach Bedarf - vorstellen kann... [95]

Im Augustheft 1940[96] kritisiert auch Eberhard Ter-Nedden den historischen Roman
und die Biographie: In Zeiten weltanschaulicher Entscheidungen gewännen gerade
diese Literaturformen eine merkwürdige Renaissance. Es verberge sich in ihnen
der Versuch zu einer Apologie (!) bedrängter, überkommener Glaubenshaltungen.
Ihr Grundthema sei: "So lebten und glaubten Männer, deren Größe unbestritten ist.
Wie sollten wir anderen Göttern dienen wollen?" Sein Urteil über Kleppers Roman,
in dem Ter-Nedden gerade diese Haltung zu erkennen glaubt, unterscheidet sich
nicht vom Urteil Schmidts. Er betont, daß Kleppers Roman eines der "viel gelesenen und meist gelobten Bücher" sei. Dieses Buch diene einem Gott, "dessen Name
bestimmbar" sei, vielleicht sogar innerhalb einer historischen Konfession, ähnlich
wie in Ina Seidels Roman "Lennacker"[97]. Ter-Nedden und andere mit ihm haben
also die "geistige Gefahr" erkannt, die Romane dieser Art für den Nationalsozialismus waren. Er fordert daher, daß die Formfragen vom geänderten Gehalt der
Zeit aufzugreifen seien. Der historische Roman dürfe nur "als übergeschichtliche
Dichtung" (u.a. Völkischer Roman) wiederkehren. Könne er das nicht, dann müsse

man ihn "hinter den Horizont der Gegenwart in die Vergangenheit hinabtauchen lassen."

10) Rudolf Alexander Schröder hatte in seinen geistlichen Gedichten und Reden versucht, gegen den Nationalsozialismus zu wirken. Als diese Gedichte 1937 verboten wurden, ließ er sie illegal verbreiten. Einige dieser Gedichte trug er noch 1942 öffentlich vor, dann wurde ihm auch dies verboten.[98] Abgesehen von einem Angriff in einem Leitartikel der NL aus dem Jahre 1933[99] mit dem Vorwurf, Schröder verteidige die geflohenen Autoren, wurden seine Werke in der NL nur positiv beurteilt.[100] Karl A. Kutzbach findet 1935 in seinen Gedichten "inniges deutsch-christliches Fühlen." Er wird immer wieder zu den "echten deutschen Dichter" gerechnet. Nach einer Mitteilung in der NL nimmt er u.a. am 4. Lippoldsberger Dichtertreffen bei Hans Grimm teil.[101] Zu seinem 60. Geburtstag wird er durch eine Festschrift geehrt, zu der u.a. Grimm und Binding Beiträge schrieben.[102] 1937 veröffentlicht die NL unter dem Titel "Aus Neuen Büchern" einige seiner Gedichte.[103]

In den NSMH wird zu einer Zeit, als seine illegalen Gedichte im Reich zirkulierten, sein Gedicht "Deutscher Schwur" (=Heilig Vaterland) abgedruckt.[104] Dieses Gedicht "nach R.A. Schröder, vertont von Heinrich Spitta" (so wurde es in Liederbüchern für die Schulen bezeichnet, vgl. Anm. 350) diente den Nationalsozialisten als weihevollstes und feierlichstes Lied bei politischen Feiern, vor allem im Zusammenhang mit dem "Bekenntnis" oder der "Führerehrung" oder als regelrechtes Schlußlied. Es gehörte zu den "Kernliedern der Bewegung". In 130 Feiervorschlägen wurde es, einmal abgesehen von den "beiden Nationalhymnen", am häufigsten (44 mal) genannt.[105] Das mag eine Rolle spielen, wenn man feststellt, daß Schröder in keiner der beiden Zeitschriften angegriffen wurde, auch 1937 nicht, als man seine christlichen Gedichte verbot. Schröder ist wie andere christliche Autoren in konfessionellen Zeitschriften immer wieder gelobt worden, u.a. von Fritz Dehn in "Eckart".[106] Dieser Artikel ist eine Verteidigung der christlichen Einstellung bei Autoren wie Schröder und Winnig. Dehn stellt ihre Haltung im Gegensatz zur NS-Haltung bei u.a. Schäfer und Strauss. Gegen diesen Artikel protestierte die Bücherkunde u.a. mit folgenden Worten:

...Emil Strauss und Wilhelm Schäfer, die zu den bedeutendsten Persönlichkeiten des deutschen Schrifttums der Gegenwart zählen, werden den Herren
Schröder und Winnig gegenübergestellt und verurteilt, weil sie, im Gegensatz zu besagten Herren, in ihren Dichtungen nicht den Weg der Kirche gehen,
der durch diese Zeitschrift vertreten wird... 106)

3. Andere Autoren der Inneren Emigration

Die schon genannten Autoren haben zu aktiven Widerstandsgruppen gehört, wie
Weisenborn und Kuckhoff, offen protestiert, wie Wiechert, illegal gewirkt, wie u. a.
Bergengruen und Schneider, das Dritte Reich verlassen, wie Andres, oder waren
Opfer des Regimes, wie Barlach und Klepper. Die folgenden Autoren haben, soweit
bekannt, keine direkten derartigen Widerstandshandlungen geleistet, wohl aber in
einzelnen Werken versucht, dem Leser ein Gegenbild zum Dritten Reich zu geben.
Es handelt sich also um Werke des indirekten Protestes. 106a)

1) Gertrud von le Fort schrieb historische Romane und Novellen, die Zeugnisse
des "inneren Widerstandes gegen das NS-Regime" sind. 107) Die Mitarbeiter der
NL haben diese versteckte Kritik nicht bemerkt oder nicht bemerken wollen. 1933
nennt Kutzbach ihre "Hymnen an Deutschland" glaubensstarke Ausrufe aus der
deutschen Bedrängnis. 108) Das ist nicht weiter erstaunenswert, denn gerade
diese Hymnen konnten von den Nationalsozialisten in ihrem Sinne gedeutet werden. 68)
Aber auch das Buch "Die ewige Frau", allgemein als ein Zeugnis geheimer Abwehr
gegen das NS-Regime aufgefaßt, wird 1935 von der ständigen Mitarbeiterin der NL
Marie Joachimi-Dege unter der Überschrift "Frauen sprechen zu ihrer Zeit" gelobt
und empfohlen. 109) Als sie wegen dieses Artikels von anderen NS-Zeitschriften
angegriffen wird, verteidigt Will Vesper seine Mitarbeiterin in einem Leitartikel
im August 1935. 110) Auch hier zeigt es sich wieder, daß es in bestimmten Fragen
Übereinstimmungen zwischen christlich-konservativen Autoren und NS-Autoren
gab. Sie erklären u. a. die positiven Beurteilungen von "Inneren Emigranten" in
der NL. Vesper schreibt in seinem Artikel u. a.:

...So haben wir es durchaus erwartet, daß der Aufsatz von Frau Joachimi-
Dege im Maiheft eine Entgegnung und Ergänzung von männlicher Seite finden
würde. Eine solche Entgegnung müßte aber Frau Joachimi-Deges wirkliche
Meinung ergründen und müßte z. B. wissen, daß Frau Joachimi-Dege als eine
der mutigsten Vorkämpferinnen für echtes deutsches Frauentum im Märzheft
1930 der "Neuen Literatur" in einem damals wie eine Fanfare wirkenden

Aufsatz gegen die lockere Geschlechtsmoral jener Zeit, gegen die "Kamerad-
schaftsehe", gegen die Phrasen von "Neuer Moral", "Modernem Weibtum"
usw. aufs schärfste auftrat. Dann wird man davor sicher sein, ihr nun
unterzuschieben, sie wolle eben für jene Dirnenmoral von gestern streiten.
Man wird dann einer Frau, die mit so gutem Gewissen auf ihr eigenes
mustergültiges deutsches Frauen- und Mutterleben, wie auf ihre tapfere,
geistige Vorkämpferarbeit schauen kann, auch ein überzeichnendes Wort
nicht übel nehmen. Ein Aufsatz liest sich ganz anders, wenn man hinter
ihm das heiße Herz einer leidenschaftlichen, überzeugten Mitkämpferin
weiß, als wenn man hinter ihm eine reaktionäre Politikerin von gestern
vermutet... 110)

Nach Vesper kam der Angriff aus einer Berliner Parteizeitung. Nun gab es zwischen
der NL und z. B. Rosenbergs "Bücherkunde" immer wieder Konkurrenzneid, Eifersüchteleien usw. [111] Man suchte nach Gelegenheiten, sich gegenseitig anzugreifen.
Der Artikel von Frau Joachimi-Dege, der für Gertrud von le Forts Buch eintrat,
scheint eine solche Gelegenheit geboten zu haben. Das besprochene Buch eines
"unliebsamen" Autors war in diesem und in anderen Fällen dabei sicher nur Mittel
zum Zweck.

Die NL scheint Gertrud von le Fort auch später wohlwollend beurteilt zu haben.
Noch 1941 rechnet Will Vesper ihre Werke (mit denen von Carossa und Rilke) zu der
"ernsthafteren neueren deutschen Literatur". [112]

Auch die NSMH äußern sich 1934 positiv über die Bücher der Autorin. [113] Ein Jahr
später greift die Zeitschrift jedoch Gertrud von le Fort wegen Judenfreundlichkeit
an, weil sie für "Die Erfüllung" (Wien, H. 1) des Kardinals Innitzer einen Beitrag
mit dem Titel "Israel und die Kirche" geliefert hat. Die neugegründete Zeitschrift
sollte zwischen Juden und Christen vermitteln. Ein solches Ziel mußte von den NSMH
als Herausforderung aufgefaßt werden. Einer ihrer Mitarbeiter (M. Z.) [114] kritisiert
Innitzers Zeitschrift scharf, da man hier "Rassenfrage und Judenfrage als wesens-
fremde Probleme"hinstelle, "deren Verknüpfung einen böswilligen Verstoß gegen
den Geist wahrer Menschlichkeit und christlicher Liebe" darstelle. Gertrud von
le Fort galt im Dritten Reich als "unerwünscht". Diesen Eindruck gewinnt man
beim Lesen der NSMH, aber nicht beim Lesen der NL.

2) Ernst Jünger war ein Vertreter der "konservativen Revolution" und wurde vor
1933, auch von vielen Nationalsozialisten, als ein Vorläufer oder Mitläufer der Nationalsozialisten betrachtet. Die Tendenz seiner Schriften war antidemokratisch. [115]

Nach der Säuberung der Preußischen Akademie der Künste lehnt er es jedoch 1933 ab, in die Deutsche Akademie für Dichtung einzutreten. Er nimmt seine "Wahl" also nicht an. Im Dritten Reich galt er als "unerwünscht", durfte aber unter Aufsicht weiter verlegt werden.

Die NL behandelte Jünger vor 1933 recht gleichgültig.[116] 1933 und 1938 erscheinen in der Zeitschrift unter der Rubrik "Aus neuen Büchern" Auszüge aus Jüngers Schriften.[117] Von seinen nach 1933 erschienenen Büchern werden jedoch nur zwei, 1934 "Blätter und Steine" und 1940 "Afrikanische Spiele", besprochen.[118] 1935 schreibt Hjalmar Kutzleb, daß Jüngers Denken in Antithesen Anreiz sei, aber Widerspruch erwecke. 1937 nennt Hasso Härlen "Afrikanische Spiele" ein Buch echten Soldatentums. 1940 wird Jüngers Schrift "Geheimnisse der Sprache" erwähnt. Aber jene beiden Bücher (Auf den Marmorklippen, 1939; Gärten und Straßen, 1942)[119], die auch von den Exilanten als indirekter Protest zum Dritten Reich aufgefaßt wurden, werden nicht besprochen. Jüngers Tagebuch "Gärten und Straßen" stand übrigens in den vertraulichen Informationen sämtlicher NS-Propagandaämter auf der Liste der Bücher, die nicht rezensiert werden durften.[120]

Die NSMH rechnen Jüngers Bücher 1935 zur wertvollen Kriegsliteratur.[121] Ähnliche positive Äußerungen findet man 1937 in einem Aufsatz mit der Überschrift "Das Gemeinschaftserlebnis im ersten Weltkrieg".[122] Auch hier werden "Auf den Marmorklippen" und "Gärten und Straßen" nicht erwähnt. In anderen Zeitschriften aus der damaligen Zeit findet man jedoch positive Besprechungen dieser beiden Bücher. "Der Bücherwurm"[123] betont z. B. herausfordernd (?), daß im Roman "Auf den Marmorklippen" gezeigt werde, daß die Kräfte des Herzens und des Geistes durch die dunklen Mächte der Anarchie nicht zu zerstören seien. Den Mächten der Zerstörung seien durch eine göttliche Ordnung Schranken gesetzt. "Der getreue Eckart"[124] entdeckt anhand einer Besprechung von "Gärten und Straßen" Jüngers Wandlung. Man habe schon in "Auf den Marmorklippen" die ersten Anzeichen eines Widerrufs seiner Kriegsliteratur gespürt. In "Gärten und Straßen" sei die Korrektur seiner alten Auffassungen, wie man sie z. B. vom "Arbeiter" kenne, eine außerordentliche. Das Buch lasse auf bestimmte Veränderungen der Jüngerschen Gedankengänge schließen. Es gäbe bei ihm wie bei Carossa und Bergengruen einen Glauben an eine höhere Macht. Der Meister habe seine Jünger weit hinter sich gelassen und widerrufe nun die "Raubtiergedanken" aus dem "Arbeiter". Der auf den leeren Raum bezogene Heroismus, einst von Jünger als Forderung aufgestellt, werde nun als Verhängnis gewertet. Die Angewiesenheit des Menschen auf den Schöpfer werde wiedererkannt und wiederentdeckt. Man spüre den warmen Schimmer des Mitgefühls. Jünger lasse dem Christlichen eine neue Würdigung zuteil werden. Auch Peter Suhrkamp erkennt [125] in "Auf den Marmorklippen" den protestierenden Aspekt. Solche Rezensionen müssen die Nationalsozialisten auf den indirekten Protest in beiden Büchern (ob er nun vom Autor beabsichtigt war oder nur vom Leser hineingedeutet wurde, ist dabei gleichgültig) aufmerksam gemacht haben. Gleichzeitig müssen sie auch anhand solcher Rezensionen erkannt haben, daß dieser Protest von bestimmten Leserkreisen bejaht wurde und vielleicht stärker empfunden wurde, als er gemeint war. [126]

3) Friedrich Georg Jünger veröffentlichte 1934 und 1935 Gedichte, die als Dokumente der Inneren Emigration beurteilt wurden. [127] Eine Exilzeitschrift schrieb damals über seine Lyriksammlung "Der Mohn", "der Mut lebe auch im tarnenden Kleide!" [128] Ähnlich wurden seine Gedichtsammlungen von 1937 (Der Taurus) und 1940 in z. B. "Maß und Wert" beurteilt. [129] F. G. Jünger wird in der NL nur einmal erwähnt und zwar 1936 in einem Leitartikel über den bekannten Protest E. Korrodis gegen L. Schwarzschilds Behauptung, die wirkliche deutsche Literatur lebe nur im Exil. Korrodi (vielleicht auch die NL?) zählt F. G. Jünger zu den bedeutenden deutschen Dichtern, die in Deutschland geblieben sind. [130] Andere Zeitschriften aus der NS-Zeit haben F. G. Jüngers Lyrik gelobt und empfohlen wie z. B. die "völkische" Zeitschrift "Deutsches Volkstum". [131] F. G. Jünger wurde, seit er 1934 sein Gedicht "Der Mohn" veröffentlicht hatte, von der Gestapo bewacht. Er galt im Dritten Reich als "unerwünscht".

4) Oskar Loerke ist nach eigener Aussage am "Dritten Reich zugrundegegangen". [132] Er war Dritter ständiger Sekretär der Preußischen Akademie und wurde 1935 seines Amtes enthoben. Seine Gedichte gaben den heimlich Oppositionellen im Dritten Reich durch Form, Ton und private Aussage Trost und Bestätigung. Das ist wohl auch von den Mitarbeitern der NL empfunden worden. So zählt Kutzbach Loerke zu den "Abseitigen" [133]. In einer ziemlich positiven Besprechung der Gedichtsammlung

"Silberdistelwald" (1934) wird betont, daß der Ton dieser Gedichte etwas abseitig, schwermütig und weltverächtlerisch sei.

Die NSMH teilen 1941[134] in einer kurzen Notiz mit, daß Oskar Loerke plötzlich am Herzschlag gestorben sei. Sie erwähnen im übrigen nur eine einzige Schrift von Loerke, nämlich "Deutscher Geist – Eine Lesebuch aus zwei Jahrhunderten" (Berlin, 1940, eine Sammlung von Meistern deutscher Prosa), die er zusammen mit Peter Suhrkamp herausgegeben hat. Das Lesebuch wird von den NSMH empfohlen. Loerke galt im Dritten Reich als "unerwünscht."

5) Walter von Molo wurde 1933 aus der Deutschen Dichterakademie ausgeschaltet, deren Präsident er von 1928 bis 1930 war. Er galt im Dritten Reich als "unerwünscht". 1945 wurde er durch seinen offenen Brief an Thomas Mann mit der Aufforderung, nach Deutschland zurückzukehren, als einer der Sprecher für die "Innere Emigration" bekannt.[135] In seinen Romanen vertritt er einen historischen Voluntarismus. Er sah in der Geschichte nichts anderes "als immer wiederkehrende Unglücksfälle." Seine Ablehnung des Nationalsozialismus hinderte ihn nicht daran, auch nach 1933 in seinen Romanen gerade den Nationalismus und Heroismus darzustellen. Er scheint die außenpolitische Ziele der Nationalsozialisten z. T. bejaht zu haben.[136]

Das scheint von den Mitarbeitern der NL auch z. T. erkannt worden zu sein. 1933 nennt Adolf von Grolman Molos Roman "Ein Deutscher ohne Deutschland" ein "Volksbuch reinster Art".[137] Aber zwei Monate später schreibt Borries von Münchhausen eine vernichtende Kritik über "Holunder in Polen" (Zsolnay, Wien, 1933), einem neuen Roman von Molo.[138] Der Autor habe sich viele Mühe gegeben, ein sauberes nationales Buch zu schreiben, aber er könne eben nicht aus seiner Haut. Der Grundton des Buches sei amoralisch, die Liebesvorgänge seien lüstern, der Stil sei verwahrlost:

> ...Alles in allem das unerfreuliche Buch eines Mannes, der ganz gewiß eine schöne Erzählgabe hatte, sich aber sprachlich und seelisch hat verwildern lassen. Sein Bemühen, sich in die heutige deutsche Lage einzupassen, hat für den Wissenden etwas Rührendes, denn auch er kann ebenso wenig wie Kasimir Edschmid oder Hanns Heinz Ewers über den Schatten seiner Vergangenheit springen... 138)

Die szenische Umgestaltung des Romans "Deutscher ohne Deutschland" (=Friedrich List) wird jedoch ebenso wie der Roman gelobt.[139] Der Rezensent Gerhard Weise

dankt Molo, weil er die Erinnerung an diesen deutschen Kämpfer (List) wachgerufen
habe. Das Buch ist übrigens auch verfilmt worden, die Uraufführung des Filmes
war am 27.8.1943 in Berlin. Der Film erhielt das Prädikat "staatspolitisch und
künstlerisch besonders wertvoll, jugendwert, Lehrfilm". Ein anderer Mitarbeiter
der NL, Karl Kindt, scheint Molo jedoch ähnlich wie Münchhausen beurteilt zu
haben.[140] In kurzen Notizen teilt die Zeitschrift später mit, daß Sonderausgaben
der Fridericustrilogie erschienen seien.[141] 1938 schreibt Kutzbach abwertend
über "Der endlose Zug" (Berlin, 1937):[142] Es sei ein Mischgericht aus Molos bis-
heriger Produktion. Auch Molos Kleistbuch "Geschichte einer Seele" (Berlin, 1938)
beurteilt Ph. Leibrecht negativ: der Versuch, das menschliche Genie erklärbar zu
machen, gehe hier auf Kosten des Unerklärbaren.[143]

Die NSMH scheinen Walter von Molo grundsätzlich abzulehnen. Als 1936 eine Ver-
teidigungsschrift von Gustav Christian Rassy "Walter Molo- ein Dichter des deutschen Menschen" erscheint, schreibt H. Langenbucher hierzu einen ironischen
Kommentar.[144] Hier heißt es u.a.:

> ...Zu den etwas umstrittenen Vertretern des Schrifttums der älteren Generation
> gehört Walter von Molo. Daran sind wir, die wir gewisse Zweifel in die Bedeu-
> tung seiner Leistung für uns setzen nicht schuld; schuld daran dürfte vielleicht
> der Schriftsteller Walter von Molo selbst sein, den manche Leute zwar in
> einer geradezu verblüffenden Unbekümmertheit zu nichts geringerem als einen
> dichterischen Wegbereiter des Dritten Reiches hinaufzuloben sich bemühen,
> der aber vor dem Umschwung sich keineswegs so toll nationalsozialistisch
> gebärdete, wie man das da und dort heute glauben machen möchte. (...) Dazu
> ist noch zu bemerken, daß nach 1933 kein Mensch daran dachte, irgendwie
> und irgendwo einen "Fall" Molo zu konstruieren, daß man unsere Stellung-
> nahme vielmehr erst herausgefordert hat, indem man versuchte, so zu tun,
> als ob er unter den Dichtern keinen überzeugteren Trommler für das Dritte
> Reich gegeben hätte als Walter von Molo. Da wurde es uns denn doch zu
> viel, und zu viel wird es einem auch, wenn man Rassys Schrift liest. (...)
> Die Bücher Walter von Molos erscheinen in neuen Auflagen (...), neue Ar-
> beiten von ihm kommen heraus, er hat sich über keinerlei Behinderung zu
> beklagen, und wenn wir recht unterrichtet sind, kann sich Walter von Molo
> über die Beurteilung, die sie in der so gar nicht nachträgerischen Presse
> gefunden haben, ebenfalls nicht beklagen..." 144)

Ein einziges Buch von Molo wird nach 1933 in den NSMH besprochen, nämlich "Der
Held".[145] Der Artikelverfasser Merzdorf hebt hervor, daß diesem Buch eine ein-
wandfreie weltanschauliche Haltung fehle. Auch in Rosenbergs "Bücherkunde"[146]

wird u. a. Molos Kleistroman (Geschichte einer Seele) scharf abgelehnt: Es gehe
durch Molos ganzes dichterisches Schaffen ein Riß zwischen äußerem Anspruch und
innerer Haltung. Der Roman sei ein Machwerk, das beherrscht werde durch Salopp-
heit, falsche Burschikosität, gespreiztes Wichtigtun und üble Eitelkeit. Es wimmle
von Stilunarten, Literatendeutsch und Geschmacklosigkeiten. Molo stelle Kleist ehr-
furchtslos als so unheroisch wie nur möglich dar, als verbummelten Studenten.

Wenn man den NS-Zeitschriften glauben kann, dann hat Molo (oder haben allzu wohlwollende Freunde Molos) in den ersten Jahren des Dritten Reiches den Versuch
gemacht, sich anzupassen (ihn anzupassen). Trotz ihrer nationalen und heroischen
Tendenz sind seine historischen Romane von den NS-Zeitschriften abgelehnt worden.
Sie entsprachen in Gehalt und Stil nicht den literarischen Vorstellungen der Nationalsozialisten. Aus dem gleichen Grunde sind sie vielleicht von bestimmten Leserkreisen
in heimlich oppositioneller Absicht gekauft worden. Die Auflagen dieser Romane in
den dreißiger und vierziger Jahren waren hoch.

6) Frank Thiess, der ebenso wie Molo 1945 als einer der Sprecher der Inneren
Emigration hervortrat, [147] galt im Dritten Reich als "unerwünscht". Ein Teil seiner
Arbeiten wurde verboten und verbrannt. Er ist von der NL abgelehnt worden. Über
seine Reden und Vorträge, veröffentlicht in "Die Zeit ist reif" (Zsolnay, 1932),
schreibt A. v. Grolman 1933, [148] daß das meiste zwar schon veraltet aber von Interesse sei. Nach A. Kutzbach [149], der Ende 1933 Thiess Roman "Johanna und Esther"
(Zsolnay, Wien, 1933) besprach, versuchte Thiess sich dem Zeitgeist anzupassen.
Nach Kutzbach zeugen seine Werke für eine zeitverfallene Gesellschaftskritik, die
seit Jahren als deutsche Dichtung gekauft und verkauft werde. Jetzt aber lege Thiess
unter den zeitgemäß gewordenen Leitmotiven von Fruchtbarkeit, Blut und Boden
eine breite Chronik ländlicher Ereignisse an. Dekadente Menschen würden hier ins
naturhafte Leben zurückverwandelt. Aber, so meint Kutzbach, "unsere Zeit" wird
über derart literaturgezeugtes Schrifttum rasch hinweggehen. Spätere Romane von
Thiess sind weder in der NL noch den NSMH besprochen worden.

1939 erwähnt Will Vesper in einem Leitartikel [150], daß abgesehen von den Emigranten in England nur deutsche Unterhaltungsliteratur von internationalem Charakter,
wie Bücher von Ebermayer, Kellermann und Thiess, übersetzt würden. Thiess war
im Dritten Reich zwar ein häufig angegriffener, aber zunächst jedoch ein geduldeter

Autor, der als Filmautor sehr erfolgreich war.[151] Erst sein Geschichtswerk "Das Reich der Dämonen" erhielt ein Besprechungsverbot. Nach Thiess war der Weg des Widerstandes, der Weg in die Geschichte.[152]

Die unterschiedliche Beurteilung von z. B. von Molo und Thiess im Dritten Reich,[153] beruht wahrscheinlich darauf, daß sie z. T. von nichtnationalsozialistischen Journalisten gefördert wurden und daß verschiedene Zeitschriften miteinander rivalisierten. Möglicherweise wollten auch einige NS-Journalisten aus Gründen menschlicher Anständigkeit die diffamierende Hetze gegen mißliebige Autoren, wie sie z. B. für NL, NSMH und Bücherkunde typisch war, nicht mitmachen.[154]

7) Kasimir Edschmid[155] war schon vor 1933 einer der bekanntesten Vertreter des Expressionismus[156]. Im Dritten Reich galt er als "weltanschaulich zweifelhaft" und wurde als "unerwünscht" beurteilt. Ein Teil seiner Bücher wurde verboten und verbrannt. Er ist von der NL weit gehässiger angegriffen worden als z. B. Ebermayer (s. u.). 1933 schrieb Borries von Münchhausen eine "vernichtende Kritik" über Edschmids "Südreich" (Roman der Germanenzüge, Zsolnay, 1933).[157] Er erklärte, Edschmid versuche sich anzubiedern, er habe die wichtigsten Sätze im Roman nicht, wie er behaupte, vor 1932 geschrieben, sondern erst nach dem Umsturz. Das Bestreben, von seiner literarischen Vergangenheit abzurücken, sei bei ihm genau so durchsichtig wie bei Hanns Heinz Ewers und vielen anderen. Münchhausen fragt ironisch:

> ... Warum sind die Herren nur so ängstlich? Es ist doch keine Schande einen Irrtum einzugestehen, und es wird wohl keinen Menschen geben, der nicht über wichtige Fragen des Glaubens, der Weltanschauung, der Politik, ebenso wie über Fragen der Kunst und der Wissenschaft in verschiedenen Jahrzehnten seines Lebens verschieden gedacht hat. Verächtlich ist doch nur das Vortäuschen einer Überzeugung aus Gründen, die nicht sachlich sind... 157)

Als der Goethekalender auf das Jahr 1936 erscheint (hrsg. vom Frankfurter Goethemuseum, Leipzig, 1936) kritisiert die NL die Herausgeber des Kalenders, weil sie u. a. auch Edschmid zur Mitarbeit aufgefordert haben.[158] Eine Literaturgeschichte von Dr. Paul Klausch beurteilt Vesper u. a. auch deswegen als schlecht und unzeitgemäß, weil sie M. Brod und K. Edschmid als gute Erzähler vorstelle.[159]

Trotz der heftigen Angriffe hat Edschmid im Dritten Reich Bücher veröffentlichen können.

Die Zeichen von "Anbiederung" und "Anpassung", die die NL oder die NSMH bei oben genannten Autoren bemerkt haben, sind unleugbar. Damit ist jedoch noch nicht gesagt, daß diese Autoren damit zu Mitläufern oder Nationalsozialisten wurden und ihre Werke, die zur Zeit des Dritten Reiches in Deutschland veröffentlicht wurden, dem Nazigeist entsprachen. Allein die Rezensionen der NL, der NSMH und u. a. der Bücherkunde über diese Werke scheinen dieser Annahme zu widersprechen. Wer einmal durch irgendeine Veröffentlichung - sei es sogar ein einzelnes "Führergedicht" - den Versuch gemacht hat, sich den Begebenheiten "anzupassen", ist damit noch kein NS-Autor. Ob er zur Inneren Emigration gehört oder nicht, kann nur das genaue Studium seines Gesamtwerkes während der Zeit des Nationalsozialismus zeigen. Es ist überhaupt schwierig, die Grenzen zu ziehen zwischen Inneren Emigranten, Nichtnationalsozialisten und Mitläufern. Was für 1933 galt, muß nicht auch für 1937 oder 1942 gelten. Der Versuch zu gruppieren, wie es auch hier getan wird, ist immer diskutabel. [160)]

4'. Der "Innere Emigrant", dessen Bücher emigrierten

Erich Kästner blieb 1933 in Deutschland. Die Bücher, die er von 1933 bis 1945 herausgab, erschienen im Ausland. Während des 2. Weltkrieges schrieb er pseudonym das Drehbuch für den UFA-Film Münchhausen. Kurz darauf wurde ihm das Schreiben auf Hitlers Befehl wieder einmal und diesmal endgültig verboten. [161)]

Seine Werke durften im Dritten Reich weder verlegt noch angezeigt werden. Sie wurden 1933 "verboten und verbrannt". Auf der "Schwarzen Liste" vom 16. 5. 1933, die die Autoren aufführt, deren Werke "unbedingt auszumerzen sind", steht hinter seinem Namen der Vermerk "alles, außer Emil". In der NL ist Kästner scharf bekämpft worden. 1933 klagt Vesper darüber, daß der deutsche Buchhandel u. a. immer noch die "kulturbolschewistischen Bücher von Kästner"weiter verkaufe. [162)]

Das ist typisch für den Ton, in dem diese Zeitschrift sich über Kästner äußert. 1935 greift Vesper die deutschen Theater an, die immer noch auf "Judenstücke" hereinfallen und nachher "die mit großen Kosten einstudierten Schmarren "wieder absetzen müssen, wie es z. B. bei dem"Lebenslänglichen Kind" von Neuner=Kästner selbst Stadttheatern geschah. [164)] Als Vesper im selben Jahr die "Deutsche Verlagsanstalt" in Stuttgart angreift, [165)] weil sie durch ihre Verkäufer ein Werk von Fr. Wolf verkaufen ließ, weist man darauf hin, daß es gerade dieser Verlag war, der

die kulturbolschewistischen Werke von Erich Kästner mit besonderem Eifer propagieren ließ. Leider muß die Zeitschrift immer wieder feststellen, daß Kästner im
Ausland sehr viel übersetzt wird.[166]

In den NSMH wird Kästner nur zweimal genannt. Hellmuth Merzdorf teilt 1936[167]
in seiner "Schrifttumsschau" mit, daß zu den verbotenen unsittlichen Büchern auch
Kästners "Fabian" gehöre. 1940 druckt die Zeitschrift einen Vortrag von Hans
Hagemeyer ab[168] mit dem Titel "Die Geistigen und politischen Grundlagen des Verlages". Dieser wurde in Leipzig auf der Reichstagung des deutschen Buchhandels
vor Verlegern gehalten. Der Reichsamtsleiter Hagemeyer warf "vielen Verlegern"
vor, daß sie den Forderungen der Zeit gegenüber stumm blieben, sie hätten den
politischen Menschen vermieden und wären der Konjunktur gefolgt. Wörtlich sagte
er:

> ...Es gehört zum traurigsten Kapitel der Systemzeit, daß es Verleger gegeben
> hat, deren Unternehmen heute noch bestehen, die glaubten, allen Richtungen
> politischer und weltanschaulicher Art gerecht werden zu müssen. Man kann
> heute nicht neben einem Stegemann einen Erzberger, man kann nicht neben
> einer Ina Seidel einen Erich Kästner verlegen... [168]

Mit dieser letzten Warnung wendet sich Hagemeyer direkt an die Deutsche Verlagsanstalt, die sowohl Ina Seidel wie auch Kästner verlegte. Auch in anderen NS-
Zeitschriften ist Kästner scharf angegriffen worden. Heimliche Unterstützung fand
er bei Film und Theater. [169]

5. Der Naturalismus ist tot!

Gerhart Hauptmann war der gefeiertste Dichter der Weimarer Republik. Er blieb
1933 in Deutschland und versuchte, sich durch sein bekanntes Telegramm von
Rapallo "gleichzuschalten". [170] Er wurde im Dritten Reich als "unerwünscht" eingestuft, seine Werke wurden als "ungeeignet" bezeichnet und häufig angegriffen.
Er war und blieb Mitglied der Deutschen Akademie der Dichtung. Für die Nationalsozialisten war "der Naturalismus tot". Sie wußten, daß seine "Gleichschaltung"
nur eine äußere Geste war. Die NL hatte Hauptmann und den Naturalismus schon
vor 1933 bekämpft. [171] 1933 rechnet Wilhelm Frels, [172] der Theatersachkundige
der NL, "Vor Sonnenaufgang" zu den Dramen, die sich gerade nicht auf den Höhen
der Dichtung befänden. W.E. Dietmann [173] kritisiert in einem Aufsatz über "Die

zeitgenössische Dichtung in der Schule", daß Hauptmann, wie auch Thomas Mann
und Wassermann, in den Schulen viel zu viel gelesen werden, weil man auf das literarische Moment den Hauptwert lege. Im Leitartikel von Kurt Schrey im April 1933
steht u. a. :

> ...Erschien Gerhart Hauptmann als der Vertreter Deutschlands von Weimar,
> so vertritt er (= Lion Feuchtwanger) das Land des Kurfürstendamms... 174)

Auch nach Hans-Hugo Erdmann ist Hauptmann eine "fragwürdige Erscheinung". [175]
Er habe in seinen Dramen nie wieder die gleiche "ganzheitliche Lebensnähe" schaffen
können wie in seinen Romanen "Der Narr in Christo Emanuel Quint" und "Der Ketzer
von Soana". In verschiedenen Artikeln der NL [176] wird immer wieder darauf hingewiesen, daß im Ausland - einmal abgesehen von den Emigranten - hauptsächlich
Hauptmann und Autoren wie Kästner und Fallada übersetzt würden. Oft weist man
darauf hin, daß Hauptmann hauptsächlich von Juden gefördert worden sei und mit
dem Fischer-Verlag eng verbunden sei. Ähnliche Beurteilungen liest man auch in
anderen Zeitschriften aus der NS-Zeit. Im "Deutschen Wort" schreibt Karl Rauch
1934, [177] daß Hauptmann ohne die Juden gar nicht denkbar sei. Dabei betont er
jedoch, daß hervorragende literarische Interessiertheit im kaiserlichen Deutschland
meist bei den Juden zu finden gewesen sei. Der deutsche Bürger habe sich entweder
ins Schlepptau der jüdischen Infizierung nehmen lassen oder sein Desinteresse für
die Literatur gezeigt.

In einem Leitartikel von 1935 kritisiert Vesper, [178] daß u. a. Hauptmann in der
"Neuen Rundschau" einen Nachruf auf Samuel Fischer geschrieben habe. Hauptmann
nenne Fischer hier einen Förderer der deutschen und nordischen Dichter. Vesper
bestreitet dies und behauptet (wieder einmal!), daß Fischer hauptsächlich jüdische
Autoren gefördert habe. Etwas unlogisch ist es jedoch, wenn die NL ein Jahr später [179] gerade die Zeilen aus Korrodis Protest gegen Schwarzschild zitiert, in
denen Korrodi darauf hinweist, daß zu den großen Dichtern, die nach 1933 in Deutschland blieben, auch Hauptmann gehöre, den Schwarzschild also nicht zur deutschen
Literatur zähle. In der Exilpresse ist Hauptmann häufig angegriffen worden. [180]

Als im Jahre 1938 Hauptmanns Drama "Nach Sonnenuntergang" verfilmt wird und
gerade dieser Film von der Presse, einschließlich der NS-Presse, sehr gelobt
wird, weist Manfred Jasser in der NL darauf hin, [181] daß hier ein "unpolitisches

Drama", das privates Schicksal gestalte, durch den Film "Der Herrscher" zu
einem "wertvollen politischen Film" umgestaltet worden sei. Im selben Jahr spottet die NL mit Hilfe von Stilproben aus "Das Abenteuer meiner Jugend"
(Fischer, Berlin, 1937) boshaft über Hauptmanns schlechtes Deutsch. [182]

Die Aufführungen von Hauptmanns Dramen auf deutschen Bühnen werden im allgemeinen in der NL nur erwähnt, höchstens wird eine kurze Inhaltsangabe des Stückes
gegeben. [183] Positive Worte findet Hans Knudsen [184] für "Die Tochter der Kathe-
drale". Als "Der Biberpelz" verfilmt wird, klagt man in der NL [185] über diese
mißlungene Verfilmung, bei der die "menschlichen Werte des Stückes" verloren-
gegangen seien. Einigermaßen positiv bewertet wird auch das Schauspiel "Ulrich
von Lichtenstein". Aber, so betont der Kritiker Edmund Finke, [186] Hauptmann sei
leider der Hauptrolle den starken Glauben schuldig geblieben. Deutlich spürt man
die im Grunde ablehnende Haltung zu Hauptmann wieder in einem Artikel von W.
Stapel über Hjalmar Kutzleb. [171] Stapel lobt Kutzlebs literarisches Urteilsver-
mögen gerade deshalb, weil dieser schon während der Weimarer Republik Satiren
über Hauptmann und Th. Mann geschrieben habe.

Aber obwohl Gerhart Hauptmann in der NS-Presse ständig versteckt und offen kritisiert und angegriffen wurde, betonte man dem Ausland gegenüber seine literarische
Bedeutung. So widerspricht die NL sich selbst, [187] wenn sie die bekannte Behauptung Paul Valérys, daß Goethe sich im Kerker befände, wenn er "heute" lebe,
gerade durch das Beispiel Hauptmanns widerlegen will. Sie weist nämlich darauf
hin, daß der "heutige Goethe Gerhart Hauptmann" weder emigriert noch eingekerkert
sei, sondern im Gegenteil im Dritten Reich "verehrt" werde. Oder sind diese Worte
vielleicht so zu deuten, daß Goethe für die NL ebenso wie Hauptmann eine fragwürdige
Erscheinung war? 1942 teilt die NL ihren Lesern mit, [188] daß der Führer G. Hauptmann zu seinem 80. Geburtstag ein Glückwunschtelegramm gesandt und eine Ehren-
gabe überreicht habe. Diese Ehrungen entsprachen nicht den Überzeugungen der
Nationalsozialisten. Goebbels hatte damals verfügt, die Ehrungen "mit Hinsicht auf
das europäische Ansehen" Hauptmanns nicht ganz zu verhindern, aber auf wenige
Veranstaltungen zu beschränken. [189]
Noch schärfer als in der NL wird Hauptmann in den NSMH angegriffen. [190]

"Griselda", "Der Biberpelz" und "Michael Kramer" werden als dünn oder als für "unsere Zeit" nicht mehr so recht tragbar beurteilt. Die Sterbekerzen am Sarg des Michael Kramer seien die Sterbekerzen des Naturalismus.

Der Naturalismus wird auch in anderen NS-Zeitschriften als überwundene Epoche dargestellt. [191] Dabei liest man immer wieder dieselben Argumente: Hauptmann, Sudermann und Holz seien große Ankläger gewesen, große Ideen und Menschen hätten sie jedoch nicht gestaltet. Echte deutsche Dichtung könne niemals naturalistisch sein. In Artikeln der NSMH über "Deutscher Geist in der Welt" oder über "Deutsche Literatur" wird Hauptmann, wenn überhaupt, nur kurz erwähnt. [192] Auch in den NSMH wird darüber geklagt, daß neben den Emigranten nur Dichter wie Hauptmann übersetzt werden, [192] u.a. in einem Artikel von Hans Hagemeyer, der feststellt, daß in Frankreich "die uns entfremdeten und artfremden Dichter" als deutsche Literatur aufgenommen und gefördert werden. Die wenigen Deutschen "dieser Zeit" wie Hauptmann, Sudermann und Halbe könnten das notwendige Gegengewicht zu Heinrich und Thomas Mann, Jakob Wassermann, Arnold und Stefan Zweig nicht schaffen.

Zwei positive Kritiken über "Der Biberpelz" und "Iphigenie auf Delphi" veröffentlichen die NSMH während des Krieges. [193] In einem Bericht über die Dichterlesungen während der Berliner Kunstwochen 1942 wird ganz besonders die Mitwirkung des 80jährigen Gerhart Hauptmanns betont. [194] Man hat also auch das Ansehen des Dichters auch innerhalb Deutschlands zu eigenen propagandistischen Zwecken ausgenutzt. Das hinderte jedoch nicht, daß z.B. Karl Flemming [195] im selben Jahr Gerhart Hauptmann in der "Bücherkunde" verächtlich abtut, denn bei Hauptmann sei "rassisches Absinken" zu beobachten. Der Artikel mag heute mit seinen "Rassedeutungen" recht lächerlich wirken, damals wurden mit solchen und ähnlichen Vorwürfen die hier "rassisch abgewerteten" Autoren diffamiert.

6. Nichtnationalsozialisten, Angepaßte oder doch Innere Emigranten?
Eine ganze Reihe von Autoren, die sich selbst als "Innere Emigranten" bezeichnet oder gefühlt haben, sind umstritten. Hierzu gehört in erster Linie Hans Carossa. Auch Fallada läßt sich schlecht einordnen. Die "Innere Emigration" ist auch bei dem schon aufgeführten K. Edschmid angezweifelt worden. Edschmid wich während

des Dritten Reiches für kürzere Zeit nach Italien aus. Fallada blieb in den 12

Jahren der Herrschaft des Nationalsozialismus in Deutschland. Für die National-

sozialisten war er wie Edschmid ein "Literat". Seine Versuche sich anzupassen,

wurden von ihnen ironisch kommentiert. Nationalsozialist ist er jedoch nie gewesen.

Andere Autoren, die nach 1945 in die Debatte um die innere und äußere Emigration

eingriffen und u. a. Thomas Mann scharf angriffen, wie z. B. Manfred Hausmann,

haben in den Jahren der Herrschaft des Nationalsozialismus keine Werke veröffent-

licht, die als offenbare "indirekte Kritik" gedeutet werden können. Über ihre innere

Haltung sagt das jedoch nicht alles aus. Auch bei Edschmid könnte diese "indirekte

Kritik" angezweifelt werden. Man kann sie evtl. "Der Leibesengel" (1937) hinein-

deuten. Aber alle diese Deutungen sind subjektiv und schwierig. Die Grenzen

zwischen den einzelnen Gruppen sind schwer zu ziehen.

1) Hans Carossa ist nach dem Krieg u. a. von der Gruppe 47 wegen seiner Haltung

im Dritten Reich abgelehnt worden. [196] 1933 wurde er von dem Kultusminister Rust

in die neue Deutsche Akademie für Dichtung berufen, lehnte diese Berufung aber ab.

Er wurde von 1933 bis 1945 von den Nationalsozialisten als einer der "Ihren" gefei-

ert. Er hat sich ohne Zweifel von den Nationalsozialisten, wenn auch "widerwillig",

mißbrauchen lassen. 1941 ließ er sich z. B. zum Präsidenten einer "Europäischen

Schriftstellervereinigung" machen. Er ist gefördert worden und galt im Dritten

Reich als volkhafter Autor. Während des Krieges wurden einige illegale Gedichte

von ihm, die als "indirekte Kritik" am Nationalsozialismus aufgefaßt wurden, ver-

breitet. [197] Aber er hat nicht nur illegale Gedichte, sondern auch ein "Führergedicht"

geschrieben, [198] das im ganzen Reich u. a. in den Schulen gelesen wurde. Es

hat sicher stärker und allgemeiner gewirkt als seine illegalen Gedichte, die nur

eine kleine Gruppe von Lesern ziemlich spät erreichen konnten. Kurt Ziesel, der

Carossa verteidigt, [196] vergißt - und das nicht nur bei Carossa - diesen Aspekt.

Carossa hat Hitler in seinem Gedicht verherrlicht. Es ist daher wohl nicht ganz

richtig, wenn Ziesel behauptet, Carossa habe keine Schandtat des Regimes gutge-

heißen, denn Hitler zu verherrlichen, muß wohl auch bedeuten, seine Taten zumin-

dest gutzuheißen. Oder war Carossa so naiv zu glauben, Hitler sei nicht typisch

für das nationalsozialistische Regime? Eine derartige Illusion hätte er mit man-

chen anderen geteilt. Nur ist diese Illusion keine Entschuldigung. Das sind Fragen, auf die es ankommt. Im übrigen schreibt Ziesel auch, daß im Dritten Reich niemand gezwungen wurde, etwas gegen seinen Willen zu schreiben.[199] Also hat Carossa sein Hitlergedicht freiwillig geschrieben. Waren es Worte der Überzeugung oder Worte des Opportunismus?[200] Aber all dies gilt, wie gesagt, nicht nur für Carossa. Den Weg, den er im übrigen durch seine Werke dem deutschen Bürgertum wies, ist der Versuch, sich ohne großes Risiko geistig "abzusetzen".

In der NL ist alles, was Carossa herausgegeben hat, ohne jede Einschränkung gelobt worden. Seine Bücher wurden den Lesern der Zeitschrift immer wieder als echte deutsche Dichtung empfohlen.[201] Ronald Loesch findet in seinem Buch "Geheimnisse des reifen Lebens" (Leipzig, 1936) Trost und Bestätigung für Wesensverwandte.[202] Für Eberhard Ter-Nedden ist "Das Jahr der schönen Täuschungen" (Leipzig, 1941) ein spezifisch deutscher Entwicklungsroman, der eine Reihe herrlicher Werke bedeutend fortsetzt.[203] Auszüge aus Carossas Werken wurden wiederholt in der Zeitschrift veröffentlicht.[204] In den Mitteilungen der NL[205] fand man häufig Notizen über Carossa: er nahm an Dichterlesungen im In- und Ausland teil, er kam u. a. zu den Dichtertreffen bei Hans Grimm in Lippoldsberg, Hess schickte ein Glückwunschtelegramm zu seinem 60. Geburtstag usw. Die NL rechnete Carossa zu den "wahren Dichtern", die im Gegensatz zur "jüdischen Literatur" standen. Man notierte daher stets mit Genugtuung, wenn Werke von Carossa im Ausland übersetzt wurden.[206] Die Redaktion scheint ihn, wie einige andere gelobte Autoren, gebeten zu haben, einen Beitrag zum Thema "Herkunft und Heimat" zu schreiben. Ein solcher Beitrag von ihm erscheint jedoch nicht. Im Februarheft 1940[207] veröffentlicht die Zeitschrift stattdessen einen Faksimile-Brief von Carossa mit seiner Erklärung (Entschuldigung), warum er den angeforderten Beitrag bisher nicht hat schreiben können: Er habe wenig Zeit, sei durch Vorträge überlastet, schreibe im Augenblick an einem größeren Werk. Außerdem sei der Vetter, den er habe ausfragen wollen, kürzlich gestorben. Beurteilt man Carossas Tätigkeit im Dritten Reich nur nach den Notizen und Berichten in der NL gewinnt man den Eindruck, daß er sich für nationalsozialistische Propagandazwecke zur Verfügung gestellt hat. 1941 hat er, so berichtet die NL, vom 23. bis 26. Oktober an der Dichtertagung in Weimar teilgenommen. Diese Tagung habe unter dem Zeichen Europas gestanden. Es handelte sich dabei um eine Kundgebung des "unter Deutschlands Führung gegen den

Kommunismus kämpfenden Europas". E. T. N. schreibt dazu u. a. : [208]

...Es bedeutete den inneren Höhepunkt des Tages, als in der Gründungs-
sitzung einer europäischen Dichtervereinigung unter dem Vorsitz Hans
Carossas diese deutsche Führung als die Einheit von innerer und äußerer
Gestalt anerkannt wurde. Hier sprach sich ein Zutrauen zu Deutschland
und ein Vertrauen in die Zukunft aus, das selbst ein Stein im Fundament
des kommenden Europas ist... 208)

Auch die NSMH betrachten Carossa als echten deutschen Dichter, der über Deutschland hinaus Weltgeltung erlangt hat. [209] Der Leser erfährt auch durch diese Zeitschrift, daß Carossa an öffentlichen Kundgebungen im Dritten Reich teilnahm, u. a.
sprach er 1939 auf der Kundgebung zum Tag der deutschen Dichtung zum Thema
"Einsamkeit und Gemeinschaft". Er beendete den Vortrag mit einem Bekenntnis
und einem Dank zum Führer. Dieser Artikel wird übrigens in der "Bücherkunde"
veröffentlicht. [210] Bei dieser Tagung haben u. a. Reichsleiter Alfred Rosenberg,
die Reichsamtsleiter Matthes Ziegler und Hans Hagemeyer, der Hauptlektor für
schöngeistiges Schrifttum Dr. Hellmuth Langenbucher (alle Mitarbeiter der NSMH)
mitgewirkt.

Als Carossa im selben Jahr den italienischen Schrifttumspreis für Kunst und Literatur erhält, schickt Goebbels ein Glückwunschtelegramm. [211] Es handelte sich
dabei um den "antikommunistischen" San-Remo-Preis, der für das beste Werk eines
ausländischen Schriftstellers vergeben wurde. Auch die NSMH berichten über die
Arbeitstagung europäischer Schriftsteller im Jahre 1942 in Weimar, die unter dem
Vorsitz von H. Carossa stattfand. [208] Einzelnen Notizen zufolge hat Carossa auf
Buchausstellungen im Ausland aus seinen Werken vorgelesen. [212] In einem Rückblick auf die "Berliner Kunstwochen" (1942) schreibt Gerner-Beuerle, daß hier
Agnes Miegel und Hans Carossa ihre Lesungen wiederholen mußten. Wer sich auf
ein Wiedersehen mit Hans Carossa gefreut habe, sei zu seinem vollen Recht gekom-
men. [213]

2) Erich Ebermayer hat vor 1933 zum Freundeskreis von Klaus Mann gehört. 1928
gab er zusammen mit Klaus Mann und H. Rosenkrantz eine "Anthologie jüngster Prosa"
heraus, [214] mit 13 Novellen von u. a. Joachim Maass, H. Lorbeer, G. v. d. Vring (ein Autor
des IR , aber auch der NL, stand bürgerlichen Widerstandskreisen nahe[214a] Cl. Goll, M.
Hausmann und Süskind. Die Beiträge kamen von späteren Exilanten, Inneren Emigranten
und "volkhaften" Autoren. Das gilt übrigens auch für die "Anthologie jüngster Lyrik", die

Klaus Mann 1929 zusammen mit Willi Fehse herausgab [215] und für die Rudolf G.
Binding (der sich 1933 öffentlich zum NS bekannte, wohl aber kein eigentlicher NS-
Autor war) das Geleitwort schrieb. Vor 1933 gab es Gemeinsamkeiten und Zusammenarbeit zwischen später "verfeindeten" Autoren. Die Feindschaft scheint jedoch
nicht in jedem Fall das Dritte Reich überdauert zu haben. [216]

Die Nationalsozialisten betrachteten Ebermayer als Asphaltliteraten. Nach 1933
wird er teils angegriffen,teils geduldet. Ein Roman von ihm wurde 1933 verboten.
Er galt als "unerwünscht". [217] In der NL liest man 1933[218] eine nicht ganz negative Kritik über seinen Roman "Werkzeug in Gottes Hand" (Zsolnay, 1933). Der
Rezensent betont, daß er das Buch mit mehr Anteil gelesen habe, als er sonst für
die Produkte des Freundeskreises von Klaus Mann aufbringe. Leider würde hier
aber nur in abgestandenen Gesprächen von Politik, von der bürgerlichen Gesellschaft und vom Proletariat, aber nie vom deutschen Volk geredet. Im Aprilheft
1933 spottet Vesper u. a. [219] über Ebermayer, weil dieser sich wie viele andere
anzupassen versuche. Ebermayer war im Dritten Reich ein erfolgreicher Bühnen-
und Drehbuchautor. Darüber erscheint jedoch nur einmal eine kurze Notiz in der NL,
nämlich über das Schauspiel "Sonne für Renate". [200] Er wird auch weiterhin zur
Literaturclique gerechnet. So schreibt Vesper u. a. im Juniheft 1939[221]: In England werde nur deutschsprachige Exilliteratur oder Unterhaltungsliteratur internationalen Charakters von Ebermayer, Kellermann, Thiess usw. übersetzt.

Die NSMH beurteilen Ebermayer ähnlich. 1936 wird mitgeteilt, daß sein Roman
"Kampf um Odilienburg" im Dritten Reich verboten sei, da er das Sittlichkeitsemp-
finden verletze . [222] In einem Artikel von Wilhelm Schnauck "Drei Filme mit guten
Prädikaten" wird der Film "Befreite Hände", zu dem Ebermayer das Drehbuch
schrieb, gelobt. [223]

3) Hans Fallada war von den Nationalsozialisten vor 1933 heftig angegriffen wor-
den. Auch er galt als Kulturbolschewist und war ein im Dritten Reich "unerwünschter
Autor". Seine Werke wurde als "ungeeignet" klassifiziert und durften nur unter
Aufsicht verlegt werden. Er wich damals literarisch "ins Bäuerliche" und "Idyl-
lische" aus. Bedenkt man dies, so ist es recht erstaunlich, daß im Aprilheft der
NL eine Kritik von Will Vesper[224] über Falladas Roman "Kleiner Mann was nun?"

erscheint, in der Vesper betont, daß er hier ein Unrecht gutzumachen habe. Ein

Mitarbeiter seiner Zeitschrift habe im Nov. 1932 gerade diesen Roman "nieder-

gemacht". Er habe den Roman nun selbst gelesen und ihn als ehrliche Dichtung

empfunden:

> ...Muffig ist die ganze Atmosphäre, dumpfig und gedrückt - eben "kleiner
> Leute" - Geruch. Charakteristische Verzeichnungen Falladas zeugen zu-
> weilen von Mangel an dichterischer Gerechtigkeit und Unbefangenheit und
> von allzu gläubiger Lektüre der "Weltbühne" und des "B. T." Literaten-
> hafte Untugenden sind nicht immer vermieden. Die politische Einstellung
> Falladas ist nicht die unsere - und dennoch ist dieser Roman des kleinen
> geplagten und gehetzten Angestellten und Arbeitslosen unserer Zeit, über
> alles zeitbeschränkte und politische Meinen des Verfassers hinaus, eine
> ehrliche Dichtung. (...) ...aber er hat nicht nur mit großer Liebe eine
> Sitten- und Lebensdarstellung ersten Ranges geschrieben, sondern über
> allem Wollen ein echtes dichterisches Werk, in dem eine glühende und
> reine Liebe brennt zu dem kleinen Bruder, den diese Zeit zu zermalmen
> droht und der dennoch gerade in der tiefsten Verzweiflung zeigt, was er
> wert ist, den Weg zum Leben findet und die Heimkehr zu den alten ewigen
> Dingen, die das Leben überall allein lebenswert machen(...). Aus einer
> muffigen Geschichte ist unter der Hand des Dichters eine hohes Lied der
> Liebe und Treue geworden... 224)

Mit dem Vorwort zu seinem Roman "Wer einmal aus dem Blechnapf frißt" versucht

Fallada, sich der herrschenden Ideologie anzupassen. Aber das scheint ihm wenig

genützt zu haben. Der Roman wird u. a. in der NL von Vesper scharf abgelehnt. 225)

Das peinliche Buch sei gewissenlos gemacht, sei roh und sentimental. Ähnlich ur-

teilen Hans Grimm im "Inneren Reich" und Hellmuth Langenbücher. 226) Auch Langenbuch-

er kritisiert das vollständige Versagen des größten Teils der deutschen Literatur-

kritik in Bezug auf Fallada. Obwohl Fallada kein Dichter, sondern ein Literat sei,

habe die Kritik 1933 trotz der schon vollzogenen nationalen Revolution den Roman

"Wer einmal aus dem Blechnapf frißt" in so auffallender Weise und Ausführlichkeit

besprochen, wie es sonst einem anständigen deutschen Buch nie zuteil werde.

Langenbucher greift in seinem Artikel Karl Rauch an, der in seiner Zeitschrift

"Das deutsche Wort" 227) Falladas Roman "Wir hatten mal ein Kind" verteidige.

Rauch tröste Fallada über alle jene Kritik hinweg, die das Buch ablehne, weil es

kein aufbauendes Werk sei. Die dem Buch angehaftete Marke "negativ" sei (nach

Rauch) ohne Belang, weil sie nicht von der Tiefe her, sondern von der Oberfläche

her komme. Langenbucher nennt Falladas Menschen "Ausgeburten einer zügellosen

Phantasie", die an sich selbst Genüge fänden, es gäbe nur Niedergang. Und er fragt:

...Was soll dieses Buch in unserer Zeit?...Fallada mag schreiben,
und die, die seines Geistes und seines Wesens sind, mögen ihn lesen -
das soll seine oder soll deren Privatsache sein; Literaturkritik aber ist
heute keine Privatsache mehr, sondern sie ist ein öffentliches Amt, und
wer sie an verantwortlicher Stelle betreibt, der muß wissen, in welcher
Weise und in welcher Form er sich mit den "betonten Forderungen unserer
Tage" auseinanderzusetzen hat, denn es geht hier nicht um private Ansichten, sondern um die geistige und seelische Einwirkung auf unser
Volk; es geht nicht um den Kitzel gewisser Kreise, die sich schon wieder
vom gemeinsamen Leben zu distanzieren beginnen, sondern es geht um
den Neubau der deutschen Kultur. (...) Immer wieder werden Bücher
kommen wie die, die ein Fallada schreibt, aber das Bedeutsame daran ist,
daß sich an ihnen die Geister scheiden. Wir wollen uns, zu jeglichem
Dienst bereit, zu denen scharen, die das ewige Deutschland wollen,
dessen Führer heute Adolf Hitler ist; und wir wollen ein waches Auge
haben auf alle anderen, die nicht willens sind, mit ihrer Arbeit den
"betonten Forderungen unserer Tage" Rechnung zu tragen... 226)

Auch von den Emigranten ist Fallada wegen wiederholter Anpassungsversuche
scharf kritisiert worden. 228)

In Auflagen berechnet, so war Falladas Erfolg nicht nur im Reich, sondern auch
im Ausland groß. Vesper muß immer wieder feststellen, 229) daß gerade Fallada
zu den wenigen deutschen Autoren gehört, die - abgesehen von der Exilliteratur -
übersetzt werden. Er nennt ihn den "unvermeidlichen Fallada" in seinem immer
wiederkehrenden Bericht über den Mißerfolg der deutschen Literatur im Ausland.
In einer ziemlich gleichgültigen Rezension über die Literaturgeschichte von Arno
Mulot kritisiert Karl A. Kutzbach, 230) daß hier Verfasser von bedingter Geltung
wie Fallada und W. Bauer berücksichtigt wurden.

Auch in anderen NS-Zeitschriften ist Fallada scharf angegriffen worden. In der
"Bücherkunde" wird sein Roman "Wolf unter Wölfen" gehässig abgelehnt. 231) Die
Zeitschrift behauptet, daß die literarische Kritik im Falle Fallada versagt habe.
Ausgesprochen feindlich ist auch ein Artikel von Eberhard Ter-Nedden über
Fallada 232). Ter-Nedden beurteilt Falladas Roman "Der ungeliebte Mann" als
demoralisierend und gefährlich. Er ist besonders erzürnt darüber, daß gerade
Falladas Bücher in Riesenauflagen erscheinen, und fragt sich, welche kulturpoliti-
sche Aufgabe der Verlag Falladas im Auge hatte, als er diese Bücher verlegte.
Falladas Bücher könnten nämlich nicht der "Entspannung und Erholung" dienen,
dazu sei das Milieu, in das der Leser geführt werde, viel zu widerlich und niedrig.

Außerdem behandle Fallada die deutsche Sprache literatenhaft, salopp, sie wirke wie intellektuelles Gift, erinnere den Leser an die Plattheit von Schlagertexten. Falladas Personen seien Typen keine Charaktere. In seinen Büchern werde ein Standpunkt vertreten, den der Nationalsozialismus mit seinem ganzen Kampf habe widerlegen und unmöglich machen wollen und es im weltanschaulichen Gespräch auch getan habe. Er fährt fort:

> ...Daß die Bücher Falladas mit ihren Riesenauflagen innerhalb des deutschen Volkes immer noch einen Standpunkt vertreten, der weltanschaulich gänzlich untragbar ist, das fordert unseren schärfsten Widerspruch heraus... 232)

In Falladas Büchern werde nämlich der gefährliche Standpunkt vertreten, daß das Milieu den Menschen böse mache, er selbst damit entschuldbar sei. Es fehle den Werken Falladas jede tiefere Gesinnung und jeder politische Instinkt. Mit völligem Stillschweigen werde in den Schilderungen der Systemzeit der Einfluß des Judentums übergangen. Das Böse werde verharmlost.

> ...Die Bücher sind also, ganz abgesehen davon, daß sie uns weithin in die Sphäre übelster und gemeinster Sexualität führen, im höchsten Grade gefährlich, weil sie zahllose Leser in einer Anschauung des Menschen und der Geschichte festhalten, die der Nationalsozialismus gerade in harten Kämpfen überwunden hat... 232)

Urteilt man nur nach den Angriffen der Nationalsozialisten, dann müßte man Falladas Werke zu den wichtigen Werken der "Inneren Emigration" rechnen, die durch indirekte Kritik, durch Gegenbilder zur NS-Ideologie den Leser in seiner ablehnenden Haltung zum Nationalsozialismus mit Absicht bestärken wollten. Fraglich ist, ob Fallada diese Absicht auch in jedem Fall bewußt gehabt hat. In Romanen, die er nach 1933 schrieb (Wir hatten mal ein Kind u.a.) [232a] hat er ja versucht, Konzessionen zu machen, er hielt eine gewisse Anpassung für "ratsam". [233] Wahrscheinlich ist jedoch, daß seine Bücher gerade deshalb in großen Auflagen verkauft wurden, weil der Leser sie entweder als "nichtnationalsozialistisch", vielleicht sogar "oppositionell" empfand, oder weil sie weit unterhaltsamer waren als die Bücher der nationalsozialistischen Dichter.

4) Manfred Hausman galt im Dritten Reich als "unerwünscht"; seine Werke wurden auch als "ungeeignet" klassifiziert und häufig angegriffen. Er schrieb nach 1933 Bücher, die zwar nicht als deutliche Dokumente der "indirekten Kritik" gegen den Nationalsozialismus aufgefaßt werden können, die aber durch die Hinwendung zum

Privaten, Religiösen manchen Leser in den Jahren der NS-Diktatur trösteten und

in seiner "privaten, unpolitischen Haltung" bestärkten.   Nach 1945 trat Hausmann

als einer der Wortführer der Inneren Emigration hervor und kritisierte u. a. Thomas

Mann. [234]   Seine Arbeiten sind in der NL [235] positiv besprochen worden.   In den

NSMH [236] wird die Rundfunkbearbeitung seines Romans "Abel mit der Mundharmoni-

ka" gelobt.

5) Bernt von Heiseler schrieb Bücher mit ähnlicher Grundhaltung wie die von

Hausmann. [237] Er hat zunächst von der NS-Bewegung "Gutes erhofft", soll aber

im November 1938 seinen Irrtum eingesehen haben.   Die Grundhaltung seiner Schrif-

ten war christlich, er galt im Dritten Reich z. T. als unerwünscht.   Seine Bücher

sind während des Nationalsozialismus von gewissen Lesern aus einem Bedürfnis

nach Trost und Bestärkung gelesen worden.   Aber wie bei Hausmann haben die Mit-

arbeiter der NL diese ev. Bedeutung der Bücher nicht entdeckt.   Heiselers Werke

werden hier nämlich – soweit sie besprochen werden – ohne Ausnahme gelobt. [238]

W. O. Riede entdeckt sogar, daß die Empfindung im Schauspiel "Das laute Geheim-

nis" sehr deutsch sei, und Martin Kiesig nennt Heiselers Roman "Die gute Welt"

(München, 1938) eines der lautersten Dichtwerke der jungen Generation, in dem

der Reifeprozeß eines jungen Menschen aus der Osttiroler Bauernwelt gut getroffen

sei.   Die Hauptperson gehorche strengen ethischen Forderungen, die Sprache des

Romans sei zuchtvoll.   Karl A. Kutzbach lobt Heiselers Gedichte (1941), und Otto

von Doderer nennt das Schauspiel "Caesar" (1942) eine überraschend reife drama-

tische Dichtung, in der der Sinn des Führertums und des Freiheitsbegriffes aus-

einandergesetzt werde.

Heiselers Erinnerungsbuch [239] beweist seine im Grunde unpolitische Haltung.   Er

stellt die Situation der Nichtnationalsozialisten im Dritten Reich als ausweglos dar.

6) Edgar Maass war 1926 nach den USA emigriert und kehrte 1934 zurück.   Er

blieb bis 1938 in Hamburg und emigrierte dann zum zweiten Mal in die USA.   Er

gehört daher zur Exilliteratur und wird hier nur aufgenommen, weil er 1937 in

Deutschland einen Roman herausgab, der von den Nationalsozialisten kritisiert

wurde.   Wie sein Bruder Joachim Maass, der 1939 das Dritte Reich verließ und in

die USA emigrierte, "flieht" er in seinen Romanen aus der "Gegenwart" (des

Dritten Reichs) zurück in die Jugendzeit. Solche Romane wie auch Autobiographien
sind damals von vielen als Gegenbild zur eigenen Zeit empfunden worden. Gerade
der Roman seiner Jugendzeit "Werdelust" (1937) wird in den NL[240] als schwüler
Schwulst angegriffen. Diese "scharfe Glosse" zitiert "Der Buchhändler im Neuen
Reich".[241] In einem Kommentar wird behauptet, daß die Literaturkritik genau wie
bei Falladas "Wolf unter Wölfen" auch diesem Roman gegenüber versagt habe. Der
Roman von Edgar Maass werde von der Kritik als neuartig und originell gelobt, obwohl die Manieriertheit schon nach wenigen Sätzen offenbar sei. Es fehle ganz bedenklich an Qualitätsgefühl. Es sei daher für den Buchhändler um so wichtiger,
sein eigenes Urteil zu schärfen und zu schulen, denn nur dann sei er in der Lage,
sich gegenüber den Urteilen gewisser Buchbesprecher, die noch immer in liberalistischen Auffassungen befangen seien, zu behaupten.

7) Ina Seidel zählte im Dritten Reich zu den volkhaften, geförderten Dichtern. Sie
war Mitglied der Deutschen Akademie der Dichtung. Auch sie hat wie Carossa ein
Führergedicht geschrieben, obwohl sie, wenigstens seit 1939, keine überzeugte
Nationalsozialistin gewesen zu sein scheint. Im April 1939 bekannte sie sich in
einer Huldigung zu seinem 50. Geburtstag zu Hitler. Im April 1942 wurde diese
Huldigung ohne ihr Wissen nochmals in "Der deutsche Schriftsteller" abgedruckt.[242]
Sie hat an den Treffen der nationalen Dichter teilgenommen. Von der NL ist sie vor
und nach 1933 als echte deutsche Dichterin anerkannt worden. Die protestantische
Tendenz ihrer Romane wurde jedoch kritisiert. 1939 stellt Eberhard Ter-Nedden
die Grundhaltung der Dichterin im Roman "Lennacker" in Frage.[243] Ina Seidel
fordere zwar die Anpassung der Kirche an die Zeit, aber das Unaufgebbare sei
für sie das Christentum, das sich an die Person Jesus anschliesse. Gerade das
sei heute fragwürdig. Ebenso fragwürdig sei auch, daß sie der liberalen Theologie,
dem christlichen Humanismus im Sinne Schleichermachers und Novalis´ das Wort
rede. Die Krise liege tiefer,als Ina Seidel wahrhaben wolle. Wenn das Christentum selbst nicht in Frage gestellt werde, so sei uns "heute" nicht weitergeholfen.
Ein Jahr später behauptet Ter-Nedden in einem Aufsatz über den historischen
Roman,[244] daß "Lennacker" typisch für eine überkommene Glaubenshaltung sei.
In einer Kritik über Ina Seidels Roman "Unser Freund Peregrin", schreibt er,
daß die Frage nach dem Protestantismus hier erneut gestellt werde und zwar unter

dem Zeichen der Innerlichkeit. Die Problematik der Individualität in allen ihren
Beziehungen zum Sein müsse aber unter anderen Zeichen als denen der Innerlichkeit gelöst werden. Will Vesper[245] rechnet Ina Seidel jedoch auch 1940 und 1942
noch zu den "guten deutschen Dichtern" und notiert u. a. mit Genugtuung, daß ihre
Romane übersetzt werden.

Die Einstellung der NSMH[246] ist ähnlich wie die der NL: Ina Seidels Glaubenshaltung wird kritisiert, wiederholt wird festgestellt, daß sie zu den meistgelesenen
Autoren gehört; im ganzen gesehen werden ihre Bücher positiv beurteilt.

Die Einwände der Nationalsozialisten zu Ina Seidels Büchern zeigen, daß hier
eine Glaubenshaltung vertreten wurde, die nicht zu ihrer Ideologie paßte und die
wahrscheinlich einen Teil der Leser in ihrem eigenen Glauben, der mit dem von
Ina Seidel vielleicht identisch war, bestärkt hat. Ina Seidels Romane können
daher ähnlich gewirkt haben wie die Romane von Inneren Emigranten, z. B. die
Romane von Bergengruen. Erstaunlich dabei ist, daß Bergengruens Werke in der
NL wegen ihrer christlichen Glaubenshaltung nicht kritisiert wurden.

7. Zwei Opportunisten als Beispiele von reinem Opportunismus

Auch einige der schon behandelten Autoren haben versucht, sich nach 1933 anzupassen. Aber keiner von ihnen hat es in einer ähnlich schamlosen Weise gemacht
wie Hanns Heinz Ewers.

1) Hanns Heinz Ewers hatte vor 1932 Bücher geschrieben, die die Nationalsozialis-
ten als pornographisch und kulturbolschewistisch bekämpften. 1921 hatte er einen
Führer durch die moderne Literatur herausgegeben, der gewiß nicht im Sinne der
NL war.[247] Seit 1931 gehörte er zur "Arbeitsgemeinschaft nationaler Schriftsteller,"
die von Walter Bloem im SDS gebildet worden war.[247a] 1932 versuchte er, sich
gewaltsam anzupassen. Er schrieb u. a. ein Buch über den nationalsozialistischen
Helden Horst Wessel. Im März 1933 wirkte er aktiv bei der "Säuberung" und
Gleichschaltung des SDS mit. Die NL bringt im Mai 1933[248] Auszüge aus seinem
Geschichtenband "Die Besessenen" (1909) und dem Roman "Fundvogel" (1929, Sieben
Stäbe Verlag, nach der NL ein Verlag der "roten Gewerkschaften"), um an seine
pornographischen Bücher zu erinnern. Die Zeitschrift klagt an:

...Das ist Hanns Heinz Ewers, der drei Jahre darauf die Leiche Horst
Wessels schändete, indem er sie mit so besudelten Fingern zu berühren
wagte. Das ist Hanns Heinz Ewers, der die nationalsozialistische Bewegung

zu mißkreditieren sucht, indem er sich anmaßt, in ihrem Namen zu sprechen
und in ihr eine Rolle zu spielen, derselbe Hanns Heinz Ewers, der, wie das
"Deutsche Volkstum" feststellt, 1912 in Werner Sombarts Buch "Judentaufen"
in einem Aufsatz über die Judenfrage u. a. also schrieb: "Die einzige Rasse
aber, die ich der meinen als gleichberechtigt anerkennen muß, das ist die
jüdische..." (...) Dies also ist der Nationalsozialist Hanns Heinz Ewers.
Man fege ihn schleunigst vor die Tür und wasche sich hinterher die Hände... [248)

Vesper schreibt im Aprilheft [249)] eine vernichtende Kritik über Ewers Horst-

Wessel-Roman (Hanns Heinz Ewers: Horst Wessel. Ein deutsches Schicksal, Cotta,

Stuttgart, 1932). Er will jedem gern zugestehen, daß er sich wandeln kann, ist

aber der Ansicht, daß man sich dann "still abbüßend im Hintergrunde halten" müße

und sich nicht schleunigst vordränge, "um mit seiner Wandlung und Wendung – gute

Geschäfte zu machen!' Der Roman erzielte trotz dieser und anderer Angriffe in der

NS-Presse eine Auflage von 130 000 Exemplaren. Er wurde jedoch später, ebenso

wie der nach dem Roman gedrehte Film, [250)] verboten. Im Juniheft [251)] 1933 weist

Vesper darauf hin, daß fünf der perversen Schundromane von Ewers auf der schwar-

zen Liste der Volksbüchereien in Preußen stehen. Er behauptet, daß Ewers in den

letzten 20 Jahren mehr zur Vergiftung des Volkes beigetragen habe als irgendein

jüdischer Literat. Trotzdem werde ein Film nach seinem Horst-Wessel-Buch ge-

dreht, künde das Theater in Bremen die Uraufführung seines Horst-Wessel-Schau-

spiels an. Besonders traurig sei es, daß Ewers auf einer Versammlung Berliner

Schriftsteller und Verleger die Begrüßungsansprache für Dr. Goebbels gehalten

habe. Dies sei ein "Verbrechen, das wir im Namen aller anständigen deutschen

Schriftsteller zurückweisen müssen, auch wenn Herr H. H. Ewers, offenbar zu

seinem Schutze, eine Hitlerbüste im Arm hatte". Er sei einer der schlimmsten

deutschen "Schund-und Schmutzliteraten" gewesen und nun nicht einmal so sauber

geworden, daß er seine früheren Schundwerke verleugne, vielmehr mache er "auf

dem Rücken von Horst Wessel" jetzt für sie wacker Propaganda. Im nächsten

Heft [252)] empört Vesper sich darüber, daß ausgerechnet Ewers einem französischen

Journalisten ein Interview gegeben habe und ihm u. a. sagen konnte: "Die meisten

der nationalen deutschen Schriftsteller sind jung, voll Talent, aber noch unbekannt.

Es gibt unter ihnen nur einen von wirklich internationalem Gewicht und das bin ich. "

Der Franzose habe darüber höhnisch gespottet und Ewers in seinem Artikel einen

Konjunktur-Nationalsozialisten genannt. Nach Vesper diente Ewers den Feinden

des nationalen Deutschlands, indem er mit seinen eitlen Worten nicht nur das
deutsche Schrifttum, sondern auch den Nationalsozialismus verrate, weil er dem
Ausland nicht das große und reiche deutsche nationale Schrifttum, sondern seine
eigene Schundliteratur entgegenhalte. Im November 1933[253] kann Vesper dann
seinen Leser zufrieden mitteilen, daß der Horst-Wessel-Film, der nach Ewers
Roman gedreht wurde, von Goebbels verboten worden sei. Gleichzeitig spottet
er über Ewers "plumpen Versuch", ihn und die NL durch die Drohung einer Schaden-
ersatzklage zu einer "Berichtigung" ihrer Anklagen gegen ihn zu zwingen. Noch
1942 kritisiert Vesper ein Werk von Professor Waldemar Oehlke (Deutsche Literatur
der Gegenwart), weil hier u. a. nicht mitgeteilt werde, daß die "Giftbücher" von
Ewers verboten worden seien.[254]

In den NSMH[255] wird Ewers nur zweimal erwähnt, einmal als das Hörspiel über
Horst Wessel, geschrieben nach der Romanvorlage von Ewers, im Rundfunk gesen-
det wurde. Der Verfasser des Artikels "Rundfunk und Dichtung" bemerkt, daß die
Bearbeitung besser sei als die Romanvorlage. Die zweite Notiz zeigt, daß die
NSMH die Ansicht der NL über Ewers geteilt haben. In einer Besprechung über
Hellmuth Langenbuchers Schrift "Nationalsozialistische Dichtung" (Berlin, 1933)
wird gesagt, daß die Ablehnung von H. H. Ewers und u. a. Erich Czech-Jochberg
den ausgeprägten und gefestigten Stand von Langenbuchers literaturkritischer
Untersuchung verrate.

2) Erich Czech-Jochberg ist wie Ewers von der NL als Opportunist und Konjunktur-
Nationalsozialist angegriffen worden. Zunächst waren sich NL und NSMH über
seinen Fall nicht einig.[255] Während Kutzleb in der NL ihn als Opportunisten an-
klagte und seine Schrift "Deutsche Geschichte, nationalsozialistisch gesehen"
(Leipzig, 1933) u. a. wegen der vielen Fehler, des schlechten Stils und des Dilet-
tantismus kritisierte,[256] wurde Czech-Jochbergs Buch "Adolf Hitler und sein
Stab" in den NSMH u. a. mit folgenden Worten gelobt:[257]

> ...Die Zeit nach dem 30. Januar hat uns zahllose Hitlerbücher gebracht, und
> manche riechen sehr nach Konjunktur. Man ist daher etwas skeptisch gewor-
> den, wenn einem ein Buch wie "Adolf Hitler und sein Stab" in die Hände
> kommt. Doch von der ersten Seite an fesselt hier Czech-Jochberg durch
> seinen glänzenden Still und die lebendige Gestaltung... 257)

Auch Czech-Jochberg schrieb ein Horst-Wesselbuch (Das Jugendbuch von Horst Wessel, Stuttgart, 1933). Es wird in der NL abgelehnt. [258] Nach der NL war Czech-Jochberg ein fruchtbarer und schmissigerVielschreiber, der schon glänzende Geschäfte gemacht habe. Er traue sich nun an dieses Thema und böte die billigste Schwarz-weiß-Malerei. Die Zeitschrift fordert die Verlage auf, in Zukunft bei NS-Büchern streng zu sichten. Die politische Wendigkeit des umstrittenen Autors entdeckten auch die NSMH [259], wobei die Zeitung auch auf kritische Artikel in der "Bücherkunde" und im "Völkischen Beobachter" hinweist.

Ewers und Czech-Jochberg gehören zu den Autoren, die ab 1939 in Jugendbüchereien nicht mehr aufgeführt werden sollen. Czech-Jochbergs Jugendbücher über Hitler, die er 1933 schrieb, sollten schon 1934 nicht mehr empfohlen werden. [260] Beide Autoren wurden zu den Verfassern gerechnet, die sich weltanschaulich und politisch gegen die deutsche Volksgemeinschaft gestellt hatten.

B. Die Kritik der NL gegen Verlage, Presse und Wissenschaft im Dritten Reich

Über den Kampf der NL gegen "jüdische Verlage", die nach 1933 noch kurze Zeit im Reich wirken konnten, ist z. T. schon im ersten Kapitel berichtet worden. Vesper spottet häufig über Anpassungsversuche der jüdischen oder kulturbolschewisti- schen Verlage, u. a. als Rowohlt 1933 ein Bildwerk über das "Erwachen der Nation" (30. 1. -5. 3. 1933) ankündigt und der Ullstein Verlag ein Buch über den Kampfflieger Richthofen mit einem Vorwort von Hermann Göring herausgibt. [261] In einem Artikel im Juni 1933 mit dem Titel "Grundriß eines deutschen Kulturgesetzes" verlangt Fritz Rostovsky, [262] daß Verlage (genannt werden u. a. Rowohlt, Fischer, Zsolnay) und Presse mit überwiegend jüdischem Schrifttum verboten werden sollen. In einer negativen Kritik über Ernst von Salomons Buch "Die Stadt" (Rowohlt, 1932) schreibt Hjalmar Kutzleb u. a.:

> ...Der Verlag Rowohlt dürfte sich des Buches angenommen haben, weil man
> mit Nihilismus ebenso gute Geschäfte machen kann wie mit Pferden, Aktien
> oder öffentlicher Meinung... 263)

Den bekämpften Verlagen wird von Rostovsky, Kutzleb, Vesper und anderen immer wieder vorgeworfen, das Buch als Fabriksware und Handelsware mißbraucht zu haben, nicht am Geist, sondern nur am Geschäft interessiert zu sein.

Im August 1933 wirft A. Kutzbach[264] dem Haus Ullstein vor, daß man trotz der
"versuchten Gleichschaltung" und trotz der Ankündigung des neuen Pressegesetzes
es nicht für nötig gehalten habe, die jüdischen Redakteure und Verlagsdirektoren
(u. a. Herz und Szafranski), "die Jahre hindurch das nationale Deutschland verhöhnt
und bekämpft haben, durch deutschgesinnte Männer zu ersetzen". Außerdem habe
das Haus Ullstein mit jüdischen Photographen ein Geschäft mit einer Sondernummer
zum 1. Mai und anderen nationalen Tagen gemacht. Hauptschuldige aber seien deutsche Buchhändler, die die Ullsteinware vertreiben und das gedankenlose Volk, das
sie kaufe. Im Oktober greift die NL[265] den Ullsteinverlag erneut scharf an, weil
er Schundliteratur (Tex Harding: Verschollen)herausgebe, in denen "uns heilige Dinge"
verhöhnt werden. Angegriffen wird auch der Buchhandel, der diesen Schund so
eifrig verkaufe, daß schon Neudrucke notwendig seien. Dem Jakob Hegner Verlag
(Leipzig) wird,[266] als er das Buch von Werner Hegemann "Entlarvte Geschichte"
herausgibt, vorgeworfen,mit höhnischer Hinterhältigkeit eine Schmähschrift gegen
das nationale Deutschland herausgegeben zu haben. Und Vesper fragt, ob es möglich sei, daß die große Leipziger Druckerei Brandstetter dieses "Giftwerk" ermög-
licht habe, oder ob auch hier "die durch so viel unterirdische Kanäle fließenden
Gelder habsburgisch-polnisch-französisch-jüdischer Herkunft arbeiten." Jeden-
falls habe ein Verlag, der dies volksverhetzende Werk zu vertreiben wage, aus
Deutschland zu verschwinden. Im nächsten Heft berichtet Vesper über die Verbindungen des Hegner Verlages mit dem Schundverlag (Wallace) von Wilhelm Gold-
mann in Leipzig.[267] Auf diese und ähnliche Weise sind "jüdische Verlage" bis zu
ihrer totalen Gleichschaltung diffamiert und verfolgt worden.[268] Insbesondere
werden die "Anbiederungsversuche" angeprangert. Sie sind übrigens auch in der
Exilpresse verhöhnt worden.[269]

Mit Genugtuung kann die NL im Mai 1934[270] ihren Lesern verkünden, daß Hermann
Göring dem Ullstein Verlag die weitere Veröffentlichung einer Artikelserie über
die Kriegserlebnisse des Fliegerleutnants Hermann Göring untersagt habe. Die
Zeitschrift kommentiert:

> ...Ein jüdisches Warenhaus und ein antinationaler Ramschverlag werden
> nicht dadurch zum deutschen nationalsozialistischen Verlag, daß sie schnell
> ein Hakenkreuz oder einen mit dem Hakenkreuz Geschmückten vor die Fas-
> sade hängen. Schlimm genug, daß sich immer wieder Leute zu solcher

Tarnung finden. Schlimmer, daß das deutsche Volk noch immer so gern seine geistige Kost am liebsten aus den altgewohnten, gestern noch so unsauberen Krippen frißt... 270)

Und so geht es dann weiter, u.a. über die "Wandlungsfähigkeit des Verlegers" Harry Schumann, Reisener Verlag, Dresden. [271] Nach der Gleichschaltung der "jüdischen Verlage" wird insbesondere der Rowohlt Verlag, dessen Hintermänner nach Vesper Juden sind, bekämpft. [272] Spöttisch teilt er mit, daß Rowohlt sich von seinem jüdischen Autor Joseph Kastein gelöst habe. Dazu Vesper:

...Der Zufall ist manchmal ein guter Witzbold: "Oder die Tragödie der Gesinnung"! (=Anspielung auf Kasteins Roman "Uriel da Costa oder Die Tragödie der Gesinnung) Immerhin man ringt sich durch. Wir warten der Dinge, die noch kommen sollen... 273)

Als Rowohlt 1942 den Roman "Kinder des Zwielichts" von Erich Reger (d.i. Hermann Dannenberger) veröffentlicht, diffamiert Vesper [274] den Autor als linksradikalen Hetzschriftsteller und überzeugten Repräsentanten des Verfalls. Der Verlag habe hier wohl in seine alte Manuskriptkiste aus den Jahren 1922-1932 gegriffen, denn das ganze Buch triefe von einer schleimigen Lüsternheit, die Handlung spiele in einer "verlogenen, widerlichen, krankhaften Welt voll Gemeinheit, Rohheit und Tratsch".

...Nur mit Empörung kann man das schöne Papier betrachten, das für dieses über 500 Seiten starke Machwerk verschwendet wurde, während es allzu oft für die höchste geistige Kost und für das gesunde geistige Hausbrot unseres Volkes, nach dem Front und Heimat hungern, am nötigen Papier mangelt. Aber die Auflage ist bestimmt schon ausverkauft und viele Hungrige erhielten statt Brot - Mist... 274)

Auch der Kiepenheuer Verlag wird wegen seiner "kulturbolschewistischen Vergangenheit"angegriffen. [275] Zu den nationalen Verlagen, die in der NL gelobt wurden, zählte Vesper Albert Langen/Georg Müller, L. Staackmann, K.F.Koehler, Koehler und Amelang, Paul List/Horen Verlag, sowie für Österreich den Adolf Luser Verlag und außerdem noch u.a. die Hanseatische Verlagsanstalt, Stalling/ Oldenburg, den Brunnen Verlag und J.F. Lehmann. [276]

Die NL kritisierte auch immer wieder [277] die viel verlegte, viel verkaufte und viel verliehene Trivialliteratur, oft auch Schundliteratur genannt, von Autoren wie u.a. Hedwig Courths-Mahler. Aber es konnte auch vorkommen, daß Mitarbeiter der NL Bücher empfahlen, [278] die allgemein als Trivialliteratur empfunden werden,

wie Agnes Günther: "Die Heilige und ihr Narr," das als ein "vollendetes Volksbuch" beurteilt wurde.

Immer wieder werden Leihbibliotheken und Zeitungen angegriffen, [279) weil sie
ihren Lesern nur die "bunte Schmach", jenes ungute, kitschig-verlogene Sofa-
und Sensationsbuch bieten, in denen "jedes echte Gefühl in der Limonade des Ge-
fühlssurrogates erstickt" wird. Die edelsten Begriffe, Treue, Liebe, Kamerad-
schaft und Mut würden so ekelhaft verniedlicht. Der Kampf gegen den "unwertigen
Roman" müsse in den Verlagen, Leihbüchereien, Zeitungsromanvertrieben und
Schriftleitungen beginnen. Nicht das Volk sei es, das nach schlechter Nahrung
verlange, sondern volksfremder, in die Irre rennender Geschäftssinn dränge sie
ihm auf. Noch 1941 macht ein junger Wissenschaftler Dr. Heinz Küppers die NL [280)
auf die epidemische Verbreitung der 20- und 30-Pfennigromane aufmerksam. Und
Vesper warnt: Der mühelose Verkauf sei ein gutes Geschäft und habe manchen Buchhändler weich gemacht, aber der Volksgenosse sei gar nicht so blöde wie manche
meinen, die sein Geistesfutter mischen, auch bei Entspannung könne man wählerisch
sein und zeigen, ob man zum Volk gehöre oder –:

> ...Ernsthaft und grundsätzlich gesprochen: Das Recht zu diesem Kriege
> und zu dem Siege, den er ihm bringen wird, hat das deutsche Volk, wenn
> und weil es das beste der Völker ist, wenn und weil es eine besondere,
> höhere, edlere Bildung hat und vertritt als andere Völker. Wenn es doch
> in der Banalität des Amerikanismus versinken wollte, wäre es nicht nötig,
> einen Krieg zu führen, dessen tiefster Sinn es ist, eben dies zu verhin-
> dern... 280)

1943 stellen "Westermanns Monatshefte" [281) in der Rundfrage: Was liest der deutsche Landser? fest, daß das Lesen von wertlosen Schmökern an der Front und in
den rückwertigen Stellungen keine Seuche, sondern eine Mangelkrankheit sei. Der
Schmöker sei nicht wegen seiner Minderwertigkeit, sondern nur als Lesestoff gefragt worden, da es nichts anderes gäbe. Das scheint, vergleicht man diese Behauptungen mit den vielen Klagen und Anklagen der NL über die Beliebtheit der minderwertigen Literatur, Wunschdenken zu sein.

Ähnliche Klagen wie in der NL liest man auch häufig in den NSMH. [282) Hier klagt
man besonders über die vielen minderwertigen Jugendbücher und fordert "Schluß
mit dem Kitsch". Die Kritik der HJ habe nicht gewirkt. Das Jugendbuch setze sich
mit der Mentalität der Jugendlichen nicht auseinander, es schildere eine Welt, in

der es nie eine nationalsozialistische Revolution gegeben habe. Die Interessen
von Autor und Verleger seien ausschließlich der materielle Ertrag. Das gute
Jugendbuch müsse daher auch dann gefördert werden, wenn die erste Auflage nur
schlecht und recht abgesetzt worden sei. Andere Artikel in der NS-Presse bestätigen, daß es immer noch an wertvollen Jugendbüchern fehle und das minderwertige
Buch viel gelesen werde. [283] Das übliche Jugendbuch, das inhaltlich in keiner Beziehung zur heutigen deutschen Jugend stehe, beherrsche das Feld, das gälte ganz
besonders für das Jungmädelbuch.

Auch wenn es um die Bewachung der Presse ging, beobachtete und diffamierte die
NL[284] in erster Linie die Gegner von gestern: FAZ, BT u. a. Mit gehässiger Ironie
verfolgte die NL die Gleichschaltungsversuche der von den Nationalsozialisten bekämpften Zeitungen. So erinnerte man die "Literarische Welt" daran, daß sie noch
am 21. 1. 1933 die Nationalhymne verspottet habe, aber sich nach dem 30. 1. national
zu tarnen versuche und nun den Juden Haas ausschiffe, um in Zukunft "für alles
wirklich Deutsche, Echte, Einfache, Volks- und Landschaftsnahe einzutreten".
Die Besitzer der "Literarischen Welt", insbesondere der "Arier" unter den drei
Juden, Dr. Schendell, wurden diffamiert. Dabei "forschte" insbesondere Vesper
oft im Privatleben der Gegner, um Nachteiliges (Verbindungen mit Juden, Ehe-
scheidungsskandale usw.) anführen zu können. Als die "Literarische Welt" durch
ihren Mitarbeiter Erhard Wittek gegen den Aufsatz von Fritz Rostovsky "Grund-
risse eines deutschen Kulturgesetzes" in der NL polemisiert, wirft Rostovsky
Wittek vor, durch nun so beliebte Wortklauberei eine klar gezogene Front zu ver-
nebeln, denn Wittek habe Verlage und Autoren in die Polemik einbezogen, die von
Rostovsky gar nicht angegriffen worden seien, nur um einen unfähigen Gegner vorzutäuschen.

Nach der Gleichschaltung der "Literarischen Welt" entstand als Nachfolgezeitung
"Das deutsche Wort" hrsg. von Karl Rauch. Interessant sind die Artikel dieser
Zeitschrift aus dem Jahre 1934 über die Literaturkritik. Man wandte sich z. T. im
Gewand völkischer Argumente gegen Ansichten der Nationalsozialisten. [285] Aber
man polemisierte vorsichtig, wagte ebenso wenig wie andere nicht-parteiamtliche
Zeitschriften einen eigenen Weg zu gehen. Die Literaturkritik richtete sich von
Ausnahmen abgesehen nach den nationalsozialistischen Maßstäben: Der Kritiker

sollte zunächst einmal das wertvolle deutsche (= völkische) Schrifttum betrachten

und für dieses Schrifttum Leser gewinnen. Man kritisierte allein von Inhalt und

politischer Wirksamkeit her. So wurde auch die Literatur zu einem Instrument der

nationalsozialistischen Machtpolitik. [286] Auch in der Exilpresse ist diese ganze

Entwicklung der Gleichschaltung beobachtet und angegriffen worden. [287] Hier be-

tonte man u. a. auch die Lesemüdigkeit der Deutschen, über die ja auch die NL klag-

te.

In ähnlicher Weise wie beim "Kampf" gegen die "Literarische Welt" greift die NL

das "Berliner Tageblatt" an. Im August 1933 [288] spottet Vesper über kritische

Äußerungen im BT gegen Ostjudentum, Kaffeehausliteraten und Schmocks. Er

zitiert dabei das BT vom 11. 6. 1933 und fährt fort:

> ... Kann es etwas Jämmerlicheres geben als dies Geschrei der Diebe "Haltet den
> Dieb"? Glaubt das B. T. wirklich, daß wir nach seiner kleinen Fassaden-
> änderung vergessen haben, daß diese "Kaffeehausliteraten und Schmocks"
> ihr "vorübergehendes Gastspiel" vor allem im "B. T." gaben und daß die
> "alles zersetzende Kritik", "die sich gelegentlich sogar über die allge-
> meinen nationalen Interessen hinwegsetzte", eben die gewöhnliche Kritik
> dieses bösartigsten und niederträchtigsten aller Asphaltblätter war, dessen
> höhnischer Antigermanismus die Hauptschuld trägt an der Schärfe der
> deutschen Not- und Gegenwehr? Mit einem anständigen und charaktervollen
> Judentum, das sich nicht in die deutschen Angelegenheiten mischt, sondern
> eine ehrliche Lösung der schweren, hauptsächlich durch die Schuld der
> "B. T."- Geister so verfahrenen Judenfrage anstrebt, kann es eine klare
> und gerechte Verständigung geben - aber nicht und niemals mit diesem,
> schon wieder widerlich sich einschleichenden, wenn auch diesmal sich
> anschmierenden Geist des "B. T.", in dem wir immer das Musterbeispiel
> des volksfremden, volksverderbenden Geistes der Journaille sehen wer-
> den, die auch die Hauptschuld an der jetzigen Entwicklung der deutschen
> Judenfrage trägt. Warum darf dieses Reptil eigentlich weiterleben.... 288)

Immer wieder erinnert man das BT an seine Vergangenheit und kritisiert Rückfälle

der Zeitung in alte Gewohnheiten. [289] Ähnliche Angriffe und Warnungen findet

man auch in den NSMH.

Diese Art der Kritik wendet sich auch häufig gegen die FAZ, [290] wo "Zersetzungs-

literaten Propheten germanischen Glaubens feiern", das Lustspiel "Das Tiroler

Hütchen" des österreichischen Juden Hanns Sassmann loben oder Torheiten über

den nationalen Dichter Zillich berichten. Vesper fragt infam, ob "der Genius loci

der alten Frankfurter noch immer keine anständige und gewissenhafte Berichter-

stattung" über deutsche Dichter erlaube.

Mehrfach werden die bürgerlichen Zeitungen angegriffen, [291] weil sie Judenbücher loben oder spöttisch über weniger routinierte,aber ehrliche NS-Journalisten schreiben oder wie die "Kölnische Zeitung" Paul Ernst angreifen und
schlechte Kurzgeschichten und minderwertige Zeitungsromane veröffentlichen. Die
NL scheint sich auch mit einzelnen Zeitschriften eingehend beschäftigt zu haben.
Über die "Grüne Post" und Ehm Welk teilt sie z.B. 1934 triumphierend mit: [292]

> ...Die im Verlage Ullstein erscheinende "Grüne Post" wurde für drei Monate
> verboten, wegen eines hämischen Hetzartikels des Hauptschriftleiters Ehm
> Welk. Bravo! Gibt es überhaupt eine widrigere Erscheinung als diese "Grüne
> Post", in der ein Judenverlag sich des Geschäftes wegen als bauernfreundlich
> und heimattreu aufspielt? Gibt es etwas Dümmeres und Ahnungsloseres als
> die Hunderttausende, die ihm glaubten... [292]

"Die Muttersprache" wird kritisiert, [293] weil sie u.a. Stefan Zweig lobt, das
"Hochland", weil es u.a. mangelnde Sachkenntnis über die deutsche Sprache mit
katholischem Pathos ersetze. [294] Die NSMH kritisieren wiederholt die konfessionelle Presse [295] oder liberal-wissenschaftliche Zeitschriften und die "bürgerliche Presse", u.a. weil man hier frech André Gide feiert und Thomas Mann
lobt. [296] Auch die verjudete österreichische Presse ist von der NL [297] bewacht
worden. Widerholt wird ihre antideutsche Tendenz angegriffen.

Die kritische Kontrolle der wissenschaftlichen Literatur vom Standpunkt der nationalsozialistischen Weltanschauung aus scheint in den NSMH gründlicher gewesen zu
sein als in der NL. Die NL, eine literarische Zeitschrift, beschäftigt sich
vor allem mit literaturhistorischen Werken. Ihre Kritik an diesen Werken ist
schon im ersten Kapitel behandelt worden und richtete sich vor allem gegen Schriften, die immer noch verfemte Autoren behandelten und lobten. Aber auch die völkische "Konjunkturdichtung" wurde von der NL, die sich gerade als Hüterin dieser
völkischen Dichtung erlebte, angegriffen. Dabei war man sich jedoch nicht immer
mit anderen Vertretern der "nationalsozialistischen Literaturwissenschaft" einig.
Als Gunter Haupt, der 2. Geschäftsführer der Reichsschrifttumskammer, 1934
seine Schrift "Was erwarten wir von der kommenden Literatur" (Tübingen, 1934)
herausgibt, wird diese Schrift in der NL von Ronald Loesch [298] scharf kritisiert.
Haupt hatte u.a. behauptet, daß die Konjunkturdichtung mit ihrer romantisch-ver-
logenen Anpreisung von Acker und Bauer genau so gefährlich sei wie die widerlich-
sten Erzeugnisse dekadenten Literatentums. Gegen eine solche übertriebene

Gleichstellung protestiert Loesch. Gewiß schwemme die Mode unzureichende
Machwerke auf den Markt. Aber die ganze Richtung, die eine elementare Bewegung
sei, könne aus diesem Grunde nicht abgelehnt werden. Sie sei auf keinen Fall eine
"Gefährdung der biologischen Kraft und Reinheit des Volkes". Gefahr sei nur dann
da, wenn bäuerliches Brauchtum durch zügellosen Intellektualismus ins Krankhafte
verzerrt werde wie u. a. bei Richard Billinger. Vor einigen Jahren seien völkische
Dichter durch die jüdische Presse totgeschwiegen worden, und nun werfe Haupt
gerade diesen Dichtern vor, einen "päpstlichen Einfluß" geltend zu machen. Ein
triftiger Beweis für diese Behauptung werde nicht erbracht. Die eigentliche Gefahr
dieser Schrift liege in der vollkommenen Ehrfurchtslosigkeit gegenüber dem tieferen
Anliegen der Dichtung. Unterschiede zwischen Dichtern, Schriftstellern und Literaten würden verwischt. Haupt habe das Geheimnis, das den Dichter umschließe,
zerredet. Dieser Artikel ist ein Zeugnis von vielen für den Kompetenzstreit zwischen der Deutschen Akademie der Dichter und der Reichsschrifttumskammer. Es
gelang der Akademie nicht, eine größere politische Bedeutung zu erlangen. [299]

Es handelt sich bei dieser Polemik also nicht um einen echten Gegensatz, sondern um
Kompetenzstreitigkeiten und Eifersüchteleien zwischen eigentlich Gleichgesinnten.
Polemiken dieser Art findet man recht häufig in der NS-Presse, u. a. zwischen NL
und Bücherkunde. [300] Sie lassen keinen Schluß auf einen echten ideologischen oder
politischen Gegensatz zu. Auf ähnliche Weise wird auch über die historische Dichtung gestritten, wobei es manchmal zu interessanten Gegensätzen kommen kann,
weil einige Mitarbeiter von NS-Zeitschriften Autoren der Inneren Emigration (z. B.
Klepper) verteidigen. [301] Die NL scheint den geschichtlichen Roman zu verteidigen,
während er u. a. in den NSMH als Konjunkturdichtung abgelehnt wird. Den Standpunkt der NSMH vertraten wohl die meisten nationalsozialistischen Literaturkritiker.
Man war der Auffassung, daß der bürgerliche Schriftsteller den historischen Roman
für "sicherer" hielt als den zeitgeschichtlichen, denn mit seiner Hilfe könne der
Schriftsteller aus der Zeit fliehen. [302] Gleichzeitig forderte man aber auch einen
historischen Roman, der die Vergangenheit im nationalsozialistischen Sinne deu-
tete. [303] Bei diesen Diskussionen spielten oft auch konfessionelle Gegensätze eine
Rolle, [304] u. a. versuchten gläubige Katholiken und Protestanten historische Romane mit atheistischer Tendenz abzulehnen.

Das übrige wissenschaftliche Schrifttum, vor allem das historische, wird von den NSMH viel genauer überwacht als von der NL. Im Oktoberheft 1935[305) bespricht Lutz Mackensen in der NL einige neuerschienene Werke über die Germanen und die Urheimat der Arier unter dem bezeichnenden Titel "Zwischen Skepsis und Legende". Bei allem Beifall versucht Mackensen auch an einige übersehene Wahrheiten zu erinnern: Man verwechsle in der neuen Forschung oft germanisches Stammesbewußtsein mit germanischem Reichsstreben, und man arbeite hier mit Begriffen und Zielsetzungen, die der damaligen Zeit ferngelegen hätten. Er protestiert dagegen, daß z. B. Reinar Schilling zu den germanischen "Führern" auch Clodwig zähle. Im echten NS-Tonfall verbittet sich Mackensen, daß das "heilige Wort Führer" auf Gestalten übertragen werde, die es nicht verdienen. Er kenne Leute, die sich freuen würden, von Herrn Schilling zu erfahren, was für Kerls unter den germanischen Führern waren. Es werde heute so viel von Instinkt gesprochen, aber hier fehle der Instinkt für politische Sauberkeit und Verantwortung der Wissenschaft.

Vesper protestiert[306) in einem seiner Leitartikel von 1935 gegen den Aretz Verlag, der veraltete Werke über die Germanen herausgebe und so den schlimmen Versuch mache, die ältesten und törichtsten Vorurteile gegen die germanischen Vorfahren wieder ins Volk zu tragen. Es handele sich hier um eine bewußte Irreführung, die schleunigste Abwehr erfordere. Im übrigen sind in der NL unter der Rubrik "Geistes-und Kulturgeschichte" oder "Literatur- und Geistesgeschichte" u. a. auch historische Schriften bewacht worden, die zu keiner oder wenig Kritik Anlaß gaben.

Anders in den NSMH! Hier werden häufig Historiker angegriffen und bedroht,[307) die veraltete "liberalistische" Auffassungen vertreten (u. a. Mommsen, Oncken). Man hätte sich zwar sofort nach dem 30. 1. 33 hastig auf nationalsozialistische Weltanschauung umgestellt,[308) aber bei der Revision der eigenen Werke habe man trotzdem viel übersehen, so daß in bunter Reihenfolge die politischen Ereignisse einmal demokratisch, ein andermal nationalsozialistisch erklärt würden. Hermann Oncken wird als Repräsentant einer "objektiven" Geschichtsschreibung abgelehnt, u. a. weil er behauptet habe, der Geschichtsschreiber versündige sich gegen sein eigenes Gefühl, wenn er sein Erkenntnisstreben in den Dienst politischer Tendenzen, und sei es auch der Patriotismus, stelle. Zwei Monate später greift Hans Maier die veralteten Lehrmeinungen in der Germanenforschung an.[309) Es handelt sich hier

bei dem angegriffenen Historiker um Heinrich Dannenbauer, der in seiner Schrift
"Indogermanen, Germanen und Deutsche. Vom Werden des deutschen Volkes"
(Tübingen, 1935) den Ansichten der Nationalsozialisten, vor allem Rosenbergs,
entgegentrat.[310] Maier fordert, daß der Nationalsozialismus den hier verteidigten, verflossenen Geschichtsauffassungen scharf und schonungslos entgegentreten
müsse. Er verlangt u. a. die Absetzung Dannenbauers, da dieser - einmal abgesehen von dem schon abgesetzten Anthropologen Karl Saller - einzigartig sei in
der Verbreitung tendenziöser, falscher und geradezu volksschädlicher Lehren über
die rassische und kulturelle Herkunft des deutschen Volkes. Unter dem Deckmantel
des Nationalsozialismus verbreite er Auffassungen, die dem nationalsozialistischen
Gedankengut geradezu entgegengesetzt wären. Er stelle u. a. die Germanen als
Barbaren dar, verschweige wichtige deutsche Vorgeschichtsforscher wie Danneil,
Lisch, Tischler. Diese Verächtlichmachung der germanischen Vorzeit käme einem
Vaterlandsverrat gleich. Er greife u. a. Alfred Rosenberg an und werfe ihm vor,
durch seine Forderung nach der Umwertung der Geschichte nur seine mangelhafte
Bekanntschaft mit dem heutigen Stand der Wissenschaft zu verraten. Die NSMH
zitieren Dannenbauer:

> ...Schlimmer als solche mangelhafte Kenntnis ist der auch heute schon er-
> hobene Vorwurf, die deutsche Geschichtswissenschaft habe bisher absicht-
> lich, aus weltanschaulichen oder parteipolitischen Rücksichten, dem deut-
> schen Volke wichtige Abschnitte seiner Geschichte falsch dargestellt. Ab-
> gesehen davon, wie eine solche jahrhundertelange Verschwörung der deut-
> schen Forscher möglich sein sollte: sieht man nicht, daß solche Behauptungen
> dem Ausland Wasser auf die Mühlen liefern und namentlich in der Frage der
> Kriegsschuldforschung, wo die Ergebnisse der deutschen wissenschaftlichen
> Arbeit allmählich auch im Ausland zur Geltung kommen, außenpolitisch gerade-
> zu katastrophal wirken müssen...? 309)

Dieser Angriff auf Rosenberg ist äußerst geschickt und wird in den NSMH mit einer
Drohung beantwortet. Wer dem Leiter des außenpolitischen Amtes der NSDAP
vorwirft, seine Lehren müßten im Ausland katastrophal wirken, weil er sich in
der Wissenschaft mangelhaft auskenne, über den könne es für einen Nationalsozialisten nur ein Urteil geben:

> ...Daß er sich zum Schluß auch noch auf den Führer selbst beruft, ent-
> spricht ja durchaus den Gepflogenheiten der unter nationalsozialistischer
> Tarnung auftretenden Gegner der nationalsozialistischen Weltanschauung.
> Die Form, in der Dannenbauer dies tut (...), ist wiederum kennzeichnend

für seine Überheblichkeit. Den Gedankenreichtum und großen Ernst
im Buche des Führers schulmeisterlich anerkennend zu bestätigen, emp-
findet jeder wahre Deutsche als mindestens geschmacklos... 309)

Hier ist so ausführlich zitiert worden, um zu zeigen,auf welche Art Wissenschaftler mit versteckter Ironie und mit Schutzbehauptungen, deutsche Interessen zu vertreten, Nationalsozialististen und NS-Theorien angegriffen haben. Das ist von
den Nationalsozialisten (hier den NSMH) oft durchschaut worden. Maier versucht
zu beweisen, daß Dannenbauer wichtige grundlegende Werke (wie das von Darré)
nicht kenne, sich dagegen auf jüdische Forscher (wie Feist) stütze. Er habe die
wichtigsten Quellen für seine Forschungen (wie Kossinna)[311] gar nicht benutzt.
Im Sinne der liberalistischen Forschung überbewerte er die Fremdeinflüsse auf
die Germanen und die deutsche Kultur. Die Berufung Dannenbauers auf einen
Lehrstuhl der Universität Tübingen im Jahre 1935 zeige, wie notwendig die neuerdings durch das Reichserziehungsministerium angeordnete Einschränkung des
Berufsrechtes der Hochschulfakultäten geworden sei.

Heinrich Dannenbauer trat 1935 und später dem NS-Geschichtsbild mit großem Mut
entgegen; er hat nationalsozialistische Machwerke ironisch abgefertigt, ohne daß
er seinen Lehrstuhl verlor.[310]

Mit großer Empörung greift Hans Maier im Juni 1935 die Schrift "Karl der Große
oder Charlemagne? Acht Antworten deutscher Geschichtsforscher" (Berlin, 1935)
an,[312] weil hier der "Sachsenschlächter" Karl der Große verteidigt wird. Für
die NSMH ist das Buch eine "Streitschrift", die sich gegen die neue völkische
Geschichtsbetrachtung wendet, aber keine wesentlich neuen Gesichtspunkte vertritt.
Den acht Professoren wird vorgeworfen, eine traditionelle,vor allem kirchliche
Auffassung zu vertreten. Man versuche sogar, Karls Bluttat von Verden juristisch
zu rechtfertigen. Die Verteidiger Karls (Karl Hampe, Hanns Naumann, Hermann
Aubin, Martin Lintzel, Friedrich Baethgen, Albert Brackmann, Carl Erdmann,
Wolfgang Windelband) schrieben den Vertretern der neuen Geschichtsforschung
Gedanken und Absichten zu, die als politische Brunnenvergiftung bezeichnet werden
müßten. Von objektiver Forschung nach geschichtlicher Wahrheit sei die vorliegende,reaktionären Tendenzen entsprungene Schrift weit entfernt. Man lehne sie
daher scharf ab.

Die These von "Karl, dem Sachsenschlächter" wurde hauptsächlich in den ersten Jahren nach der Machtergreifung vertreten. Hitler wendet sich 1942 gegen diese These.[313] Seit 1938 war Karl nämlich für die Nationalsozialisten ein Vorläufer für die deutsch-germanische Vorherrschaft über Europa.[314] Da mit Karl auch die katholische Kirche angegriffen wurde, kam es in den ersten Jahren nach 1933 zu Gegenkundgebungen der Katholiken, an denen viel Gläubige, vor allem auch Jugendliche, teilnahmen.[315]

Mit ähnlicher Schärfe wie im Falle Dannenbauer protestieren die NSMH gegen reaktionäre Archäologen,[316] die durch einen bösartig-tendenziösen Forschungs-bericht den Versuch gemacht haben, die germanische Zeit vor und nach der Römer-herrschaft als barbarisch abzutun. Erst die Zeit der Christianisierung habe man stärker beachtet und gewürdigt. Manch einer der alten ehrlichen Wissenschaftler finde sich noch immer nicht mit dem Erwachen des deutschen Blutbewußtseins ab. Man müsse diese Dinge mit aufmerksamen Ernst betrachten, weil hinter alledem ein reaktionäres System stecke. Im Buch von Hans Hofer "Die Weltanschauungen der Neuzeit" (Elberfeld, 1934)[317] entdeckt der Rezensent eine freche Verketzerung der deutschen Geistesgeschichte, ja sogar jüdische Gedankenwelt. Der christliche Apologet verhöhne die deutsche Mystik, bringe sie mit dem Juden Spinoza auf einen Nenner. Von seiner biblischen Grundeinstellung aus kritisiere er dreist den Natio-nalsozialismus. Dieser Abschnitt aus seiner Schrift sei sogar als Sonderdruck er-schienen. Für ihn sei u.a. die Sonderung in Rassen und Volkstümer ein Ergebnis der Sünde. Das Alte Testament sei vom Neuen nicht zu trennen. Er bringe eine kraftvolle Verteidigung der Juden mit dem Hinweis, daß Jesus nicht das rassische, sondern das religiöse Judentum angegriffen habe. Nach Hofer seien die Juden eigent-lich zu bedauern. Rosenberg werde in dieser Schrift direkt kritisiert. Hofer mache den Versuch, Rosenbergs Thesen zu widerlegen; u.a. versuche er ganz bewußt, den Rassegedanken zu zersetzen, indem er die Wandelbarkeit der Rasse durch äußere Einflüsse zu beweisen versuche und der Rasse nur einen bedingten Wert gebe. Nicht die Rasse, sondern der Dienst Gottes sei der göttliche Schlüssel zur Weltgeschichte. Zum Schluß seiner Schrift suche Hofer sogar um Schutz nach, indem er darauf hin-weise, daß das Ringen um diese Probleme rein geistig, ohne Anwendung politischer Macht geschehen müsse. Der Rezensent fährt drohend dort:

...Weiß Herr Hofer, daß er zu weit gegangen ist, daß er dem Zersetzungs-
willen allzu deutlich Ausdruck verliehen hat? Weiß Herr Hofer, daß er zu
den Leuten gehört, denen der Staat nicht mehr stillschweigend zusehen kann.
Wie es scheint, ja! (...) Also soll der deutsche Staat ruhig und gelassen
die Zersetzung vorantreiben lassen, damit die übervölkischen Mächte auf
dem Umweg des Christentums sich gegen Volk und Nationalsozialismus aus-
toben können, bis zu dem Zeitpunkt, da seine Macht gebrochen und sein
Staat "verwest" ist. (...) Höher kann die konfessionell-bürgerlich-univer-
sale Frechheit nicht mehr getrieben werden... 317)

Die Möglichkeit eines Kampfes zwischen Nationalsozialismus und Ecclesia militans
werde in dem Buch sogar angedeutet.

In einem längeren Artikel kritisiert Prof. Alfred Baeumler Schriften und Disserta-
tionen, die mit Begriffen einer versunkenen Epoche die neue politische Wirklichkeit zu erklären versuchen. [318]

Im Juli 1937 erscheint eine sehr kritische Rezension von Dr. Karl Ruprecht über
Hanns Naumanns neuerschienenes Buch "Deutsche Volkskunde in Grundzügen", [319]
das u. a. in der "Deutschen Allgemeinen Zeitschrift" sehr positiv besprochen worden sei. Das Buch sei ein trauriges Erzeugnis jener Zeit, in der deutsche Volkskunde sich in liberalistischer Wurzellosigkeit verlor. Bedenklich sei auch Naumanns anmaßender Ton und sein Versuch, seine Theorie mit Hilfe von Aussprüchen
führender nationalsozialistischer Persönlichkeiten zu beweisen. Dabei schrecke er
auch vor Mißbrauch und grober Sinnentstellung eines Führerwortes nicht zurück.
Die Methode erinnere an ähnliche Versuche von konfessioneller Seite.

Konfessionell gebundene Wissenschaftler scheinen die völkische Geschichtsbetrachtung vor allem in den Jahren 1935 bis 1938 häufig angegriffen zu haben. In
einem Artikel von Herbert Grabe wird [320] solchen Wissenschaftlern (u. a. Konrad
Algermissen, einem leitenden Beamten der katholischen Aktion, und den Vertretern
der protestantischen Kirche Dörries und Rückert) vorgeworfen, ohne jede wissenschaftliche Verantwortung und Befähigung zu schreiben, um die Leser zu täuschen.
Besonders scharf kritisierten die NSMH Algermissens Buch "Germanentum und
Christentum" (1935). Nach Kriegsausbruch wird über den Kirchenkampf nicht mehr
und über konfessionelle Schriften kaum noch berichtet. 1943 findet man eine kritische
Betrachtung über Johannes Hallers Buch "Eintritt der Germanen in die Geschichte" [321] (Sammlung Göschen, 1939): Das Buch sei im ganzen gesehen eine konfessionell-

tendenziöse Streitschrift und enthalte u. a. Fehler über den Ursitz der Indogermanen. Es verharmlose das Blutgericht Karls des Großen. Die alten Argumente also,
die aus früheren Rezenzionen zur Genüge bekannt sind.

Vergleicht man die oppositionellen Historiker mit den oppositionellen Schriftstellern, so könnte es so aussehen, als hätten die Historiker die NS-Theorien mutiger
und offener kritisiert. Sie sind in den NSMH auch agressiver und heftiger angegriffen worden. Bei manchen Angriffen stellt sich der nicht eingeweihte Leser die
ängstliche Frage: "Und wie ist es diesen angegriffenen Historikern ergangen? Sind
sie abgesetzt oder ins KZ gebracht worden?" Von wenigen Ausnahmen abgesehen,
ist dies nicht der Fall. Man konnte also damals wie Dannenbauer Werke veröffentlichen, in denen die Theorien der Nationalsozialisten offen kritisiert wurden, ohne
daß der Autor seinen Lehrstuhl verlor. Die oppositionellen Historiker präsentier-
ten ihre Kritik oft in entsprechender "nationaler Verpackung", oder sie versuchten,
sie durch Zitate von NS-Größen zu tarnen. Das ist von den Nationalsozialisten,
wie u. a. die Rezensionen in den NSMH und der NL zeigen, durchaus durchschaut
worden. Trotzdem scheint es den Nationalsozialisten nicht gelungen zu sein, diese
Historiker zu "bestrafen" und die historische Wissenschaft total gleichzuschalten.
Das lag wohl vor allem daran, daß es dem NS-Staat in den 12 Jahren seiner Exi-
stenz nicht möglich war, die 1933 vorgefundene Universität mit einer anderen, die
nur ihre Ansichten vertrat, zu ersetzen. Sie hatten einfach nicht die Fachkräfte
dazu. Enttäuschte und verbitterte Nationalsozialisten drohten daher häufig mit
den Maßnahmen, die nach dem gewonnenen Krieg kommen würden. Dann sollte endlich "aufgeräumt" werden.[322]

Aber dieses "Scheitern" war für die Nationalsozialisten keine große Katastrophe,
denn sehr oft handelte es sich bei den "nationalen Ausführungen" der Historiker
nicht um "Tarnungen", sondern um Überzeugungen. Man stimmte in vielen Fragen
mit den Nationalsozialisten überein und bejahte Hitlers außenpolitischen Erfolge,
auch wenn man so manche Begleiterscheinung des Nationalsozialismus verneinte.
Die politischen Übereinstimmungen in völkischer oder rassischer Hinsicht zwischen
ihnen und den Nationalsozialisten machten einen echten politischen Widerstand unmöglich. Es blieb bei einer Resistenz. Für die Nationalsozialisten war daher

auch eine gewaltsame Gleichschaltung der Universitäten unnötig. Gewiß kritisierten manche Wissenschaftler allzu naive und gewollte Theorien der Nationalsozialisten, aber man hat trotz allem inneren Widerstand vor allen Dingen in den
Zeiten der großen Erfolge die Gefährlichkeit und Kriminalität des NS-Systems oft
aus nationalen Gefühlen heraus verharmlost. Man indoktrinierte sich selbst auf
diese Weise effektiver, als es der direkten nationalsozialistischen Propaganda je
gelungen ist.[323] Die Drohungen in der NS-Presse gegen die Universitäten und
ihre Lehrkörper[324] wirkten sich, obwohl sie wahrscheinlich immer ernst gemeint
waren, nicht so stark aus, wie man wohl befürchten könnte. Tatsächlich ausgeschaltet wurden nur die jüdischen Wissenschaftler.

Dabei darf auch nicht vergessen werden, daß z.B. die Prähistoriker den Machtkampf zwischen Rosenberg und Himmler ausnutzen konnten. Sie fanden nämlich,
als sie von Rosenberg angegriffen wurden, Schutz bei Himmler.[325]

C. Die Kritik zu Film, Theater und Musik

Im Februar 1933 greift die NL[326] Hugenberg und seine Ufa an, weil man, geleitet
von jüdischen Regisseuren, nur am Geldverdienen interessiert sei. Die NL fragt:
Was hätte die Ufa, was hätte der Scherlverlag für den verzweifelten Kampf des
deutschen Geistes und des deutschen Schrifttums leisten können, wenn es jenen
Herren wirklich um das deutsche Volk, um den deutschen Geist und um deutsches
Wesen zu tun wäre? Im April 1933[327] veröffentlicht die NL den Brief eines Ungarn, der empört gegen die seichten Operettenfilme der Ufa protestiert, die dem
deutschen Filmpublikum nur ein falsches, verkitschtes und süßliches Bild von Ungarn bieten. Diese "Propaganda" sei viel schädlicher als die heftigste Feindes-
propaganda, kommentiert Vesper. Aus diesem Brief könne man erfahren, welches
Unheil der "Un- und Widergeist der Ufa" vor allem auch im Ausland anrichte. Es
sei ein schlechter Trost für den jungen ungarischen Patrioten, wenn man ihm sagen
müsse, daß die Ufa das deutsche Volk und deutsche Zustände auf ähnliche Weise ver-
zerre und verekle. Sogar die deutsche Geschichte werde, wie es z.B. im "Choral
von Leuthen" geschehen sei, zu vaterländisch-verbrämten Zelluloidkitsch umgear-
beitet. Mit Genugtuung notiert Vesper daher einen Monat später,[328] daß Dr. Joseph
Goebbels hinsichtlich des Films die Notwendigkeit einer durchgreifenden Reform

betont habe. Alles was Goebbels ausgeführt habe, decke sich mit verblüffender

Kongruenz mit allem, was die NL über einzelne Filmwerke gesagt habe. Heinz

Steguweit, der Verfasser der Glosse, fährt triumphierend fort:

> ...Ja, man darf sich aufatmend und mit erlösten Gefühlen gestehen, daß das
> Bekenntnis des in filmischen Dingen gottlob mit diktatorischen Machtmitteln
> betrauten Volksaufklärers zugleich eine rücksichtslose, aber brutal not-
> wendige Kampfansage an den Kitsch und alle seine dekadenten Nebenformen
> bedeutet. (...) Denn, und darüber muß endlich Klarheit herrschen, der
> Film ist kein Instrument spekulativer Reproduktion, er ist noch weniger
> ein Feigenblatt für mehr oder weniger getarnte Pornographie, er hat viel-
> mehr als Gnadengeschenk ingeniöser und gottgewollter Technik das zu
> kunstvoller Gestaltung erhobene Leben in einer Form zu vermitteln, die
> sein eigenstes Reservat ist. (...) In stofflicher Hinsicht haben wir keine
> Sorge, weil frische Mächte gleich frischen Quellen sind. Die verzweifel-
> ten Bemühungen,Deutschland zu verniggern und zu vercocktailisieren,
> haben ja keinen Zweck mehr, weder moralisch noch kassenmäßig. (...)
> Alsdann wird auch das absolute Starsystem sterilisiert werden müssen... 328)

Aber bald muß man feststellen, 329) daß sogar bei der Filmproduktion des Dritten

Reiches wieder die "Opportunisten" oben schwimmen, Leute wie Hanns Arens, die

gestern noch jüdische "Größen" verherrlicht haben (z.B. Stefan Zweig) und heute

schon deutsche Bauernfilme drehen. Die NL warnt: "Das sind schon keine Zaun-

könige mehr auf dem Rücken des Adlers, das sind Läuse im Pelz."

1935 klagt die NL über schlechte, aber beliebte Kinderfilme, meist irgendetwas

Amerikanisches. 330) Auch der Geschmack der Erwachsenen sei nicht besser ge-

worden. Nach Frels 331) bevorzugt das deutsche Filmpublikum kitschige Filme, die

zwar Kasse machen, aber aus dem Geist triefender Sentimentalität geboren seien.

Das uralte Verwechslungsmotiv werde ausgenutzt, die ältesten Klischees würden

gebraucht. Egoismus und Materialismus seien die Götzen, die in den Filmen ange-

betet würden. Schauplatz sei ein Märchenland, in dem nicht nur die Gesetze des

Realen, sondern auch die der inneren Wirklichkeit restlos aufgehoben seien. Gegen

den schlechten Geschmack des Publikums sei vorerst wenig zu tun. Der Anfang

der sittlichen Erziehung des gesamten Volkes sei jetzt gemacht, aber der Weg sei

lang, man müsse dem Volk Ideale statt Illusionen bieten, so würde der Kitsch an Aus-

zehrung sterben. Diese Klagen werden von Frels ein Jahr später wiederholt. Eine

leichte Verbesserung der Durchschnittsqualität sei jedoch zu bemerken. Der Druck,

der auf die Produzenten ausgeübt werde, habe sich ausgewirkt. Auf die unterste

Treppenstufe stellt Frels die beliebten Marika-Rökk-Filme. Der beste Film sei der Luis Trenker-Film "Der Kaiser von Kalifornien".

An seinem Aufsatz "Film und Schrifttum" lobt Martin Jasser im Mai 1938[332] die beiden Filme "Der Herrscher" (nach dem Hauptmanndrama "Vor Sonnenuntergang) und der "Volksfeind" (nach dem Drama von Ibsen). Beide Filme hätten ohne Zweifel politische Absichten, aber beide hätten Dramen zur Grundlage, gegen die man schwerste Bedenken habe. Das Merkwürdige sei jedoch, daß hier die Erfüllung des unpolitischen Dramas mit echtem politischen Gehalt gelungen sei. Von dieser Tatsache ausgehend verlangt Jasser, daß der Film der Zukunft, der politische Film sein müsse. Die Millionen, die z. B. der Kitschfilm "Das indische Grabmal" gekostet habe, müßten in Zukunft für die Verfilmung der volkhaften Dichtung ausgegeben werden.

Die Forderung nach der Verfilmung des "guten Romans" wurde von einem Filmfachmann im Maiheft der Zeitschrift "Der deutsche Schriftsteller" diskutiert.[333] Er erklärte, daß der Film eine Kunst mit eigenen Gesetzen sei, daß daher nicht jeder Roman einen guten Filmstoff abgebe. Dazu meint die NL, daß es weder am Können noch am Wollen läge, wenn der Dichter dem Film fernbleibe, sondern daran, daß der Film nicht vom Geistigen, sondern vom Technischen her komme.

1938 klagt Wilhelm Frels erneut über die kitschigen Filme,[334] jetzt sogar in Farbe. Dr. Kurt Schimann bestätigt einige Monate später die Erfahrungen und Erkenntnisse von Frels: Das Publikum bestimme mit seinem schlechten Geschmack die Filmproduktion. Der Film sei eine Industrie, die kalt nur mit Absatz und Gewinn rechne. Man richte sich allein nach dem Kassenerfolg des Filmstückes. Das Publikum müsse von der Stufe eines primitiven Unterhaltungstriebes auf die höhere Stufe eines gewissen ästhetischen Kunstwollens gehoben werden. Das wären die erzieherischen Aufgaben der Filmkunst. Die Filmproduktion müsse endlich den Spuren heroischer Avantgardisten folgen, ehe das Publikum nach dem Maße seiner ethischen und ästhetischen Begabung der Reihe nach die Gesetze und Eigenartigkeit der neuen Kunstform erfasse, die Banalität des durchschnittlich Gebotenen verwerfe und das Kino fliehe.

Solche Klagen scheinen langsam zu wirken, denn Frels kann 1939 eine beträchtliche Vermehrung der Kunst, einen bescheidenen Gewinn des Unterhaltungsfilms und einen erfreulichen Verlust des Kitsches und Schwankunsinnes feststellen. Aber immer noch habe der Edelkitsch den größten Erfolg. 1940 kann Freis außerdem triumphierend mitteilen, daß der ausländische Kriminalfilm seit 1935 aus seiner beherrschenden Stellung zurückgedrängt worden sei. Außerdem habe der deutsche Kriminalfilm, der lange nur eine Nachahmung des amerikanischen gewesen sei, ein eigenes, nicht unsympathisches Gesicht erhalten. 1941 kritisiert (Peer Gynt, Minna von Barnhelm) oder lobt (Der zerbrochene Krug) Freis die Verfilmung klassischer Dramen. Er fragt, ob man es überhaupt zulassen dürfe, daß ein vollendetes Kunstwerk verfilmt werde. Einige Monate später begeistert er sich für den Schillerfilm, der bei der breiten Masse leider keinen großen Widerhall finde. Und ein Jahr später bedauert er, daß die historischen Filme so gedreht werden, wie der kleine Moritz sich die Geschichte vorstelle. Die Figuren seien, wie z. B. im Maria Stuart-Film "Das Herz der Königin" nicht tief, sondern breit angelegt. Auch der Film über Carl Peters (Drehbuch Ernst von Salomon) gebe kein richtiges Bild des großen Mannes. Gute Filme seien der Robert Koch-Film, der Schiller-Film und die Filme Ohm Krüger und Bismarck.

Auch in den NSMH wird immer wieder der jüdische Einfluß auf die Filmproduktion betont.[335] 1932 sei das Filmwesen (Herstellung und Verleih) zu 90% in jüdischen Händen gewesen. In der Filmschau von August 1932 wird der deutsche Film wegen seiner schlechten Gesinnung kritisiert, gelobt wird nur der schwedische Film "Petersson und Bendel", der die Juden entlarve. Im deutschen Spielfilm fliehe man ins Belanglose, fürchte die Verantwortung, während ein schwedischer Film wie "Der Schwur des Armas Beckius" eine große völkische Idee gestalte. Dem deutschen Film fehle der Mut zur Gegenwart. Auch 1936 klagen die NSMH über die Stoffkrise. Der Film könne nicht gesunden, weil die Filmautoren nicht gesund seien. Erst am Ende des Jahres kann der Filmrezensent eine erfreuliche Anzahl neuer Filme bejahen. In einem längeren Artikel kritisiert Dr. Werner Rabeler[336] die Volksdarstellung und Umweltwiedergabe im Film. Das Volkstum sei verkitscht worden. Man habe Landschaft und Volkstum im Sinne der sentimentalen Schwärmerei des Großstädters gesucht, habe hauptsächlich minderwertige Heimatfilme verfilmt.

1939[337] spottet ein erboster Rezensent über die "Filmehen", wo Liebhaber die Ehefrauen verführen oder zu verführen suchen. Und er fragt: Filmehen, woher bekommt

ihr eure Vorbilder? Drei Monate später berichtet derselbe Filmkritiker, daß der
Film sich nun von der Schablone des alten Gesellschafts- und Operettenfilms zu
befreien versuche, sich von der Welt der Illusionen abkehre. Es bestehe die Hoffnung, daß man sich immer mehr den Stoffen zuwenden werde, die man aus künstlerischen, menschlichen und politischen Gründen zu fordern berechtigt sei. Diese
Hoffnung der Nationalsozialisten scheint sich, liest man die Kritiken von 1940, [338]
erfüllt zu haben, denn eine ganze Reihe von großen Spielfilmen greifen national-
politische, völkisch-rassische Probleme auf, bringen also Stoffe, die "den Geist
der Zeit atmen." Die filmische Analyse (Die Rothschilds, Jud Süss) des Juden
wirke wie ein Blick in den Abgrund von Verworfenheit. Das finstere Seelengemälde
des Juden werde hier vollständiger: Skrupellosigkeit, Selbstsucht, Verschlagen-
heit, Verstellung und Rachsucht.

So sollte der gute politische Film den Juden entlarven. Das war seine wichtigste
Aufgabe. Außerdem verherrlichte er das Genie (u. a. Schiller, Bismarck)[339]. Er
bewies in "Ohm Krüger" die englische Brutalität und Gierigkeit und propagierte
den Barmherzigkeitstod in "Ich klage an."

Duldsamer als die NL beurteilen die NSMH den Unterhaltungsfilm. So nennt man
u. a.[340] den ersten deutschen Farbfilm mit Marika Rökk ein unterhaltsames Operetten-
märchen. Überhaupt wird in den NSMH im Gegensatz zur NL seit 1938 nur noch
wenig über den deutschen Kitschfilm geklagt. Man spricht nun von guten deutschen
Unterhaltungsfilmen wie "Das andere Ich". Auch der Münchhausen-Film (Drehbuch
Erich Kästner) wird ausgesprochen positiv besprochen. [341] Liest man nur die
NSMH so gewinnt man den Eindruck, daß die Gleichschaltung des deutschen Films
spätestens 1938 gelungen ist. Die NL sieht die deutsche Filmproduktion der Jahre
1938-1943 nicht ganz so positiv.

Aus ähnlichen Gründen wie den Film kritisiert die NL auch die deutschen Bühnen. [342]
Das Theater sei durch Mode und Politik mißbraucht worden. Freudig begrüßt man
im Juni 1933[343] die Ankündigung von Dr. Stang (Reichsleiter des Reichsverbandes
deutsche Bühne), daß die Gleichschaltung des Theaters organisch erfolgen solle.
Im Oktober 1933 greift Hedler[344] das Wiener Burgtheater an, weil es deutsch-
feindlich eingestellt sei und Stücke von Emigranten spiele. 1934 kann Wilhelm

Frels[345] in seiner Theaterübersicht mitteilen, daß die Zahl der historischen
Stücke 1933 gestiegen sei, während die Gegenwartsstücke weniger gespielt würden. In einem Artikel von Wolf Braumüller werden die ach so modern gewordenen
nationalen Tendenzdramen spöttisch kritisiert.[346] 1936 berichtet Frels,[347] daß
das Lustspiel sich auf Kosten der edleren Theaterstücke breitgemacht habe und
die Konjunktur des Mittelalters (im historischen Stück) noch anhalte. Die größten
Kassenerfolge seien die unterhaltsamen Stücke. Interessant ist auch ein Notiz
von April 1938,[348] wo den Theaterbesuchern, die nach "Gedankenfreiheit zischeln"
(Schillers Don Carlos), vorgeworfen wird, daß sie ihren Ichanspruch vor den Anspruch des Ganzen setzen wollen. Es scheint nicht immer ganz ungefährlich gewesen
zu sein, Klassiker zu spielen. Dieser Vorfall ist übrigens auch in der Exilpresse
und Auslandspresse erwähnt worden.[349]

Das Theaterpublikum scheint seine Vorliebe für reine Unterhaltungsstücke trotz
aller Erziehungsversuche weiterhin demonstriert zu haben. L. Rostosky klagt
über den schlechten Geschmack dieses Publikums:[350] Das Theater stehe noch
zu sehr unter dem Einfluß amerikanischer Geschäftsauffassung, für die glänzende
Aufmachung, rascher Verschleiß und ständig neue Ware typisch seien. Es lege
wenig Wert auf Tiefenwirkung. Immer wären es die alten, dem Film abgesehenen
Erfolgsrezepte. 1939 wirft die NL den Bühnen in Berlin vor,[351] die neue wertvolle Dramatik kaum aufzuführen. Für 1939 kann Frels[352] endlich melden, daß
jetzt endlich mehr Gegenwartsdramen gespielt würden. Hans Knudsen entdeckt
1940[353] mit Hilfe einer antisemitischen Schrift von Elisabeth Frenzel, daß in
den Stücken der Aufklärung ein von Edelmut triefender Jude dargestellt worden
sei (u.a. Lessing: Nathan der Weise), durch den das Theaterpublikum bewußt getäuscht werde. Durch David Kalisch habe der leidende, sentimentale Jude das
Herz des Publikums gewonnen. Jüdische Autoren und Schauspieler hätten so das
Theater erobert, bis endlich 1933 damit Schluß gemacht worden sei. Die Autorin
der genannten Schrift, Elisabeth Frenzel, findet 1940 noch einen anderen Grund zur
Zufriedenheit, denn sie kann jetzt berichten, daß das deutsche Kolonialstück endlich die Bühne erobert habe. In den NSMH werden Stücke von getarnten Theater-
juden, pseudonymen Autoren von gestern und von Kitschautoren angeprangert und

bekämpft. Auch hier wird über ein unfähiges Publikum, das erzogen werden muß, geklagt. 1933 droht die Zeitschrift[354] sogar den Darstellern solcher Stücke, denn sie schreibt, daß ein "anderes Publikum" als das reichlich gemischte und jüdisch durchsetzte des Berliner Komödienhauses wenig zwischen Darbietung und Darstellern unterscheiden werde, wenn es seiner "Entrüstung gegen das jüdische Machwerk Luft mache". Ähnlich wie Schiller scheint auch Kleist gewirkt zu haben, denn 1935 klagt der Theaterkritiker Braumüller,[355] daß das Publikum, das sich die Dramatisierung von Kleists Novelle Michael Kohlhaas angesehen habe, bezeichnender Weise den meisten Beifall jenen Szenen zollte, die gerade nicht als nationalsozialistisch anzusprechen wären. Auch die Spielpläne der Bühnen verärgern ihn. Im Kurfürstendammtheater spiele man neben aus der Vorväterkiste herausgeholtem Kitsch eine Fußballer-Komödie (Elf Teufel) von Georg Fraser. Hinter diesem Pseudonym verberge sich ein sehr bekannter Name des Berlins von gestern. Es handelt sich hier wahrscheinlich um August Hermann Zeiz, der als Georg Fraser das Volksstück "Elf Teufel" schrieb. Die NSMH vermutet, daß eine mehrköpfige Herstellerfirma nicht ganz einwandfreien Blutes an seiner Fußballer-Komödie mitgewirkt hat. Trotz aller Geschicklichkeit,sich mit den "gegebenen Tatsachen"(=NS) abzufinden, spüre man die wahre Gesinnung und das wahre Herz des Herrn/der Herren Verfasser. Zeiz emigrierte 1935 nach Österreich, er wurde nach 1938 mehrmals verhaftet und war im Konzentrationslager Dachau.

Braumüller vergleicht[356] das Stück "Maß für Maß" am Deutschen Theater mit der "Dreigroschenoper". Es übertreffe an Zweideutigkeiten selbst die Brechtsche Vorlage, und tarne die "Schweinereien" mit dem Mantel von Shakespeare. Die Bearbeitung sei obszön. Im übrigen entdeckt er 1936, daß Shaws "Candide" immer noch in der Übersetzung des Juden Trebitsch gespielt wird.

1943 klagt Karl Künkler[357] noch darüber, daß trotz der nationalsozialistischen Erneuerung des Theaters bei Verlegern, Dramatikern und Bühnenleitern immer noch jüdische Gedankengänge zu bemerken seien. Aus diesem Grunde hätte die Entwicklung des neuen deutschen Dramas wesenlos bleiben müssen. Die nationalsozialistische Kulturpolitik habe die Fehlerquellen zwar klar erkannt, aber sie trotzdem nicht ausschalten können, weil man bei der Machtübernahme das Gros der Schauspieler und Regisseure übernehmen mußte. Und die hätten nun ihrem ganzen Wesen nach nicht aus ihrer Haut gekonnt. Sie hätten leider auch den Nachwuchs erzogen und verderblich beeinflußt. Diese richtige Erkenntnis, die hier oft ausgesprochen wird, scheint im übrigen nicht nur für das Theater, sondern u. a. auch für die Universitäten zu gelten.

Einige Monate später bekennt Künkler[358] in einem neuen kritischen Artikel:

> ...Der Umstand, daß unsere Bühnen auch heute noch mit großer Vorliebe naturalistische Dramatiker pflegen, als deren Folgeerscheinungen wir den Expressionismus mit seiner Einbeziehung der Psychoanalyse, wie wir es von Wedekind bis Ferdinand Bruckner erleben mußten, begreifen müssen, hat dazu geführt, daß unsere jungen Dramatiker einen Anschauungsunterricht erhielten, der sie von den uns gültigen Gesetzen der Dramaturgie im Sinne unserer Klassik abgewendet hat... 358)

Besonders heftig wird in beiden hier behandelten Zeitschriften die Operette kritisiert.[359] Sie sei industrialisierter Massenbetrieb mit skrupelloser Regie, kalte Geldmacherei und sei vor allem von Juden erobert worden. Sie zeige eine Welt, die nie bestanden hätte und niemals bestehen würde. Besonders häufig wird Lehár, "der Komponist mit den jüdischen Textdichter", angegriffen. 1936 beklagen die NSMH, daß sich seit 1933 in Bezug auf die Operette wenig verändert habe. Das echte Deutsche werde immer noch durch den Schund in die Aschenbrödelecke gedrängt. Man treffe zwar selten auf nichtarische Musiker, aber dafür um so häufiger auf jüdische Textverfasser. Franz Lehárs Operetten seien ausnahmslos von Juden textiert. Deswegen habe sich heute die Gewohnheit eingebürgert, die Namen des Textverfasser aus dem Programmzettel fortzulassen. Die leichte Muse müsse, gerade weil sie so stark auf die Psyche des Volkes einwirke, stark beachtet werden, damit die betriebstüchtigen, volksfeindlichen Kräfte ausgeschaltet würden. Aber nicht nur bei der Operette, auch bei der Oper gibt es für die Nationalsozialisten Anlaß, über jüdische Einflüsse zu klagen.[360] So gehe Geld für Texte von Mozartopern immer noch an Juden (Lewi), Mendelsohns Musik zu Shakespeares Mittsommernachtstraum werde immer noch gespielt. Zur Aufführung der Oper "Die Bürger von Calais" von Rudolf Wagner-Régeny,[361] teilten die NSMH warnend mit, daß der Mißerfolg dem Textdichter Caspar Neher zuzuschreiben sei, der schon 1931 den Text für die jüdisch-kommunistische Oper "Die Bürgschaft" von Kurt Weill verfaßt habe. Es sei Wagner-Régeny daher zu raten, sich einen anderen Textverfasser zu suchen, der aus der Weltanschauung des nationalsozialistischen Deutschlands her schaffen.

Der jüdische Textverfasser Stefan Zweig wird auch dem Komponisten
Richard Strauss immer wieder vorgeworfen. [362] Besonders übel vermerkt man,
daß Strauss es noch 1934 wagt auf diese Weise offen mit Stefan Zweig zusammenzu-
arbeiten. Vesper diffamiert und spottet :

> ...Man darf annehmen, daß das deutsche Volk und die deutsche Jugend die
> Ohrfeige empfinden werden, die Richard Strauss (=nach Vesper ein begabter
> Verwerter der großen deutschen Musik, die er säkularisiert) der deutschen
> Volksbewegung zu verabreichen vorhat. Wir sind nicht naiv genug zu glau-
> ben, daß ausgerechnet Richard Strauss plötzlich so naiv geworden sei,
> nicht genau zu wissen, was er tut. Die Emigranten und die meschpokalen
> Literaten in aller Welt reiben sich vergnügt die Hände. Der Weg zum
> deutschen Geldbeutel ist wiedergefunden. Man braucht sich nur von
> Richard Strauss komponieren lassen!... 362)

Trotzdem muß man noch 1939 zugeben, daß gerade seine vor 1914 geschriebenen
Opern mit jüdischen Textverfassern (S. Zweig, Hofmannsthal) von den deutschen
Bühnen bevorzugt werden. [363] Auch die NSMH werfen Strauss noch 1939 vor, daß
er sich mit seiner großen Musik den Weg zum Volk durch die Textwahl versperrt
habe. [364] Richard Strauss hat sich, ohne diese Angriffe allzu sehr zu beachten,
mit dem Nationalsozialismus arrangiert. Er ist deswegen in der Exilpresse scharf
angegriffen worden. [365]

Freundschaft mit Juden wird damals auch anderen Musikern nachgesagt. So habe
Wilhelm Furtwängler [366] sich bei Dr. Goebbels für die jüdischen Dirigenten Bruno
Walter und Klemperer und den Regisseur Max Reinhardt eingesetzt und um Schutz
für die echte Kunst gebeten. Darüber spottet Vesper in seiner eigenen Weise:

> ...Sehr schöne Sätze, und wer sollte ihnen nicht von Herzen zustimmen, wenn
> ihnen leider nicht die Hauptsache fehlte: Die Bestimmung dessen, was "gute"
> und was "schlechte" Kunst und was die vielgerühmte heilige "Qualität" denn
> sei! Aber hier liegt die Entscheidung! Herr Furtwängler scheint naiver-
> weise anzunehmen, daß diese Begriffe ewig feststehende oder auch nur fest-
> stellbare und absolute seien - während sie in Wahrheit, bisher genau so wie
> künftig, bedingt sind von dem Standpunkt, von dem man ausgeht und von dem
> man bewertet. Und diesen Standpunkt wollen wir ändern... 366)

Mit Genugtuung kann Vesper dann auch im Januar 1935 berichten, daß Goebbels
im Fall Furtwängler-Hindemith deutlich ausgesprochen habe, daß weltanschauliche Entgleisungen schlimmster Art aus der Vergangenheit nicht als Jugendsünden
entschuldigt werden könnten. Gewisse Leute, die Hindemiths Plattheiten aus

weltanschaulichen Gründen heute für Offenbarungen hielten, sähen nun die deutsche
Musik untergehen, wie sie - so Vesper - die deutsche Dichtung untergehen sahen,
als die Juden und ihre Genossen verschwanden. In Wirklichkeit handele es sich
hier um einen notwendigen und gewiß noch nicht abgeschlossenen Reinigungsakt
und eine Befreiung echter deutscher Musik aus der Vor- und Fremdherrschaft einseitiger volksfremder und volksschädigender Cliquen. Herr Furtwängler habe
sich z. B. seit Jahrzehnten für so manche Belanglosigkeit des internationalen Musik-
marktes eingesetzt, aber die wesentliche deutsche Musik weder gekannt noch gefördert. Drei Monate später kann die NL mitteilen, daß Furtwängler von Goebbels
empfangen worden sei und dem Reichsminister erklärt habe, er habe seinen Artikel
lediglich in der Absicht geschrieben, eine musikalische Frage vom Standpunkt der
Musik aus zu beurteilen. Er bedaure die Folgen und Folgerungen politischer Art,
die an seinen Artikel geknüpft worden seien. Es habe ihm völlig ferngelegen, in
die Leitung der Reichskunstpolitik einzugreifen, die auch nach seiner Auffassung
selbstverständlich vom Führer und Reichskanzler und seinen Fachministern bestimmt
werden müsse. Diese "Kapitulation" Furtwänglers ist in der Exilpresse scharf verurteilt worden. [367)]

Auch die NSMH [368)] lehnten Hindemith ab: Seine atonale Musik müsse als Verirrung
oder Zersetzungserscheinung gelten. Von einem Verbot sei jedoch die Rede nie
gewesen. Aber es sei auch selbstverständlich, daß er offiziell nicht herausgestellt
werden dürfe. Wenn dem einen oder anderen (der Entarteten) eine Bewährungsfrist
gegeben werde, innerhalb derer er seine Fähigkeiten und seinen guten Willen zur
positiven Mitarbeit beweisen könne, so sei dies eine Großzügigkeit, die bisher kein
Staat der Erde Menschen gegenüber gezeigt habe, die seinen Grundsätzen ent-
gegenstünden. Im Falle Hindemith wären es gerade diejenigen seiner Freunde, die
weniger ihm zuliebe als aus irgendwelchen Auflehnungsgefühlen seine älteren Werke
spielen und ihm einen rechten Bärendienst erwiesen. Man sei also nicht gegen
Hindemith, sondern nur für einen anderen Hindemith.

Die Artikel in der NL und den NSMH scheinen zu beweisen, daß es 1933 und später
in Kunst und Wissenschaft nicht nur Opportunismus und mehr oder weniger schamlose Anpassung gegeben hat, sondern auch eine mehr oder weniger offene Abwehr

gegen die totale Gleichschaltung existierte. Diese Abwehr ist nicht immer erfolglos gewesen. Dabei bleibt jedoch zu bedenken, daß nicht alle Abwehrmaß-
nahmen der Nichtnationalsozialisten und Gegner des Nationalsozialismus in der NS-
Presse offen diskutiert worden sind. Einen Teil der "heimlichen Intrigen" mögen
die Nationalsozialisten auch nicht erkannt haben. Aber sicher haben sie auch
viele Handlungen der Abwehr und Opposition absichtlich verschwiegen, denn eine
öffentliche Anprangerung hätte das Volk auf Vorkommnisse aufmerksam gemacht, die
zu Fragen und Zweifeln Anlaß gegeben hätten. Andererseits darf auch nicht vergessen werden, daß manches Beharren auf "veralteten" Standpunkten unabsicht-
liche "Abwehr" war, da manche Resistenz ihren Grund in Naivität oder Unkenntnis
gehabt haben kann. Sicher ist jedoch, daß es in Kunst, Literatur und Wissenschaft
keine bedingungslose Konformität gegeben hat und daß die Lenkung des Buchmarktes
und Pressewesens im Sinne der nationalsozialistischen Kulturpolitik nicht immer
effektiv gewesen ist. Leider haben die Beteiligten selbst nach 1945 ihre "resi-
stente Tätigkeit" im Dritten Reich heruntergespielt, einmal weil man im Ausland
zunächst alles, was im Dritten Reich publiziert worden war, als nationalsozialistisch oder opportunistisch betrachtete, aber auch weil man 1945 ganz "neu" beginnen wollte. [369)] Man brauchte das Pathos des Nullpunktes. Aber diesen Null-
punkt hat es in Wirklichkeit nicht gegeben.

Anmerkungen zu Kapitel III

1) Vgl. NL 1933, S. 631; U. M. 1933, S. 114, 298-301; NL 1933, S. 211; U. M. 1933, S. 292-293, 367, 419 u. a.

2) Vgl. u. a. Kurt Ziesel: Das verlorene Gewissen, München, 1958.

3) Vgl. Wiechert und Bergengruen; s. a. Charles W. Hoffmann: Opposition und Innere Emigration. In: Hohendahl-Schwarz: Exil und innere Emigration II, Frankfurt a. M. , 1973, S. 119-140.

4) Vgl. u. a. Sontheimer sowie Geschichte der deutschen Literatur 1917-1945, Berlin (Ost), 1973, S. 420-424, 503-509, 593-596, 598-600; Mallmann, S. 285-306.

5) Vgl. u. a. Friedrich Percyval Reck-Malleczewen: Tagebuch eines Verzweifelten, Fischer 1162. Das gilt auch für ausländische Autoren wie Hamsun und Hedin (vgl. Kap.IV), die den Weg zum NS fanden; S. a. Schnell, S. 42-46.

6) Vgl. u. a. Ursula Laack-Michel: Albrecht Haushofer und der Nationalsozialismus, Stuttgart, 1974, sowie Mechows zwiespältige Haltung, siehe Mallmann, S. 56-58.

7) Vgl. Gisela Wünsche-Hale: Carossas Weg zur Schulderlösung, Bern, 1974 u. a.

8) Horst Denkler-Karl Prümm (Hrs.): Die deutsche Literatur im Dritten Reich. Themen, Traditionen und Wirkungen, Stuttgart, 1976 insb. den Aufsatz von Schäfer, sowie Fritz Raddatz: Im Schlamm stecken geblieben. In: Die Zeit vom 3. 12. 1976. T. Mann"reizt"die Nazis nicht, um sein Vermögen zu retten.

9) Axel Eggebrecht: Der halbe Weg. Zwischenbilanz einer Epoche, Reinbek, 1972; Wolfgang Trillhaas: Aufgehobene Vergangenheit. Aus meinem Leben, Göttingen 1976: vgl. auch Hans Georg Gadamer: Philosophische Lehrjahre. Eine Rückschau, Frankfurt a. M. , 1976; vgl. Mallmann, S. 233-240.

10) Vgl. u. a. Berglund: Deutsche Opposition..., S. 123-273.

11) Vgl. hierzu u. a. F. P. Reck-Malleczewen: Bockelson. Geschichte eines Massenwahns, Berlin, 1937.

12) Vgl. hierzu u. a. die Opposition von Sacharow und anderen in der SU. Was hier unter 1 bis 4 angeführt wird, kann auch in den Überlegungen der Lektoren bei der Auswahl übersetzter Literatur eine Rolle gespielt haben, vgl. Kap. IV.

13) Trier, 1931.

14) Vgl. Hoffmann, Für die heile Welt warb auch das "Innere Reich". Vgl. Mallmann, 218.

15) Vgl. u. a. Rudolf Alexander Schröder: Kreuzgespräch. Geistliche Gedichte, Berlin-Steglitz, 1941; s. a. Kardinal Faulhaber: Juden, Christentum, Germanentum, Adventspredigten, München, 1934; Martin Niemöller: "Dennoch getrost". Die letzten 28 Predigten des Pfarrers Martin Niemöller vor seiner Verhaftung, gehalten 1936-1937 in Berlin-Dahlem, Zollikon, 1939. Vgl. auch konfessionelle Jugendzeitschriften, die sich nicht gleichschalteten wie u. a. die katholische Zeitschrift "Am Scheideweg". Blätter für Knaben der letzten Schuljahre u. a. 20. Jg. , Nr. 14 u. 22, Düsseldorf, 1934 u. 1935, aber auch Schriften wie W. Künneth-H. Schreiner (Hrs.): Die Nation vor Gott. Zur Botschaft der Kirche im Dritten Reich, Berlin, 1933.

16) Vgl. Hoffmann, S. 139; Wolfgang Brekle: Die antifaschistische Literatur in Deutschland (1933-1945). In: Weimarer Beiträge, H. 6, 1970, S. 67-228.

17) Vgl. hierzu auch die kritische Einstellung in der DDR zu Autoren der Inneren Emigration in u. a. Dieter Schiller: "... von Grund auf anders. " Programmatik der Literatur im antifaschistischen Kampf während der dreißiger Jahre, Berlin (Ost), 1974.

18) Vgl. unten u. a. Schröder, Wiechert, Bergengruen, Andres. Oft wurden sie
jedoch auch allzu gut verstanden, wie es u. a. die Rezension (NL 1935, S. 607-
608) über den Roman "Über den Osten Nacht" von Kühnelt-Leddihn zeigt. Dieses
Buch wird wegen seiner katholisch-österreichischen Tendenz nicht nur abgelehnt, sondern auch als äußerst gefährlich angeprangert.

19) Vgl. u. a. Boveri, S. 264-273, 299-307, 470-537; Herbert Wiesner: "Innere
Emigration". In: Hermann Kunisch (Hrs): Handbuch der deutschen Gegenwartsliteratur, München, 1965, S. 703-704.

20) Vgl. Hoffmann, S. 133.

21) Siehe unten Adam Kuckhoff. Vgl. auch die lobende Kritik zu Ulrich von Hassel:
Im Wandel der Außenpolitik (München, 1942) in NSMH 1943, S. 318-319; Ernst
Samhaber: Die neuen Wirtschaftsformen (Berlin, 1940) in NL 1940, S. 240;
E. P. ReckMalleczewen: Der grobe Brief (Berlin, 1940) in NSMH 1941, S. 800.
Vgl. auch:Darauf kam die Gestapo nicht. Beiträge zum Widerstand im Rundfunk,
Berlin, 1966.

22) Vgl. u. a. den zitierten Artikel von Pechel mit der Kritik an eben dieser Avantgarde, U. M. 1933, S. 423-424.

23) Der Expressionismus wurde von Hitler und Stalin abgelehnt. Vgl. die "Expressionismus-Debatte"in: Das Wort, H. 9, 12, 1937; H. 2, 3, 6, 7,1938. Vgl. auch
Geschichte..., S. 457-461,109-115; A. E. Günther(Hrs)20 Antworten, Heilbronn 1932.

24) Vgl. Hoffmann, S. 138-139.

25) Vgl. Ziesel, S. 102-103, 30-36.Siehe auch Mallmann, S. 138-151.

26) Vgl. auch den verächtlichen Bericht über Ewers'schamlose, aber vergebliche
Anpassung in: Welch herber Verlust. In: Das Wort, H. 1, 1938, S. 152-153;
Kurt Tucholsky, Politische Briefe, roro 1183, S. 24; Dorthea Hollstein: Anti-
semitische Filmpropaganda. Die Darstellung des Juden im nationalsozialistischen
Spielfilm, Dokumentation I, München, 1971, S. 32-37 (zum Hans Westmar
(= Horst Wessel)-Film, s. a. Ketelsen, S. 63-65, 157-159, 314, 366-369). Zum
Thema der vielen,harmloseren Versuche der Anpassung vgl. auch die Artikel
von Prof. Lutz Mackensen in der NL 1934, S. 53-55; 1935, S. 577-593.

27) Vgl. u. a. Berglund: Deutsche Opposition..., S. 166-167, 288-291, s. a. Kap. III.

28) Vgl. Ziesel, S. 102-103 u. a.

29) Vgl. Ziesel, S. 36.

30) Vgl. u. a. Drews-Kantorowicz: Verboten und verbrannt, Berlin-München, 1947,
S. 101; Greta Kuckhoff: Vom Rosenkranz zur Roten Kapelle, Berlin (Ost), 1972
sowie Leopold Trepper: Die Wahrheit, Zürich, 1975. Trepper gehört zu den
ehemaligen Kommunisten, die zum Schluß erkennen mußten: "Dieses Jahrhundert
hat zwei Ungeheuer geboren, den Faschismus und Stalinismus, und in dieser
Apokalypse ist unser Ideal zugrunde gegangen." Siehe auch Greta Kuckhoff
(Hrs.): Adam Kuckhoff zum Gedenken. Novellen, Gedichte, Briefe, Berlin (Ost),
1946.

31) Vgl. NSMH 1937, S. 1144.

32) Brekle, S. 91-101; Zitat S. 97 u. 100.

33) Drews-Kantorowicz, S. 171; Doris Rune: Franz Lennartz' Literaturführer im
Dritten Reich und nach 1945. Studien zum Inhalt, Stockholm, 1969, S. 67-68;
Dietrich Strothmann: Nationalsozialistische Literaturpolitik, Ein Beitrag zur
Publizistik im Dritten Reich, Bonn, 1960, S. 296.

34) NL 1935, S. 422; 1938, S. 94; 1940, S. 74, Zitat S. 422 (1935).

35) Vgl. Grimm-Hermand, S. 54-56 u. a.; Drews-Kantorowicz, S. 176; Rune, S. 55, sowie Ernst Wiechert: Jahre und Zeiten, Erinnerungen, Erlenbach, 1949. S. a. Mallmann, 56-57, 87 u. a.; Schnell, S. 36-46, 57-64, 79-89.

36) NL 1933, S. 401.

37) Walter Erich Dietmann: Zeitgenössische Dichtung für die Schule, NL 1933, S. 203.

38) U. M. 1934, S. 398.

39) NL 1935, S. 42-43, 90, 148-150; 1936, S. 243, 698-699.

40) Eberhard Achterberg: Dichtung und Erzählung, NSMH 1937, S. 89-90. Vgl. hierzu auch die Kritik an diesem Buch bei Hans Martin Plesske: Ernst Wiechert, Berlin (Ost), 1967, S. 4 sowie Plesskes Kritik an Wiecherts ideologischer Haltung, S. 14, 15, 31.

41) Vgl. u. a. Deutsche Briefe, Bd. 2, S. 542-543; vgl. Reiner 43). Strothmann, S. 376.

42) NSMH 1933, S. 192, 239; 1935, S. 956.

43) Udo Rosenmeyer: Ernst Wiechert und wir. In: Der Buchhändler im Neuen Reich, H. 5, 1938, sowie Harald Eschenburg: Berufung und Anmaßung , ebenda, S. 177-179, Zitate S. 177 u. 179. Über Wiecherts Verhaftung berichtete die Exilpresse, vgl. u. a. Das Wort, H. 2, 1938, S. 150-152 (Brief aus dem Dritten Reich). Über die hohen Auflagen von Wiecherts Büchern im Dritten Reich vgl. Guido Reiner: Ernst Wiechert-Bibliographie 1916-1971, I. Teil, Paris, 1972, S. 25-33, über die Anzahl der Übersetzungen S. 48-58. Siehe auch II. u. III. Teil (1974, 1976): Ernst Wiechert im Dritten Reich, Ernst Wiechert im Urteil seiner Zeit. Vgl. u. a. Ernst Wiechert, Häftling 7188, Tagebuchnotizen und Briefe, hrsg. von Gerhard Kamin, München, 1966.

44) Harald Eschenburg: Die Jugend und der Dichter Ernst Wiechert. In: Der Buchhändler im Neuen Reich, H. 2, 1938, S. 61-64. Vgl. hierzu u. a. auch Heinz Schwitzke: Die vom Manuskript gelöste Seele. Eine Ansprache, zwar nur auf Zeitungspapier, aber doch an Ernst Wiechert. In: Die HJ, Jg. 3, F. 3 vom 16. 1. 1937, S. 13, mit einem scharfen Angriff auf Wiechert. Vgl. Ernst Wiechert: Der Dichter und die Jugend, Mainz, 1936. Siehe auch Ernst Wiechert. Der Mensch und sein Werk. Eine Anthologie mit Beiträgen von u. a. R. Schneider, H. Hesse, J. R. Becher, K. Edschmid, H. Carossa, R. Huch, München, 1951.

45) Vgl. u. a. Hanns Martin Elster: Ernst Wiechert zu seinem Geburtstag. In: Propyläen, Beilage der Münchener Zeitung, Jg. 34 vom 14. 5. 1937, S. 260-261; Hans Ebeling: Ernst Wiechert - Der Weg eines Dichters, Berlin, 1937, mit einer begeisterten Zustimmung für Wiechert, sowie die Besprechung dieser Schrift von G. S. in: Zeitwende, H. 10, 1937, S. 701-703; siehe auch Gustaf Boyke: Ernst Wiecherts "Der Vater" im Deutschunterricht. In: Zeitschrift für deutsche Bildung, H. 5, 1935, S. 270-273; Reinhard Fink: Das Weltbild Ernst Wiecherts. In: Zeitschrift für Deutschkunde, H. 9, 1935, S. 609-621; Ernst Sondermann: Ernst Wiechert. In: Zeitwende, H. 12, 1935-1936, S. 305-310. Wenn Sondermann auf S. 308 schreibt, daß bei Wiechert hinter der Frage nach dem Bruder noch drängender und schmerzlicher die Frage nach Gott brenne, so zeigt dies, daß Wiechert hier (wie auch in den Artikeln von Boyke und Fink) kaum im NS-Sinn gedeutet wurde. Vgl. auch Reiner: Ernst Wiechert im Urteil...

46) Vgl. u. a. Drews-Kantorowicz, S. 22; Rune, S. 52-53; Schnell, s. a. S. 115

47) Mitteilungen, NL 1935, S. 302.

48) NL 1935, S. 154.

49) NL 1936, S. 346.

50) Vgl. Wulf: Literatur..., S. 518-520.

51) NL 1937, S. 312.

52) Vgl. u. a. Bernhard Trinius: Werner Bergengruen. In: Die Literatur, Jg. 37,
H. 22, S. 544-546. Trinius sieht ähnlich wie die NL die Wurzeln von Bergengruens Schaffen in der baltischen Herkunft, der agrarischen Beheimatung und
dem verantwortungsbewußten Individualismus des Dichters. Diesen Individualismus nennt die NL jedoch nicht.

53) Werner Bergengruen: Vorfahren und alte Häuser, NL 1939, S. 169-175; Ronald
Roesch: Werner Bergengruen, NL 1939, S. 175-189; Aus neuen Büchern: Werner
Bergengruen: Gedichte, NL 1939, S. 219-224.

54) u. a. berichteten Hermann Claudius, Lulu von Strauss und Torney, Heinz Steguweit, Josef Weinheber, Gustav Frenssen.

55) Vgl. u. a. U.M. 1935, S. 623-624, 561-562; 1941, S. 163, 234-237.

56) NL 1940, S. 192-193.

57) NL 1940, S. 304; s. a. U.M. 1941, S. 57-58.

58) Vgl. u. a. Hoffmann, S. 138-139.

59) Vgl. ebenda, sowie Wulf: Literatur..., S. 518-520; Werner Bergengruen:
Schreibtischerinnerungen, Zürich, 1961, S. 188-190.

60) Vgl. ebenda, S. 160-161.

61) Vgl. Hansjörg Gehring: Amerikanische Literaturpolitik in Deutschland 1945-
1953. Ein Aspekt des Re-Education-Programms, Stuttgart, 1976, S. 45.

62) Wiesner, S. 706 sowie Geschichte..., S. 507; Rune, S. 53.

63) NL 1941, S. 18-19.

64) Ziesel, S. 102.

65) Die NSMH brachten 1933, S. 336 eine positive Besprechung der Novelle "Feuer-
probe".

66) Grimm-Hermand, S. 50-51.

67) Vgl. Bergengruen: Schreibtischerinnerungen, S. 186.

68) Vgl. hierzu u. a. Klaus Breuning: Die Vision des Reiches, Deutscher Katholi-
zismus zwischen Demokratie und Diktatur 1929-1934, München, 1969.

69) Vgl. Grimm-Hermand, S. 70, 118, sowie Brekle, S. 109-110.

70) Werner Bergengruen: Genesis eines Romans. In: Die Literatur, H. 43, 1941,
S. 216-217: ders.: Schreibtischerinnerungen, S. 160-161.

71) Vgl. u. a. Wiesner, S. 707; s. a. Reinhold Schneider. Briefe an einen Freund,
Mit Erinnerungen von Otto Heuschele, Köln, 1961; Rune, S. 67. Gedichte von
Reinhold Schneider (wie u. a. auch von Karl Rauch und Helga Grimm) wurden
in dem Gedichtband "Neue deutsche Gedichte." Ausgewählt von Helmut Lehmann-
Haupt (Band III der Dokumente des anderen Deutschlands) veröffentlicht, der
1946 in New York erschien. Nach dem Vorwort waren diese Gedichte typisch
"für die Gefühlswelt verschiedener Gruppen Deutscher, die sich im Gegensatz
zum Nazismus befanden." S. a. Schnell, S. 110-114, 132-135, 145-150 u. a.

72) NL 1938, S. 87. Vgl. hierzu auch u. a. Reinhold Schneider: Das Inselreich.
Gesetz und Größe der britischen Macht, Leipzig, 1936; Mallmann, S. 112-113.

73) Wulf: Literatur..., S. 25-27; Drews-Kantorowicz, S. 194; Rune, S. 54;
Strothmann, S. 316.

74) Mitteilungen, NL 1934, S. 479-480; vgl. Wiesner, S. 711 u. a. Siehe auch die
Gratulationen in der Exilpresse u. a. Golo Mann: Ricarda Huch - siebzigjährig.
In: Die Sammlung, H. 1, 1934, S. 55-56. Vgl. auch Brigitte Weber: Ricarda
Huch, Dortmund, 1964, sowie Marie Baum: Leuchtende Spur, Tübingen, 1964.

75) U. M. 1936, S. 115. Solche Wertungen liest man auch an anderen Stellen in der
NL. Vgl. U. M. 1936, S. 243; Karl A. Kutzbach: Literaturgeschichtsschreibung
unserer Zeit, NL 1941, S. 9-15.

76) NL 1939, S. 91. Vgl. hierzu Golo Manns positive Kritik in: Maß und Wert, H. 5,
1938, S. 812-814. S. a. IR:H. von Königswald "Großer Krieg in Deutschland", Mallmann.

77) NSMH 1935, S. 550-552; siehe auch NSMH 1937, S. 688-701. Vgl. Walther
Oschilewski: Ricarda Huch: Römisches Reich deutscher Nation. In: Das deut-
sche Wort, Nr. 49, 1934, S. 33. Vgl. auch die historischen Schriften von
Ricarda Huch.

78) Vgl. Wiesner, S. 704; Drews-Kantorowicz, S. 189; Rune, S. 55. Zur FAZ vgl.
Michael Krejci: Die Frankfurter Zeitung und der Nationalsozialismus 1923-1933,
Würzburg, 1965; Rudolf Weber: Die Frankfurter Zeitung und ihr Verhältnis zum
Nationalsozialismus. Untersucht anhand von Beispielen aus den Jahren 1932-
1943. Ein Beitrag zur Methodik der publizistischen Camouflage im Dritten Reich,
Bonn, 1965.

79) NL 1933, S. 392-398; 1934, S. 702.

80) NL 1935, S. 23, 937, 566, Mitteilungen, NL 1937, S. 317.

81) NSMH 1935, S. 852.

82) Vgl. u. a. Alfred Rosenberg: Revolution in der bildenden Kunst, NSMH 1933,
S. 322-323. Siehe auch Barlach: Briefe..., S. 365-366, 493-494, 699-700,
720-721, 730, 734-736, 806-807 u. a. Vgl. Drews-Kantorowicz, S. 14, Rune,
S. 62.

83) NL 1933, S. 240.

84) U. M. 1933, S. 658.

85) NL 1934, S. 374-375.

86) Vgl. u. a. Joseph Wulf: Die bildenden Künste im Dritten Reich, roro 806-808,
S. 31-32, 47, Anm. 72. Vgl. auch Paul Westheim: Erinnerungen an Barlach.
In: Neue Weltbühne, Nr. 44, 1938, S. 1391-1395.

87) NL 1936, S. 353-354.

88) Wulf: Die bildenden..., S. 31-32, 46-48 (vgl. Rosenberg Anm. 82), 62, 349,
385-386; Wulf: Literatur..., S. 134; Hildegard Brenner: Die Kunstpolitik des
Nationalsozialismus, rde 167-168, Reinbek, 1963.

89) Siehe Anm. 82); vgl. auch Rudolf Pechel: Deutsche Gegenwart, Darmstadt-
Berlin, 1953, S. 156-160.

90) Vgl. Wulf: Die bildenden..., S. 62.

91) Vgl. u. a. Jochen Klepper: Unter dem Schatten deiner Flügel. Aus den Tagebüchern 1938-1942, dtv 235-237, sowie Ernst G. Riemenschneider: Fall Klepper,
Stuttgart, 1975, Rune, S. 54-55.

92) Vgl. u. a. Kleppers Tagebuch und Ziesel, S. 102.

93) U. M. 1938, S. 425-427; Mallmann, 112-113; E. J. Meschke: Jochen Klepper, Bln 1966.

94) U. M. 1941, S. 57-58.

95) NL 1940, S. 132-137; Zitat S. 132 u. 137.

96) Eberhard Ter-Nedden: Weitere Anmerkungen zum historischen Roman, NL
1940, S. 206-211; vgl. auch Adolf Kriener: Zur Forderung des biographischen
Romans. In: Der deutsche Buchhandelungsgehilfe, Nr. 1, 1937, S. 18-23.

97) Vgl. zu Ina Seidel unten, sowie Wiesner, S. 714; Grimm-Hermand, S. 118, 139-140 u. a.

98) Vgl. Drews-Kantorowicz, S. 202; Rune, S. 55.

99) U. M. 1933, S. 230.

100) NL 1935, S. 737-738; 1936, S. 214; U. M. 1936, S. 243; NL 1938, S. 24-25.

101) NL 1937, S. 429; 1938, S. 215. Vgl. hierzu auch seine Rede am Sarge R. G. Bindings In: Dem Andenken Rudolf G. Bindings, Potsdam, 1938, S. 7-11, s. a. S. 20-21.

102) Werke und Tage. Festschrift für Rudolf Alexander Schröder zum 60. Geburtstag am 26. Januar 1938, Berlin, 1938. Mit Beiträgen von u. a. Bergengruen, Binding, Carossa, Grimm, Kommerell, Mell, Streuvels, Timmermans, Vermeylen, Vossler.

103) NL 1937, S. 665-668.

104) NSMH 1943, S. 72.

105) Vgl. Klaus Vondung: Magie und Manipulation. Ideologischer Kult und politische Religion im Nationalsozialismus, Göttingen, 1971, S. 117, 121-122, 228. Vgl. auch Rud. Alex. Schröder: Heilig Vaterland, Kriegsgedichte, Leipzig, 1914.

106) Fritz Dehn: Ertrag des Lebens. In: Eckart, August 1941. Vgl. Die Bücherkunde, H. 10, 1941, S. 306-307; Zitat S. 306. Nach der Bücherkunde fand man die Leser des Eckarts hauptsächlich in Pfarrhäusern.

106a) Vgl. Ralf Schnell: Literarische Innere Emigration 1933-1945, Stuttgart, 1976, S. 1-15.

107) Vgl. Drews-Kantorowicz, S. 40; Rune, S. 51; Gertrud von le Fort: Unser Weg durch die Nacht. Worte an meine Schweizer Freunde, Wiesbaden, 1949.

108) NL 1933, S. 463.

109) NL 1935, S. 261-275.

110) U. M. 1935, S. 493-494. Auch in anderen Fragen kam die NL in Konflikt mit anderen NS-Zeitschriften, beim Streit um Meister Eckart mit den NSMH, vgl. NL 1935, S. 125-143; U. M. 1935, S. 358-360, 363-364 (gegen HJ-Zeitschrift), S. 427-430, 425 u. a. Offiziell verteidigten die Nationalsozialisten die "Moral". Die Wirklichkeit war jedoch anders. Vgl. hierzu u. a. Hans Peter Bleuel: Das saubere Reich. Theorie und Praxis des sittlichen Lebens im Dritten Reich, Bern-München-Wien, 1972.

111) Vgl. u. a. U. M. 1935, S. 494, 497-498, 561-562, 623-624; 1941, S. 163, 234-237 u. a.

112) U. M. 1940, S. 124.

113) NSMH 1934, S. 91.

114) M. Z.: Christentum und Judentum, NSMH 1935, S. 279-281 (über le Fort, S. 280). Außer le Fort werden auch Karl Thieme, Johannes Österreicher, Josef Dillersberger, Ernst Karl Winkler und Friedrich Heiler scharf angegriffen, da auch sie Beiträge zu Innitzers Zeitschrift lieferten.

115) Vgl. u. a. Armin Kerker: Ernst Jünger - Klaus Mann, Bonn, 1974, S. 56-65; Peter Sedlacek: Ernst Jünger und der totale Staat. Moderna Språk. Nr. 3, 1973; siehe auch Rune, S. 49-50. Vgl. Mallmann, S. 194-195, 199-200.

116) Vgl. Kerker, S. 58-59.

117) NL 1933, S. 310-312; 1938, S. 481-483.

118) NL 1934, S. 374: Rezension über Hans Bäcker: Von deutscher Wirklichkeit und ihrer Bahn, Berlin, 1933. Bäcker lobe u. a. Jünger. Dazu der Rezensent H. G. Göpfert: Bücher dieser Art müßten einseitig sein, da die Zuspitzung auf die preußische Seite des deutschen Wesens nicht das ganze Volkstum erfasse;

NL 1935, S. 281; 1937, S. 81; 1940, S. 192-193. Vgl. auch Wolf Dietrich Müller: Ernst Jünger. Ein Leben im Umbruch der Zeit, Berlin, 1934.

119) Vgl. Peter Suhrkamp: "Über das Verhalten bei Gefahr. Bei Gelegenheit von Ernst Jüngers "Auf den Marmorklippen". In: Die deutsche Rundschau, H. 12, 1939, S. 417-419; vgl. Kerker, S. 88-106. Siehe auch die Rezensionen über Jüngers Bücher in den Deutschen Blättern, H. 7, 1944, S. 43-45; H. 10, 1943, S. 22-27 (Gärten und Straßen; Auf den Marmorklippen). Für den Rezensenten Karl O. Paetel sind beide Bücher Zeugnisse des indirekten Protestes. Vgl. ders: Ernst Jünger. Die Wandlungen des Dichters und Patrioten, New York, 1946. Kerker urteilt skeptischer.

120) Ziesel, S. 34, vgl. auch S. 104.

121) R. Volz: Die Sendung des Dichters, NSMH 1935, S. 956.

122) NSMH 1937, S. 56-57; vgl. Dr. Günther Lutz: Die Frontgemeinschaft. Das Gemeinschaftserlebnis in der Kriegsliteratur, Greifswald, 1936, sowie Hellmut Merzdorf: Schrifttumsschau, NSMH 1936, S. 286-287. S. a. R. Geissler, S. 121-129.

123) Wolf Hermann: Über Ernst Jünger und sein neues Buch. In: Bücherwurm, H. 4/5, 1939, S. 73-79.

124) K. I.: Ernst Jüngers "Gärten und Straßen". In: Eckart, H. 3, 1943, S. 71-75 (K. I. = Kurt Ihlenfeld). Vgl. auch Ernst Jünger: Myrdun. Briefe aus Norwegen. Einmalige Feldpostausgabe für die Soldaten im Bereich des Wehrmachtsbefehlhabers in Norwegen, o. O. und V., 1943.

125) Vgl. Suhrkamp 119); siehe auch Eugen Gottlieb Winkler: Ernst Jünger und das Unheil des Denkens. In: Deutsche Zeitschrift, H. 9/10, 1935, S. 335-355: Jünger kann nicht widerlegt, sondern nur überwunden werden.

126) Jüngers Widerstandshaltung scheint unschlüssig, dubios gewesen zu sein. Vielleicht wurde in seine Bücher mehr hineingedeutet, als er beabsichtigt hatte; vgl. Kerker, S. 91-106, sowie eine kritische Ablehnung Jüngers in Helmut Kaiser: Mythos, Rausch und Reaktion. Der Weg Gottfried Benns und Ernst Jüngers, Berlin (Ost), 1962; S. a. Egon Vietta: Auseinandersetzung mit Benn, In: Die Literatur, H. 2., 1934. S. 70-72.

127) Wiesner, S. 711; Rune, S. 50. Vgl. auch F. G. Jünger: Spiegel der Jahre. Erinnerungen, München, 1958; s. a. Schnell, S. 90-91; s. a. Brock-Sulzer, Elisabeth Friedrich Georg Jünger "Der Taurus". H. 6. 1938, S. 967-971, In: Maß und Wert.

128) Vgl. hierzu u. a. Deutsche-Briefe, Bd. 1, S. 160-161.

129) Vgl. die positive Rezension in: Maß und Wert", H. 6, 1938.

130) U. M. 1936, S. 243. Vgl. Heinz Ludwig Arnold (Hrs): Deutsche Literatur im Exil I, Dokumente, Frankfurt a. M., 1974, S. 93-124.

131) Karl Matthies: Nachtrag zu einem mißlungenen Versuch über Friedrich Georg Jüngers Gedichte (Der Taurus). In: Deutsches Volkstum, H. 2, 1938; siehe auch Wilhelm Schneider: Die Gedichte von Friedrich Georg Jünger. In: Zeitschrift für Deutschkunde, Nr. 10, 1940, S. 360-369.

132) Vgl. Drews-Kantorowicz, S. 197; Rune, S. 66; Loerke, S. 283-284, 345-346; Schnell, S. 40-42.

133) Karl A. Kutzbach: Literaturgeschichtsschreibung....II, NL 1935, S. 73-85 (75), 155-156. Elisabeth Langgässer wird dagegen positiv bewertet. Sie ist vor allem in den Zeitschriften und Zeitungen der "Inneren Emigration" gelobt worden (Hochland, FAZ, u. a.). Vgl. z. B. Karl Thieme (vgl. Anm. 114): Das Seufzen der Kreatur. In: Hochland, H. 3, 1935, S. 255-258. L. galt im Dritten Reich als "unerwünscht" usw.; vgl. Rune, 63-64. Sie erhielt 1936 Schreibverbot.

134) Schrifttumsschau, NSMH 1941, S. 380; Gottfried Neese: Schrifttum zur Sprach-
     erziehung, NSMH 1943, S. 390.
135) Grimm-Hermand, S. 35-36; Rune, S. 52; vgl. Ziesel, S. 100-104, 133, sowie
     Arnold, S. 245-300; Drews-Kantorowicz, S. 158, sowie J. F. G. Grosser (Hrs.):
     Die große Kontroverse. Ein Briefwechsel um Deutschland. Mit zahlreichen
     Beiträgen von Th. Mann, von Molo, Thiess, Döblin, Hesse; Hamburg, 1963.
136) Grimm-Hermand, S. 117, 134-135.
137) Adolf von Grolman: Das deutsche Volksbuch, NL 1933, S. 507-513. Vgl. hierzu
     Loewy, S. 184-185.
138) NL 1933, S. 632. Zu Molo vgl. auch Brenner, S. 39.
139) NL 1933, S. 717-718.
140) NL 1934, S. 776-777. 1933 hatte E. G. Kolbenheyer von Molos Ausschluß aus
     der Akademie der Dichtung gefordert, ohne dies zu erreichen; vgl. Brenner, S.
     71-73, 75.
141) NL 1935, S. 336-337; 1936, S. 554.
142) NL 1938, S. 130.
143) NL 1938, S. 568.
144) Dr. H. Langenbucher: Eine Schrift über Walter von Molo, NSMH 1936, S. 924-
     927; Zitat S. 924, 926, 927. Auch in anderen Zeitschriften ist Molo damals ver-
     teidigt oder unterstützt worden; vgl. u. a. Karl Rauch: Von der Aufgabe der
     literarischen Kritik. In: Das deutsche Wort, Nr. 47, 1934, S. 5 (S. 5-7); Walter
     von Molo: Kritik der Kritik, ebenda, Nr. 51, 1934, S. 4-5. Molo scheint bei der
     Schrift von Rassy aktiv mitgewirkt zu haben.
145) Merzdorf: Geschichtliche Romane, NSMH 1935, S. 373-374.
146) Walter von Molo schrieb ein neues Buch. In: Bücherkunde, Nr. 12, 1938, S. 645.
147) Vgl. 135, sowie Rune, S. 67; Thiess, S. 17-18, 225, 226, 232, 315 u. a.
148) NL 1933, S. 144.   147a) Vgl. Walter I, S. 177-189.
149) NL 1933, S. 581.
150) U. M. 1939, S. 315; vgl. hierzu Wulf: Literatur..., S. 492-493 (Thiess wurde
     verdächtigt, Jude zu sein), sowie Grimm-Hermand, S. 42-47, 135-138.
151) Thiess, S. 228-229 u. a.
152) Thiess, S. 161 (S. 49-173).
153) Thiess, S. 85-86, 133-136, 232.
154) Vgl. Ziesel, 28-29, 101-104.
155) Vgl. Drews-Kantorowicz, S. 36; Rune, S. 65.
156) Vgl. hierzu u. a. Kasimir Edschmid: Lebendiger Expressionismus. Auseinander-
     setzungen, Gestalten, Erinnerungen, München, 1961, sowie:Kasimir Edschmid.
     Ein Buch der Freunde zu seinem 60. Geburtstag, München, 1950, hrsg. von
     G. Schab mit Beiträgen von Thiess, Kutscher, Csokor, Becher u. a.
157) NL 1933, S. 631; vgl. auch Ziesel, S. 127, 134-135, 139-142.
158) NL 1936, S. 45-46.
159) NL 1936, S. 114.
160) Vgl. Rune, S. 12. Vgl. Mallmann, S. 166-178 (Führergedichte), 79-80.
161) Vgl. Geschichte..., S. 423. Vgl. auch Drews-Kantorowicz, S. 90; Rune, S. 66.
162) U. M. 1933, S. 366.
163) U. M. 1934, S. 119.
164) U. M. 1935, S. 108.
165) U. M. 1935, S. 299; siehe auch Kap. II; Friedrich Wolf.

166) U.M. 1938, S. 419; 1940, S.124. Zu der Unterhaltungsliteratur internationalen
Charakters, die im Ausland übersetzt wird, rechnet die NL außer Kästner,
Fallada und Thiess, auch Benhard Kellermann, Eduard von Keyserling und
Erich Ebermayer,U.M. 1939, S.315; vgl. auch Karl A. Kutzbach: Literatur-
geschichtsschreibung... IV, NL 1941, S. 9-15: zur Literatur der Selbstauf-
lösung und des Literatentums gehören auch Kellermann, Wassermann, die
Brüder Mann, Keyserling und Schickele.

167) NSMH 1936, S.92-94.

168) NSMH 1940, S.350 (S.340-315); Zitat S. 350.

169) Vgl. Luiselotte Enderle: Erich Kästner rm 120, S.63-80.

170) Wulf: Literatur..., S.154-156; Berglund: Deutsche..., S.67-69; Rune, S.54.

171) Vgl. u.a. Wilhelm Stapel: Hjalmar Kutzleb, NL 1941, S.240.

172) Wilhelm Frels: Die deutsche dramatische Produktion des Jahres 1932, NL 1933,
S. 390. Vgl. hierzu auch Alfred Kerr: Der Zustand im deutschen Theater. In:
Die Sammlung, H.1, 1933, S.33-35: die linken Tendenzstücke von vor 1933
hätten das Drama geschädigt und der Politik nicht genützt. Daneben habe es
vor 1933 wunderbares Theater gegeben, seit der Machtergreifung gäbe es
nichts. Vgl. auch Nationalsozialistisches Drama, ebenda, H.11, 1934, S.617-
620.

173) NL 1933, S. 199.

174) U.M. 1933, S. 236.

175) Hans-Hugo Erdmann: Forderung zum nationalen Drama, NL 1934, S.260-269.

176) u.a. U.M. 1934, S.398; 1938, S.150; Marie Joachimi-Dege: Amerika - ?,NL
1940, S.230; Will Vesper: Gespräch mit einem Ausländer über die deutsche
Dichtung der Gegenwart, NL 1942, S. 47; U.M. 1942, S.221.

177) Karl Rauch: Von der Aufgabe..., S.5.

178) U.M. 1935, S.110-111.

179) U.M. 1936, S. 243.

180) Vgl. u.a. Der Hauptmann griff zur Exekution. In: Das Wort, H.1, 1938, S.154-
156.

181) Manfred Jasser: Film und Schrifttum, NL 1938, S.231-232.

182) U.M. 1938, S.265.

183) Vgl. u.a. NL 1942 über Iphigenie in Delphi, S. 18-19.

184) NL 1939, S. 554. Vgl. auch Geschichte..., S.615-618.

185) U.M. 1939, S.49.

186) NL 1940, S.49.

187) U.M. 1942, S. 21.

188) NL 1942, S. 272.

189) Geschichte..., S.616.

190) Braumüller: Theater in Berlin, NSMH 1935, S.317; 1936, S.379.

191) Vgl. u.a. Braumüller sowie Franz Heinrich Pohl: Der Naturalismus und
unsere Zeit. In: Der deutsche Schriftsteller, H.10, 1940, S. 110-111.

192) NSMH 1935, S.916 (Hagemeyer, S.912-918); 1937, S.1083-1097 (Blome).

193) NSMH 1942, S.403-404, 816-817.

194) Dr. Gerner-Beuerle: Rückblick auf die Dichterlesungen der Berliner Kunstwochen, NSMH 1942, S. 635-638.

195) Karl Flemming: Literaturwissenschaft und rassische Betrachtungsweise. In:
Bücherkunde, H.5/6, 1942, S.138 (S.133-139), vgl. Gilman, S.37-72.

196) Vgl. u.a. Ziesel, S. 46,47,49,104,111; Dieter Lattmann (Hrs.): Kindlers Literaturgeschichte der Gegenwart, München–Zürich, 1973, S. 68, 162; Geschichte...., S. 506–507; Rune, S. 53–54; Schnell, S. 33–36.

197) Wiesner, S. 711.

198) Ernst Loewy: Literatur unterm Hakenkreuz, Fischer 1042, S. 167–168, 260–261.

199) Ziesel, S. 36.

200) Vgl. hierzu auch Alexandra C. Grisson: Bekenntnis zu Hans Carossa, Stuttgart, 1948, sowie u.a. Fr. Klatt: Hans Carossa. Seine geistige Haltung und sein Glaubensgut, Wismar, 1937; Gruß der Insel an Hans Carossa. Den 15. Dez. 1948, Leipzig, 1948 mit Beiträgen von Kippenberg, Goes, Hagelstange Hesse, Mell, R.A. Schröder; Hans Carossa: Aus dem Lebensbericht, Mai 1945. In: Deutsche Beiträge, H. 5, München 1950; Wünsche-Hale.

201) u.a. Karl A. Kutzbach: Deutsche Dichtung, Staat, Volk und Reich, NL 1933, S. 566–572; vgl. NL 1933, S. 31–32; Karl A. Kutzbach: Literaturgeschichtsschreibung unserer Zeit, NL 1934, S. 345–355; NL 1937, S. 463.

202) NL 1936, S. 691–692.

203) NL 1941, S. 249–251.

204) NL 1934, S. 61–62; 1937,S. 57–58, 434–436, 485–486.

205) NL 1937, S. 159, 429; 1939, S. 107; U.M. 1936, S. 243.

206) U.M. 1938, S. 419–420; 1940, S. 124; 1942, S. 93.

207) NL 1940, S. 44–45.

208) NL 1941, S. 307–309, Zitat S. 307; vgl. auch Thomas Mann: Briefe, 1948–1955, Frankfurt a.M.,1965, S. 204–206: Carossa scheint an Th. Mann geschrieben zu haben, daß er bei dem europäischen Schriftstellerkongreß in Weimar nicht präsidierte; siehe auch Will Vesper: Gespräch..., S. 73, sowie U.M. 1942, S. 93; 1943, S. 46. Vgl. NSMH 1942, S. 405.

209) Vgl. u.a. Hans Hagemeyer: Die sittliche und politische Forderung für das deutsche Schrifttum, NSMH 1934, S. 1103; Dr. R. Volz: Die Sendung des Dichters, NSMH 1935, S. 955; Schrifttumsschau, NSMH 1938, S. 841; 1942, S. 824, 701; 1943, S. 53, 297; 1944, S. 83.

210) Gerhard Utikal:Einsamkeit und Gemeinschaft. In: Bücherkunde, H.12, 1938, S. 691–692. Vgl. NSMH 1939, S. 89, 167, sowie Hans Carossa: Einsamkeit und Gemeinschaft. In: Bücherkunde, H.12. 1938, S. 617–621 (Vortrag auf der Tagung), (Tagungsbericht).

211) NSMH 1939, S. 855.

212) NSMH 1940, S. 818 u. a.

213) Dr. Gerner-Beuerle: Rückblick auf..., siehe auch S. 540.

214) Berlin,1928. (214a) Vgl. Mallmann, S. 90, 228, 234–235 u. a.

214a) Vgl. Mallmann, S. 90, 228, 234–235 u. a.

215) Neue Folge, Hamburg, 1929.

216) Vgl. u.a. Thomas Manns Beitrag in: Das war Binding. Ein Buch der Erinnerung, hrsg. von L.F. Barthel, Wien, 1955 mit weiteren Beiträgen von Edschmid, G. Hauptmann, Mombert.

217) Rune, S. 59; Erich Ebermayer: Denn heute gehört uns Deutschland, Wien–Hamburg, 1959, S. 542–543 u. a.

218) NL 1933, S. 340–341.

219) U.M. 1933, S. 230.

220) NL 1935, S. 39. Vgl. Ebermayer, S. 570, 632; ders.: ...und morgen die ganze Welt, Bayreuth, 1966, S. 244 (begeisterter Bericht über Goebbels als Film-

minister). Vgl. auch Joseph Wulf: Theater und Film im Dritten Reich, roro
812–814, S. 401–402.

221) U. M. 1939, S. 315.

222) NSMH 1936, S. 93. Vgl. Ebermayer über Angriffe der Nationalsozialisten u. a.
eine Anzeige von Payr (Mitarbeiter der NSMH) in: Ebermayer: ... und morgen
..., S. 381–387, 392 u. a.

223) NSMH 1940, S. 121–123.

224) NL 1933, S. 209–210. Zu Fallada vgl. u. a. Rune,S. 65.

225) NL 1934, S. 444; U. M. 1936, S. 116; vgl. auch Jürgen Manthey: Hans Fallada
rm 78, S. 104.

226) Hellmuth Langenbucher: Hans Fallada. In: Deutsches Volkstums, Jg. 16, H. 23,
S. 986–997, Zitat S. 992–993. Vgl. Mallmann, S. 278–279

227) Das Deutsche Wort vom 2. 11. 1934.

228) Vgl. u. a. Der Weg zu Blubo. In: Neue Deutsche Blätter, Nr. 1, 1934, S. 62,
siehe auch ebenda Nr. 4, S. 239–243 (Hans Koeser: Hat doch keinen Zweck);
Kurt Kersten: Kufalt und der Mann in "seinem Eignen", ebenda Nr. 1, 1934,
S. 102–103, sowie Nr. 11, S. 93; Internationale Literatur, Nr. 6, 1936, S.
144–146 sowie Werner Türk: Talent und Faschismus. In: Neue Weltbühne,
Nr. 25, 1935, 783–785; Kurt Kersten: Fallada unter den Wölfen. In: Das
Wort, H. 2, 1938, S. 135–138.

229) U. M. 1938, S. 150; 1940, S. 124–125; 1942, S. 222.

230) NL 1938, S. 74.

231) Bücherkunde, H. 1, 1938 sowie Der Buchhändler im Neuen Reich, Febr. 1938,
S. 60 u. a. Vgl. Mallmann, S. 282–283

232) Eberhard Ter-Nedden: Ein Wort über Fallada. In: Die Bücherkunde, 11. 11. 1941,
S. 236, 331, Zitat S. 329 u. 331; vgl. auch Hans Franke-Heilbronn: Der Großstadtroman. In: Bücherkunde, H. 5, 1941, S. 141 (S. 135–141).

232a) Vgl. Wiecherts scharfe Kritik im IR, siehe Mallmann, S. 280–282

233) Manthey, S. 104–130. Die Amerikaner scheinen ihn   deswegen 1945 zunächst
abgelehnt zu haben. Vgl. Hansjörg Gehring: Literatur im Dienst der Politik.
Zum Re-education-Programm der amerikanischen Militärregierung in Deutschland. In: Literaturmagazin 7: Nachkriegsliteratur, dnb 87, Reinbek, 1977,
S. 258–259.

234) Vgl. u. a. Sontheimer, S. 86, 113, 125–127; Ziesel, S. 127–128; Manfred Hausmann: Im Spiegel der Erinnerungen, Neukirchen–Vluyn, 1974; Rune, S. 49.

235) NL 1933, S. 87, 392–398; 1937, S. 98.

236) NSMH 1935, S. 532 –539.

237) Vgl. Drews-Kantorowicz, S. 194; Rune, S. 49.

238) NL 1937, S. 43–46; 1939, S. 26; 1941, S. 47; 1942, S. 18. Vgl. auch Ziesel,
S. 56, 111–112, 115, 127, 133–134.

239) Bernt von Heiseler: Tage, Gütersloh, 1954, S. 156–158, 170, 134–144 u. a.

240) NL 1938, S. 100.Ein Aufsatz nach seinerEmigration (1939), s. Mallmann,S. 243.

241) Der Buchhändler im Neuen Reich, Febr. 1938, S. 60.

242) Vgl. u. a. Rune, S. 46–47; Loewy, S. 108, 168, 261–262, 308; Ziesel, S. 46–
49, 104; Wulf: Literatur..., S. 36, 405–406; Wiesner: S. 713–714.

243) NL 1939, S. 78–80.

244) Eberhard Ter-Nedden: Weitere Anmerkungen..., S. 206–211, sowie NL 1940,
S. 301–303.

245) U. M. 1940, S. 125; Will Vesper: Gespräch:..., S. 73–76.

246) NSMH 1936, S. 95–100; 1940, S. 350; 1942, S. 823–824; 1943, S. 299.

247) Vgl. H.H. Ewers: Führer durch die moderne Literatur. Würdigung der hervor-
ragenden Schriftsteller unserer Zeit, neue vollst. durchgearb. Ausgabe, Berlin, 1921.

248) U.M. 1933, S.298-301, Zitat S.300-301; vgl. Wulf: Literatur..., S.161-166,
230. Siehe auch U.M. 1935, S.427-428, vgl. 1933, S.292-293 sowie 26).

249) NL 1933, S.211; vgl. Tucholsky, S.24.

250) Vgl. Wulf: Theater..., S.389-390.

251) U.M. 1933, S.367.

252) U.M. 1933, S.419; vgl. auch 1936, S.427. Vgl. Richard, S.250-254.

253) U.M. 1933, S.654; vgl. auch 1934, S.176.

254) U.M. 1942, S.116.

255) NSMH 1935, S.532-539, 954.

256) NL 1934, S.35-36, sowie U.M. 1934, S.176.

257) NSMH 1933, S.381.

258) NL 1934, S.444-445.

259) NSMH 1935, S.665-666. Vgl. Arnolt Bronnen gibt zu Protokoll Fft/M, 1978.

260) Peter Aley: Jugendliteratur im Dritten Reich, Hamburg, 1967, S.63.

261) U.M. 1933, S.295-296; vgl. S.51-52 (Insel-Verlag), U.M. 1934, S.244-254,
NL 1934, S. 40.

262) NL 1933, S. 330-335.

263) NL 1935, S.340; vgl. U.M. 1933, S.107, 541 (Ullstein u. Mosse) sowie 58-59.
Vgl. auch Kritik gegen u.a. Fischer in Exilzeitschriften, u.a. Der deutsche
Verleger. In: Das Neue Tagebuch, Nr. 23, 1933, S.554.

264) U.M. 1933, S.477; vgl. auch S.424, 540 (Angriffe gegen Buchhandel).

265) U.M. 1933, S.603.

266) U.M. 1933, S.301-303.

267) U.M. 1933, S.367-368.

268) U.M. 1934, S.538 (Mosse), 322, 398, 474, 538 (Ullstein, vgl. NSMH 1933,
S.151), 393; 1935, S.110-111, 297; 1938, S.151; 1939, S.43 (S.Fischer, vgl.
NSMH 1937, S.54-55).

269) Vgl. u.a. Stefan Pollatschek: Ein deutscher Bücherzettel (über die Gleichschal-
tung von Knaur und Ullstein). In: Neue Weltbühne, Nr.16, 1933, S.242-250;
Heinz Pol: Ullstein-Nekrolog. In: Neue Weltbühne, Nr.25, 1934, S.768-773.
Siehe auch Hermann Ullstein: The Rise and Fall of the House Ullstein, New
York, 1943 sowie die Rezension in: Deutsche Blätter, H.7, 1943, S. 32
(Ullstein = Beispiel für deutsche Appeaser).

270) U.M. 1934, S. 322.

271) U.M. 1935, S.426, siehe auch NSMH 1933, S.90-91, 283-285 (gegen Literaten,
die umfangreiche Bücher über die Geschichte der NS-Revolution verzapfen und
den NS verkitschen); 1934, S.68-69, 277-279, 859-861, 1105-1106; 1935, S.
276-277 (über die rein äußerliche Anpassung), 846-847 (verkitscher Blubo);
1936, S.93 (Verbote von Büchern mit falscher Darstellung des NS).

272) U.M. 1935, S.297.

273) U.M. 1934, S. 537.

274) U.M. 1942, S.117-119; Zitat S.119.

275) U.M. 1934, S.119, 399.

276) U.M. 1933, S.50-51; 1938, S.264.

277) U.M. 1933, S.161-162.

278) Adolf von Grolman: Das deutsche Volksbuch, NL 1933, S.507-513.

279) U.M. 1935, S. 625-628, 687; 1938, S. 44-45; vgl. auch über Pornographie
U.M. 1939, S. 105-106, siehe auch NSMH 1935, S. 952 (Courths-Mahler ist
die meist übersetzte deutsche Autorin).

280) U.M. 1941, S. 161-162.

281) U.M. 1943, S. 18-25.

282) NSMH 1934, S. 1102; Fritz Helke: Schluß mit dem Kitsch, NSMH 1935, S. 1034-
1036; ders.: Neue Wege zum Jugendbuch, NMSH 1936, S. 1012-1016.

283) Vgl. u.a. Johannes Beer: Was liest die Jugend wirklich? In: Der Buchhändler
im Neuen Reich, Jg. 3, H. 3, 1938, S. 21-24; Charlotte Koeberle-Schönfeld:
Süssholz. In: Der deutsche Schriftsteller, H. 11, 1938, S. 249 (über ver-
kitschte Frauenromane siehe auch Aley).

284) Vgl. hierzu und zum Folgenden U.M. 1933, S. 229-230, 292, 485-486, 540-
542.

285) Das deutsche Wort, Nr. 47, 1934, S. 5-7, Nr. 50, S. 1-4, Nr. 51, S. 4-6.

286) Vgl. u.a. Rolf Rienhardt: Das Kernproblem. Muß Presse sein? In: Der
deutsche Schriftsteller, H. 9, 1938, S. 206-209, H. 10, S. 230-231, H. 11,
S. 249-252; Hildegard Zimmermann: Untersuchungen zur Literaturkritik in der
Tagespresse, Heidelberg, 1935; Heinz Kindermann (Hrs.): Des deutschen
Dichters Sendung in der Gegenwart, Leipzig, 1933; Wilhelm Baur: Das Buch
ein Schwert des Geistes. 1. Grundliste für den deutschen Leihbuchhandel,
Leipzig, 1940 (insb. Vorwort); Hans Hagemeyer: Der neue Mensch. Neue Aufgaben des Schrifttums und Mittlertums. In: Börsenblatt des deutschen Buch-
handels, 101. Jg., Nr. 15; Hellmuth Langenbucher: Volkhafte Dichtung der
Zeit, Berlin, 1940; siehe auch Strothmann sowie Kurt Hass: Literaturkritik
im Dritten Reich. In: Frankfurter Hefte, Nr. 29, 1974, S. 52-60; Mallmann, 24-40.

287) Vgl. hierzu u.a. Ernst Bloch: Neue Sklavenmoral der Zeitung. In: Die Sammlung, H. 5, 1935, S. 263-267; Bruno Frei: Braune Presse. In: Das Wort, H. 1
1938, S. 86-91; Ein Vorkämpfer für das Verbot der Kritik, In: Das Wort, H. 2,
1937, S. 98-99.

288) U.M. 1933, S. 476-477, siehe auch Boveri, S. 245-621.

289) Vgl. u.a. NL 1935, S. 452 (Anm.); siehe auch NSMH 1933, S. 150-151; U.M.,
1939, S. 264; siehe auch Krejci; Weber; Werner Link: Die wirtschaftspolitischen Leitartikel in der "Sonntagszeitung" 1933 bis Anfang 1937. Ein Beispiel
publizistischer Opposition im Dritten Reich. In: Publizistik, H. 8, 1963, S. 147-
152; Karl Dietrich Abel: Presselenkung im NS-Staat. Ein Studie zur Geschichte
der Publizistik in der nationalsozialistischen Zeit, Berlin, 1968; Henning
Storek: Dirigierte Öffentlichkeit, Opladen, 1972. Vgl. auch die Untersuchung
einer NS-Zeitschrift: Erika Martens: Zum Beispiel "Das Reich", Deutsche
Wochenzeitung. Zur Phänomelogie der Presse im totalitären Regime, Kiel,
1972. Freie Mitarbeiter dieser von Goebbels gegründeten Zeitschrift waren
u.a. auch NS-Gegner und Nichtnationalsozialisten wie Theodor Heuss, Elly
Heuss-Knapp, Manfred Hausmann, Albrecht Goes, Adam Kuckhoff, um nur
einige zu nennen.

290) Vgl. u.a. NL 1934, S. 241; U.M. 1935, S. 560-561; 1937, S. 372. Vor der
"Schutzfärbung" warnen auch die NSMH 1934, S. 859-861 u.a.

291) Vgl. u.a. U.M. 1936; S. 56, 605-606; 1938, S. 658-659; 1939, S. 155-157; 1933,
S. 417; siehe auch NSMH 1934, S. 279, 525.

292) NL 1934, S. 405. Zu E. Welk vgl. Geschichte..., S. 422

293) U.M. 1933, S. 52.

294) U.M. 1933 S. 52; 1934, S. 53 Vgl. "oppositionelle Artikel" wie u.a. Fred
Höntzsch: Gericht und Gnade in der Dichtung Franz Kafkas, Hochland, 1934,
H. 8, S. 160-167; vgl. Konrad Ackermann: Der Widerstand der Monatschrift
Hochland gegen den Nationalsozialismus, München, 1965.

295) Vgl. u.a. Matthes Ziegler: Bedenkliche Theologie, NSMH 1935, S. 177-181;
M. Z.: Eigenartiger Sekundantendienst, NSMH 1935, S. 181; Aus der Arbeit
der katholischen Aktion, NSMH 1935, S. 276-281. Vgl. auch Ludwig Deyerling: Die Wühlarbeit der konfessionellen Zeitschriften. In: Der Weltkampf,
Sept. 1936, S. 385-399, sowie NSMH 1937, S. 925-928.

296) Vgl. u.a. die Angriffe in den NSMH auf die "Neue deutsche Rundschau",
1935, S. 666-667, 764.

297) U.M. 1934, S. 116, 118, 206-210, 246-247; 1935, S. 46-47; 1936, S. 119.

298) Ronald Loesch: "Was erwarten wir von der kommenden Dichtung?" NL 1934,
S. 431-437, vgl. Wulf: Literatur..., S. 154, 197. Siehe auch die Kritik in
den NSMH am Bluboroman. 1937, S. 371. Billinger, in den NSMH gelobt,
wird in der NL kritisiert, NL 1935, S. 472-473; zu Billinger vgl. Rune, S. 48.

299) Vgl. Brenner, S. 22-23, 109-121.

300) Vgl. hierzu u.a. den Streit um Meister Eckart, NL 1935, S. 125-143; U.M.
U.M. 1935, S. 358-360; NSMH 1934, S. 129-147, 814-816; 1935, S. 471-472;
den Streit um Wilhelm Stapel, der insb. in SS-Zeitschriften angegriffen
wurde, NSMH 1937, S. 410-417; Ziesel, 28; Angriffe der HJ gegen Vesper,
U.M. 1935, S. 358-360, 363-365, 427-430, 425 usw.

301) Vgl. Schmidt: Anmerkungen...; Ter-Nedden: Weitere Anmerkungen...;
sowie U.M. 1941, S. 55-56. Siehe auch Günther Stöve: Über die geschichtliche Dichtung. In: Bücherkunde, H. 6, 1940, S. 147-150 (Verteidigung der
historischen Dichtung gegen allzu stürmische Forderungen nach aktuellen
Themen); Rolf Denecke: Grenzen und Freiheit der historischen Dichtung,
ebenda, S. 154-158; Friedrich Rostovsky: Zum historischen Roman. In:
Monatsschrift f. d. deutsche Geistesleben, H. 2, 1941, S. 56-58; Hans Heyck:
Zum geschichtlichen Roman. In: Deutsches Volkstum, H. 11, 1937, S. 794-
798; Hans Hermann Wilhelm: Soll der Dichter aus der Zeit fliehen? In: Der
deutsche Schriftsteller, N. 10, 1940, S. 109-110. Zu den historischen Roma-
nen im Sinne der NL vgl. NL 1935, S. 21-29. Siehe auch Richard Möbius:
"Mehr Mut zur Gegenwart". In: Das deutsche Wort, H. 2, 1937, S. 65-70. Vgl.
U.M. 1937, S. 313-314, 502-503.

302) NSMH 1935, S. 373-374.

303) Vgl. u.a. Josef Scherl: Der historische Roman im Geschichtsunterricht. In:
Die Scholle, H. 4, 1936, S. 214-249.

304) Vgl. u.a. U.M. 1937, S. 155-157.

305) NL 1935, S. 577-593.

306) U.M. 1935, S. 625.

307) Hellmut Merzdorf: Irrungen der modernen Geschichtsschreibung, NSMH
1935, S. 281-282. Zu Oncken vgl. Bollmus, S. 77-78; siehe auch Deutsche
Briefe, Bd. 1, S. 214-215, 443-444, zu Meinecke, S. 607-608, 645-649; vgl.
auch Helmut Heiber: Walter Frank und sein Reichsinstitut für Geschichte des
neuen Deutschlands, Stuttgart, 1966; zu Meineckes eigentlich unpolitischer
Haltung vgl. auch Gehring, S. 82-83.

308) Vgl. u.a. Hitler-Bekenntnis der Professoren an den deutschen Universitäten

und Hochschulen zu Adolf Hitler und dem nationalsozialistischen Staat. Überreicht vom NS-Lehrerbund/Sachsen. Liste der Zustimmungserklärungen (ca. 1000 Namen) um 1934, enthält Reden von Heidegger, W. Pinder, E. Hirsch, Sauerbruch, Naumann.

309) Dr. Hans Maier: Verfälschung deutscher Geschichte, NSMH 1935, S. 465-470; Zitat S. 468.

310) Vgl. hierzu Karl Ferdinand Werner: Das NS-Geschichtsbild und die deutsche Geschichtswissenschaft, Stuttgart, 1967, S. 48-49, 56-59; Bollmus, S. 153-235. Vgl. Heinrich Dannenbauer: Grundlagen der mittelalterlichen Welt, Stuttgart, 1958, S. 28-43. Zur "Germanenschwärmerei"vgl. u. a. Gralsmotive um die Jahrhundertwende. In: Jost Hermand: Von Mainz nach Weimar 1793-1919, Stuttgart, 1969, S. 269-297 sowie Will Vesper: Parzival, München, 1911.

311) Gustav Kossinna: Die deutsche Vorgeschichte eine hervorragende nationale Wissenschaft, 2. stark erw. Aufl., Würzburg, 1914.

312) Hans Maier: "Karl der Grosse oder Charlemagne", NSMH 1935, S. 540-541. Vgl. hierzu einen Artikel mit ähnlicher Tendenz "Sachsenbekehrung in neuer Beleuchtung", NSMH 1936, S. 745-746, siehe hierzu Werner, S. 74-78 (Die Kritik an den NS-Auffassungen wurde mit Zugeständnissen erkauft).

313) Vgl. Henry Picker: Hitlers Tischgespräche, dtv 524, S. 70, 101.

314) Vgl. u. a. Jennrich-Krause-Viernow: Geschichte für Mittelschulen, 1938, S. 92-101. Auch in der Exilpresse ist dieser Streit beachtet worden, vgl. u. a. Wolf Franck: Acht Professoren für Karl den Europäer. In: Das Neue Tagebuch, Nr. 20, 1935, S. 476-477 (wo Franck die Bedeutung der Opposition anerkennt, auch wenn er zugesteht, daß NS-Abirrungen nicht immer Tarnungen sind). Vgl. Bollmus, S. 195-196.

315) Vgl. u. a. Frankfurter Zeitung vom 4. 2. 1935; Deutsche Briefe, Bd. 1, S. 196-198, 221-222, 232-233, 272-273. Vgl. auch H. D. Schmidt: Widukind. Ein Vortrag, Göttingen, 1935.

316) J. B.: Eigenartige Exkursion, NSMH 1935, S. 653-654; "Römisches, allzu Römisches". Zu den Ausgrabungen bei Xanten, NSMH 1935, S. 939-940; vgl. Bollmus, S. 191-199. Siehe auch die Artikel im VB vom 10. 10 und 22. 4. 1935.

317) Dr. L.: Die Weltanschauung der Neuzeit. Zum Buche von Hans Hofer, NSMH 1935, S. 932-939; Zitat S. 938. Die beiden Kirchen sind in den NSMH in jedem Heft unter der Rubrik "Zur weltanschaulichen Lage" von Karl Rosenfelder angegriffen worden. In diesen Artikeln wurde u. a. das religiöse und weltanschauliche Schrifttum der beiden Kirchen in ähnlicher Weise wie in diesem Artikel von Dr. L. bewacht. Vgl. u. a. Wilhelm Brachmann: Alfred Rosenberg und seine Gegner (gegen protestantische Gegner), NSMH 1938, S. 2-16; Karl Rosenfelder: Romkirchliche Einkreisungspolitik, ebenda, S. 17-32; Matthes Ziegler: Wo standen die Kirchen?, ebenda, S. 979-987 (die Kirchen wären dem NS während der Krise feindlich gesinnt gewesen) u. a. Siehe auch Deyerling. Vgl. Bollmus, S. 113-119, sowie Faulhaber: Juden..., siehe auch u. a. die NS-Schrift: Juden in Deutschland, hrsg. vom Institut zum Studium der Judenfrage, München, 1935.

318) Prof. Dr. Alfred Baeumler: Liberalismus in Unordnung, NSMH 1935, S. 1024-1026.

319) Dr. Karl Ruprecht: Nationalsozialistische und liberale Volkskunde, NSMH 1937, S. 632-634; vgl. hierzu Krieck. Zu Krieck siehe Werner, S. 33-34; zu Naumann Werner, S. 76.

320) Dr. Herbert Grabe: Zwischen völkischer und konfessioneller Geschichtsbetrachtung, NSMH 1937, S. 827-834.

321) Edmund Weber: Ein bedauerlicher Mißgriff, NSMH 1943, S. 416-422. Vgl.
auch Wilhelm Brachmann: Glaube und Geschichte, NSMH 1944, S. 102-111;
zu Haller vgl. Werner, S. 24-25, 53, 56, 59-60, 71-73.

322) Vgl. Werner, S. 41-69.

323) Werner, S. 70-108. Vgl. hierzu auch für die Germanistik u. a. als Beispiel
Lutz Mackensen: Sprache und Rasse, NSMH 1935, S. 306-315. Vgl. u. a. auch
Ernst Nolte: Zur Typologie des Verhaltens der Hochschullehrer im Dritten
Reich. In: Aus Politik und Zeitgeschichte, Beilage zur Wochenzeitschrift
"Das Parlament", 7. 11. 1965, S. 3-14; Wendula Dahle: Der Einsatz einer
Wissenschaft. Eine sprachliche Analyse militärischer Terminologie in der
Germanistik 1933-1945, Bonn, 1969; Hellmut Seier: Niveaukritik und partielle
Opposition. Zur Lage an den deutschen Hochschulen 1939/40. In: Paul Kluke
zum 60. Geburtstag, Frankfurt a. M. , 1968.

324) Vgl. u. a. U. M. 1933, S. 360-362, 367; 1935, S. 763-764; NSMH 1933, S. 88-
89; 1936, S. 988-997; 1937,S. 386-397, 928-929 u. a. Vgl. auch:Die deutsche
Universität im Dritten Reich, München, 1966; Hans Peter Bleuel-Ernst
Klinnert: Deutsche Studenten auf dem Weg ins Dritte Reich, Gütersloh, 1967;
Hans Peter Bleuel: Deutschlands Bekenner, München, 1968. Vgl. hierzu auch
Artikel in der Exilpresse, wo diese Fakten anerkannt werden;u. a. A. M. Wag-
ner: Die deutsche Universität und die deutsche Germanistik. In: Maß und Wert,
H. 2, 1938, S. 242-250; Friedrich Burschell: Die Professoren. In: Neue Welt-
bühne, Nr. 31, 1935, S. 969-970; Ernst Bloch: Forscher und Betrüger. In:
Neue Weltbühne, Nr. 40, S. 1250-1255.

325) Bollmus, S. 153-221; vgl. Michael Kater: Ahnenerbe der SS 1935-1945. Ein
Beitrag zur Kulturpolitik des Dritten Reiches, Stuttgart, 1974.

326) U. M. 1933, S. 106-108.

327) U. M. 1933, S. 231-233.

328) U. M. 1933, S. 296-297. Vgl. hierzu Wulf: Theater..., S. 289-336.

329) U. M. 1934, S. 476.

330) U. M. 1935, S. 300-301. Zum NS-Jugendfilm vgl. Wulf: Theater..., S. 399-403.
Vgl. auch T. Findahl: Traumland Hollywood im Tageslicht. Eindrücke, München,
1940.

331) U. M. 1936, S. 547-552; 1937, S. 427-428. Vgl. auch Martin Möbius: Über die
Grenzen von Film und Dichtung, NL 1938, S. 179-184.

332) Manfred Jasser: Film und Schrifttum, NL 1938, S. 230-231. Vgl. auch Hor-
wath Walden: Der letzte Haupt-Mann (über den Film). In: Das Wort, H. 7,
1938, S. 155.

333) U. M. 1938, S. 212-213, 474-477; vgl. auch August Hinrich: Dichter und Film.
In: Der deutsche Schriftsteller, Mai, 1938;über den politischen Film der
Nazis vgl. u. a. Wulf: Theater..., S. 337-403, 441-467.

334) U. M. 1938, S. 213-214, 586-589; 1939, S. 48-50; 1940, S. 174-175; 1941,
S. 29-31, 85-86; 1942, S. 44-46. Zu den genannten Film vgl. Wulf: Theater...,
S. 36-64, 373, 412-413. Zum Schillerfilm vgl. die lobende Kritik in u. a.
Monatsschrift f. d. Geistesleben, Nr. 2, 1941, S. 58-60. Vgl. hierzu auch die
ähnlichen "Klagen" (wie bei Frels) in der Exilpresse u. a. H. Berliner: Brau-
ner Film. In: Neue Weltbühne, Nr. 25, 1933, S. 790-793; Hans Richter: Die
Entwicklung des politischen Films I. u. II. In: Deutsche Blätter, H. 1 u. 2,

- 153 -

1944, S. 21-24, 17-20; Günter Dallmann: Kunstpolitik als Mißverständnis.
In: Die Sammlung, H. 9, 1934, S. 501-503 (das Volk liebt harmlose Filme).

335) Dr. Alexander Jason: Der jüdische Einfluß auf die Filmproduktion, NSMH 1935,
S. 629-638; ders.: Weltanschauung und Film, NSMH 1935, S. 887-901; vgl.
Filmschau, NSMH 1935, S. 759-760, 1141-1143; vgl. NSMH 1936, S. 85-87,
1145-1147; zum Film Petersen und Bendel vgl. Dorothea Hollstein: Anti-
semitische Filmpropaganda. Die Darstellung des Juden im NS-Film, München-
Pullach-Berlin, 1971, S. 38-42.

336) Dr. Werner Rabeler: Volksdarstellung und Umweltwiedergabe im Film, NSMH
1936, S. 740-745.

337) Rudolf Keudel: Filmschau, NSMH 1939, S. 279-280; ders.: Film und Wirklichkeit, NSMH 1939, S. 552-555.

338) Wilhelm Schauck: Das Filmschaffen in drei Monaten, NSMH 1940, S. 51-52;
ders.: Drei Filme mit guten Prädikaten, NSMH 1940, S. 121-123; ders.: Das
Zeitgeschehen bestimmt den deutschen Film, NSMH 1940, S. 501-502; Rudolf
Keudel: Juden im Film, NSMH 1940, S. 718-719. Zu "Rothschilds" und "Jud
Süss" vgl. Wulf: Theater..., S. 441-459; Hollstein, S. 62-117; Francis
Courtade-Pierre Cadars: Geschichte des Films im Dritten Reich, München,
1976.

339) Rudolf Keudel: Das Genie als Filmgestalt, NSMH 1941, S. 79-80; Karl-Heinz
Rüdiger: Ohm Krüger, NSMH 1941, S. 547-549; Dr. Eberhard Achterberg:
Ich Klage an, NSMH 1941, S. 868-869; vgl. Wulf: Theater..., S. 392-394;
Dr. Nausikaa Fischer: Film der Nation (Der große König), NSMH 1942, S.
251-252; Gustav Fochler-Hauke: Deutsche Sprache und deutsches Schrifttum,
NSMH 1941, S. 749-750 (über die Propagandawirkung des deutschen Films in
Europa); vgl. Hollstein, S. 117-154 u. a.; Gerd Albrecht: Nationalsozialistische
Filmpolitik. Eine soziologische Untersuchung über die Spielfilme im Dritten
Reich, Stuttgart, 1969; Erwin Leiser: "Deutschland erwache!", Propaganda
im Film des Dritten Reichs, Reinbek, 1968; Wolfgang Becker: Film und Herr-
schaft, Berlin, 1973.

340) Filmschau, NSMH 1941, S. 1019-1021; 1942, S. 55-56, 559, 560; Dr. Kurt
Wortig: Der zerbrochene Krug, NSMH 1942, S. 614-619; Filmschau, NSMH
1943, S. 183-184 (Kritik an einem Unterhaltungsfilm, weil er "unserer" Idee
über die Frau nicht entspricht).

341) Dr. Nausikaa Fischer: Münchhausen, NSMH 1943, S. 294-295; vgl. oben
Kästner. Auch Kästner wurde in der Exilpresse angegriffen, weil er in den
Unterhaltungsroman statt ins Ausland floh. Vgl. u. a. Klaus Mann: Erich
Kästner. In: Das Neue Tagebuch, Nr. 41, 1934, S. 98.

342) Friedrich Hedler: Ewigkeitstheater und Konjunkturbühne, NL 1933, S. 177-188.
Zur Gleichschaltung und "Entjudung" des deutschen Theaters vgl. auch Collec-
tion Marta Mierendorff Catalogue: German Language Theater in Exile, Hollywood 1933-1950, 1974, S. 2, 3, 46-48; vgl. Wulf: Theater..., S. 17-85.

343) U.M. 1933, S. 364-365.

344) Friedrich Hedler: Das deutsche Nationaltheater, NL 1933, S. 553-566.

345) Wilhelm Frels: Die deutsche dramatische Produktion 1933/34/35, NL 1934,
S. 355-361; 1935, S. 325-332; 1936, S. 336-343. Das gilt nach Frels auch noch
1938, siehe NL 1939, S. 293-298. Vgl. ähnliche Feststellungen in der Exilpresse u. a. Willy Helm: Theater braun und leer. In: Neue Deutsche Blätter,

Nr. 8, 1934, S. 507-508; Berliner Theaterchronik von 1933/34. In: Internationale Literatur, Nr. 3, 1934, S. 91-93.

346) Wolf Braumüller : Die dramatische Produktion der Gegenwart, NL 1934, S. 437-439; vgl. Stang, NSMH 1939, S. 508-516.

347) Wilhelm Frels: Ziffern siegen im Dramenwettkampf, NL 1937, S. 613-616; vgl. auch U. M. 1937, S. 588-589; U. M. 1938, S. 44-45.

348) U. M. 1938, S. 212.

349) Vgl. u. a. Brief aus Berlin. In: Das Wort, H. 6, 1937, S. 108-109 sowie u. a. Hermann Lepel: Ausklang der deutschen Theaterspielzeit 1933/34. In: Baseler Nationalzeitung vom 2. 7. 1934 (nach Lepel wagt man Schillers "Don Carlos" nicht mehr aufzuführen, im übrigen sei das Theater ein kulturelles Vollzugsorgan des Staates geworden). Vgl. auch Bruno Frei: Staatsfeind Schiller. In: Neue Weltbühne Nr. 31, 1938, S. 979-981.

350) U. M. 1938, S. 420-425; vgl. auch Wilhelm Frels: Die deutsche dramatische Produktion 1940, NL 1941, S. 147-151; sowie Arthur Luther: Die deutsche dramatische Produktion 1941, NL 1942, S. 126-130.

351) U. M. 1939, S. 469-470. Vgl. eine ähnliche Feststellung bei Friedrich Wolf: Die Dramatik des deutschen Faschismus. In: Internationale Literatur, Nr. 8, 1936, S. 136-142; vgl. Ketelsen.

352) Frels: Die deutsche..., 1939, NL 1940, S. 185-187.

353) NL 1940, S. 215-216; U. M. 1940, S. 285-287. Vgl. hierzu Elisabeth Frenzel: Judengestalten auf der deutschen Bühne, München, 1940; siehe auch Hedda Lenbach: Artgemäße und artfremde Kunstauffassung an der deutschen Bühne, NSMH 1933, S. 461-465, wo ebenfalls die "Verjudung" des Theaters angegriffen wird.

354) Vgl. u. a. Matthes Ziegler: Der getarnte Theaterjude, NSMH 1933, S. 522-525.

355) Wolf Braumüller : Theater in Berlin, NSMH 1935, S. 478-480.

356) ders.: Theater in Berlin, NSMH 1935, S. 1148-1149. Siehe zum Folgenden ders.: Theater in Berlin, NSMH 1936, S. 82-85, 183-184. Vgl. auch R. A. Schulze: Sein oder Können, NSMH 1936, S. 394, S. 394-401 (über nordische Schauspielkunst - vor 1933 zurückgedrängt - und Gestaltung echten Führertums auf der Bühne); Dr. Marga Wadsack: Professor Adolf Bartels, ein Vorkämpfer gegen das Judentum, NSMH 1942, S. 702 (über die Vorherrschaft des jüdischen Elements im Theaterwesen).

357) Karl Künkler: Probleme des Dramas und Theaters, NSMH 1943, S. 197-207, insb. S. 202-205.

358) ders.: Die deutsche Dramatik der Gegenwart, NSMH 1944, S. 14-23; Zitat S. 20.

359) NL 1934, S. 315-316 (scharfe Kritik der Hanns Sassmann-Operette: Maria Theresia und Friedrich II.); Joseph Papesch: Die Wiener Operette, NL 1935, S. 390-396; U. M. 1935, S. 107-108; 1939, S. 372-374; Dr. Herbert Gerigk: Die leichte Muse und der Rassegedanke, NSMH 1936, S. 66-68; vgl. auch Klagen in der NL über vertonte Judenlyrik u. a. U. M. 1940, S. 77-79; siehe auch Hermann Killer: Gestaltungsfragen der zeitgenössischen Oper, NSMH 1943, S. 208-219. U. a. wurde auch Walter Kollo von den NSMH wegen seiner "entarteten Niggermusik" angegriffen (1933, S. 523). Vgl. auch Wulf: Musik im Dritten Reich, roro, 818-820. Der "Nigger-Jazz" wurde im Okt. 1935 verboten, vgl. VB vom 13. 10. 1935 (Verbot des Nigger-Jazz).

360) Dr. Herbert Gerigk: Deutsches Musikleben, NSMH 1936, S. 949-951.
361) Musikumschau, NSMH 1939, S. 278. Zum NS-Standpunkt vgl. u. a. Peter
Raabe: Die Musik im Dritten Reich. Kulturpolitische Reden und Aufsätze,
26-30. Aufl., Regensburg, 1935; u. a. mit Angriffen auf Schlager, Filmkitsch,
Revueoperettenschund, Starkult usw. Raabe war Präsident der Reichsmusik-
kammer. Vgl. auch Zeitschrift für Musik. Monatsschrift für die geistige Erneuerung der deutschen Musik, Gustav Bosse Verlag, Regensburg, ab Jg. 1933.
362) U. M. 1934, S. 471; vgl. hierzu auch U. M. 1935, S. 235; 1934, S. 660. (über
Texte von Hofmannsthal).
363) Vgl. U. M. 1939, S. 374.
364) Dr. Herbert Gerigk: Musikpolitische Umschau, NSMH 1939, S. 87-88.
365) Vgl. u. a. Richard Strauss hat Sorgen. In: Neue Weltbühne, Nr. 18, 1933,
S. 561; Arion: Richard Strauss. In: Neue Weltbühne, Nr. 30, 1935, S. 941-943.
Vgl. auch Bollmus, S. 75-77.
366) U. M. 1933, S. 294-295, Zitat S. 294; 1935, S. 48-49, 237-238.
367) Vgl. u. a. Der Fall Hindemith. In: Neue Deutsche Blätter, Nr. 4, 1934, S. 91-
93; Arion: Musik im Dritten Reich. In: Neue Weltbühne, Nr. 50, 1934, S. 1572-
1575; Furtwängler tritt zurück. In: Neuer Vorwärts vom 29. 1. 1934 (der Rück-
tritt sei eine Folge der Hindemith-Hetze, vom Publikum würde Furtwängler
bei jedem Auftreten gefeiert wie noch nie usw.).
368) Dr. Herbert Gerigk: Berliner Musikleben, NSMH 1936, S. 379-380. Vgl.
Wulf: Musik.
369) Vgl. u. a. Hans Dieter Schäfer: Zur Periodisierung der deutschen Literatur
seit 1930. In: Literaturmagazin 7, S. 108; Frank Trommler: Nachkriegsliteratur - eine deutsche Literatur? ebenda, S. 168.

IV. Der Kampf der NL für eine "planvolle Lenkung des Übersetzungswesens"

Charlotte Bauschinger hat in ihren Aufsätzen "Das deutsche Buch in fremden
Sprachen"[1] feststellen müssen, daß das Schrifttum der nicht arischen und emigrierten Autoren einen sehr breiten Raum in der Übersetzungstätigkeit des Auslandes einnahm (vgl. Kap. II). Außerdem wurden immer weniger Bücher aus dem
Deutschen übersetzt. Die volkhafte deutsche Dichtung beachtete man im Ausland
wenig. Sie fordert daher wie Will Vesper, das volksfremde, aber angeblich deutsche Geistesgut zu kennzeichnen.[2] Sie verlangt, daß die kulturpolitische Arbeit
des Reiches in dieser Hinsicht aufklärend wirken müsse. Notwendig sei daher eine
planvolle Lenkung des Übersetzungswesens nicht nur im Reich, sondern auch in
anderen Ländern. Eine solche Lenkung könne u. a. durch Kulturabkommen erreicht
werden,[3] was man auch suchte.[4] Sie weist auch auf Will Vespers Kritik am deutschen Übersetzungswesen hin und ist mit ihm der Meinung, daß deutsche Verleger
"das fremde Buch" allzu wahllos und kritiklos fördern. Ihrer Ansicht nach dürfe
nur das völkische Schrifttum anderer Völker von Interesse sein. Vesper verlangt
außerdem noch (s. u.), daß von den "völkischen Dichtern" nur solche übersetzt und
verkauft werden dürften, die dem neuen deutschen Reich wohlwollend gegenüber
stehen. Er klagt, wie viele seiner Gesinnungsgenossen, über eine Überfremdung
der deutschen Literatur und fordert wiederholt einen "Devisenkommissar" für die
Einfuhr von Geistesgütern".[5]

Bauschinger beweist zwar durch ihre Aufsätze, daß "dieses Schlagwort von der
Überfremdung der deutschen Literatur" übertrieben ist, denn die Übersetzungs-
bilanz für das deutsche Schrifttum sei im ganzen gesehen aktiv. Sie muß aber feststellen, daß unter den übersetzten deutschen Werken, die "wesenhafte deutsche
Literatur" überall eine ganz kleine Rolle spielt, sogar in den mit dem Dritten Reich
befreundeten Staaten. Außerdem werden Sachbücher mehr übersetzt als schön-
literarische Werke.

In Zahlen (die Ziffern für das schöngeistige Schrifttum stehen in Klammern) sieht
(nach Bauschinger) die Übersetzungstätigkeit der deutschen Verlage für die Zeit
von 1935 bis 1938 ungefähr so aus:

Übersetzt wurden aus

dem Englischen 1140 (751),[6] überwiegend leichtes Unterhaltungsschrifttum,

den drei skandinavischen Sprachen 287, fast ausschließlich Schöne Literatur,

dem Französischen 399 (180),

dem Niederländischen (holl. u. fläm.) 97, fast nur Schöne Literatur,

dem Italienischen 115, im wesentlichen belletristische und historisch-politische
   Werke, sowie religiöses Schrifttum,

dem Finnischen 16, fast nur Schöne Literatur,

dem Spanischen 16 (1935:5 Romane),

dem Polnischen 19, überwiegend polnische Gegenwartsliteratur (Romane),

dem Russischen 71, überwiegend ältere russische Literatur wie Werke von Tolstoi
   oder Werke russischer Emigranten wie Bunin,

dem Ungarischen 46, überwiegend schöngeistige Literatur, vor allem Romanschrift-
   steller der Gegenwart,

dem Rumänischen 4, u.a. Gedichte von Mihail Eminescu,

dem Bulgarischen 1,

dem Neugriechischen 3,

den südslawischen Sprachen 3,

dem Türkischen 1,

dem Tschechischen 4, darunter Gedichte von J. Vrchtiký, in österreichischen und
   sudetendeutschen Verlagen wurden außerdem 29 Werke übersetzt,

dem Chinesischen 19 (8)

Werke.

Bei den aus dem Englischen übersetzten Romanen, vor allem den Kriminal-, Detek-

tiv- und Abenteuerromanen soll es sich vor allem um das schon in den 20er Jahren

viel verkaufte wertlose Unterhaltungsschrifttum gehandelt haben. Die Literatur

der skandinavischen Länder, Finnlands, Islands und die niederländische Literatur,

die ins Deutsche übersetzt wurde, war dagegen überwiegend "volkhafte Dichtung".

Besonders große Auflagen erzielten Bücher von Knut Hamsun und Trygve Gulbrans-

sen. Der letztere gehörte 1942 nach Angaben der deutschen Büchereien mit seinen

Romanen "Und ewig singen die Wälder" und "Das Erbe von Björndal" zu den meist-

gelesenen Schriftstellern.[7] Auch finnische Autoren scheinen hohe Auflagen erzielt

zu haben. Bauschinger nennt u.a. den Roman "Marku und sein Knecht" von Unto

Seppänen, der in einem Jahr vier Auflagen erreichte. Andere beliebte Autoren
waren F.E. Sillanpää (Silja, die Magd, Eines Mannes Weg, Menschen in der Sommer-
nacht), Alexis Kiwi (Sieben Brüder). Aino Kallas (Sankt Thomasnacht), J. Linnan-
koski (Die glutrote Blume), Maila Talvio, U. Karhumäki (Yrjö, der Läufer), Mirka
Waltari (Ein Fremdling kam auf den Hof). Es gab damals im Dritten Reich eine
"nordische Konjunktur". Auch schwedische Romane (u.a. von Heidenstam) und
isländische (u.a. von Gunnar Gunnarsson) erzielten hohe Auflagen. Gunnarsson
und Heidenstam sind wie Hamsun und Hedin im Dritten Reich viel verlegt und viel
verehrt worden. Bauschinger klagt jedoch darüber, daß in Island kein einziges
wertvolles deutsches Buch übersetzt wurde, obwohl man in Deutschland der isländischen Epik von u.a. Gunnar Gunnarsson, E.H. Kvaran, Gudmundur Kamban, Halldor Laxness, Kristman Gudmundsson große Beachtung schenke und als Vermittler
und Betreuer der vielversprechenden jungen isländischen Prosadichtung wirke.[8]
Vesper weist (s.u.) wiederholt daraufhin, daß gerade nordische Schriftsteller,
die im Dritten Reich verlegt und gefördert werden, dieses Reich angreifen und
bekämpfen.

Bei den holländischen und flämischen Autoren, deren Werke übersetzt wurden,
handelte es sich vor allem um "wertvolle Gegenwartsliteratur" von u.a. Charles
de Coster, Felix Timmermans, Styn Streuvels, Ernest Claes, Hendrik de Vries,
Antonius Coolen, Madelon Lulofs, Jo van Ammers-Küller, Jan Fabricus, Henri
van Wermeskerken.[9] Die Werke aus dem Schrifttum der übrigen Länder reprä-
sentieren vorwiegend die Gegenwartsliteratur, einige Bücher von russischen Emigranten, darunter J. Solonewitsch "Die Verlorenen. Eine Chronik namenlosen
Leidens", hatten für die Nationalsozialisten propagandistischen Wert.

Das sind in etwa die Fakten von denen Vesper und die Neue Literatur sowie die
Nationalsozialistischen Monatshefte im Kampf gegen die "unnötige" Übersetzungsliteratur ausgehen mußten. Liest man nur die Neue Literatur, ohne die Aufsätze
von Bauschinger zu kennen, könnte man glauben, es wäre im Dritten Reich bedeutend
mehr Schöne Literatur übersetzt worden, als tatsächlich der Fall war. Noch 1940
klagt nämlich Vesper[10] über den "Einfuhrüberschuß" bei Büchern, der für ein
"geistig führendes Volk keine Ehre" sei. Er fährt fort:

Wenn auch jetzt der Schwärmerei unserer Verleger für englisch-amerikanische
Literaturware ein kräftiges Stückchen vorgeschoben wurde, so müssen wir
doch in gleicher Weise, wie Charlotte Bauschinger mit Recht betont, "einen
gesünderen Ausgleich mit den nordischen Literatur" suchen. Vor allem aber
müssen wir unser eigenes Licht unter dem Scheffel hervorholen. Es hat
Kraft genug, in alle Welt zu leuchten... 10)

1942[11] kann er dann endlich berichten, daß die Übersetzungen aus dem Englischen

und Amerikanischen von insgesamt 153 Werken 1940 auf 82 1941 gesunken sind bei

einer allgemeinen Senkung der Übersetzungen von 706 Werken 1940 auf 471 1941.

Leider könne man nicht feststellen, welchen Anteil die Schöne Literatur habe, da

Angaben über die Art der Bücher in der Statistik fehlten. Im übrigen hätten die

Übersetzungen aus dem Dänischen, Schwedischen, Norwegischen, Holländischen,

Tschechischen, Serbo-Kroatischen und Rumänischen zugenommen. Die Übersetzun-

gen aus dem Norwegischen hätten 1941 ihren bisher höchsten Stand erreicht.

1934 hebt die NL zunächst einmal hervor[12], daß Deutschland von jeher das Schrift-

tum der Welt gepflegt habe. Nirgends sei so viel wertvolle Literatur übersetzt

worden wie gerade in Deutschland. Erst durch deutsche Übersetzungen seien viele

große Dichter (wie Tolstoi, Turgenjew, Lagerlöf, Hamsun) weltbekannt geworden.

Deutschlands lebendiges Übersetzungswerk sei dem anderer Völker überlegen, ja

sogar überlegen der Summe der Übersetzungen anderer Kulturvölker. Die Dichter

die zum Kreis der NL gehörten, scheinen jedoch zu glauben, daß die vielen Über-

setzungen der eigenen Literatur schaden, ihr Käufer wegnehmen. 1934 mahnt man:[13]

...Die Forderung hat durchaus der anderen Seite, ja, sie hat der Nation zu
gelten. Ich kenne ausländische Dichter, die von den deutschen Übersetzungen
ihrer Werke leben können. Und jene Forderung macht alle Ehren und Berufun-
gen,alle Preise und Renten überflüssig und gibt dem Dichter die wahre Freiheit
wieder statt einer Vogelfreiheit, in der als einzige Behörden ihm nur Finanz-
amt und Bezirksinspektion regelmäßige Aufmerksamkeit und Treue erweisen.
Die Forderung lautet: Das neue Deutschland braucht nur die Bücher seiner
eigenen lebenden Dichter wieder zu kaufen und zu lesen - nicht um der Dichter,
sondern um seiner selbst willen, weil das Volk sonst geistig und sogar rein
biologisch zugrundegeht... 13)

Wenn übersetzt werden soll, dann, so fordert Vesper[14] immer wieder, dürfe auch

die "notwendige Gegenseitigkeit des literarischen Austausches" nicht fehlen. In

positiven Besprechungen über nordische Literatur, wie z.B. über Sillanpääs Roman

"Eines Mannes Weg", wird wiederholt darauf hingewiesen, daß man draußen (= im

Norden) nur die "judendeutsche und die Emigrantenliteratur" kenne.[14] Vesper

zitiert[15], wenn sich dazu die Gelegenheit ergibt, die "Dichter" des Auslandes,

die dem neuen Reich und seiner Literatur mit Verständnis begegnen, aber in ihren

Heimatländern gegen den Strom schwimmen, wie z.B. den isländischen Dichter

Gudmundur Kamban. Vesper betont dabei immer wieder, daß die nordische Lite-

ratur ohne die deutsche Vermittlung in der Welt kaum bekannt geworden wäre,

denn es wären fast ausschließlich deutsche Verlage gewesen, die die nordische

Literatur übersetzt und verbreitet hätten. Er vergißt jedoch, daß bei dieser Ver-

mittlung deutsche Juden eine bedeutende Rolle gespielt haben.[16] Wenn Kamban

bekennt:

> ...Ohne Deutschland wären nicht nur die Norweger Ibsen und Björnsen,
> der Däne Andersen, der Schwede Strindberg, sondern fast alle bedeuten-
> den lebenden Schriftsteller unserer kleinen Völker in der Welt unbekannt
> geblieben. Uns erwächst daraus eine schwere Schuld, die wir um so
> lieber bezahlen sollten, je schwerer sie ist... 15),

so fügt Vesper hinzu, daß man diese Schuld einstweilen dadurch bezahle, in dem

man sich einstweilen im Norden gegen die echte deutsche Dichtung abschlösse und

vor allem Emigrantenliteratur verbreite. Nur einzelne Autoren wie u.a. Knut

Hamsun wären für die deutsche Dichtung der Gegenwart eingetreten.

Ein Jahr später (1936) behauptet Will Vesper[17], daß das Interesse am nordischen

Buch noch nie zuvor so groß in Deutschland gewesen sei wie "jetzt". Dieses Inte-

resse beruhe jedoch nicht auf Gegenseitigkeit, denn gerade in den nordischen

Ländern übersetze man in erster Linie leichte französische und englische Unter-

haltungsliteratur. Von der deutschen Literatur veröffentliche man ausschließlich

die Emigrantenliteratur. Auch die deutschen Zeitungen und Zeitschriften hätten

im Norden an Boden verloren. Während man in den letzten 10 Jahren 400 schwedi-

sche Bücher ins Deutsche übersetzt habe, die Werke vieler norwegischer und

schwedischer Autoren in Deutschland in hohen Auflagen verkauft worden seien,

beachte man in Skandinavien die echte deutsche Dichtung kaum. In nordischen

Zeitungen beschäftige man sich mit Vorliebe mit der volksvergiftenden deutschen

Emigrantenliteratur. Man habe noch immer nicht erfaßt, daß die nationalsoziali-

stischeRevolution in Wirklichkeit eine Befreiung und Bereinigung gebracht habe.

Nur einzelne wie z.B. Fredrik Böök in Schweden hätten diese Tatsache erkannt.

Dankbar zitiert Vesper[18] später auch K.G. Ossianilsson, der in der Zeitschrift

"Sverige-Tyskland" (Lund) Thomas Mann angegriffen habe, weil dieser sein Land und sein Volk verleumde und heruntersetze und gegen die deutsche Regierung hetze. Thomas Mann sei, wie andere Emigranten, die ins Schwedische übersetzt würden, ein Zivilisationsliterat. Ossianilsson scheint dem Zitat in der NL zufolge, die Ansichten der Nationalsozialisten zu teilen, wenn er behauptet, Mann sei ein Dichter des Verfalls, die Verbundenheit mit dem deutschen Volk, die er demonstriere, sei nur eine Illusion.

Aber Stimmen wie die von Hamsun und Ossianilsson waren Ausnahmen, darüber kann auch die NL nicht hinwegtäuschen, sie will es auch gar nicht. Wiederholt erklärt man den Lesern, daß Presse und Literatur im Norden unter jüdischem Einfluß stünden,[19] daß das norwegische Schrifttum[20], von Ausnahmen wie Hamsun abgesehen, zu einer Epoche gehöre, die im Reich überwunden sei. Die dänische Literatur der Gegenwart[21] sei von Ansätzen abgesehen die bäuerlich-bürgerlich-proletarische der alten Generation. Die sozialistische Dichtung habe sich dem Kommunismus genähert, die englischen und französischen Einflüsse seien gewachsen. Seit Jahrhunderten habe die dänische Dichtung den Weg in die Welt über Deutschland gefunden. Aber die deutsche Literatur sei in Dänemark zurückgedrängt worden, weil politische Mißverständnisse das deutsche Volk vom dänischen getrennt hätten.

Von diesen Tatsachen ausgehend kritisiert die NL die nordische Konjunktur im Reich und polemisiert dabei gegen die Nationalsozialistischen Monatshefte, die in den ersten Jahren nach der Machtergreifung um den Norden werben und eine kulturelle und politische Gemeinsamkeit sehen wollen, die nach Ansicht der NL kaum vorhanden war. Betreut von Rosenberg war in Lübeck die "Nordische Gesellschaft" 1933 neuorganisiert worden.[22] Sie gab zwei Zeitschriften heraus: "Der Norden", die die kulturellen und wirtschaftlichen Beziehungen mit dem Norden pflegen sollte, und "Die Rasse", die den nordischen Gedanken im deutschen Volk verbreiten sollte. Im Travemünder Schriftstellerhaus trafen sich deutsche und nordische Schriftsteller zu "Dichterzusammenkünften"[23]. In verschiedenen Aufsätzen in den NSMH wird betont[24], daß gerade im Norden der Rassegedanke eine bedeutende Rolle spiele. Thilo von Trotha behauptet sogar, das Rassegefühl sei das schöpferische Element in der nordischen Literatur. Er nennt Gunnarsson, Hamsun, Undset, Heidenstam, Aakjer und Karlfeldt als die bedeutendsten Repräsentanten dieser

Literatur. Deshalb seien Gunnarsson, Hamsun und Undset in Deutschland in
einer Weise aufgenommen worden, die manchen deutschen Dichter neidisch gemacht
habe. Man spräche daher von einer (nordischen) "Überfremdung" der deutschen
Literatur. Ein solch falsch verstandener Hurrapatriotismus müsse abgelehnt werden.
Vor 1933, also bevor der "Ungeist in der deutschen Dichtung" ausgeschaltet wor-
den sei, habe man echte Kunst vor allem bei den großen Dichtern des Nordens
(Hamsun, Lagerlöf, Gunnarsson, Heidenstam, Fleuron, Duun) gefunden. Ihre
Dichtung sei den Deutschen artverwandt, sei heimische Dichtung. Typisch für
den Geist des Nordens sei die Naturnähe, die Freiheitsliebe und die heroische
Weltbetrachtung der Menschen. Die Stadt spiele nur eine untergeordnete Rolle.
Die großen Dichter des Nordens seien meistens zur Scholle zurückgekehrt, nicht
nur im Geist, sondern auch in ihrem eigenen Leben. Im Norden und im neuen
Deutschland wende man sich von der städtischen Zivilisation ab. Für die nordische
Freiheitsliebe sei der Begriff des freiwilligen Gehorsams typisch. Der Nord-
länder wolle nicht überredet, sondern überzeugt sein. Hier zeige sich die nahe
Verwandtschaft zwischen dem nordischen und nationalsozialistischen Geist. Auch
die immer noch sehr skeptische Einstellung zum neuen Deutschland in der nordischen Presse weiß Trotha leicht zu erklären: Das scharf ausgeprägte Ehrgefühl
der nordischen Völker bedinge eine fast übertriebene Objektivität. Darum könne
man die wunderlichen Angriffe gewisser Teile der skandinavischen Presse gegen
das neue Deutschland gelassen beobachten. Die gerechte Erkenntnis würde zum
Schluß die Oberhand gewinnen.

Von dieser Gelassenheit spürt man bei der Lektüre der NL wenig. Trotha argumen-
tiert ganz offenbar in seinem Aufsatz gegen Angriffe auf die nordische Literatur,
wie man sie beispielsweise in der NL findet. Gewiß gab es damals geistige Gemeinsamkeiten zwischen den Nazis und den von Trotha verehrten nordischen Dichtern.
Die Verachtung der städtischen Zivilisation und die Hinwendung zur bäuerlichen
Kultur war eine europäische Zeiterscheinung, die nicht allein für die Nationalsozialisten typisch war. Man fand beides u. a. auch innerhalb der schwedischen
Bauernpartei. [25)] Das besagt jedoch nicht, daß eine solche Einstellung politisch
gesehen auch eine pronationalsozialistische Haltung bedeutete. Die NL hat dies

ganz deutlich gesehen und auch immer wieder triumphierend auf die Tatsache hingewiesen, daß in Deutschland gefeierte nordische Dichter das Dritte Reich angriffen. Die Zahl der "Hetzer" unter den nordischen Dichtern scheint, glaubt
man der NL, größer gewesen zu sein als die der Freunde.

Sally Salminen, deren Roman "Katrin" auch in der NL von Vesper selbst gelobt
wurde[26], greift nach ihrer Deutschlandreise 1938 das Dritte Reich in einem "Offenen Bekenntnis", veröffentlicht in der sozialdemokratischen Zeitung "Åland", an.[27]
Sie bedauert am Mittsommerkongreß der Nordischen Gesellschaft in Lübeck teilgenommen zu haben, da dies als eine entschiedene Stellungnahme für das neue
Deutschland gedeutet worden sei. Sie habe sich zu der Teilnahme überreden lassen
und habe die Einladung teils aus Mitgefühl, teils in der "Überzeugung, das Fest
habe einen rein kulturellen Charakter, teils aus Dummheit und Unverstand"angenommen. Die Ideen des Nationalsozialismus fänden bei ihr keine Stütze. Sie sähe
in ihm das Verderben der Menschheit, trotz seiner sozialen Reformen. Der Nationalsozialismus bekämpfe das hohe Ideal des Christentums. Er sei noch schlimmer
als der Kommunismus. Das Christentum werde im Dritten Reich gegen eine neue
Lehre ausgetauscht, die eine Lehre der Selbstgerechtigkeit, der Gewalt und des
Hasses sei. Die Demokratie könne daher nicht länger neutral sein, denn Neutralität bedeute den Tod. Vesper kommentiert:

> ...Man muß dazu wissen, daß der Bruder der Salminen Vorsitzender der
> sozialdemokratischen Partei auf Aland ist. Die Umgebung, in der sie dort
> lebt, ist teils sozialdemokratisch, teils sektiererisch protestantisch. Als
> ein Symptom für die Geistesverwirrung, die in diesen Kreisen und Köpfen
> herrscht, ist dies Bekenntnis lehrreich genug. Zugleich aber soll es uns
> eine Warnung sein, diese "nordischen" Schwestern und Brüder etwas
> weniger eifrig zu umschwärmen. Die Salminen ist ja nicht die erste und
> einzige, die mit ähnlicher Dankbarkeit quittiert. Allerdings scheint uns
> diese dummliche und anmaßende Art, in aller "christlichen Nächstenliebe"
> die öffentliche Meinung der Welt gegen Deutschland aufzuhetzen, besonders
> niederträchtig und unwürdig... [27]

Einige Monate später kann Vesper[28] seinen Lesern mit Genugtuung mitteilen,
daß der deutsche Verleger der Salminen (Insel-Verlag) in einem Brief an die
Autorin gegen dieses "Offene Bekenntnis" protestiert habe. Ihr Bekenntnis stehe
im Widerspruch zu ihrer Haltung während ihrer Deutschlandreise. Gleichzeitig

teilt er ihr mit, daß weitere Auflagen ihres Romans nicht mehr gedruckt würden. Auch die NSMH[29] berichten über diesen Verlegerbrief, der in der gesamten deutschen Presse abgedruckt worden sei.

Um 1938 scheinen auch die NSMH entdeckt zu haben, daß umworbene "völkische" nordische Autoren dem Dritten Reich feindlich gegenüberstehen. In einem Artikel[30] greift die Zeitschrift nicht nur Sally Salminen, sondern auch Wilhelm Moberg, Halldor Laxness, Karin Michaelis und Martin Andersen-Nexö an, weil diese gegen Deutschland hetzten. Die Zeitschrift verlangt, daß die Bücher dieser "Friedensstörer und Provokateure" aus allen deutschen Büchereien entfernt werden und - soweit dies noch nicht geschehen sei - aus dem Handel gezogen werden.

Auch F. E. Sillanpää, dessen Bücher im Reich viel verlegt und gelobt wurden[31], griff, wie die NL mitteilen kann,[32] den Führer und den Duce in einer finnischen sozialdemokratischen Zeitung in unverschämter Weise an. Vesper verlangt:

> ...Immer wieder: Wir brauchen einen geistigen Devisenkommissar und eine
> schnellwirkende Abwehr solcher Beleidigungen unseres Führers, schon
> damit niemand draußen - und wäre er noch so begeistert in Deutschland
> begrüßt worden - sich lange darüber in Zweifel befinden kann, daß jeder,
> der den Führer angreift, das Volk selbst angreift, und daß es zwischen Beleidi-
> gungen des Führers und Beleidigungen unseres Volkes keinen Unterschied gibt. [32]

Als Finnland 1939 von der Sowjetunion angegriffen wird, weist Vesper[33] alles "wehleidige Gewinsel", das es offenbar auch in Deutschland gegeben hat, darüber ab. Wenn man jetzt klage, Deutschland habe Finnland verraten, dann müsse man daran erinnern, daß Finnland sich schon vor 1939 von Deutschland abgewendet habe, obwohl es seine Freiheit deutschen Blutopfern verdanke. Das Beispiel von Salminen und Sillanpää habe dies im übrigen deutlich bewiesen. Wie die NL immer wieder festgestellt habe, so sei der ganze Norden verhetzt. Der nordische Büchermarkt habe sich dem deutschen Buch verschlossen und lieber das englische Buch oder deutsche Emigrantenliteratur übersetzt.

Zu den nordischen Dichtern, die Deutschland verrieten, gehörte auch, die von Trotha so sehr verehrte Sigrid Undset.[24] 1940 müssen die NSMH mitteilen,[34] daß ihre Bücher in Norwegen verboten wurden, weil sie sich für die norwegische "Verräterregierung" und König Haakon eingesetzt habe. Über die ebenso hoch

verehrte Selma Lagerlöf findet man in den NSMH nur einige kurze Notizen.[35]
Auch hier scheint man wenig Gegenliebe gefunden zu haben.

Wo fand man überhaupt Gegenliebe? Trygve Gulbranssen, der noch 1942 zu den
meistgelesenen Autoren im Reich gehörte, wird in der NL und den NSMH mehrmals
genannt.[36] Seine Bücher werden positiv besprochen. Das ist auch alles. Keine
der beiden Zeitschriften scheint eine Gelegenheit erhalten haben, ein Bekenntnis
des Dichters zum Dritten Reich zu zitieren. Anders verhält es sich mit Gunnar
Gunnarsson, Knut Hamsun, Sven Hedin und Verner von Heidenstam.

Gunnar Gunnarsson ist für die NL und die NSMH der größte nun lebende Dichter
Islands. Er bekannte sich 1934 zum neuen Deutschland.[37] Seine Romane werden
begeistert besprochen.[38] In der NL erscheint 1942 ein langer Artikel über
Gunnar Gunnarsson,[39] in dem auf sein Bekenntnis von 1934 hingewiesen wird.
1937 verlieh ihm die Stadt Hamburg den Henrik Steffens-Preis,[40] den ein Jahr
später auch Verner von Heidenstam erhielt.[41] Gunnarsson gratulierte dem deutschen Volk u. a. zum Anschluß Österreichs.[42] 1940 befand er sich gleichzeitig
mit der schwedischen Autorin Clara Nordström und der holländischen Autorin
Jo van Ammers-Küller auf einer Vortragsreise in Deutschland.[43] Er besuchte
auf dieser Reise 44 deutsche Städte und wurde im Mai 1940 in Berlin vom Führer
empfangen.[44]

Ebenso aktiv trat Knut Hamsun für das Dritte Reich ein. Seine Werke waren in
Deutschland, insbesondere nach 1933, begeistert gelobt worden.[45] In vielen
Zeitungen und Zeitschriften erschienen Artikel über ihn.[46] Immer wieder wird
er der "treue Freund Deutschlands" genannt.[47] Wiederholt werden Äußerungen
und Erklärungen von Knut Hamsun zum Dritten Reich oder zur Politik dieses Reiches
zitiert.[48] Sogar nach der Invasion Norwegens stellte er der Nordischen Gesellschaft einen Appell an seine norwegischen Landsleute zur Verfügung, in dem es
u. a. heißt:[49] Deutschland habe den Schutz des Landes übernommen. Durch die
Besetzung Norwegens habe es verhindert, daß England seinen Krieg auf norwegi-
sches Gebiet verlege. Die deutsche Reichsregierung werde die Selbständigkeit
und Integrität des Königreichs Norwegen nicht verletzen. Auch die NSMH können
ihren Lesern mitteilen, daß Hamsun den norwegischen Widerstand als sinnlos

bezeichne.[50] Er bekenne sich in der Presse rückhaltlos für Quisling und einem
Europa unter deutscher Führung, das gegen England kämpfe.[51] Hamsun ist für
seine "Treue" oft geehrt worden.[52] 1940 unternimmt seine Gattin Marie Hamsun
eine Vortragsreise durch Deutschland.[53] Hamsun selbst wird vom Reichskommis-
sar Terbowen in Oslo empfangen und zu einem Besuch in Deutschland eingeladen.[54]
Ganz verheimlichte man den deutschen Lesern jedoch nicht, daß Hamsun gerade
wegen seiner pronationalsozialistischen Haltung von seinen Landsleuten abgelehnt
wurde. In einem Aufsatz über das norwegische Schrifttum der Gegenwart berichtet
Paul Grassmann,[20] daß Norwegen ein vom Kommunismus besonders bedrohtes Land
sei. Die meistgelesenen Autoren seien u. a. die Kulturbolschewisten Nordahl
Grieg, Arnuld Överland, Aksel Sandemose. Hamsun dagegen werde scharf angegriffen, weil er für Deutschland eintrete.[55] In einer kürzeren Notiz berichten
die NSMH 1938,[56] daß Hamsun von der "Inneren Mission" in Norwegen als "Ju-
gendverderber und zersetzender Geist" angeprangert werde. Sogar gegen Angriffe
im Reich muß man Hamsun verteidigen.[57] In einem Artikel über Bauerndichtung
in der katholischer Zeitschrift "Hochland" hatte Ernst Alker u. a. behauptet, Hamsun sei unter den großen Bauerndichtern der geringste und deshalb der in Deutschland am meisten verehrte. Die NSMH protestieren scharf und drohend gegen dergleichen Unverschämtheiten. Für die Nationalsozialisten galt, was Vesper 1939
über Hamsun schrieb:

> ... Wir sehen in ihm den größten epischen Dichter dieser Zeit. Das mögen
> auch andere Völker tun. Kein anderes Volk aber ist so wie das deutsche
> auch dem großen Seher und Mahner Knut Hamsun verbunden, hat so wie
> das deutsche in seinem Werk das große Wetterleuchten dieser Zeit er-
> kannt. Wir verstehen tiefer als andere sein Wollen, seinen Grimm und
> sein Lachen; denn seine Sorgen und seine Hoffnungen sind die unsrigen... [58]

In ähnlicher Weise ist Sven Hedin im Dritten Reich geehrt worden.[59] Sein Buch
"Fünfzig Jahre Deutschland" (Leipzig, 1938) ist für die NSMH[60] eine "glänzende
Ehrenrettung und Rechtfertigung der großen Gestalten des 2. Reichs". Immer
wieder betonten die Nationalsozialisten Hedins prodeutsche Haltung. In diesem
Zusammenhang erwähnt die NL[61] auch englische Angriffe auf Hedin, dessen Buch
"Deutschland und der Weltfrieden" zwar bei Hutchinson in einer englischen Über-
setzung erschienen sei, aber in der englischen Presse u. a. im "Listener" scharf
kritisiert werde. Man behaupte hier, daß Hedin viel zu sehr Propagandist sei, um

in England irgendjemand überzeugen zu können. Für Vesper ist gerade dieses Buch ein "geistvolles Bekenntnis" zum Nationalsozialismus. Auch die NSMH schildern Hedins prodeutsche Einstellung seit dem 1. Weltkrieg, seine Gegnerschaft zu England und Rußland. [62] 1941 berichtet die Zeitschrift, daß Hedin während seiner Deutschlandreise erneut von Hitler empfangen wurde. [63]

Auch der "letzte Ritter" Verner von Heidenstam, war ein "Freund" der Nationalsozialisten. Als nordische Zeitungen 1935 berichten, Heidenstam habe sich vom nationalsozialistischen Deutschland losgesagt, berichtet die NL [64] über ein Interview mit dem schwedischen Dichter, in dem dieser u. a. sagt, daß sich seine Einstellung zu Deutschland in keiner Weise verändert habe. Kein Land stehe Schweden näher als Deutschland. Die nordische Literatur müsse Deutschland dankbar sein, denn sie sei das verwöhnte Kind der deutschen Leserschaft. An der schwedischen Deutschorientierung dürfe nicht gerüttelt werden. Er würde es als besonders schmählich ansehen, sich jetzt von Deutschland loszusagen - zu einer Zeit, wo überall in der Welt gegen Deutschland gearbeitet und gehetzt werde. Wörtlich soll er gesagt haben:

> ...Nein, gerade jetzt halte ich an dem fest, was ich immer gesagt und geglaubt habe. Ich bin der festen Überzeugung, daß sehr vieles von dem, was in den ausländischen Zeitungen geschrieben wird, tendenziös ist. Ich weiß natürlich, daß eine so große Umwälzung und geistige Umstellung, wie sie jetzt in Deutschland vor sich geht, nicht reibungslos und glatt verlaufen kann. Meine Ansicht ist nach wie vor, daß das neue Deutschland durch seinen siegreichen Kampf gegen den Bolschewismus die kommunistische Welle in Europa zum Stehen gebracht hat und damit, wie wir hoffen, die europäische Zivilisation rettete... [64]

Ähnlich hatten sich u. a. deutsche Autoren aus dem konservativ-bürgerlichen Lager geäußert. [65] Die Illusionen scheinen überall die gleichen gewesen zu sein. Man sah, was man sehen wollte. Heidenstam wie auch Hedin verwechselten wohl das Dritte Reich mit dem deutschen Kaiserreich, sie überführten ihre alten Sympathien auf das "neue Reich". Die deutschen Gesprächspartner schildern Heidenstam als rüstig, hünenhaft, geistig ungebrochen. [66] In Wirklichkeit war Heidenstam seit den 20er Jahren geistig ein alter Mann. [67] Seine Bücher, insbesondere seine historischen Romane wie "Karl XII. und seine Krieger", sind im Reich in mehreren Auflagen erschienen [68] und begeistert besprochen worden. Für die Nationalsozialisten war seine Dichtung "urvölkisch". In den NSMH schreibt

H. Domes[69] u. a. zu Heidenstams 75. Geburtstag, daß der große schwedische
Dichter ein Künder, Erhalter und Förderer des nordischen Gedankens sei. Gerade
die jungen Deutschen hätten seine Werke verschlungen und sich in den "trüben
Jahren" vor 1933 an ihnen aufgerichtet. Heidenstam habe zu den wenigen gehört,
die auf den Pulsschlag der neuen Zeit hingehorcht hätten. Er habe jugendliches
Verständnis für den deutschen Aufbruch gehabt.

Positive Besprechungen oder Erwähnungen findet man auch in den NL und den
NSMH über Schauspiele von Hjalmar Bergmann[70] (Katja im Frack, Seiner Gnaden
Testament), Bruno Liljefors "Im Reich des Wildes",[71] Romane von Jarl Hemmer,
Halldor Laxness, Tarjei Vesaas, Alexis Kiwi und Johan Bojer[72] sowie verschiedene Schriften von Fredrik Böök. Zu Hjalmar Bergmann betont man jedoch, daß
die "leichte Beeinflussung des Autors durch die westliche Zivilisation" nicht zu
übersehen sei. Bei Böök[73] entdeckt man, daß u. a. sein Buch "Hitlers Deutschland
von außen" (Callwey, München) wohl beweise, daß der Autor dem nationalsozialistischen Deutschland Gerechtigkeit widerfahren lasse, obwohl ihm die strenge sol-
datische Haltung dieses Staates innerlich widerstrebe. Er verstehe den Nationalsozialismus als ein Erzeugnis der Not und verstehe darum die innere Wandlung
nicht, wenn er im Nationalsozialismus den letzten Hort bürgerlicher Werte wie Ehe,
Religion, Ehre, Sitte usw. sähe. Die Nationalsozialisten gäben diesen Begriffen
einen anderen Inhalt, der sich mit denen von vorgestern nicht mehr decke. Bööks
Buch erwerbe dem Nationalsozialismus im besten Fall Duldung, Jünger erwerbe
er ihm nicht. Die Nationalsozialisten erkennen, hier und auch sonst oft, nicht
nur die auffälligsten bürgerlichen Irrtümer, sie bezeichnen diese sogar selbst als
Illusionen.[74] Nur die Irrenden selber bleiben meist noch für lange Zeit blind. Ein
Jahr später zitiert Grassman[75] Böök als Zeugen dafür, daß die Pornographie in
Deutschland nun verschwunden sei, weil die Nationalsozialisten sich gegen den
sittlichen Nihilismus entschlossen zur Wehr gesetzt hätten.

Als Albert Engström stirbt, nennt man ihn in den NSMH einen "Kämpfer gegen
das Weltbürgertum".[76] Alle diese Notizen zeigen, wo die Nationalsozialisten
Gesinnungsgenossen suchten, wen sie als echten Dichter oder Künstler betrachten.
Aber das ist ihre Wahl. Damit ist noch lange nicht gesagt, daß die Gelobten sich
auch selbst als Gesinnungsgenossen der Nationalsozialisten betrachten hätten. In

manchen hier dargelegten Fällen war dies ja durchaus nicht der Fall. Das hat man

dann auch im Kreis um die NSMH eingesehen. Typisch für die veränderte Ein-

stellung zur nordischen Dichtung ist ein Artikel in der Bücherkunde, die ja auch zu

den Zeitschriften Rosenbergs gehörte. [77] Hier wird einleitend im Sinne Vespers

betont, daß kulturelle Verbindungen auf der Bereitwilligkeit zur echten Gegensei-

tigkeit aufgebaut werden müßten. Diese Bereitwilligkeit sei im Norden nicht oder

nur selten da gewesen. Stattdessen habe man größenwahnsinnige Behauptungen

nordischer Dichter (u. a. Marika Stiernstedt) zu hören bekommen, wie - Deutschland

könne ohne die Literatur des Nordens nicht leben, denn es habe selbst keine Lite-

ratur. Die nordische Öffentlichkeit habe wenig Verständnis für Deutschland gehabt.

Man habe hauptsächlich volksfremde und emigrierte deutschsprachige Autoren über-

setzt. Das Ergebnis dieser Übersetzungen sei jämmerlich, insbesonders wenn man

die Fülle der Übersetzungen vom Nordischen ins Deutsche damit vergleiche. In

Schweden habe die "Svensk-Tyska Litteratursällskap" den Anfang zu einer Ver-

besserung gemacht. Auch in Dänemark seien Ansätze vorhanden, mehr echte deut-

sche Dichtung zu übersetzen. Diese Bestrebungen seien anzuerkennen, stünden

jedoch in keinem Verhältnis zur Überschwemmung Deutschlands mit nordischer

Literatur. Die skandinavischen Verleger hätten die nordische Konjunktur im Reich

ausgenutzt und ihre deutschen Kollegen hätten vieles kritiklos übernommen. Gerade

die mittelwertigen Auslandserzeugnisse hätten die deutschen Schriftsteller geschä-

digt. Der junge deutsche Autor sei vom Auslandsschlager zurückgedrängt worden.

Es gäbe beim Unterhaltungsschrifttum ausländische Bücher mit Auflagen von hun-

derttausenden. Die Literatur des Nordens müsse deshalb nach deutschen Gesichts-

punkten gemessen werden. Dann blieben von der übersetzten skandinavischen Lite-

ratur nur 15-20 % über. Trotz der nordischen Konjunktur in Deutschland hätte der

größte Teil der nordischen Autoren (u. a. Laxness und Salminen) seit 1933 keine

Gelegenheit verpaßt, Deutschland zu beschimpfen. Viele schwedische Schriftsteller

hätten vor Beginn der deutsch-tschechischen Auseinandersetzungen Grußworte an

ihre tschechischen Kollegen gesandt, dänische Autoren hätten die deutsche Buchaus-

stellung in Kopenhagen mit gehässigen Geleitworten versehen und die Emigranten-

ausstellung gelobt. Jessen verlangt daher, daß einem Autor, der an einer Stel-

lungnahme gegen Deutschland teilnahm, der deutsche Buchmarkt nicht geöffnet

werden darf. Er fragt, wie es möglich ist, daß immer noch Bücher von Sillanpää
zu kaufen sind, daß gerade "jetzt" (1940) ein Buch des unfreundlichen W.A. Bröger
übersetzt werde. Auch die leichte Unterhaltungsliteratur der Sigrid Boos brauche
man nicht. Auf diese Weise spare das Reich Devisen und schütze die deutsche
Literatur. Erst müsse die deutsche Literatur kommen, dann die ausländische und
von dieser nur die Spitzenleistungen. Er fordert: Weg mit der Konjunktur, der
leeren Schwärmerei! Wie gänzlich anders urteilte 1935 noch Thilo von Trotha[24]
in den NSMH. Seitdem hatte man so manche Enttäuschung mit den nordischen
Brüdern erlebt. Selbst Rosenberg scheint 1940 desillusioniert zu sein. In seinem
Vortrag "Die nordische Schicksalsgemeinschaft"[78] gibt er gerade durch seine
Beschwichtigungen der "nordischen Brüder" indirekt zu, daß man die Nationalsozialisten in Norwegen und Dänemark nicht als "Retter" betrachtet. Darüber konnten die optimistischen Worte des Berichterstatters in den NSMH, Rosenbergs
Rede schiene auf fruchtbaren Boden gefallen zu sein, den aufmerksamen Leser kaum
hinwegtäuschen.

Neben der nordischen Literatur wurde im Dritten Reich auch sehr viel englisches
und amerikanisches Schrifttum übersetzt. Karl Arns gibt daher 1936[79] in der
NL einen Überblick über "die neuere anglo-jüdische Literatur", um rechtzeitig
vor einer Einfuhr zu warnen. Er klagt darüber, daß viele dieser jüdischen Autoren in deutschen Literaturgeschichten immer noch als Engländer und Amerikaner
geführt würden. In einem längeren Artikel kritisiert Hans Franke in der NL[80] die
"Unerwünschte Einfuhr" von Büchern. Einziger Sinn der Übersetzungen dürfe
sein, durch übersetzte Bücher andere Völker kennenzulernen. Die deutsche Literatur werde z.B. in den USA immer noch von den Emigranten repräsentiert. Schon
aus diesem Grunde dürfe man in Deutschland keine jüdische oder judenfreundliche
Literatur übersetzen. Das scheine jedoch immer noch vorzukommen. Franke nennt
als Beispiel den Roman von Thomas Wolfe "Schau heimwärts Engel" (Rowohlt, Berlin), Band 1 mit den Fortsetzungs-Bänden 2 und 3, denen ein 4. und 5. Band folgen
solle. Es handele sich hier um ein riesiges Werk von 3000 Seiten. Die schon erschienenen Bände widersprächen der "heute" geforderten Epik. Sie hätten eine
negative nihilistische Tendenz. Trotzdem sei das Werk in deutschen Zeitungen von
deutschen Kritikern enthusiastisch gelobt worden, u.a. vom "Berliner Tageblatt"[81]

und den "Münchener Neuesten Nachrichten". Wolfes genialische Begabung und der tragische Unterton seines Romans sei zwar nicht zu leugnen, aber er sei trotzdem kein Dichter, sondern nur ein Auflöser, ein materialistisch denkender Produzierer, ein völlig subjektiv empfindender Photograph des Lebens. Die negative und nihilistische Tendenz zeige sich u. a. auch darin, daß Jüdinnen in diesem Roman gelobt würden, daß der Freund der Hauptperson ein Homosexueller sei, daß man u. a. über Frauen und Polizisten herabsetzende Aussprüche lesen könne. Neben diesem Negativismus im Einzelnen fände man eine Hypertrophie des Ganzen, sowie einen Mangel an Sinngebung und Führung. Ein solcher Dichter verdiene nicht die Prädikate, die die deutsche Presse ihm gäbe. Und er warnt die deutschen Verleger und Journalisten:

> ...Es wäre zu erkennen gewesen, daß es sich hier um ein Werk der Untergangsliteratur handelt, die wir nur allzu gut kennen sollten, und daß ein Schriftsteller, wie ein Volk, nur zu bedauern sind, die so willkürlich, zuchtlos und ziellos dahinleben oder sich rauschhaft tierisch vergeuden. (...) Würde heute ein deutscher Dichter dieses Kind aus Joycescher und Döblinscher Methodik und Gesinnung bei einem deutschen Verlag einreichen, ein Werk von solcher Maßlosigkeit, von so unfruchtbarer Überform, dann würde er bestimmt auf den Widerstand von Lektoren, Verlegern, und der Presse stoßen. Anscheinend aber sind die Dinge anders, wenn ein Buch von draußen zu uns hereinkommt. (...) wir bedauern, daß unsere deutsche Presse nicht einmütiger sich gezeigt hat in der Anmerkung der Schwächen dieses Riesenwerkes, sondern es fast bedenkenlos unserem Volke in höchsten Tönen anpries... 80)

In der nächsten Nummer der NL greift Vesper Wolfe wegen Deutschfeindlichkeit an.[82] Vor einiger Zeit sei Wolfe auf Grund einer Einladung in Deutschland gewesen. Jetzt veröffentliche er in "The New Republic" Hetzartikel gegen Deutschland unter dem Titel "What I Say in Germany". Kaum haben Vesper und Franke Wolfe entlarvt, so entdeckt Vesper das "süßliche Gift des geistigen Bolschewismus" in anderen neuerschienenen Büchern, die aus dem englischen übersetzt wurden, u. a. in "Der sanfte Wilde",[83] einem Buch des englischen Malers Wyndham, erschienen bei Rowohlt (!). Dies Buch sei voll von Zivilisationsüberdruß. Wyndham sei auf einer dreimonatlichen Afrikareise in "schwärmerisches Entzücken" über jeden "nackten Negerarsch" geraten, den er in zahllosen Bildern präsentiere. Er flüstere über schwarze "Beischläferinnen", singe Hymnen auf das edle schwarze Naturwesen.

Verständlicherweise sei es Rowohlt, der dafür sorge, daß der "geistige Masochis-
mus dieses hysterischen Mannsbildes" ins Deutsche übertragen werde.

Eine andere im Reich "verherrlichte" amerikanische Autorin war Nora Waln,
deren Romane "Bittere Frucht, süße Frucht" und "Sommer in der Mongolei" ins
Deutsche übersetzt worden waren. 1941 entdeckt Marie Joachimi-Dege[84] in der
Waln einen "Feind" Deutschlands. Nora Waln habe, so berichtet sie, auf Grund
eines angeblich 4 Jahre langen Aufenthaltes in Deutschland (in Wirklichkeit sei
sie nur 6 Monate in Deutschland gewesen) ein viel übersetztes Buch über Deutschland geschrieben mit dem Titel "Sie streben nach den Sternen". Hier werde der
Staat von Weimar gelobt. Es würden erlogene Episoden über Terror und Greuel
im Dritten Reich erzählt. Das Buch sei oberflächlich, eitel, unwahr und unmora-
lisch. Frau Joachimi-Dege fordert wie u. a. Vesper und Franke:

> ...aber es geht nicht an, daß wir nicht erfahren, wie wir von Leuten, die auf
> unserm Büchermarkt eine Rolle spielen und vom deutschen Publikum verehrt
> werden, hinter unserem Rücken verächtlich gemacht werden. Dabei merkt man,
> wie stark sie gegen ihre eigenen Beobachtungen und ihr eigenes Besserwissen
> arbeitet. Wie sehr ihr das, was sie sieht, imponiert... [84]

Auch die NSMH protestieren wiederholt gegen die anglo-amerikanische Einfuhr,
u. a. kritisieren sie die Gesellschaftsstücke von Sidney Philipps, Aimée und
Philipp Stuart, die noch 1935 in Berliner Theatern gespielt werden.[85] Man habe
hier vor lauter Spekulation auf den Snob vergessen, daß diese Stücke zwei Jahre
zu spät kämen. Für dürftige Stücke seien gute Schauspieler mißbraucht worden.
Auch 1939 klagt die Zeitschrift noch[86] über die vielen schlechten Übersetzungen
aus dem Anglo-Amerikanischen. Die deutschen Verleger hätten gehofft, mit diesen
Büchern den Auflageerfolg von "Vom Winde verweht" wiederholen zu können. Aber
die übersetzten Bücher hätten ihnen den erhofften Erfolg nicht gebracht. Einige
Monate später warnt die Zeitschrift[87] den Buchhandel davor, diese Übersetzungen
zu verkaufen. Man kündigt Maßnahmen vor allem gegen den wertlosen Kriminal-
und Detektivroman an. Da es notwendig war, immer wieder den Buchhandel zu
warnen, kritisierte Bücher zu verkaufen, scheint der Verkauf dieser Bücher im
ganzen gesehen leicht gewesen zu sein.

Die NL gibt ein typisches Beispiel für die "Gedankenlosigkeit" deutscher Verleger.[88] Sie zitiert einen Artikel aus der "Westfälischen Landeszeitung", in dem

über unnötige Übersetzungen geklagt wird. In der Reihe "Gestalten und Probleme
der europäischen Geschichte" eines Münchener Verlages seien von 10 Autoren 8
Ausländer, darunter sogar der Deutschenhasser Louis Barthou. Der Verlag entschuldige sich damit, daß deutsche Gelehrte aus "äußeren Gründen" nicht in der
Lage seien, ihre Arbeiten abzuschließen. Die Zeitung fragt zynisch:

> ...Welche äußeren Gründe, wird der erstaunte Leser fragen. Setzte ein
> Massensterben unter ihnen ein? Wirbelte der Luftzug einer neuen Zeit so
> kräftig durch ihre Stuben, daß sie sich zu Tode erkälteten? Oder sind sie
> vielleicht außer Landes gegangen? Hat vielleicht ein Emil Ludwig-Cohn bei
> seiner überstürzten Abreise seine gewiß umfangreichen Notizen zu einer
> Biographie des Judas Iskariot zurücklassen müssen? Wir sind ratlos, was
> können diese "äußeren Gründe" sein? Doch klagen wir nicht! Uns bleiben
> die Übersetzungen, eine nach der anderen. Und unsere Bewunderung und
> Hochachtung für die fremden Geister müssen eben ins Ausland gehen. Mit Ihnen
> die Devisen!... 88)

Mit besonderer Empörung weist die Zeitung noch daraufhin, daß in der ganzen
Reihe kein einziger Abschnitt deutscher Geschichte und kein einziger Deutscher
dargestellt werde.

Von den französischen Autoren, die ins Deutsche übersetzt wurden, greifen die
NL und die NSMH vor allem André Gide und Romain Rolland an. Sie sind "Zerset-
zer" und "Hetzer". Die NL unterrichtet ihre Leser über Gides sowjetfreundliche
Artikel in der französischen Presse, [89] die selbst der FAZ zu viel geworden seien.
So habe man in einem Artikel in der FAZ daraufhin gewiesen, daß Gide noch nie
in der Sowjetunion gewesen sei. Gleichzeitig entschuldige man ihn aber auch
wieder mit dem Argument, Gide sähe das gigantische Wollen. Dies genüge, um
ihm die sowjetfreundlichen Zeilen zu entlocken. Er werde aus seiner Sympathie
aber sicher nie praktische Politik machen und bliebe auf der Ebene des Geistes,
die hoch über der politischen Arena liege. Die NL fragt dazu:

> ...Kann man die Verlogenheit und Gemeingefährlichkeit eines solchen
> Literatentums grausiger darstellen? Was kümmert es Gide und die
> "Frankfurter", daß vielleicht tausende und hunderttausende arme, ver-
> wirrte und verirrte Gehirne jenes Literatengeschwätz ernst nehmen
> und in der "Ebene der Wirklichkeit" damit bitteres Unheil anrichten
> und ernten... 89)

Auch Gides antifaschistische Tätigkeit wird von der NL entlarvt. [90] Sie berichtet, daß sich in Frankreich eine Anzahl von Autoren, darunter Gide und Rolland
zur Bekämpfung des Faschismus zusammengetan hätten. Und Vesper droht wieder:

...Da man uns aber von einer ganzen Anzahl dieser Antifaschisten (es
handelt sich um Alain, Benda, Breton, Cassou, Fargue, Fernandez, Gide,
Giono, Bloch, du Gard, Rolland, Vildrac, Dabit, Faure, Galzy, Lalou
Anm. d. Verf.) auch in Deutschland Bücher beizubringen versucht, ist es
notwendig genau zu beachten, wo diese Leute stehen und wes Geistes Kind
sie sind... 90)

Auch die NSMH unterrichten ihre Leser über die deutschfeindliche Einstellung
des in der bürgerlichen Presse gefeierten André Gide.[91] Er arbeite mit Emigranten wie Heinrich und Klaus Mann zusammen, habe eine herzliche Glückwunsch-
adresse an den kommenden Schriftstellerkongreß in Moskau geschickt und außerdem soeben eine Hetzschrift gegen Deutschland verfaßt. Trotzdem würden u. a.
seine Dramen noch in reichsdeutschen Zeitschriften wie "Das Archiv für das
Studium der neueren Sprachen" gewürdigt. Die Zeitschrift "Deutsche Zukunft"
rühme ihn sogar als den "Klassiker des französischen Geistes". Die NSMH fordert
die deutschen Wissenschaftler und Journalisten auf, "das wahre Frankreich an
anderer Stelle (zu) suchen als im kommunistischen Literatentum". Nachdem Gide
in seiner Schrift "Zurück aus der Sowjetunion" seine Ernüchterung über den Kommunismus und die SU öffentlich bekannt hat, betont die NSMH[92], daß Gide u. a.
von Romain Rolland scharf angegriffen werde, weil er die furchtbare Unterdrückung
in der SU geschildert und kritisiert habe. Auch andere französische Literaten
seien nun vom Sowjetsystem enttäuscht.

Die Einstellung zu Gide ist seit 1937 auch in den NSMH zwiespältig. In einem
Artikel von Dr. Otto Weise[93] wird z. B. u. a. (1940) gesagt: Gides Werk hinter-
lasse einen zwiespältigen Eindruck. Es verwirre und beunruhige, bezeuge eine
quälende Sehnsucht nach der Wahrheit. Gide erkenne nämlich die Brüchigkeit der
alten Werte, könne aber keinen neuen Weg zeigen. Er sei ein Ende und bleibe
der alten Welt, deren schärfster Kritiker er sei, doch im Innersten verhaftet.

Noch schärfer wird Romain Rolland in NL und NSMH angegriffen. 1933 zitiert
die NL[94] in langen Auszügen die Antworten von Binding, Scholz und Kolbenheyer an Rolland, als dieser den Nationalsozialismus angreift. 1934 verlangt die Zeitschrift,[95] daß Rollands Bücher aus Deutschland verschwinden müßten, da er zum
Antifaschistenbund gehöre. 1937 unterrichtet die NL[96] ihre Leser darüber, daß
Rolland zum Ehrenkomitee für die Emigrantenausstellung des deutschen Buches

gehöre. Und wieder droht Vesper: Wer Wert auf deutsche Beziehungen lege,

dürfe sich zu solchen deutschfeindlichen Zwecken nicht mißbrauchen lassen. Nach

den NSMH[97] gehörte Rolland 1933 zu den ausländischen Schriftstellern, die auf

dem Europa-Kongress in Rom die Kräfte der Auflösung organisierten. Er sei für

seine defätistische anarchistische Tätigkeit bekannt geworden. Der "Rollandis-

mus" sei "das intellektuelle antifaschistische Sammelbecken".

Auch für die Bücherkunde[98] sind Gide und Rolland "typische Repräsentanten der

bürgerlichen Selbstzersetzung", wenn auch nicht geleugnet wird, daß beide "inne-

ren Mut" oder "innere Weite" und "Talent" besitzen.

1942 bespricht die NL[99] ein Buch von Paul Allard (Der Krieg der Lüge, List,

Leipzig), in dem die deutschfeindliche Propaganda in Frankreich von einem Fran-

zosen dargestellt wird. Sie nennt die Schrift "das nüchterne Buch eines ehrlichen

Journalisten".

Auch die im Reich erfolgreichen Bücher von Eve Curie werden in der NL[100] ange-

griffen. Diesmal noch aus einem ganz besonderen Grund. Vesper behauptet näm-

lich, deutsche Verleger seien auf den Trick verfallen, in übersetzten Büchern

solche Textabschnitte auszulassen, wo im Original Deutschland angegriffen würde.

Dies sei im Buch von Eve Curie über ihre Mutter der Fall. Vesper versucht seine

Behauptung durch ein französisches Zitat aus dem Original zu beweisen. Aber da

der Knaur Verlag ihm beweisen kann, daß er sich hier (wahrscheinlich auf Grund

seiner schlechten Sprachkenntnisse irrte) muß er in der nächsten Nummer seiner

Zeitschrift[101] zugeben, daß die betreffende zitierte Stelle falsch verstanden wurde.

Trotzdem dürften jedoch seiner Ansicht nach Bücher dieser Art nicht mehr über-

setzt werden, da die Verherrlichung einer Polin vom deutschen Leser falsch ver-

standen werden könne. Mit besonderem Zorn hat er bemerken müssen, daß gerade

dieses Buch ein "Modebuch des deutschen Volkes" geworden sei. Seine grund-

sätzlichen Bedenken hält er also trotz seiner Berichtigung aufrecht. Einige Jahre

später (1941) kann er seinen Lesern mitteilen[102], wie berechtigt seine Kritik war,

denn Eve Curie halte nun in Amerika Hetzvorträge zum Thema "Keine Lebensmittel

für Frankreich" und beteuere, daß amerikanische Lieferungen an Frankreich nur

das deutsche Reich stärken würden. Sie würde auf ihrer Vortragsreise von dem

jüdischen Schriftsteller Bernstein begleitet. In Vichy wolle man ihr die französische

Staatsangehörigkeit aberkennen.

In den hier untersuchten Zeitschriften sind auch "deutschfeindliche" oder "kommunistenfreundliche" Literaten aus anderen als den oben genannten Ländern angegriffen worden. U. a. kritisiert die NL 1933,[103] daß "einer der gemeinsten Hetzer gegen Deutschland", der Tscheche Carel Capek im Reich immer noch übersetzt werde. Vesper sucht auch immer wieder nach Juden unter den übersetzten Autoren und findet z. B.[104] mit Hilfe einer polnischen nationalgesinnten Zeitung, die ironisch auf den Irrtum eines deutschen Verlegers aufmerksam gemacht habe, einen unter falschem Namen eingeschmuggelten jüdischen Autor. Es handelt sich dabei um den Roman des polnischen Juden Janusz Korozak, der in Wirklichkeit Josek Goldszmit heiße. Vesper droht, es müsse den deutschen Verlegern, die durch die Hintertür immer wieder jüdische Literatur einschmuggeln, endlich das Handwerk gelegt werden; denn:

> ...Die internationalen jüdischen Literaturschieber haben lange genug verhindert, daß wir die wirklich nationalen Literaturen der anderen Völker kennenlernten,und haben uns statt dessen nur ihre Rassegenossen serviert, sowie sie auch aus Deutschland nicht die deutsche, sondern die jüdische Literatur exportierten. Genau so,wie wir wünschen, daß andere Völker endlich die wirkliche deutsche Dichtung kennenlernen, so wünschen wir auch endlich die arteigene Dichtung der anderen Völker ins Deutsche übertragen zu sehen. Wir lehnen dabei ausdrücklich jede jüdische Vermittlung, Übersetzertätigkeit u. dgl. ab. Wir wünschen mit den anderen Völkern endlich unmittelbar zu einem sauberen Austausch der geistigen Güter zu kommen, ohne den fälschenden Zwischenhandel fremder Schmarotzer. Damit wir aber zunächst einmal in Deutschland selber Klarheit bekommen, müssen wir immer wieder verlangen, daß alle deutschen Bücher, auch die importierten, einen Vermerk tragen, wenn der Verfasser ein Jude ist, - genau so,wie ja auch in den Übersetzungen stehen muß, aus welcher Sprache sie übertragen wurden... 104)

Nun waren aber, wie schon das Beispiel von u. a. Salminen zeigt, nicht alle "deutschfeindlichen" Autoren Juden oder Literaten. Manchmal waren sie auch "echte Dichter". Handelt es sich bei dem Verlag, der ein solches Buch übersetzt hatte, um beispielsweise Rowohlt, Ullstein, Fischer, Knaur gab es für Vesper keine Entschuldigung. Ein wenig anders wurde die Sache, wenn der Verlag, wie folgendes Beispiel zeigt, Langen-Müller (Vespers eigener Verlag) hieß. Hier stieß man nämlich 1937 auf einen sehr problematischen Fall.[105] Bei Langen-Müller hatte man den rumänischen Roman "Nechifor Lipans Weib" von

Mihail Sadoveanu übersetzt. Drei Tage vor der Auslieferung des Romans in

Deutschland hatte der Autor (am 23.11.1936) die Leitung der beiden jüdisch-

marxistischen Blätter "Adeverul" und "Dimineatza" übernommen. Diese beiden

Zeitungen veröffentlichten häufig "Hetzartikel über Deutschland". Vesper ver-

teidigt nun Verlag und Übersetzer gegen die Angriffe der "Deutschen Tageszeitung",

nach Vesper das Organ einer volksdeutschen Minderheit in Rumänien, die dem An-

sehen der deutschen Volksgemeinschaft schadet. Er betont, der Roman sei dem

Verlag vom rumänischen Schriftstellerverband empfohlen worden, da er "nach

künstlerischem Wert und rumänischem Wesensgehalt" am würdigsten sei, über-

setzt zu werden. Es hätte damals keiner ahnen können, daß der Autor die Leitung

zweier deutschfeindlicher Hetzblätter übernehmen würde. Zum Zeitpunkt der Über-

setzung habe man dem Autor, trotz Nachforschungen, keine Deutschfeindlichkeit

nachsagen können. Sadoveanu sei eine paradoxale Erscheinung: als Schriftsteller

gehöre er der Rechten an, als Mensch der Linken. Man könne ihn daher ohne

Bedenken als Mensch bekämpfen, aber ihn trotzdem als Schriftsteller anerkennen.

(Im Falle der angegriffenen nordischen Autoren hat Vesper, s.o., sich nicht mit

der gleichen Großzügigkeit geäußert). Als Dichter gestalte Sadoveanu rassenmäßige

Werke und sei ein Gegenpol zu den zersetzenden, anarchistischen und oberfläch-

lichen internationalen Strömungen. Die offiziellen deutschen Stellen müßten nun

entscheiden, ob die dichterische und kulturpolitische Bedeutung des Romans höher

einzuschätzen sei als die politische Beschränktheit des Dichters. Die Angriffe auf

den Verlag und den Übersetzer (Harald Krasser) seien daher ungerecht und bös-

artig. Bei dieser "Verteidigung" widerspricht Vesper sich selbst (s.o.). Wahr-

scheinlich hätte er in üblicher Weise reagiert, wäre das Buch nicht ausgerechnet

in seinem eigenen Verlag erschienen. Im übrigen weist er hier und auch an anderer

Stelle darauf hin, daß auch für die deutsche Minderheit um das "Deutsche Tageblatt"

das Führerprinzip gelten müsse. Häufig macht er außerdem auf deutschfeindliche

Maßnahmen in Rumänien und Ungarn[106] aufmerksam, wie z.B. die Beschlagnahme

von deutschen Büchern.

Sogar im befreundeten Italien findet Vesper[107] Autoren, die in ihren Büchern

Deutsche oder Deutschland abwertend darstellen, Juden dagegen loben, wie z.B.

in "Roman in der Ehe" von Angelo Gatti (Benzinger, Einsiedeln-Köln, 1937). Gatti, der ein Mitglied der italienischen Akademie sei, nähme hier die Gelegenheit zu einer eleganten Verteidigung und Sinngebung des Judentums wahr. Im übrigen findet Vesper es befremdend, daß der Autor über die Kinderlosigkeit seines Roman- ehepaares kein Bedauern zeige.

Die Angriffe in der NL und den NSMH auf die übersetzte Literatur scheinen zu beweisen, daß der deutsche Leser auch nach 1933 noch viel übersetzte Literatur kaufte. Die "fremde" Literatur scheint häufig erfolgreicher gewesen zu sein als die eigene, das gilt sowohl für Kritik wie Verkauf.[108] Die Nazi-Autoren konnten ihr Bücher oft nur mit Hilfe des Staates verkaufen, glaubt man den Klagen der NL. Hinzu kommt, daß die Nazis häufig auch mit den völkischen Dichtern des Auslandes politisch gesehen wenig Glück hatten, denn literarischer Konservatismus oder "völkische Gesinnung" müssen nicht unbedingt auf eine profaschistische oder faschistische Einstellung des Dichters hindeuten. Das gilt übrigens auch für die reichsdeutschen Autoren. Hanns Johst (zitiert von Vesper)[109] hat sicher nicht ganz unrecht gehabt, wenn er behauptete, daß die "Übersetzungsmanie" eine "Flucht vor dem Programm des Nationalsozialismus" sei. Das gilt übrigens auch für die Erfolge der "Inneren Emigration" beim deutschen Leser im Dritten Reich (vgl. Kap. III). Sicher ist, daß der Geschmack des Lesepublikums sich nicht so schnell wandelte, wie es die Nationalsozialisten erhofften. Er ließ sich, so scheint es, nur durch Zwangsmaßnahmen verändern. Sicher ist auch, daß sowohl im Reich wie im Ausland die außenpolitischen und militärischen Siege stärker wirkten als die Kulturpropaganda der Nationalsozialisten.[110]

Anmerkungen zu Kapitel IV

1) Bauschinger, a. a. O.
2) Bauschinger 1937:4, S. 522, 564-566.
3) Solche Kulturabkommen oder Kulturkontakte sind später zustande gekommen. Vgl. Bauschinger, Jan. 1937, S. 513, 528, 1937:4, S. 481, 497, 495, 502, 513, 1938:4, S. 571, 598, 1939:3, S. 376, 379, 393.
4) Deutsch-Französische Monatshefte, 1937, H. 7/8, S. 261 (über eine gemeinsame Arbeitswoche von deutschen und französischen Buchhändlern, wo man beschloß, sich für einen besseren geistigen Austausch einzusetzen), S. 248 (über eine Studientagung der Deutsch-Französischen Gesellschaft und dem Comité France-Allemagne im Sommer 1937 in Paris, auf der beschlossen wurde, literarische Ausschüsse zu gründen, die dafür sorgen sollten, daß ein fruchtbarer literarischer Austausch durch Übersetzungen zustande käme). Ähnliches beschlossen Deutsch-Italienische Kulturvereinigungen auf einer Tagung in Mailand 1936, vgl. Hochschule und Ausland, H. 1, 1937, S. 55. S. a. Thulstrup, S. 37. Durch Buchausstellungen sollte Ähnliches erreicht werden, vgl. u. a. über eine solche Ausstellung in Rumänien, siehe Deutsch-Rumänische Kulturbeziehungen. In: Klingsor, Nov. 1936, S. 423 ff. oder über eine neugegründete Deutsch-Albanische Gesellschaft. In: Südost-Bericht, 2. Jg, H. 5 u. 7. In diesen und ähnlichen Zeitschriften kann man die Propagandatätigkeit der Nationalsozialisten verfolgen. Auch die NL hat sehr stark in u. a. Siebenbürgen und im übrigen Südosteuropa zu wirken versucht. Das läßt sich in Vespers Artikeln über diese Länder verfolgen u. a. unter U. M. 1937, S. 206-207, 260-261, 311-314 usw. Vesper "betreute" in seiner Zeitschrift auch die auslandsdeutschen Autoren wie Pleyer, Brehm, Rubatscher, Meschendörfer, Bruckner. Zu Harald Krasser, dem Herausgeber der siebenbürgischen Zeitschrift "Klingsor", hatte er Verbindungen. Vgl. auch zu Rumänien Bernhard Capesius: Deutsch-rumänische Verständigung durch die Dichtung von heute. In: Revista Germanistilor Romani, Jg. 1938, Nr. 1, S. 61 ff. Hier wird darüber geklagt, daß eine zielbewußte Lenkung der Übersetzungstätigkeit noch fehlt. Über Erfolge der deutschen Buchausstellung siehe auch Börsenblatt für den deutschen Buchhandel, Nr. 10 vom 13. 1. 1938. Vgl. auch 3).
5) Bauschinger, 1938:3, S. 573 und NL 1938, S. 461.
6) Bauschinger konnte zwischen englischen und amerikanischen Autoren nicht unterscheiden.
7) NSMH, 1942, S. 823. Vgl. auch NSMH 1937, S. 286-287, positive Rezensionen über Romane von Jarl Hemmer, Barbara Rink u. a. Zu Gulbranssens Erfolg im Norden vgl. Sven Stolpe: Stormens år, Stockholm, 1976, S. 23-26. S. nennt die im Reich so erfolgreichen Bücher von Gulbranssen "Courths-Mahler in nordischer Maske", deren moralischer Wert ebenso niedrig sei wie ihr literarischer Wert.
8) Vgl. auch R. Prinz; in: Island, H. 4, 20 Jg., S. 162.
9) Bauschinger, Jan. 1937, S. 485, 1937:4, S. 488, 1938:3, S. 578, 1939:3, S. 391-392. Vgl. u. a. U. M. 1940, S. 287 über niederländische und flämische Autoren, die sich 1940 für das Dritte Reich einsetzten u. a. Werumeus Buning, Anton Coolen, Jo van Ammers-Küller. Vgl. aber auch "Von jenseits der Grenze". In: Die Bücherkunde, 1938, S. 690-691 u. a. gegen übersetzte religiöse Winkelliteratur (zeitlose Idylliker) von im Reich beliebten flämischen Autoren.
10) U. M. 1940, S. 126.

11) U.M. 1942, S. 246-247.

12) U.M. 1934, S. 599.

13) U.M. 1934, S. 656-657.

14) NL 1935, S. 91. Es darf jedoch nicht vergessen werden, das der Absatz
für das deutsche Buch in Holland und auch in u.a. Skandinavien groß war.
Hier war oft die Auswahl eine andere als bei der übersetzten Literatur.
Vgl. u.a. A. Frisé: Was Holland liest. In: Die Tat, H.5, 1935, S. 397.
Gut verkauft wurden Bücher von I. Seidel, M. Hausmann, Carossa, Dwinger,
Wiechert, E. Strauss im deutschen Original. Sehr populär war Fallada.

15) U.M. 1935, S. 300.

16) Vgl. u.a. die Rolle Max Taus und des S. Fischer Verlages. S.a. Kap. II, 42).

17) U.M. 1936, S. 56.

18) U.M. 1938, S. 364-367. Riksföreningen Sverige-Tyskland wurde 1937 gegründet. Sie hatte ständigen Kontakt zur Nordischen Gesellschaft, vgl. Thulstrup, 37.

19) Thulstrup, S. 27-31, 63-67; Torsten Nyblom: Motstånd-anpassning- uppslutning,
Malmö, 1978 (über die Haltung der schwedischen Presse 1940-1945).

20) NL 1938, S. 340-345.

21) NL 1938, S. 393-399.

22) NSMH 1937, S. 383; 1940, S. 488; vgl. Thulstrup, S. 31-46. Auch hier
zeigte es sich, daß es keine einheitliche NS-Kulturpolitik gab. Eine Zeitlang
war jedoch die NG der Brennpunkt der NS-Propaganda zum Norden (vor allem
nach Schweden). Es kam jedoch zu Meinungsverschiedenheiten zwischen der
NG und der Deutschen Botschaft in Stockholm über u.a. die Methoden der
Propagandatätigkeit.

23) NSMH 1937, S. 853; 1934, S. 782-783. Die fünf nordischen Autoren, die zu-
sammen mit fünf deutschen Autoren ein Glückwunschtelegramm vom Travemünder
Dichterhaus an Knut Hamsun schickten, waren Erik Bertelsen, Johannes Edfeldt,
Aasmund Sveen, Lauri Viljanen und Tito Colliander. Der Besuch 1934 in
Travemünde, dem eine deutsche Einladung an die fünf nordischen Schriftsteller-
verbände vorausgegangen war, braucht für die spätere Haltung der nordischen
Autoren zum Dritten Reich nichts Entscheidendes auszusagen. Edfelt hat sich
z.B. nach seiner Rückkehr in "Morgontidningen" Göteborg vom 22.8.1934
kritisch über das Dritte Reich geäußert, später setzte er sich für deutsche
Emigranten ein, vgl. Müssener, S. 202, 207-209, 264, 355, 367, 382-383,
414, 449, 491. Im übrigen gab es bei den Diskussionen mit den nordischen
Autoren im Schriftstellerhaus Meinungsverschiedenheiten über u.a. die Judenfrage, vgl. Stolpe, S. 103-114, 124-128, siehe auch Thulstrup, S. 148-155.
Der schwedische Autor Vilhelm Moberg brach 1935 seine Aufenthalt in Lübeck
ab, es gab zu wenig Arbeitsruhe, zu viel politische Diskussionen usw. Auch
mit anderen Gästen hatte man Pech, sowohl Moberg wie später Gösta Gustav-
Jansson äußerten sich kritisch nach ihrer Rückkehr von Travemünde. Die
nordischen Schriftstellerverbände wirkten bei den Einladungen bald nicht
mehr mit.

24) Thilo von Trotha: Der Geist des Nordens, NSMH 1934, S. 69-72, s.a. ders:
Rassegefühl als schöpferisches Element in der nordischen Dichtung, NSMH
1935, S. 698-710, vgl. S. 759-760 (Lob des schwedischen Films "Petersson
und Bendel" verfilmt nach einem Roman von Waldemar Hammenhög, der die
Juden "entlarve"). Jon Alfred Moen (norwegischer Rassehygieniker): Rasse-
hygiene in den nordischen Ländern, NSMH 1935, S. 874-885 (u.a. über

rassehygienische Gesetzgebung in Norwegen, Schweden und Dänemark,
wie das schwedische Ehegesundheitszeugnis, das dänische Sterilisations-
gesetz für erblich belastete Personen usw.).

25) Vgl. Thulstrup, S. 37-40;s. a. Jones Erik Andersson: Staden hägrar, Stockholm, 1941.

26) NL 1937, S. 622. Vesper: "Solche Einfuhr lassen wir uns gefallen."

27) U.M. 1938, S. 584-585; Zitat S. 585.

28) U.M. 1939, S. 212-213.

29) NSMH 1939, S. 364.

30) NSMH 1938, S. 1120-1121. Zu Laxness vgl. auch u. a. die positive Rezension
in der NL 1937, S. 33 über "Der Freisasse".

31) NL 1935, S. 91 u. a.

32) U.M. 1939, S. 317-318; Zitat S. 318.

33) U.M. 1940, S. 23.

34) NSMH 1940, S. 818; vgl. 1934, S. 69-70. Zu den Angriffen auf Undset vor
1940 vgl. u. a. Dr. Roden: Kein Platz mehr für Sigrid Undset. In: Westdeutscher Beobachter von 8.11.1936. R. greift die Dichterin wegen ihrer
judenfreundlichen Haltung an.

35) NSMH 1934, S. 70,91;1937, S.285-286; 1940, S. 310. Die Nationalsozialisten hatten zunächst in Selma Lagerlöf eine dichterische "Vorläuferin" ihrer
Ideen gesehen. Aber als Selma Lagerlöf sich 1933 für deutsche Flüchtlinge
öffentlich einsetzte, wurde sie in NS-Zeitungen scharf angegriffen. Offiziell
versuchte man jedoch die Angriffe abzuschwächen, vgl. Thulstrup, S.58-63.

36) NL 1936, S. 93; 1937, S.34, NSMH 1937, S. 286-287.Vgl. Strothmann, S.376-377

37) NL 1934, S. 183; Thilo von Trotha: Der Geist ..., S.69-70.

38) NL 1936, S. 671-676; 1937, S. 31-32; NSMH 1937, S.285 u. a. vgl. auch
Von jenseits der Grenze. In: Bücherkunde, H. 12, 1938, S. 687 u. a.

39) Elisabeth Römer-Schirmann: Gunnar Gunnarsson, NL 1942, S.98-105.

40) NL 1937, S. 591.

41) NL 1938, S. 661.

42) NSMH 1938, S. 469.

43) NSMH 1940, S. 181-182.Wolfgang Butt:Mobilmachung des Elfenbeinturmes,Kiel,
1978

44) NSMH 1940, S. 310.

45) NL 1934, S.84-88. Vgl. auch Walther A. Berendsohn: Knut Hamsun. Das un-
bändige Ich und die menschliche Gemeinschaft, München, 1929. B. mußte 1933
aus Deutschland fliehen. Sein Buch zeigt, daß er Hamsun hochgeschätzt hat.
Hier heißt es u. a. auf S.147: "...Hamsun ist des losgelösten Literatendaseins
müde und fügt sich als Bauer mit seiner Alltagsarbeit der Natur ein. Das
gibt seinen Angriffen auf das städtische Gemeinwesen erst Wucht und Größe,
seinen gesamten Äußerungen zu wirtschaftlichen und politischen Fragen
Richtung und Einheitlichkeit (...) Seine Entwicklung zeigt ein Wachstum
der selbstgefügten Fäden zur Gemeinschaft hin. (...) Sein ganzes Werk
aber ist an eine unsichtbare Gemeinde empfänglicher Seelen gerichtet. (...)
Es bedeutet aber eine außerordentlich starke Bindung an die Idee der Gemeinschaft, wenn man eine unzulängliche, bestehende Gesellschaftsform so erbittert
angreift, wie Hamsun es Zeit seines Lebens immer von neuem getan hat..."
usw.

46) Vgl. u. a. Arthur Ratje: Hamsun, der nordische Dichter. In: Völkischer
Beobachter, Nr. 272 vom 21.7.1935; Richard Gerlach: Begegnung mit Knut

Hamsun. In: Deutsche Zukunft, Jg. 6, Nr. 30, S. 9; Paul Grassmann: Köpfe
des Nordens, NSMH 1937, S. 285-287.
47) Karlheinz Rüdiger: Der Norden und die europäische Mitte. NSMH 1940,
S. 541-546, vgl. NSMH 1939, S. 989: Hamsun nennt sich in einem offenen
Brief an "Aftonposten" "Deutschlands bescheidener Freund in Norwegen".
48) NL 1934, S. 489-494, Faksimile-Brief u. a.
49) U.M. 1940, S. 147-149; NSMH 1940, S. 311.
50) NSMH 1940, S. 377.
51) NSMH 1942, S. 57.
52) NL 1934, S.489-494, Hermann Hiltbrunner: Über Knut Hamsun, NL 1934,
S.490-494, vgl. S.600; U.M. 1935, S.300; 1939, S.417; NSMH 1934, S.69-
70, Dr. Fred H. Domes: Knut Hamsun. Gedanken zu seinem 75.Geburtstag,
NSMH 1934, S.779-781, vgl. S. 782-783.
53) NSMH 1940, S.818; 1941, S.179.
54) NSMH 1941, S.275-276.
55) NL1938, S.342, vgl. auch 1935, S.300. Vgl. u.a. Sten Sparre Nilsson:
Knut Hamsun und die Politik, Villingen, 1964.
56) NSMH 1938, S. 469.
57) NSMH 1935, S.846.
58) U.M. 1939, S.417. Von der deutschen Exilpresse wurde Hamsun als Feind
betrachtet. Vgl. u.a. Franz Schönberner: Hamsun und die Folgen. In: Die
Sammlung, H.1, 1933, S. 106-108. Schönberner wertet ihn im Gegensatz zu
Berendsohn, vgl. 45),auch literarisch ab und behauptet u. a., Hamsuns Werk
käme Zeitströmungen entgegen, die man als Kulturreaktion betrachten könne,
von "Segen der Erde" gehe der Weg zu Ullsteins "Grüne Post". Bei ihm
stehe immer wieder das asoziale Element im Mittelpunkt, das sich aus allen
Bindungen löse, der hämische Bauernhaß gegen die Städter würde hier lite-
raturfähig, der primitive Mensch würde von ihm über den kultivierten gestellt.
Für die jüngere deutsche Künstlergeneration sei er eine Rattenfängergestalt,
die Verspottung des Geistes ende schließlich in der Barbarei. Wiederveröffentlicht in ders.: Weg der Vernunft, Icking u. München, 1969, S.11-14.
Vgl. auch Nordahl Grieg: Knut Hamsun. In: Internationale Literatur, H.7,
1937, S. 136-140, wo es u.a. heißt: H. gäbe der Reaktion das Größte, was
er besitze, nämlich seinen Namen. "...Wir aber werden uns der Schätze
annehmen, die er der Welt gegeben hat..." 1936 protestiert Die Neue Weltbühne gegen "sein schäbiges Verhalten" in Sachen Ossietzky, vgl. Nr.2,
1936, S. 58-59, s.a. Heinrich Mann: Antwort an Hamsun. In: Pariser Tageblatt vom 5.12. 1935, wiederveröffentlicht in ders.: Verteidigung..., S.137-
139.
59) NL 1935, S.237 (Hitler sendet Glückwünsche zum Geburtstag); NL 1940, S. 80;
NSMH 1940, S.244; 1941, S. 275, 381 u.a. Vgl. hierzu Thulstrup, S.139-147,
aber auch Hedin solidarisierte sich nicht total mit der Judenpolitik des Nationalsozialismus,u.a. konnte sein schon übersetztes Buch "Tyskland och världs-
freden" über das neue Deutschland 1935 im Reich nicht erscheinen, weil er
sich weigerte,einige Äußerungen zu streichen, in denen er die Judenpolitik der
Nationalsozialisten z.T. kritisierte. Vgl. Thulstrup, S.142-143.
60) NL 1939, S.30, vgl. auch 1937, S.39 u.a. sowie Thulstrup, S.143.
61) U.M. 1938, S.263.

62) Dr. Hans Bähr: Der Protest des Nordens, NSMH 1940, S.139 über Hedins und Hamsuns prodeutsche Einstellung im 1.Weltkrieg. Auch Hedin wurde in der Emigrantenpresse scharf angegriffen,vgl. u.a. Knut Björnstad: Sven Hedin entdeckt das Dritte Reich. In: Internationale Literatur, Nr.9, 1937, S.133-135 über sein Buch "Deutschland und der Weltfrieden", worin er über seine Deutschlandtournee vom Herbst 35 bis April 36 berichtet. Vgl. 54). Er habe, behauptet Björnstad,mit den Einnahmen aus 111 Vorträgen die Schulden seiner letzten Asienexpedition bezahlt, er sei nicht ganz so enthusiastisch über die antisemitischen Maßnahmen im Dritten Reich, aber er verstehe sie, er lobe die Gleichschaltung der Presse aber kritisiere den Stürmer, die Verleihung des Friedensnobelpreises an Ossietzky halte er für eine Provokation usw. Die KZs hätten in seiner Beschreibung Sanatoriumscharakter. Er habe sich mit dem Buch zu Handlangerdiensten des Dritten Reiches hergegeben. Björnstad berichtet jedoch auch, daß Hedin ein Vorwort für eine NS-Broschüre gegen die Tschechoslowakei zurückgenommen habe, weil sie im Ton roh sei und er nach einem offenen Brief an "Socialdemokraten" den Inhalt nicht kannte. Vgl. auch ders.: Nazi Sven Hedin. In: Die Neue Weltbühne, Nr.25, 1937, S.786-789.

63) NSMH 1941, S.179.

64) U.M. 1935, S.175-176; Zitat S.176; 1940, S.198-199; NSMH 1934, S.69-72 u.a. Vgl. zu Heidenstam, Thulstrup, S.124-133.

65) Vgl. u.a. Wulf: Literatur..., S.102-111. S.a. Kap.III.

66) Paul Grassmann: Heidenstam - ein Freund Deutschlands. In: Die HJ, Folge 39 vom 25.9.1937. G. berichtet u.a. auch, daß Rudolf Hess Heidenstam auf Övralid besucht hat. Heidenstam wird als "hünenhaft" und "rüstig" geschildert. Der sehr geschickte Grassmann hat H. offenbar dazu verlockt, sich sehr positiv zum Dritten Reich zu äußern, vgl. Thulstrup, S. 129-132.

67) Er schrieb nach 1915 sehr wenig, seine Memoiren blieben halbfertig, vgl.u.a. Staffan Björck: Verner von Heidenstam, Stockholm, 1964, S.83-84 und Ny illustrerad svensk Litteraturhistoria, Stockholm, 1957, S.285, s.a. Thulstrup, S.133.

68) NL 1935, S.695; 1936, S.93; Richard Carstensen: Verner von Heidenstam, NL 1939, S.391-401, S.152; NSMH 1936, S.196-197; 1937, S.285-286; 1938, S.1120; 1939, S.750 (zu seinem 80. Geburtstag wurden Feierstunden veranstaltet, Goebbels und u.a. die Nordische Gesellschaft schickten Glückwunschtelegramme), 1940, S.441; 1941, S.83.

69) F. Domes: Der Ritter des Nordens, NSMH 1935, S. 699-700.

70) NL 1937, S.34; NSMH 1935, S.372.

71) NSMH 1941, S.286-287 (Liljefors erhielt vom Führer die Goldmedaille für das beste Jagdbild).

72) NL 1937, S.32-33; NSMH 1937, S.958-959; NL 1936, S.93; NSMH 1942, S.332.

73) NL 1935, S.34-35, vgl. auch 1939, S.411-412. Vgl. zu Böök Thulstrup, S.133-139. Auch Böök kritisierte die Judenverfolgungen, aber er hatte genau wie Hedin ein gewisses Verständnis für den Antisemitismus.

74) Vgl. u.a. Die deutsche Universität....

75) U.M. 1936, S.57.

76) NSMH 1941, S.179.

77) Heinrich Jessen: Vom Nutzen....

78) Karlheinz Rüdiger: Deutschland und der Norden, NSMH 1940, S. 488-490,
berichtet , u. a. über Rosenbergs Vortrag "Nordische Schicksalsgemeinschaft".
79) U. M. 1936, S. 178-181.
80) Hans Franke: Unerwünschte Einfuhr, NL 1937, S. 501-508; Zitat S. 507-508.
Vgl. u. a. Marie Joachimi-Dege: Der Gentleman. Dichtung und Wahrheit,
NL 1941, S. 95-100 (u. a. über minderwertige englische Romane, die übersetzt
wurden). Aber es konnte auch nach anderen Gesichtspunkten geurteilt werden,vgl. u. a. Elly Heuss-Knapp: Kulturhistorische Romane in England und
Amerika. In: Das Wort, H. 2, 1937 oder Boveri, S. 482, 485-486. Das BT
besprach übrigens auch Bücher, die nicht übersetzt wurden. Auf diese Weise
wurden Autoren vorgestellt, über die das deutsche Lesepublikum sonst nichts
erfahren hätte. Es handelte sich dabei oft um Autoren, die von den Nationalsozialisten angegriffen wurden wie u. a. Th. Wolfe, Hemingway, Sinclair Lewis,
Gide. Zu der Kritik der Nationalsozialisten, über die in England und Amerika
verbreitete deutschsprachige Literatur ("die Juden- und Emigrantenliteratur")
vgl. auch Hans Frese: Das deutsche Buch in Amerika, Zeulenroda, 1937 u. a.,
wo F. mit Auflageziffern beweist, welche große Rolle "Literaten" wie Th.
Mann, Remarque, E. Ludwig, A. Neumann, Wassermann, V. Baum, Feuchtwanger, St. Zweig usw. auf dem amerikanischen Buchmarkt spielen. E. Ludwigs
"Napoleon" sei in acht Jahren in 126 974 Ex. verkauft worden, Remarques "Im
Westen nichts Neues" in sechs Jahren mit 570 798 Ex., Carossas "Rumänisches
Tagebuch" dagegen nur in 581 Ex., Bindings "Aus dem Kriege" in 2000 Ex.
Vgl. über die ähnliche Situation in England Hans Galinsky: Deutsches Schrifttum
der Gegenwart in der englischen Kritik der Nachkriegszeit (1919-1935), München
1938 und ders.: Wie lebt die deutsche Dichtung der Gegenwart in England?
In: Hochschule und Ausland, H. 8/9, 1934, hier wird u. a. auch festgestellt,
daß man sich in England hauptsächlich für die geschichtliche Dichtung und die
soziale und politische Zeitliteratur interessiert. Vgl. hierzu auch Die Literatur,
Mai 1937, S. 489 sowie Bernhard Fehr: Die englische Literatur der heutigen
Stunde, Leipzig, 1934, S. 36-37 über die Sucht nach historischen Werken.
Siehe auch M. Messerschmidt: Deutschland in englischer Sicht, Wandlung des
Deutschlandbildes in englischer Geschichtsschreibung, Düsseldorf, 1955. Über
die deutschfeindliche Einstellung der amerikanischen Intelligenz vgl. u. a.
"Amerikanischer Brief". In: Die Literatur, Juni 1939, S. 555. Vgl. auch
Klaus Klipphan: Deutsche Propaganda in den Vereinigten Staaten 1933-1941,
Heidelberg, 1971; u. a. S. 51-55: Von 178 deutschsprachigen Zeitungen waren
nur 12 pronationalsozialistisch und ca. 36 antinationalsozialistisch, der Rest
verhielt sich neutral. Die Gruppe der Deutschamerikaner, die sich hinter das
Dritte Reich stellte, war klein. Die Mehrheit war uninteressiert, eine größere
Gruppe antinationalsozialistisch eingestellt. Nach der Kristallnacht 1938 wuchs
diese Gruppe. Zusammenarbeit mit dem Dritten Reich kam kaum noch vor.
81) Boveri, S. 527 u. a.
82) U. M. 1937, S. 527.
83) U. M. 1937, S. 590-591. Vgl. auch U. M. 1939, S. 421-422 über u. a. Mitchell-
Hedges,durch dessen übersetztes Buch "Hai am Haken" u. a. "rassenschände-
risches Geschwätz" im Volk verbreitet werde, (Scherl, Berlin).
84) Marie Joachimi-Dege: "Ein guter Agent in Feindesland" NL 1941, S. 141-147;
Zitat S. 146. Es gab auch englische Literatur, die von den Nationalsozialisten

gelobt wurde, z.B. Hugh Walpole: Die Festung (Berlin, 1938), vgl. Von
jenseits der Grenze. In: Bücherkunde, H.12, 1938, S.688-689: Der Roman
behandle die erbmäßige Gebundenheit einer Sippe. Er sei nach erbbiologischen
Gesichtspunkten untersucht worden. Diese Untersuchung habe ergeben,
daß die Darstellung im Roman mit der neuesten Forschung (= der NS-
Rassewissenschaft?) übereinstimme.

85) NSMH 1935, S.373.

86) NSMH 1939, S.168.

87) NSMH 1939, S.569.

88) U.M. 1939, S.104-105.

89) NL 1933, S.161-162. Vgl. auch über Gide und Rolland Martin Hieromini: Das
Ende der literarischen "Bourgeoisie" in Europa. In: Bücherkunde, H.1, 1938,
S.8, ders. Die Krise des... (über Rolland und Gide). Hier wird zugegeben,
daß Rolland in früheren Jahren als ausgezeichneter Deutschlandkenner und
Deutschenfreund galt, weswegen er in Frankreich oft angegriffen wurde. Er
sei nun ein "Propagandist" der SU. Gides Geisteskrise sei ein nahezu natur-
getreues Abbild der französischen Geisteskrise usw. Vgl. auch Richard
Sexau: Zersetzung und Aufbau. In: Die Schule, H.9, 1935, S.5, wo u.a.
gesagt wird, daß Männer wie Rolland und Gide "von hohem Streben beseelt
sind", wörtlich schreibt er: "...Und diese immer mehr Anhänger um sich
scharenden Geister haben nicht wenig zu einer Haltung des französischen
Volkes beigetragen, die wir auch als Feinde - allerdings nicht völlig neidlos -
anerkennen müssen..."; s.a. Boveri, S.485. Vgl. zu Hieromini (Mitglied
der Reichsjugendführung) Deutsche Briefe, Bd. 1, S.609-611, sowie Bd.2,
S.525-526. H. kam aus einer katholischen Familie, sein Bruder hatte eine
führende Rolle in der Zentrumsjugend gehabt. Siehe auch Martin
Hieromini: Die religiöse Lage der deutschen Jugend. In: Volk und Werden,
H.6, 1935, sowie ders.: Junger Deutscher vor Gott, Frankfurt a.M., 1937.

90) NL 1934, S.660, Zur deutschfeindlichen Haltung in Frankreich vgl. u.a.
"Frankreich setzt sich mit Deutschland auseinander". In: Hochschule und
Ausland, H.11, 1935: von 50-70 Büchern aktuellen Inhalts über Deutschland
seien rund 30 von emigrierten Politikern und Schriftstellern geschrieben.
Von der modernen deutschen Literatur sei fast nur die Exilliteratur bekannt,
s.a. O. Engelmayer: Die Deutschlandideologie der Franzosen, Berlin, 1937,
sowie:Zur deutsch-französischen Übersetzungsstatistik 1933-1938. In: Deutsch-
Französische Monatshefte, Dez. 1938, S.585-587; Bauschinger, 1939:3, S.375.

91) NSMH 1935, S.764.

92) NSMH 1937, S.268. Vgl. auch Alfred Ehrentreich: André Gide über Rußland.
In: Archiv für das Studium der neueren Sprachen, H.1/2, 1937, S.67-70, wo
u.a. gesagt wird: "...Ein nationalsozialistisches Deutschland wird Gides Erfahrungen vielfach als Bestätigung seines antibolschewistischen Kampfes be-
grüßen, es wird aber dem Dichter keine Lorbeeren winden, der sich offen
als Gegner des Dritten Reiches bekennt und weltanschaulich sehr entgegen-
gesetzte Pfade wandelt..." (S.69). Ehrentreich scheint nicht zu bemerken/
bemerken zu wollen, daß vieles, was Gide über Willkür und Tyrannei weniger
Einzelner in der SU sagt u.a. auch für das Dritte Reich gelten könnte. Vgl.
hierzu auch Martin Hieromini: Abendländische Verantwortung. In: Bücherkunde, H.7, 1937, S.393-400: Kritik zu Robert d'Harcourt: Das Evangelium
der Macht. Das Gesicht der Jugend im Dritten Reich (Paris, 1936). H. hole

seine Informationen von der katholischen Opposition im Reich, berichte über
Konflikte zwischen Jugend und Eltern, über Intellektuellenfeindlichkeit des
NS, das sei Greuelhetze usw. Vgl. zu Harcourts Buch auch Deutsche Briefe,
Bd. 2, S. 514, 702, 713-714.

93) NSMH 1940, S. 709-710. Weise beurteilt auch die Werke von Giraudoux,
du Gard und J. Romains als "Werke des Niederganges".

94) U.M. 1933, S. 472-476, 537-540. Vgl. auch Wulf: Literatur.., S. 102-111.

95) U.M. 1934, S. 660.

96) U.M. 1937, S. 479-480.

97) NSMH 1933, S. 139.

98) Hieromini: Krise des..., S. 90-91, vgl. auch Sexau 84).

99) U.M. 1942, S. 21, sowie S. 141, wo das "Französische Tagebuch" (August
1939-Juni 1940) von Alfred Fabre-Luce (Hanseatische Verlagsanstalt) besprochen wird. Fabre-Luce habe die Politiker und Literaten entlarvt, die
Frankreich in Krieg und Niederlage geführt hätten. Vgl. den Auszug in der
Bücherkunde, H. 12, 1938, S. 624 aus A. de Chauteaubriand: "Geballte
Kraft". Ein französischer Dichter erlebt das neue Deutschland, Karlsruhe,
1938 (positiver Bericht über das Dritte Reich). Vgl. zu Chauteaubriands Buch
Deutsche Briefe, Bd. 2, S. 774-776, 783-787. Die katholische Exilzeitschrift
nennt das Buch einen Dolchstoß im Rücken der verfolgten deutschen Christen.
Zur Diskussion in der wissenschaftlichen Presse über Frankreich, in der
sich die Ansichten nicht immer mit denen der Nationalsozialisten in der NL,
den NSMH, der Bücherkunde deckten, vgl. u.a. Birgitta Almgren: "Die Germanisch-Romanische Monatszeitschrift 1929-1943". Eine Untersuchung über
Auseinandersetzung zwischen humanistischen Gedanken und nationalsozialistischer Ideologie, Lizentiatabhandlung, Uppsala, 1969.

100) U.M. 1939, S. 318-319.

101) U.M. 1939, S. 422.

102) NL 1941, S. 87.

103) U.M. 1935, S. 45 sowie S. 108. Zur "deutschfeindlichen Haltung" in der
Tschechoslowakei und in Polen vgl. u.a. W. Beer: Prags kulturelle Ver-
wandlung. In: Geist der Zeit, Febr. 1938, S. 83-86 u.a. über den Einfluß
der Emigranten, s.a. E. Wolfgramm: Vom deutsch-tschechischen Kultur-
austausch. Das deutsche Buch in tschechischer Sprache. In: Volk an der
Arbeit, Nov. 1937, S. 331: übersetzt wird hauptsächlich viel unliterarisches
Schrifttum wie Courths-Mahler und volksfremde Literatur. Über Polen u.a.
Kurt Lück: Der Mythos vom Deutschen in der polnischen Volksüberlieferung,
Leipzig, 1938. Lück behauptet hier, polnische Schriftsteller hätten in ihren
Romanen "ein Zerrbild vom Deutschen" geschaffen, das tief ins Volk ge-
drungen sei. Dies sei auch die Quelle für die polnische Abneigung gegen
alles Deutsche. Vgl. auch die Besprechung des Buches in: Ostland, 19. Jg.
1938, S. 340.

104) U.M. 1936, S. 118-119.

105) U.M. 1937, S. 99-102.

106) U.M. 1937, S. 154-155, 206-207, 260-261, 426; 1938, S. 41-43 u.a.

107) U.M. 1937, S. 589-590. Zur Stellung des deutschen Buches in Italien vgl.
"Kulturkampf und Geschäftsinteressen". In: Die Literatur, H. 7, 1933, S. 371,
sowie NL 1938, S. 262 (Bedenken gegen italienische Kulturpolitik).

108) Strothmann u. a.
109) U. M. 1939, S. 418-419, vgl. auch S. 524.
110) Thulstrup, S. 129-230 u. a.

ZUSAMMENFASSUNG

1) Nach der Machtergreifung im Januar 1933 fand die Neue Literatur in ihrem fanatischen Kampf gegen die "Literatur der Juden und Judengenossen" die Unterstützung des machtvollen NS-Staates. Eine offene Opposition gegen ihre Literaturauffassung war unmöglich geworden. Für die bekämpften Schriftsteller und ihre Werke gab es keinen Platz mehr im Dritten Reich. Der Sieg Will Vespers und seiner Gesinnungsgenossen manifestierte sich u. a. deutlich in den Bücherverbrennungen am 10. Mai 1933. Sieht man nur diese Tatsachen, dann müßte man eigentlich vermuten, daß die Neue Literatur nun ihr Ziel erreicht hatte und es nicht mehr notwendig war, den Kampf von vor 1933 fortzusetzen.

2) Die Wirklichkeit war jedoch etwas anders. Die Tatsache, daß die Neue Literatur und auch andere NS-Zeitschriften ihren Kampf weiterführten, zeigt, daß die von den Nationalsozialisten kritisierten Schriftsteller und Bücher auch nach 1933 immer noch Verleger und vor allem Leser fanden. Auch die ehemals bürgerliche Presse hat noch nach den Bücherverbrennungen Werke von ausländischen und deutschen Autoren gelobt, die offiziell mehr oder weniger verfemt waren. Sicher ist auch, daß manche Verleger, ein Teil des Buchhandels und der Presse den Nationalsozialisten nur unter Druck gehorchten. Es kamen immer wieder Verstöße gegen die nationalsozialistischen Richtlinien vor. Dies bezeugen u. a. die Denunzierungen in der Neuen Literatur. Die vorgelegte Untersuchung scheint zu bestätigen, daß sich weder Presse noch Literatur in den zwölf Jahren nationalsozialistischer Herrschaft total gleichschalten ließen.[1] Auch innerhalb der wissenschaftlichen Forschung und Lehre (dieses Gebiet wurde vor allem von den Nationalsozialistischen Monatsheften bewacht), gab es versteckte und offene Opposition. Oft war die Anpassung nur äußerlich. Auch hier war die Gleichschaltung nicht total. Diese Demonstrationen von innerer Freiheit und versteckter Opposition wurden dadurch erleichtert, daß verschiedene einflußreiche Nationalsozialisten nicht immer einer Meinung waren. Auch die Unterstützung, die oppositionelle Persönlichkeiten bei immer noch mächtigen Institutionen fanden, beispielsweise den Kirchen, bot einen gewissen Schutz oder zumindest Möglichkeiten zu protestieren.[1a]

3) Die eigentlichen nationalsozialistischen Autoren brauchten die Hilfe des Staates, um sich durchsetzen zu können, denn der Geschmack des Publikums oder des Lesers änderte sich oft nur durch Druck oder Zwang von oben. Beliebt waren im Dritten Reich wie auch in der Weimarer Republik vor allem Unterhaltungstheater, Operette, Revue und Revuefilm, obwohl diese "Kunstformen" von rechtgläubigen National-sozialisten als volksverderbend und "verjudet" hingestellt worden waren[2] (vgl. Kap. III). Gerade die leichte Muse wurde im Dritten Reich konsequent gefördert,[3] trotz aller Proteste in beispielsweise NL und NSMH gegen Operette und Unter-haltungstheater oder Unterhaltungsfilm. Der NS-Staat bot den Volksmassen die leichte Muse, die schön, heiter, volkstümlich und unpolitisch sein durfte, und propagandierte gleichzeitig für die "große Kunst", die tief- und hintersinnig sein mußte. Es gehört zu den vielen Widersprüchen im Dritten Reich, daß man hohe theoretische Ansprüche stellte, aber im Alltag das bot, was gefiel. Wenn es notwendig erschien, verleugnete man die eigenen Grundsätze, ohne Rücksicht auf Proteste einzelner Nationalsozialisten wie Vesper und Frels, und ließ die Wirklichkeitsflucht nicht nur zu, sondern förderte sie sogar. Man wußte, daß die Masse nicht nur Brot, sondern auch Spiele brauchte, d.h. Entspannung von Arbeit, Politik und Krieg. Die Wirklichkeit war also anders als der Kampf der NL und der NSMH gegen die oberflächliche Unterhaltungskunst und -Literatur vermuten läßt. Auf diesem Gebiet hatte man wenig Erfolg und fand wenig aktive staatliche Unterstützung. Die von der NL und anderen NS-Zeitschriften geforderte politisch bewußte, arteigene Literatur und Kunst wurde zu Feierstunden eingesetzt, sie beherrschte auch den Schulunterricht[4] und die sogenannte politische Schulung in der HJ. Hier sollte sie erzieherisch wirken. Nur erzielte diese Literatur selten große Publikumserfolge.[5] Die Masse bevorzugte privat die im Grunde unpolitische leichte Muse, die zuweilen nationalsozialistisch auf-frisiert wurde. Die bürgerlichen Kreise wählten im allgemeinen die Literatur der Innerlichkeit oder sogar die der Inneren Emigration.[6] Die vorgelegte Unter-suchung scheint nämlich zu beweisen, daß die eigentliche NS-Dichtung nie wirk-lich volkstümlich wurde, denn man mußte für sie mit allen Mitteln der Propaganda, der Anbiederung, der Diffamierung und Drohung kämpfen. Das wird von der NL in verschiedenen Zusammenhängen auch eingestanden. Sie wurde dem Leser jedoch u.a. durch Buchschenkungen und Parteibüchereien aufgezwungen.

4) Gerade die Diffamierungen und Denunzierungen in den hier untersuchten Zeitschriften beweisen, daß es im Dritten Reich Schriftsteller, Künstler und Forscher
gab, die ihr Werk stillschweigend fortsetzten und sich den Nationalsozialisten nur
soweit anpaßten, wie es eben notwendig war. Das ist im übrigen auch durch eine
Anzahl von wissenschaftlichen Untersuchungen festgestellt worden.[7] Es gab
damals eine offene oder notwendig getarnte Opposition der ganz wenigen, zum
anderen eine gewisse erzwungene Anpassung bei beibehaltener selbständiger
Kritik in einzelnen Fragen und zum dritten die bewußte, freiwillige und totale
Identifizierung mit dem Nationalsozialismus. Die Sündenfälle der übertriebenen
und eiligen Anpassung,[8] - das beweisen u. a. auch die hier zu Vergleichen angeführten Artikel und Schriften -, waren natürlich weit zahlreicher als die mutigen
Demonstrationen von Charakterstärke und gefährlicher Opposition. Die Frage,
wo die getarnte Opposition aufhörte und die feige Anpassung begann, ist schwer
zu beantworten. Ebenso wenig können wir heute klar entscheiden, was als erzwungene Anpassung verteidigt werden darf und was nichts anderes war als Anbiederung auf Grund menschlicher Schwächen wie Existenzangst und Karriere.
Solche Schwächen spielen auch in demokratischen Staaten eine ziemlich große
Rolle, ohne sich jedoch so gefährlich auswirken zu können wie in einer Diktatur.

Eins scheint sicher zu sein. Das Dritte Reich entwickelte ebenso wenig eine
neue Ästhetik wie eine neue Gesellschaftsordnung. Es begünstigte höchstens
Charakterschwäche und Mittelmaß.[9] Mit Hilfe des Staates und der Partei triumphierte die "Provinz". Die Mißgunst siegte oft über den verdienten Erfolg, aber
es gelang den neidischen, provinziellen und mittelmäßigen Schriftstellern von
der Art Vespers nicht, über die Trivialliteratur zu siegen. Die von der NL so
verächtlich betrachtete "geschmacksverderbende und volksverderbende" Unterhaltungsliteratur triumphierte auch im Dritten Reich, obwohl man die "Juden und
Judengenossen", die nach Ansicht der NL gerade diese Literatur und Kunst "fabri-
ziert" hatten, vertrieben hatte. Und bei Film und Theater konnten sogar einige
"Judengenossen" weiter mitarbeiten (vgl. Kap. III, siehe auch Kästner, Thiess u.a.),
obwohl sie von der NL diffamiert und bekämpft wurden.

5) Natürlich haben NL, NSMH und andere NS-Zeitschriften effektiv dafür gesorgt,
daß das "deutsche Kulturleben" allmählich "gesäubert" wurde. Durch ihre Diffa-

mierungen sind antinationalsozialistische und nichtnationalsozialistische Bücher
entdeckt und aus dem Verkauf gezogen worden. Dies gilt vor allem auch für die
übersetzte Literatur, die von Verlegern und Lektoren wahrscheinlich oft deshalb
ausgewählt wurde, weil sie den literarischen Forderungen der Nationalsozialisten
nicht entsprach und ähnlich wie die Bücher der Inneren Emigranten wirken sollte.
Zuweilen war nicht das Werk, sondern nur der Autor der "Stein des Anstoßes".
So wurden "arteigene Bücher" verboten oder bekämpft, weil ihr Autor den Nationalsozialismus oder das Dritte Reich angegriffen hatte. Diese Diffamierungen haben
auf im Reich lebende Autoren, Journalisten, Verleger und Künstler sicher im
allgemeinen einschüchternd gewirkt. Da man immer wieder auf mißliebige Schriftsteller, Künstler, Verleger, Journalisten und auch Buchhändler aufmerksam
machte, zwang man die Oppositionellen zur Vorsicht. Wo das offizielle Verbot,
die anbefohlene Verfemung noch nicht gewirkt hatte, wirkte die Kontrolle von
Vesper und Co.

6) Gerade die Geschichte sollte durch die völkischen Dichter neu interpretiert
und dem Volk, vor allem der Jugend, nahegebracht werden.[10] Schon aus diesem
Grunde förderten die Nationalsozialisten den historischen und zeitgeschichtlichen
Roman. Auch die Inneren Emigranten und die Exilautoren bevorzugten den historischen Roman, um mit Hilfe der Geschichte ihre Deutung des Nationalsozialismus zu geben. Die NL förderte den ihr genehmen historischen Roman, wobei sie
in einigen Fällen, u.a. Bergengruen,"falsch" interpretierte, und versuchte die
Dichter dazu zu inspirieren, in ihren Werken Geschichte und Zeitgeschichte im
Sinne der Nationalsozialisten zu deuten. Je totaler der Krieg wurde, desto mehr
wurde von der Dichtung die direkte politische Propaganda[11] und Abkehr von der
Innerlichkeit und vom Dichter der politische Einsatz u.a. als Frontberichterstatter
verlangt.[12] Der Dichter als "Ausnahmefigur" (so sah ihn vor 1939 die NL) war
nicht mehr gefragt. Seine "weltfremde Versponnenheit" wurde, soweit sie für ihn
typisch war, verspottet. Als Frontberichterstatter sollte der "wirkliche Dichter"
es lernen, eine "schonungslose Wirklichkeit zu lieben", um so "neue Chancen des
Erlebens" zu erhalten.

7) Im Reich ließ sich die NS-Dichtung nur durch Zwang und einseitige Propaganda
durchsetzen. Mit den gleichen Mitteln wurde die verfemte Literatur ausgeschaltet.

Aber im Ausland, wo diese Propaganda und dieser Zwang vor 1939 unmöglich
waren, war die Niederlage der "deutschen Dichtung" gegenüber der Exilliteratur
fast total. Das bestätigen auch die Artikel der NL, insbesondere Will Vespers
"Kampfartikel". Erst auf Grund der militärischen Erfolge kann man im eroberten
Gebiet für die eigene "Dichtung" wirken, indem man sie dem Leser aufzwingt.
Wie im Reich finden die Nationalsozialisten (wenn auch nur in geringer Anzahl)
einige willige Mitarbeiter. Freiwillige Leser hat die NS-Literatur hier jedoch
nur in sehr geringer Zahl gefunden. Gerade Vesper hat immer wieder betont,
daß die "wahren Dichter" das deutsche Volk und die Welt durch "Geist und Leistung" überzeugen müßten. Da er aber immer wieder vom Staat Hilfe in seinem
"geistigen Kampf" verlangte, scheint er an diese Art der Überzeugung selbst
kaum geglaubt zu haben. Er hat mit seinem Kampf für die Geltung "der wahren
deutschen Dichtung" im Reich (abgesehen von seinen eigenen Kreisen) keinen
allzu großen, im Ausland (abgesehen von gewissen auslandsdeutschen Kreisen)
so gut wie keinen Erfolg gehabt. Um so erfolgreicher war seine Diffamierungs-
kampagne im Reich. Die hier angeführten Schlußfolgerungen dürfen jedoch nicht
darüber hinwegtäuschen, daß Vesper und seinesgleichen innerhalb der "völkischen"
Gruppen nachhaltend gewirkt haben.

Anmerkungen zur Zusammenfassung

1) Vgl. Mallmann, wo ähnliches konstatiert wird.
1a) Vgl. u.a. Ziesel. Thiess war Mitautor des Drehbuchs zu "Es war eine rauschen-
de Ballnacht", auch Kästner, von Molo, Reck-Malleczewen (...reitet für Deutschland) und Ebermayer schrieben für den Film. Die NSMH greifen Autoren an,
die von der Kirche gefördert werden, vgl. u.a. Kap. III. Auch Protestkundgebungen gegen antireligiöse Literatur sind von der Kirche direkt unterstützt
worden. So kam es u.a. noch 1935 zu Protestkundgebungen katholischer
Jugendlicher gegen die Aufführung von Edmund Kiss: Wittukind (Schauspiel),
in dem u.a. die katholische Kirche und Karl der Große angegriffen wurden.
Vgl. Kap. III. Die Jugendlichen mußten aus dem Theater in Hagen gewaltsam von
der Polizei entfernt werden. Katholische Geistliche hatten von der Kanzel zu
einem Sühnegottesdienst aufgefordert, der am 3.2.1935 stattfand. Vgl. Protestkundgebung bei der "Wittukind-Aufführung". In: Frankfurter Zeitung vom
4.2.1935.
2) Vgl. u.a. die Filmrezensionen von Wilhelm Frels in der NL. Siehe auch Kap. III.
3) Vgl. u.a. die Tagebücher von Erich Ebermayer, die Memoiren von Marika Rökk,
Olga Tschechowa u.a. sowie Goebbels Tagebücher, hrsg. von Louis P. Lochner, Zürich, 1948, S. 47, 71-72, 103-104, 141, 190-191, 487, 501.
4) Vgl. u.a. Josef Scherl: Der historische Roman im Geschichtsunterricht. In:
Die Scholle, H. 4, 1936, S. 214-249. Scherl empfiehlt Romane von u.a. Ponten,
Kutzleb, Ellert, Vesper, Watzlik, Chomton, Schmückle, von Rummel als
"Quellen" für den Geschichtsunterricht. Man müsse die Konjunktur für den historischen Roman ausnutzen, aber es sei wichtig, mit welchen Augen die Vergangenheit gesehen werde. Vgl. auch die Literaturauswahl in HJ-Zeitschriften

wie "Wille und Macht", "Die HJ", "Junge Welt", "Das deutsche Mädel" und
in der Schülerzeitschrift "Hilf mit!" Vgl. Vondung und Habusek.

5) Vgl. u. a. Langenbucher: Dichterpreis und. . . .; insbesondere der Preis zum
1. Mai und die großen Preise der Reichsparteitage hätten absatzfördernd gewirkt. Man habe innerhalb der Parteiorganisationen mit Erfolg für diese
Bücher werben können. Auch die öffentliche Preisverleihung, die Wochen-
schau, die Pressebesprechungen hätten erfolgreich gewirkt, so daß Bücher,
die bisher nur wenig verkauft worden wären, neuverlegt werden konnten. Eine
Wirkung im Ausland sei durch die Preisverleihung jedoch nur gelegentlich
erreicht worden. Weit verbreitet wurde die NS-Literatur auch durch Publikationen wie "Ewiges Deutschland". Ein Hausbuch, 2. u. 3. Folge, hrsg. vom
Winterhilfswerk des deutschen Volkes, Auswahl A. Fr. Velmede, Braunschweig,
1940 u. 1941, Vgl. Strothmann, S. 376-378.

6) Das scheint auch nach 1945 der Fall gewesen zu sein. Die ganze Exilliteratur
wurde nach 1945 dem deutschen Volk nicht angeboten, dabei spielte die Ost-
West-Auseinandersetzung eine große Rolle. Die Buchbesprechungen in der
damaligen Presse waren abhängig davon, wo ein Autor im politischen Kampf
gestanden hatte, die Exilliteratur wurde so in den kalten Krieg mit einbezogen.
Vgl. hierzu: Gerhard Roloff: Exil und Exilliteratur in der deutschen Presse
1945-1949. Ein Beitrag zur Rezeptionsgeschichte. Deutsches Exil 1933-1945.
Eine Schriftenreihe, hrsg. von Georg Heintz, Band 10, Worms, 1976. In der
BRD kann auch ein anderer Faktor hinzugekommen sein. Man hielt der Literatur
die "Treue", die im Dritten Reich Trost gegeben hatte. Meine eigenen Tagebücher berichten darüber, wie man dem harten Leben in HJ und KLV-Lager
entfloh, indem man sich gerade der Literatur der "Innerlichkeit" zuwandte;
unbewußt ist diese Literatur als "Gegenwelt" zum NS empfunden worden. Aber
eben nur unbewußt, denn die Verzweiflung über die "Härte" wandte sich gegen
einzelne Personen (Repräsentanten) des Regimes nicht gegen das Regime überhaupt, die 14-16 jährige begriff überhaupt nicht, oder wollte nicht begreifen,
daß die Härte und Brutalität, der sie selbst ausgesetzt war, typisch für das
Regime waren.

7) Vgl. u. a. Nationalsozialismus in Germanistik und Dichtung. Dokumentation
des Germanistentages in München vom 17. bis 22. Oktober 1966, Berlin, 1967;
Deutsches Geistesleben und Nationalsozialismus. Eine Vortragsreihe der
Universität Tübingen, hrsg. von A. Flitner, 1965; Die deutsche Universität
im. . . .; Karl Ferdinand Werner: NS-Geschichtsbild. . ., Bollmus. Die hier
geschilderte Situation ist damals auch von Exilautoren erkannt worden. Vgl.
u. a. Heinrich Mann: Die erniedrigte Intelligenz. In: Das Neue Tagebuch,
Nr. 12 1933, wiederveröffentlicht in ders.: Verteidigung. . ., S. 285-296.

8) Vgl. u. a. die Umbenennung der Zeitschrift "Euphorion", hrsg. von Julius
Petersen und Hermann Pongs, in "Dichtung und Volkstum" 1934, sowie das
Vorwort der Hrs. in der 1. Nr. der umbenannten Zeitschrift. Ab 1934 vertritt die Zeitschrift fast ausschließlich völkische Ideen. Dies ist nur ein
Beispiel von vielen. Durch Anpassung und blinde Hingabe verspielte man
Werte wie Volk, Nation, Vaterland. Eine kritische Distanz in Bezug auf
diese Werte bedeutet nicht, daß man sie verleugnet. Zu Petersen und Pongs
vgl. Gilman, S. 50-58, 73-77. Für viele ehemals Völkische war die Anpassung
an den NS eine natürliche Konsequenz, vgl. u. a. Bo Hallberg: Die Jugendweihe, Lund, 1977, S. 106-145 (über deutschgläubige Jugendweihen) sowie
u. a. Mallmann, S. 73-86, 96-98 u. a.

9) Vgl. Hinz: Die Malerei... Hier wird das Geschehen marxistisch gedeutet, der NS wird mit dem Faschismus gleichgesetzt. Diese beiden Begriffe sollten jedoch nicht miteinander identifiziert werden, vgl. u. a. Karl Dietrich Bracher: Zeitgeschichtliche Kontroversen. Um Faschismus, Totalitarismus, Demokratie, München, 1976; Wilhelm Alff: Der Begriff des Faschismus und andere Aufsätze zur Zeitgeschichte, Frankfurt, 1971. Auch in Bezug auf verschiedene völkische und konservative Gruppen muß beachtet werden, daß nicht alles, was nicht demokratisch ist, auch schon faschistisch oder nationalsozialistisch ist. Es kann Ähnlichkeiten und Gemeinsamkeiten geben, ohne daß eine Identifikation berechtigt ist. S. a. Erwin Leiser: Lever fascismen? vmb. årg. 27/1978:3.

10) Vgl. Scherl sowie Aley: Jugendliteratur... Auch die sogenannte Blut- und Boden-Literatur ist damals insbesondere in Schule und HJ gefördert worden. Zu bedenken bleibt jedoch, daß der Haß gegen Großstadt und Kapitalismus auch in anderen Jugendverbänden von vor 1933 verbreitet war. Es gab ihn in konservativen, völkischen und kirchlichen Kreisen. Das galt und gilt heute übrigens auch wieder in bezug auf die sogenannte Asphaltliteratur. In bestimmten linksradikalen Kreisen ist dieser "Haß" auf die Großstadt heute verbreitet, vgl. u. a. Werner Faßbinder: Der Müll, die Stadt und der Tod, edition suhrkamp 803, 1976. Bei der Diskussion um dieses Schauspiel zeigte es sich wieder einmal, daß diffamierende Schlagwörter wie Faschist oder Linksfaschist unbedenklich gebraucht werden, sobald man jemanden angreifen will, der nicht ins politische Normalklischee paßt. In ähnlicher Weise hat z. B. Vesper das im Dritten Reich so diffamierende Schlagwort "Asphaltliterat" gebraucht. Vielleicht sollte man bedenken, daß Schlagwörter, die nur gebraucht werden, um zu diffamieren und zu denunzieren, ihren Sinn verlieren. Außerdem beweist man damit, daß man gar keine ehrliche und offene Diskussion mehr anstrebt.

11) Vgl. u. a. Arno Mulot: Das Gesicht des Bolschewismus in der Gegenwartsdichtung. In: Zeitschrift für Deutschkunde, H. 8, 1941, S. 299-308. Mulot behandelt hier Romane von E. E. Dwinger, Siegfried von Vegesack, Georg Lobsack, Erika Müller-Henning, Kilian Koll, Hans Zöberlein, Wilfrid Bade, die das wahre Gesicht des Bolschewismus schildern und daher politisch wirken. Vgl. hierzu u. a. auch Benno von Wiese: Politische Dichtung in Deutschland. In: Zeitschrift für deutsche Bildung, H. 2, 1934, S. 65-74.

12) Vgl. u. a. Kohlhauer: Wir brauchen.... Siehe auch Kurt O. Fr. Metzner: Neue Wege der Buchkritik und Karl Rauch: Nachwort der Schriftleitung. In: Das Wort vom 7. 12. 1934. Die Buchbesprechung (nicht mehr Kritik) soll in Zukunft zeigen, ob ein Buch von der NS-Ideologie ausgeht und ob es diese Gesinnung überzeugend darstellt.

QUELLEN- UND LITERATURVERZEICHNIS

A. Gedrucktes Quellenmaterial

I. Die Neue Literatur, hrsg. von Will Vesper, Ed. Avenarius Verlag, Leipzig
CI, 34. Jg. (H. 1, Januar 1933) bis 44. Jg. (H. 3, März 1943).
Die Nationalsozialistischen Monatshefte, Hrs.: Adolf Hitler, Hauptschrift-
leiter Alfred Rosenberg, Verlag Franz Eher Nachf., München, 4. Jg. Heft 34
(Januar 1933) bis 15. Jg., Heft 163 (1944).
Artikel aus diesen beiden Zeitschriften werden im Literaturverzeichnis nicht
wieder aufgeführt.

II. Folgende Artikel aus der Presse der NS-Zeit:
Archiv für das Studium der neueren Sprachen:
Ehrentreich, Alfred: André Gide über Rußland, H. 1/2, 1937, S. 67-70.
Baseler Nationalzeitung:
Lepel, Hermann: Ausklang der deutschen Theaterspielzeit 1933/34, vom 2. 7.
1934.
Börsenblatt für den deutschen Buchhandel:
Deutsche Buchausstellung in Rumänien, Nr. 10, 1938.
Dickmann, Ernst Günther: Die Gestalt des Führers in der Dichtung, Nr. 90,
1941, S. 149.
Hagemeyer, Hans: Der neue Mensch, Neue Aufgaben des Schrifttums und Mitt-
lertums.
Klüber, A. Dr.: Die Organisation der Schrifttumsüberwachung, Nr. 204, 206, 210,
210, 1934, S. 769-771, 778-779, 789-790.

Bücherkunde, Referatblatt des Amtes für Schrifttumspflege beim Beauftragten
des Führers (Alfred Rosenberg) für die gesamte geistige und weltanschauliche
Schulung der NSDAP:
Bökenkamp, Werner: Über die literarische Halbwelt, H. 7, 1937, S. 387-391.
Carossa, Hans: Einsamkeit und Gemeinschaft, H. 12, 1938, S. 617-621.
Chauteaubriant, A. de: Deutsche und Franzosen (Auszug aus "Geballte Kraft",
Karlsruhe, 1938). Ein französischer Dichter erlebt das neue Deutschland, H. 12,
1938, S. 624-625.
Denecke, Rolf: Grenzen und Freiheit der historischen Dichtung, H. 6, 1940,
S. 154-158.
Der Kunsthistoriker Wilhelm Hausenstein, H. 10, 1941, S. 307-308.
Drahn, Ernst: Der Einfluß des Bolschewismus und seine Literatur auf Deutsch-
land, H. 10, 1941, S. 298-306.
Franke-Heilbronn, Hans: Der Großstadtroman, H. 5, 1941, S. 135-141.
Flemming, Willi,Prof.: Literaturwissenschaft und rassische Betrachtungsweise,
H. 5/6, 1942, S. 133-137.
Hieromini, Martin: Abendländische Verantwortung, H. 7, 1937, S. 393-400.
ders.: Das Ende der literarischen "Bourgeoisie" in Europa, H. 1, 1938, S. 4-12.
ders.: Krise des französischen Geistes. Romain Rolland und André Gide, H. 2,
1938, S. 89-92.
Jessen, Heinrich: Nutzen und Schaden der nordländischen Übersetzungsliteratur,
H. 6, 1940, S. 159-162.

Stg., Dr: Zeitschriftenschau, H. 10, 1941, S. 306-307.
Stöve, Günther: Über die geschichtliche Dichtung, H. 6, 1940, S. 147-154.
Ter-Nedden, Eberhard: Ein Wort über Fallada, Nov. 1941, S. 326-331.
Tügel, Ludwig: Wert und Maß der Dichtung, H. 1, 1939, S. 8-1.
Utikal, Gerhard: Einsamkeit und Gemeinschaft. Fünfte Reichsarbeitstagung
des Amtes Schrifttumspflege und der Reichsstelle zur Förderung des deutschen
Schrifttums, H. 12, 1938, S. 691-692.
Von jenseits der Grenze, H. 12, 1938, S. 687-691.
Walter von Molo schrieb ein neues Buch, H. 12, 1938, S. 645-646.
Wirrwarr einer zügellosen Phantasie (über Fallada), H. 1, 1938.

Bücherwurm:
Hermann, Wolf: Über Ernst Jünger und sein neues Buch, H. 4/5, 1939, 73-79.
Der Buchhändler im Neuen Reich:
Beer, Johannes: Was liest die Jugend wirklich. H. 1, 1938, S. 21-24.
Eschenburg, Harald: Die Jugend und der Dichter Ernst Wiechert, H. 2, 1938.
S. 61-63.
ders.: Berufung und Anmaßung. Eine notwendige abschließende Antwort, H. 5,
1938, S. 178-179.
Mitteilungen der Schriftleitung, H. 2, 1938, S. 60.
Rosenmeyer, Udo: Ernst Wiechert und wir. Ein notwendiges Bekenntnis, H. 5,
1938, S. 177-178.
Der deutsche Buchhandlungsgehilfe:
Kriener, Adolf: Zur Forderung des biographischen Romans, H. 1, 1937, S. 18-23.
Der deutsche Erzieher:
Leistritz, Hans Karl: Die Rolle des Judentums im deutschen Geistesleben, H. 17,
1938, S. 419-421.
Der deutsche Schriftsteller; Zeitschrift f. d. Schriftsteller der Reichsschrift-
tumskammer:
Glaser, Waldemar: Mehr Gemeinsamkeit zwischen Buchhändler und Rundfunk,
H. 3, 1939, S. 58-60.
Hinrichs, August: Dichter und Film, H. 5 (Mai), 1938.
Knudsen, Hans: Vom "heiligen Feuer der Wissenschaft und Kunst", H. 10, 1940,
S. 108-109.
Koeberle-Schönfeldt, Charlotte: Süssholz – auch eine Werbung für Schrifttum, H. 11,
1938, S. 249.
Kohlhauer, Ernst: Wir brauchen harte Dichter, H. 10, 1941, S. 113-114.
Langenbucher, Erich: Dichterpreis und Buchabsatz. Das Ergebnis einer Um-
frage, H. 3, 1939, S. 53-58.
Pohl, Franz Heinrich: Der Naturalismus und unsere Zeit, H. 10, 1940, S. 110-111.
Rienhardt, Rolf: Das Kernproblem: Muß Presse sein?, H. 9, 10 u. 11, 1938,
S. 206-207, 230-231, 249-252.
Schroeder, Matthias Ludwig: Der Arbeiter und das gute Buch, H. 11, 1938, S. 248.
Schroeder-Steinegg, Hubertus: Der deutsche Schriftsteller im Ausland, H. 2,
1941, S. 19-20.
Wilhelm, Hans Hermann: Soll der Dichter aus der Zeit fliehen?, H. 10, 1940,
S. 109-110.
Das deutsche Wort. Der Literarischen Welt neue Folge, Berlin:
Heuss-Knapp, Elly: Kulturkritische Romane in England und Amerika, Nr. 2, 13. Jg.
(1937).
König, René: Literarische Geschmacksbildung, Nr. 2, 13. Jg. (1937), S. 71-82.

Metzner: Kurt O. Fr.: Neue Wege der Buchkritik, Nr. 50, 10. Jg. (1934), S. 1-3.
Möbius, Martin Richard: "Mehr Mut zur Gegenwart!", Nr. 2, 13. Jg. (1937), S. 65-70.
Molo, Walter von: Kritik der Kritik, Nr. 51, 10. Jg. (1934), S. 4-6.
Rauch, Karl: Von der Aufgabe der literarischen Kritik, Nr. 47, 10. Jg (1934), S. 5-7.
ders.: Nachwort der Schriftleitung, Nr. 50, 10. Jg. (1934), S. 3-4

Deutsches Adelsblatt:
Blunck, Hans Friedrich: Volk und Dichter, Nr. 44, 1935, S. 1208.
Hartmann, Hans: Die europäische Sendung der deutschen Dichtung, Nr. 29, 1941, S. 665-667.
Langenbucher, Hellmuth: Von der Aufgabe des Buchhandels als eines politischen Standes, Nr. 44, S. 1208-1209.
Schmid Noerr, Friedrich Alfred: Das Buch als Volksgut, Nr. 44, 1935, S. 1206-1207.
Westecker, Wilhelm: Das Buch als geistiger Kamerad des Volkes, Nr. 44, 1935, S. 1205-1206.

Deutsches Volkstum. Halbmonatsschrift für das deutsche Geistesleben:
Heyck, Hans: Um den geschichtlichen Roman, H. 11, 1937, S. 794-798.
Langenbucher, Hellmuth: Hans Fallada, H. 23, 16. Jg. (1935), S. 986-993.
Matthies, Kurt: Nachtrag zu einem mißlungenen Versuch über Friedrich Georg Jüngers Gedichte (Der Taurus), H. 2, 1938, S. 350-352.

Deutsches Volkstum am Rhein:
Diettrich, Fritz: Der "deutsche Barde" Ernst Lissauer, H. 23, Jg. 15, S. 1007-1009.

Deutsche Zeitschrift:
Winkler, Eugen Gottlieb: Ernst Jünger und das Unheil des Denkens, H. 9/10, 49. Jg. (1935), S. 335-355.

Deutsche Zukunft:
Gerlach, Richard: Begegnung mit Knut Hamsun, Nr. 30, 6. Jg., S. 9.

Deutsch-Französische Monatshefte:
Gemeinsame Arbeitswoche von deutschen und französischen Buchhändlern sowie Studientagung der deutsch-französischen Gesellschaft und dem Comité France-Allemagne (Sommer 1937 in Paris), H. 7/8, 1937, S. 261, 248.
Zur deutsch-französischen Übersetzungsstatistik 1933-1938, Dez. 1938, S. 585-587.
Dichtung und Volkstum:
Petersen, J.-Pongs. H. Vorwort: Nr. 1, 1934.
Eckart:
Dehn, Fritz: Ertrag des Lebens, August 1941, S. 181-185.
I.K. (= Ihlenfeld, Kurt): Ernst Jüngers "Gärten und Straßen", H. 3, 1942, S. 71-75.

Frankfurter Zeitung:
Protestkundgebung bei der Wittukindaufführung, Nr. vom 4. 2. 1935.

Geist der Zeit:
Beer, W.: Prags kulturelle Wandlung, Febr. 1938, S. 83-86.

Der getreue Eckart:
Hohlbaum, Robert: Dichtung im politischen Kampf, H. 9, 1939, S. 556-558.

Die "HJ". Kampfblatt der Hitlerjugend, Hauptschriftleiter Gerhard Pantel, Berlin:
Grassmann, Paul: Der schwedische Nationaldichter: Heidenstam – ein
Freund Deutschlands, Ausgabe vom 25. Sept. 1937, S. 5.
Schwitzke, Heinz: Die vom Manuskript gelöste Seele. Eine Ansprache, zwar nur
auf Zeitungspapier, aber doch an Ernst Wiechert. Ausgabe vom 16. 1. 1937, S. 13.

Hochland:
Höntzsch, Fred: Gericht und Gnade in der Dichtung Franz Kafkas, H. 8, 1934,
S. 160-167.
Thieme, Karl: Das Seufzen der Kreatur, H. 3, 1933, S. 255-258.

Hochschule und Ausland:
"Frankreich setzt sich mit Deutschland auseinander", H. 11, 1935.
Galinsky, Hans: Wie lebt die deutsche Dichtung der Gegenwart in England?,
H. 8/9, 1934.
Tagung der deutsch-italienischen Kulturvereinigungen in Mailand, 1936, H. 1,
1937.

Klingsor (Siebenbürgen):
Deutsch-rumänische Kulturbeziehungen, Nov. 1936, S. 423-426.

Island:
R. Prinz in H. 4, 20. Jg. S. 162.

Die Literatur. Monatsschrift für Literaturfreunde:
"Amerikanischer Brief", Juni 1939, S. 555.
Bergengruen, Werner: Genesis eines Romans, H. 43, 1941, S. 216-219.
"Kulturkampf und Geschäftsinteresse", H. 7, 1933, S. 371.
Trinius, Bernhard: Werner Bergengruen, H. 22, 37. Jg. (1934), S. 544-546.
Vietta, Egon: Auseinandersetzung mit Benn, H. 2, 37. Jg. (1934), S. 70-72.

Mitteilungen der Akademie zur wissenschaftlichen Erforschung und zur Pflege
des Deutschtums, Deutsche Akademie, München (1935, 1936) sowie Deutsche
Kultur im Leben der Völker (1937, 1938) und Sonderdruck der deutschen Aka-
demie, München (1939):
Bauschinger, Charlotte: Das deutsche Buch in fremden Sprachen. Statistik der
Übersetzungen für das Jahr 1935, 1936, 1937, 1938, 1939, H. 4, 1937 (=1936),
S. 473-528, H. 4, 1937, S. 481-522, H. 4, 1938, S. 565-608, H. 3, 1939, S. 370-
420, H. 2, 1941.
Monatshefte für das deutsche Geistesleben:
Baden, Hans Jürgen: Von der Sendung des Schriftstellers, H. 11, Nov. 1941,
S. 335-340.
Friedrich Schiller – Der Triumph des Genies, H. 2, Febr. 1941, S. 58-60.
Rostovsky, Friedrich: Zum "historischen Roman", H. 2, Febr. 1941, S. 56-58.

Das Nationaltheater:
Deubel, Werner: F. v. Unruh und die deutsche Kulturrevolution. Eine Abrechnung. H. 5, Jg. 1932-33. Jan. 1933, S. 92-99.

Die Neue Rundschau:
Müller, Wolfgang: Zivilisationsroman und naiver Roman, H. 12, 1939, S. 456-460.
Suhrkamp: Peter: Über das Verhalten bei Gefahr. Bei Gelegenheit von Ernst Jüngers "Auf den Marmorklippen", H. 12, 1939, S. 417-419.

Propyläen, Beilage der Münchener Zeitung:
Elster, Hanns Martin: Ernst Wiechert. Zu seinem 50. Geburtstag am 8. Mai, Ausgabe vom 14. 5. 1937, S. 260-261.

Revista Germanistilor Romani:
Capesius, Bernhard: Deutsch-rumänische Verständigung durch die Dichtung von heute, Nr. 1, Jg. 1938, S. 61-65.

Die Scholle:
Scherl, Josef: Der historische Roman im Geschichtsunterricht, H. 4, 1936, S. 214-249.

Die Schule:
Sexau, Richard: Zersetzung und Aufbau. Der Weg des Schrifttums während der letzten hundert Jahre, H. 9, 1935, S. 2-6.

Süddeutsche Monatshefte:
Kolbenheyer, Guido: Die Sektion der Dichter an der Berliner Akademie, 28. Jg. (1930/31), S. 519-530.

Südost-Bericht:
Deutsch-Albanische Gesellschaft, H. 5 und 7, 2. Jg.

Die Tat:
Frisé, A.: Was Holland liest, H. 5, 1935, S. 397.

Völkischer Beobachter. Kampfblatt der Nationalsozialistischen Bewegung Groß-deutschlands. Hrsg. Adolf Hitler u. Alfred Rosenberg, München/Berlin:
Ratje, Arthur: Hamsun, der nordische Dichter, Ausgabe vom 21. 7. 1935, Nr. 212.
Verbot des Nigger-Jazz, Ausgabe vom 13. 10. 1935.
Volk im Werden:
Krieck, Ernst: Die gegenwärtige Problemlage der Wissenschaft, H. 4, 1934, S. 220-226.

Volk an der Arbeit:
Wolfgramm, E.: Vom deutsch-tschechischen Kulturaustausch. Das deutsche Buch in tschechischer Sprache, Nov. 1937.

Der Weltkampf. Monatschrift für Weltpolitik, völkische Kultur und Judenfrage aller Länder. Deutscher Volksverlag, München:
Deyerling, Ludwig: Die Wahlarbeit der konfessionellen Zeitschriften, 13. Jg. Sept. 1936, S. 385-399.

Westdeutscher Beobachter:
Roden, Dr.: Kein Platz mehr für Sigrid Undset, vom 8. 11. 1936.

Zeitschrift für Deutsche Bildung:
Boyke, Gustav: Ernst Wiecherts "Der Vater" im Deutschunterricht, H. 5, 1935, S. 270-273.
Wiese, Benno von: Politische Dichtung in Deutschland, H. 2, 1934, S. 65-74.

Zeitschrift für Deutschkunde:
Fink, Reinhard: Das Weltbild Ernst Wiecherts, H. 9, 1935, S. 609-621.
Schneider, Wilhelm: Die Gedichte von Friedrich Georg Jünger, H. 10, 1940,
S. 360-369.
Mulot, Arno: Das Gesicht des Bolschewismus in der Gegenwartsdichtung, H. 8,
1941, S. 299-303.

Zeitschrift für Musik. Monatsschrift für die geistige Erneuerung der deutschen
Musik, Gustav Bosse Verlag, Regensburg, ab. Jg. 1933, u. a.:
Hausegger, Siegmund von: Offener Brief an "Die Neue Rundschau", H. 6, Juni
1933, S. 618-619.

Zeitwende:
Sondermann, Gustav: Ernst Wiechert. Gedanken zu seinem Werke, H. 11,
12. Jg. (1935/36) S. 304-310.
S. G.: Hans Eberling: Ernst Wiechert - Der Weg eines Dichters, H. 10, 1937,
S. 701-703.

Zentralblatt für Bibliothekswesen:
Des Courdes, Hans Peter: Das verbotene Schrifttum und die wissenschaftlichen
Bibliotheken, Nr. 52, 1935, S. 459-471.

III. Artikel aus Exilzeitschriften und Exilzeitungen:

Deutschlandberichte der Sopade:
Die Stimmung unter den Künstlern, Nr. 2, Febr. 1935, S. 68-75.
Schrifttum, Nr. 6, Juli 1935, S. 60-61.

Deutsche Blätter:
Hermann Ullstein: The Rise and Fall of the House Ullstein (Rez.), Nr. 7, 1943,
S. 32,
Paetel, Karl O.: Ernst und Friedrich Georg Jüngers politische Wandlung, H. 10,
1943. S. 1-5 u. S. 28-29.
ders.: Ernst Jünger: "Gärten und Straßen", H. 7, 1944, S. 43-45.
Richter, Hans: Die Entwicklung des politischen Films I u. II, H. 1 u. 2, 1944,
S. 21-24, 17-20.

Internationale Literatur:
Berliner Theaterchronik, Nr. 3, 1934, S. 91-93.
Björnstad, Knut: Sven Hedin entdeckt das Dritte Reich, Nr. 9, 1937, S. 133-135.
Braune Buchbilanz, Nr. 4, 1936, S. 93-96.
Eberstein, Albert: Wer einmal aus dem Blechnapf frißt, Nr. 3, 1934, S. 102-103.
Fallada, Nr. 5, 1935, S. 93.
Grieg, Nordahl: Knut Hamsun, Nr. 7, 1937, S. 136-140.
Günther, Hans: Die wahre Geschichte vom Schriftsteller, der die Wirklichkeit
hinter sich ließ (Fallada), Nr. 6, 1936, S. 144-146.
Leschnitzer, Franz: Carl von Ossietzky. Mit einer Nachschrift über K. Hamsun,
Nr. 1, 1936, S. 106-112.
Neue deutsche Literatur auf englisch, Nr. 5, 1939, S. 146.
Wolf, Friedrich: Die Dramatik des deutschen Faschismus, Nr. 8, 1936, S. 136-
142.
Zum Fall Hamsun, Nr. 3, 1936, S. 3-4.

Maß und Wert:
Brock-Sulzer, Elisabeth: Friedrich Georg Jünger "Der Taurus", H.6, 1938, S.967-971.
Mann, Golo: Ricarda Huch: Das Zeitalter der Glaubensspaltung, H.5, 1938, S.812-814.
Wagner, A.M.: Die deutsche Universität und die deutsche Germanistik, H.2, 1938, S.242-250.

Neue Deutsche Blätter:
Der Fall Hindemith, Nr. 4, 1934, S.91-93.
Helm, Willy: Theater braun und leer, Nr. 8, 1934, S.507-508.
Kersten, Kurt: Kufalt und der Mann in seinem Eignen, Nr. 1, 1934, S.56-58; (Fallada).
Koeser, Hans: Hat doch keinen Zweck, Nr. 4, 1934, S.239-243;(Fallada).
Der Weg zu Blubo, Nr. 1, 1934, S.62;(Fallada).

Neuer Vorwärts:
Furtwängler tritt zurück, Ausgabe vom 29.1.1934.

Neues Tagebuch:
Der deutsche Verleger, Nr. 23, 1933, S.554.
Franck, Wolf: Acht Professoren für Karl den Europäer, Nr. 20, 1935, S.476-477
Mann, Klaus: Erich Kästner, Nr. 41, 1934, S.98.

Neue Weltbühne:
Arion: Musik im Dritten Reich, Nr. 50, 1934, S.1572-1575.
Arion: Richard Strauss, Nr. 30, 1935, S.941-943.
B.F.: Noch einmal Hamsun, Nr. 2, 1936, S.58-59.
Björnstad, Knut: Nazi Sven Hedin, Nr. 25, 1937, S.786-789.
Bloch, Ernst: Forscher und Betrüger, Nr. 40, 1936, S.1250-1255.
Burschell, Friedrich: Die Professoren, Nr. 31, 1935, S.969.
Bücher mit dem gelben Fleck, Nr.9,1937, S.203.
Frei, Bruno: Staatsfeind Schiller, Nr. 31, 1938, S.979-981.
Knut Hamsun, Nr. 44, 1936, S.1400
Mann, Heinrich: Die erniedrigte Intelligenz, Nr. 12, 1933.
Pol, Heinz: Ullstein-Nekrolog, Nr. 25, 1934, S.768-773.
Pollatschek, Stefan: Ein deutscher Bücherzettel, Nr. 16, 1933, S.242-250.
ders.: Neudeutscher Film, Nr. 25, 1933, S.790-793.
Türk, Werner: Talent und Faschismus, Nr. 25, 1935, S.783-785.
Richard Strauss hat Sorgen, Nr. 18, 1933, S.561.
Westheim, Paul: Erinnerungen an Barlach, Nr. 44, 1938, S.1391-1395.

Pariser Tageblatt:
Mann, Heinrich: Antwort an Hamsun, Ausgabe vom 5.12.1935.

Die Sammlung:
Bloch, Ernst: Neue Sklavenmoral der Zeitung, H.5, 1935, S.263-267.
Dallmann, Günter: Kunstpolitik als Mißverständnis, H.9, 1934, S.501-503.
Kerr, Alfred: Der Zustand im deutschen Theater, H.1, 1933, S.33-35.
Kesten, Hermann: Die deutsche Literatur, H.9, 1934, S.453-460.

Mann, Golo: Ricarda Huch-siebzigjährig, H. 1, 1934, S. 55-56.
Nationalsozialistische Dramatik, H. 11, 1934, S. 617-620.
Schönberner, Franz: Hamsun und die Folgen, H. 1, 1933, S. 106-108.

Das Wort:
Berliner: Brauner Film, H. 8, 1938, S. 149-150.
Brief aus Berlin, H. 6, 1937, S. 108-109.
Brief aus dem Dritten Reich, H. 2, 1938, S. 150-152.
Der Hauptmann griff zur Exekution, H. 1, 1938, S. 154-156.
Ein Vorkämpfer für das Verbot der Kritik, H. 2, 1937, S. 98-99.
Frei, Bruno: Braune Presse, H. 1, 1938, S. 86-91.
Kersten, Kurt: Fallada unter den Wölfen, H. 2, 1938, S. 135-138.
Oschilewski, Walther: Ricarda Huch: Römisches Reich deutscher Nation, Nr. 49,
1934, S. 33.
Walden, Herwarth: Der letzte Haupt-Mann, H. 7, 1938, S. 153.
Welch herber Verlust, H. 1, 1938, S. 152-153.
Sowie die Aufsätze zur "Expressionismus-Debatte" von K. Mann, Bernhard
Ziegler (=A. Kurella), F. Leschnitzer, H. Walden, K. Berger, K. Kersten,
W. Illberg, R. Leonhard, E. Bloch, G. Lukacs in H. 9, 12, 1937; H. 2, 3, 6, 7,
1938.

IV. Publikationen aus der NS-Zeit (im Dritten Reich):

Am Scheideweg. Blätter für Knaben der letzten Schuljahre, 20. Jg., Nr. 14 u.
22, Düsseldorf, 1934 u. 1935.
Baur, Wilhelm: Das Buch ein Schwert des Geistes. 1. Grundliste für den
deutschen Leihbuchhandel, Leipzig, 1940.
Bekenntnis der Professoren an den deutschen Universitäten und Hochschulen
zu Adolf Hitler und dem nationalsozialistischen Staat. Überreicht vom NS-
Lehrerbund (Sachsen). Liste der Zustimmungserklärungen, um 1934.
Benn, Gottfried: Der neue Staat und die Intellektuellen, Berlin-Stuttgart, 1933.
Binding, Rudolf G.: Antwort eines Deutschen an die Welt, Frankfurt a.M., 1933.
ders.: Von der Kraft des deutschen Wortes als Ausdruck der Nation, Mainz,
1933.
ders.: Der deutsche und der humanistische Glaube im Angesicht der Zukunft,
Potsdam, 1937.
ders.: Deutsche Jugend vor den Toten des Krieges, Frankfurt a.M., 1933.
Dem Andenken Rudolf G. Bindings, (mit Beiträgen von R.A. Schröder, H.
Claudius, L.F. Barthel, P. Alverdes, E. Penzoldt), Potsdam, 1938.
Bömer, Karl: Das Dritte Reich im Spiegel der Weltpresse, Leipzig, 1934.
ders.: Das internationale Zeitungswesen, Berlin, 1934.
Dannenbauer, Heinrich: Indogermanen, Germanen und Deutsche. Vom Werden
des deutschen Volkes, Tübingen, 1935.
Dschenfzig, Th.: Stefan George und die Jugend, München, 1934.
Ebeling, Hans: Ernst Wiechert - Der Weg eines Dichters, Berlin, 1937.
Engelmayer, O.: Die Deutschlandideologie der Franzosen, Berlin, 1937.
Ernst, Paul: Völker und Zeiten im Spiegel ihrer Dichtung. Aufsätze zur
Weltliteratur, hrsg. von K.A. Kutzbach, München, 1940.
Ewiges Deutschland. Ein Hausbuch, 2. u. 3. Folge, hrsg. vom Winterhilfswerk
des deutschen Volkes, Auswahl A. Fr. Velmede, Braunschweig 1940 u. 1941.

Faulhaber, Kardinal: Juden, Christentum, Germanentum. Adventspredigten, München, 1934.

Fehr, Bernhard: Die englische Literatur der heutigen Stunde, Leipzig, 1934.

Findahl, T.: Traumland Hollywood im Tageslicht. Eindrücke, München, 1940.

Frenzel, Elisabeth: Judengestalten auf der deutschen Bühne, München, 1940.

Frese, Hans: Das deutsche Buch in Amerika, Zeulenroda, 1937.

Galinsky, Hans: Deutsches Schrifttum der Gegenwart in der englischen Kritik der Nachkriegszeit (1919-1935), München, 1938.

Jennrich-Krause-Viernow: Geschichte für Mittelschulen, Halle a. d. Saale, o. J. (1938).

Johst, Hanns: Ruf des Reiches - Echo des Volkes. Eine Ostlandfahrt, München, 1942.

ders.: Standpunkt und Fortschritt, Oldenburg, 1933.

ders.: Fritz-Todt-Requiem, München, 1943.

Juden in Deutschland, hrsg. vom Institut zum Studium der Judenfrage, München, 1935.

Klatt, Fr.: Hans Carossa. Seine geistige Haltung und sein Glaubensgut, Wismar, 1937.

Künneth, W.-Schreiner, H. (Hrs.): Die Nation vor Gott. Zur Botschaft der Kirche in Dritten Reich, Berlin, 1933.

Langenbucher, Hellmuth: Volkhafte Dichtung der Zeit, Berlin, 1940.

Lechter, Melichor: Zum Gedächtnis Stefan Georges, Berlin, 1934.

Lück, Kurt: Der Mythos vom Deutschen in der polnischen Volksüberlieferung, Leipzig, 1938.

Lutz, Günther: Die Frontgemeinschaft. Das Gemeinschaftserlebnis in der Kriegs-literatur, Greifswald, 1936.

Müller, Wolf Dietrich: Ernst Jünger. Ein Leben im Umbruch der Zeit, Berlin, 1934.

"Parole der Woche", NS-Wandzeitungen von 1938. Zwölf parteiamtliche Wand-zeitungen der NSDAP, Eher Verlag, München, 1938.

Raabe, Peter: Die Musik im Dritten Reich. Kulturpolitische Reden und Auf-sätze, 26.-30. Aufl., Regensburg, 1935.

Schmidt, H.D.: Widukind. Ein Vortrag, Göttingen, 1935.

Schneider, Reinhold: Das Inselreich. Gesetz und Größe der britischen Macht, Leipzig, 1936.

Werke und Tage. Festschrift für Rudolf Alexander Schröder zum 60. Geburtstag am 26. Januar 1938, Berlin, 1938.

Wiechert, Ernst: Der Dichter und die Jugend, Mainz, 1936.

Zimmermann, Hildegard: Untersuchungen zur Literaturkritik in der Tagespresse, Heidelberg, 1935.

V. Romane und andere literarische Werke

Andersson, Jones Erik: Staden hägrar, Stockholm, 1941

Bardorff-Stoll-Steinitz: Deutsche Musik, Frankfurt a. M., 1940 (Liederbuch für die Schule).

Bergengruen, Werner: Der Großtyrann und das Gericht, Hamburg, 1936.

ders.: Am Himmel wie auf Erden, Hamburg, 1940.

Czech-Jochberg, Erich: Das Jugendbuch von Horst Wessel, Stuttgart, 1933.

Deutsche Novellen. Mit Lebensbildern ihrer Dichter, für Schulzwecke ausge-wählt, Leipzig, 1936/37.

Edschmid. Kasimir: Das Südreich. Roman der Germanenzüge, Berlin, 1933.

Ewers, Hanns Heinz: Horst Wessel. Ein deutsches Schicksal, Stuttgart, 1932.

Fallada, Hans: Wer einmal aus dem Blechnapf frißt, Berlin, 1934.

ders.: Wir hatten mal ein Kind, Berlin, 1934.

ders.: Der ungeliebte Mann, Stuttgart, 1940.

Fassbinder, Werner: Der Müll, die Stadt, der Tod, edition suhrkamp 803, 1976.

Jünger, Ernst: Auf den Marmorklippen, Berlin, 1939.

ders.: Gärten und Straßen, Kriegstagebuch, Berlin, 1942.

(ders.): Mydrun, Briefe aus Norwegen, o.O. und V. (1943).

Jünger, Friedrich Georg: Der Taurus, Hamburg, 1937.

Klepper, Jochen: Der Vater, Stuttgart, 1937.

Kuckhoff, Adam: Der Deutsche von Bayencourt, Berlin, 1937.

Kuckhoff, Greta (Hrs.): Adam Kuckhoff zum Gedenken. Novellen, Gedichte, Briefe, Berlin (Ost), 1946.

Kühnelt-Leddihn, Erik R. von: Über dem Osten Nacht, Salzburg, 1935.

Lauer, E.(Hrs.): Das völkische Lied. Lieder des neuen Volkes aus dem ersten Jahrfünft des Dritten Reiches, München, 1939.

Mann, K.-Ebermayer E. - Rosenkrantz, H. (Hrs.): Anthologie jüngster Prosa, Berlin, 1928.

Mann, Klaus-Fehse, Willi (Hrs.):Anthologie jüngster Lyrik, Hamburg, 1929.

Molo, Walter von: Holunder in Polen, Wien, 1933.

Schneider, Reinhold: Kaiser Lothars Krone, Leipzig, 1937.

Schröder, Rudolf Alexander: Kreuzgespräch. Geistliche Lieder, Berlin-Steglitz, 1941.

ders.: Heilig Vaterland. Kriegsgedichte, Leipzig, 1914.

Simon, Alfred: Dichtung der Gegenwart für den Schulgebrauch, Leipzig, 1937.

Thies.s, Frank: Johanna und Esther, Wien, 1933.

Vesper, Bernward: "Die Reise", Frankfurt a.M., 1977.

Vesper, Will: Parzival, München, 1911.

Vesper, Will-Fechter, Paul: Lob der Armut, Berlin, 1921

Wiechert, Ernst: Wälder und Menschen, München, 1936

ders.: Eine Mauer um uns baue, Mainz 1937, Privatdruck.

VI. Autobiographisches: Memoiren, Tagebücher, Erlebnisberichte usw.

Barlach, Ernst: Briefe II, 1925-1938, München, 1969.

Bergengruen, Werner: Schreibtischerinnerungen, München, 1961.

Bronnen, Arnolt: Arnolt Bronnen gibt zu Protocol, Frankfurt a.M.,1978.

Carossa, Hans: Aus dem Lebensbericht, Mai 1945. In: Deutsche Beiträge, H.5, München, 1950.

Ebermayer, Erich: Und heute gehört uns Deutschland, Hamburg, 1959.

ders.: ...und morgen die ganze Welt, Bayreuth, 1960.

Edschmid, Kasimir: Lebendiger Expressionismus. Auseinandersetzungen, Gestalten, Erinnerungen, München, 1961.

Eggebrecht, Axel: Der halbe Weg. Zwischenbilanz einer Epoche, Reinbek,1972.

Fort, Gertrud von le: Unser Weg durch die Macht. Worte an meine Schweizer Freunde, Wiesbaden, 1949.

Gadamer, Hans Georg: Philosophische Lehrjahre. Eine Rückschau, Frankfurt a.M., 1976·

Heiseler, Bernt von: Tage. Ein Erinnerungsbuch, Gütersloh, 1954.

Hooghe, Marianne d': Mitbetroffen. Meditationen einer Buchhändlerin über die Jahre 1930-1948, Schriftenreihe Agora, Eratopresse.

Johst, Hanns: Maske und Gesicht. Reise eines Nationalsozialisten von Deutschland nach Deutschland, München, 1943.

Klepper, Jochen: Unter dem Schatten deiner Flügel. Aus den Tagebüchern 1938-1942, dtv 235-237.

Kuckhoff, Greta: Vom Rosenkranz zur Roten Kapelle, Berlin (Ost), 1972.

Lochner, Louis P. (Hrs.): Goebbels Tagebücher, Zürich, 1948.

Loerke, Oskar: Tagebücher 1903-1936, hrsg. von Hermann Kasack, Heidelberg-Darmstadt, 1955.

Mann, Thomas: Briefe 1948-1955 und Nachlese, hrsg. von Erika Mann, Frankfurt a. M., 1965; auch: Tagebücher 1933-1934, Frankfurt a. M., 1978.

Reck-Malleczewen, Friedrich Percyval: Tagebuch eines Verzweifelten. Zeugnis einer inneren Emigration, Fischer, 1162.

Rökk, Marika: Herz mit Paprika, Wien, 1974.

Schneider, Reinhold: Briefe an einen Freund. Mit Erinnerungen von Otto Heuschele, Köln, 1961.

Stolpe, Sven: Stormens år, Stockholm, 1976.

Thiess, Frank: Jahre des Unheils, Hamburg, 1972.

Trepper, Leopold: Die Wahrheit, Zürich, 1975.

Trillhaas, Wolfgang: Aufgehobene Vergangenheit. Aus meinem Leben, Göttingen, 1976.

Tschechowa, Olga: Meine Uhren gehen anders, München, 1973.

Tucholsky, Kurt: Politische Briefe, roro 1183, Reinbek, 1969.

Ullstein, Hermann: The Rise and Fall of the House Ullstein, New York, 1943.

Wiechert, Ernst: Jahre und Zeiten. Erinnerungen, Erlenbach, 1949.

Wiechert, Ernst: Häftling 7188, Tagebuchnotizen und Briefe, hrsg. von Gerhard Kamin, München, 1966.

Ziesel, Kurt: Das verlorene Gewissen, München, 1958.

VII. Dokumentationen, Sammelwerke usw.

Aley, Peter: Jugendliteratur im Dritten Reich. Dokumente und Kommentare, Hamburg, 1969.

Arnold, Heinz Ludwig (Hrs.): Deutsche Literatur im Exil 1933-1945, Bd. I: Dokumente, Frankfurt a. M., 1974.

Boveri, Margret (Hrs.): Wir lügen alle. Eine Hauptstadtzeitung unter Hitler, Olten-Freiburg i. Br., 1965.

Brenner, Hildegard (Hrs.): Das Ende einer bürgerlichen Kunstinstitution. Die politische Formierung der Preussischen Akademie der Künste ab 1933. Eine Dokumentation, Stuttgart, 1972.

Darauf kam die Gestapo nicht. Beiträge zum Widerstand im Rundfunk, Berlin, 1966.

Deutsche Briefe, Bd. 1 und 2, 1934-1938. Ein Blatt der katholischen Emigration, bearbeitet von Heinz Hürten, Mainz, 1969.

Gilman, Sander L. (Hrs.): Literaturtheorie. Eine Dokumentation, Fft/M. 1971.

Grosser, J. F. G (Hrs.): Die große Kontroverse. Ein Briefwechsel um Deutschland, Hamburg, 1963.

Günther, Albrecht E. (Hrs.): Was wir vom Nationalsozialismus erwarten. 20 Antworten, Heilbronn, 1932.

Hesse, Hermann: Neue deutsche Bücher. Literaturberichte für Bonniers Litterära Magasin 1935-1936, hrsg. von B. Zeller, Marbach, 1965; ders: Politik des Gewissens. Die politischen Schriften 1914-1962. Vorwort Robert Jungk, hrsg. von Volker Michels, 2 Bd., Frankfurt a. M., 1978.

Jens, Inge: Dichter zwischen links und rechts. Die Sektion der Dichtkunst der Preußischen Akademie der Künste, dargestellt nach den Dokumenten, München, 1971.

Lange, Horst: Bücher nach dem Krieg. In: Der Ruf. Eine deutsche Nach- kriegszeitung, dtv dokumente 39.

Lehmann-Haupt, Helmut: Neue deutsche Gedichte. Band III der Dokumente des anderen Deutschlands, New York, 1946.

Loewy, Ernst (Hrs): Literatur unterm Hakenkreuz. Das Dritte Reich und seine Dichtung. Eine Dokumentation, Fischer, 1042.

Mann, Heinrich: Verteidigung der Kultur. Antifaschistische Streitschriften und Essays, Berlin (Ost) und Weimar, 1973.

Meschke, Juliane E. (Hrs.): Jochen Klepper-Gast u. Fremdling, Briefe, 1966.

Mierendorff, M.: German Language Theater in Exile, Hollywood 1933-50, Catal. 1974.

Niemöller, Martin: "Dennoch getrost". Die letzten 28 Predigten des Pfarrers Martin Niemöller vor seiner Verhaftung gehalten 1936-1937 in Berlin-Dahlem, Zollikon, 1939.

Paucker, Henri R. (Hrs.): Neue Sachlichkeit. Literatur im "Dritten Reich" und im Exil. Stuttgart, 1974.

Pechel, Rudolf: Deutsche Gegenwart, Darmstadt-Berlin, 1953.

Picker, Henry: Hitlers Tischgespräche im Führerhauptquartier 1941-1942, eingeleitet, kommentiert und herausgegeben von Andreas Hillgruber, dtv dokumente 524.

Tutas, Herbert E.: NS-Propaganda und deutsches Exil 1933-39 (mit dem Leit- heft Emigrantenpresse und Schrifttum von März 1937), Deutsches Exil 1933-45. Eine Schriftenreihe, hrsg. von Georg Heintz, Band 4, Worms, 1973.

Wulf, Joseph (Hrs.): Literatur und Dichtung im Dritten Reich. Eine Dokumentation, roro 809-811.

ders.: Theater und Film im Dritten Reich. Eine Dokumentation roro 812-814.

ders.: Presse und Funk im Dritten Reich. Eine Dokumentation roro 815-817.

ders.: Die bildenden Künste im Dritten Reich, Eine Dokumentation roro 806- 808.

ders.: Musik im Dritten Reich. Eine Dokumentation, roro 818-820.

B. Sekundärliteratur

I. Historische und zeitgeschichtliche Darstellungen

Abel, Karl Dietrich: Presselenkung im NS-Staat. Eine Studie zur Geschichte der Publizistik in der nationalsozialistischen Zeit, Berlin, 1968.

Ackermann, Konrad: Der Widerstand der Monatsschrift Hochland gegen den Nationalsozialismus, München, 1965.

Albrecht, Gerd: Nationalsozialistische Filmpolitik. Eine sozialogische Unter- suchung über die Spielfilme im Dritten Reich, Stuttgart, 1969.

Alff, Wilhelm: Der Begriff des Faschismus und andere Aufsätze, Frankfurt, 1971.

Aleff, Eberhard (Hrs.): Das Dritte Reich, Hannover, 1970.

Almgren, Birgitta: Die Germanisch-Romanische Monatsschrift 1929-1943. Eine Untersuchung über die Auseinandersetzung zwischen humanistischen Gedanken und nationalsozialistischer Ideologie, Lizentiatabhandlung, Uppsala Universi- tät, 1968.

Becker, Wolfgang: Film und Herrschaft, Berlin, 1973.

Berglund, Giesela: Deutsche Opposition gegen Hitler in Presse und Roman des Exils, Stockholmer Germanistische Forschungen, Hrs. : Gustav Korlén, Stockholm, 1974.

dies. : Einige Anmerkungen zum Begriff der "Inneren Emigration", Stockholm, 1974.

Bleuel, Hans Peter-Klinnert, Ernst: Studenten auf dem Weg ins Dritte Reich, Gütersloh, 1967.

Bleuel, Hans Peter: Deutschlands Bekenner. Professoren zwischen Kaiserreich und Diktatur, München, 1968.

Bleuel: Hans Peter: Das saubere Reich. Theorie und Praxis des sittlichen Lebens in Dritten Reich, Bern-München-Wien, 1972.

Blunck, Hans Friedrich: Belgien und die niederländische Frage, Jena, 1915.

Bollmus, Reinhard: Das Amt Rosenberg und seine Gegner. Zum Machtkampf im nationalsozialistischen Herrschaftsbereich, Stuttgart, 1970.

Bork, Siegfried: Mißbrauch der Sprache. Tendenzen nationalsozialistischer Sprachregelung, München, 1970.

Bracher, Karl Dietrich: Zeitgeschichtliche Kontroversen. Um Faschismus, Totalitarismus, Demokratie, München, 1976.

Brenner, Hildegard; Die Kunstpolitik des Nationalsozialismus, rde 167-168, Reinbek, 1963.

Bussmann, W. : Politische Ideologien zwischen Monarchie und Weimarer Republik. In: Historische Zeitschrift, Nr. 190, 1960, S. 55-77.

Courtade, Francis-Cadars, Pierre: Geschicht e des Films im Dritten Reich, München, 1976.

Dahle, Wendula: Der Einsatz einer Wissenschaft. Eine sprachliche Analyse militärischer Terminologie in der Germanistik 1933-1945, Bonn, 1969.

Dannenbauer, Heinrich: Grundlagen der mittelalterlichen Welt, Stuttgart, 1958.

Denkler, Horst-Prümm, Karl (Hrs.): Die deutsche Literatur im Dritten Reich. Themen, Traditionen und Wirkungen, Stuttgart, 1976.

Deutsches Geistesleben und Nationalsozialismus. Eine Vortragsreihe der Universität Tübingen, hrsg. von A. Flitner, 1965.

Flessau, Kurt-Ingo: Schule der Diktatur. Lehrpläne u. Schulbücher des Nationalsozialismus, München, 1977.

Glunck, Rolf: Erfolg und Mißerfolg nationalsozialistischer Sprachlenkung. In: Zeitschrift deutscher Sprache, H. 22, 1966, S. 57-73.

Graml, Hermann: Europa zwischen den Kriegen. dtv Weltgeschichte des 20. Jhs. , Band 5, dtv 4005.

Großmann, Kurt R. : Emigration. Geschichte der Hitlerflüchtlinge 1933-1945, Frankfurt a.M. , 1969.

Habusek, Peter: Das deutsche Schullesebuch in der Zeit des Nationalsozialismus, Hannover, 1972.

Hallberg, Bo: Die Jugendweihe. Zur Geschichte der deutschen Jugendweihe, Lund, 1977.

Hass, Kurt: Literaturkritik im Dritten Reich. In: Frankfurter Hefte, H.29, 1974, S. 52-60.

Heiber, Helmut: Walter Frank und sein Reichsinstitut für Geschichte des neuen Deutschland, Stuttgart, 1966.

Hermand, Jost: Von Mainz nach Weimar, 1793-1919, Stuttgart, 1969.

Hinz, Berthold: Die Malerei im deutschen Faschismus. Kunst und Konterrevolution, München, 1974.

Hoffmann, Gabriele: NS-Propaganda in den Niederlanden. Organisation und Lenkung der Publizität unter deutscher Besatzung 1940-1945 (Dokumentation),1972.

Hollstein, Dorothea: Antisemitische Filmpropaganda. Die Darstellung des Juden im antisemitischen Spielfilm, Dokumentation I, München, 1971.

Hübinger, Paul Egon: Thomas Mann, die Universität Bonn und die Zeitgeschichte, München, 1975.

Kantorowicz, Alfred: Politik und Lit im Exil, Homburger Beiträge zur Sozialgeschichte, Band XIV, Homburg, 1978.

Kater, Michael: Ahnenerbe der SS. 1935-1945. Ein Beitrag zur Kulturpolitik des Dritten Reiches, Stuttgart, 1974.

Kessler, Heinrich: Wilhelm Stapel als politischer Publizist, Ein Beitrag zur Geschichte der konservativen Nationalismus zwischen den beiden Weltkriegen, München, 1967.

Kettenacker, Lothar: Nationalsozialistische Volkstumspolitik im Elsaß, Stuttgart, 1973.

Klipphan, Klaus: Deutsche Propaganda in den Vereinigten Staaten 1933-1941, Heidelberg, 1971.

Kracauer, Siegfried: Von Caligari bis Hitler, Hamburg, 1958.

Krejci, Michael: Die Frankfurter Zeitung und der Nationalsozialismus 1923-1933, Würzburg, 1965.

Kuhn-Pascher-Mayer u. a.: Die deutsche Universität im Dritten Reich. Eine Vortragsreihe der Universität München, München, 1966.

Laack-Michel, Ursula: Albrecht Haushofer und der Nationalsozialismus, Stuttgart, 1974.

Leiser, Erwin: "Deutschland erwache!". Propaganda im Film des Dritten Reiches, Reinbek, 1968. Ders.: Lever fascismen? vmb årg. 27/1978:3.

Link, Werner: Die wirtschaftspolitischen Leitartikel in der "Sonntagszeitung" 1933 bis Anfang 1937. Ein Beispiel publizistischer Opposition im Dritten Reich. In: Publizistik, H. 8, 1963, S. 147-152.

Lion, Ferdinand: Romantik als deutsches Schicksal, Hamburg, 1947.

Mallmann, Marion: "Das Innere Reich", Analyse einer konservativen Kulturzeitschrift im Dritten Reich, Bonn, 1978.

Martens, Erika: Zum Beispiel "Das Reich". Deutsche Wochenzeitung. Zur Phänomelogie der Presse im totalitären Regime, Kiel, 1972.

Messerschmidt, M.: Deutschland in englischer Sicht. Wandlung des Deutschlandbildes in englischer Geschichtsschreibung, Düsseldorf, 1955.

Müssener, Helmut: Exil in Schweden, München, 1974.

Nationalismus in Germanistik und Dichtung. Dokumentation des Germanistentages in München vom 17. bis 22. Oktober 1966, Berlin, 1967.

Nolte, Ernst: Zur Typologie des Verhaltens der Hochschullehrer im Dritten Reich. In: Aus Politik und Zeitgeschichte. Beilage zur Wochenzeitschrift das Parlament, 7.11. 1965, S. 3-14.

Nyblom, Torsten: Motstand - anpassning - uppslutning (Widerstand - Anpassung - Anschluß), Malmö, 1978.

Pross, Harry: Literatur und Politik. Geschichte und Programm der politisch-literarischen Zeitschriften im deutschen Sprachgebiet seit 1870, Olden/Freib., 1963.

Richard, Lionel: Le nazisme et la culture, Paris, 1978.

Ritter, Ernst: Das deutsche Auslandsinstitut Stuttgart 1917-1945. Ein Beispiel deutscher Volkstumsarbeit zwischen den Weltkriegen, Wiesbaden, 1976.

Roloff, Gerhard: Exil und Exilliteratur in der deutschen Presse 1945-1949. Ein Beitrag zur Rezeptionsgeschichte, Deutsches Exil 1933-1945. Eine Schriftenreihe, Hrsg. Georg Heintz, Band 10, Worms, 1976.

Seier, Hellmut: Niveaukritik und partielle Opposition. Zur Lage an den deutschen Hochschulen 1939/40. In: Paul Kluke zum 60. Geburtstag, Frankfurt a. M., 1968.

Sontheimer, Kurt: Antidemokratisches Denken in der Weimarer Republik, München, 1968.

Sparre Nilsson, Sten: Knut Hamsun und die Politik, Villingen, 1964.

Stahlberger, Peter: Der Züricher Verleger Emil Oprecht und die deutsche politische Emigration 1933-1945, Zürich, 1970.

Storek, Henning: Dirigierte Öffentlichkeit, Opladen, 1972.

Strothmann, Dietrich: Nationalsozialistische Literaturpolitik, Bonn, 1963.

Tulstrup, Åke: Med lock och pock. Tyska försök att påverka svensk opionion 1933-45, Stockholm, 1962.

Vondung, Klaus: Völkisch-nationale und nationalsozialistische Literaturtheorie, München, 1973.

ders.: Magie und Manipulation. Ideologischer Kult und politische Religion des Nationalsozialismus, Göttingen, 1971.

Walter, Hans Albert: Deutsche Exilliteratur 1933-1950, Band 1: Bedrohung und Verfolgung bis 1933; Band 2: Asylpraxis und Lebensbedingungen in Europa; Band 7: Exilpresse I, Darmstadt und Neuwied, 1972 und 1974.

Weber, Rudolf: Die Frankfurter Zeitung und ihr Verhältnis zum Nationalsozialismus. Untersucht anhand von Beispielen aus den Jahren 1932-1943. Ein Beitrag zur Methodik der publizistischen Camouflage im Dritten Reich, Bonn, 1965.

Werner, Karl Ferdinand: Das NS-Geschichtsbild und die deutsche Geschichtswissenschaft, Stuttgart, 1967.

Wingender, H.: Erfahrungen im Kampf gegen Schund- und Schmutzschriften, Düsseldorf, 1929.

Zernatto, Guido: Die Wahrheit über Österreich, New York-Toronto, 1938.

II. Darstellungen zur Literaturgeschichte

Aigner, Dietrich: Die Indizidierung des "schädlichen und unerwünschten Schrifttums" im Dritten Reich. In: Börsenblatt für den deutschen Buchhandel, Frankfurter Ausgabe, 26. Jg., Nr. 52, 1970, S. 1430-1480.

Baum, Marie, Leuchtende Spur, Tübingen, 1964.

Brekle, Wolfgang: Die antifaschistische Literatur in Deutschland (1933-1945). In: Weimarer Beiträge, H. 6, 1970, S. 67-128.

Björck, Staffan, Verner von Heidenstam, Stockholm, 1974.

Enderle, Luiselotte: Erich Kästner, rm 120, 1966.

Ernst Wiechert. Der Mensch und sein Werk. Eine Anthologie mit Beiträgen von u.a. R. Schneider, H. Hesse, J. R. Becher, K. Edschmid, H. Carossa, R. Huch, München, 1951.

Gehring, Hansjörg: Amerikanische Literaturpolitik in Deutschland 1945-1953. Ein Aspekt des Re-Education-Programms, Stuttgart, 1976.

Geissler, Rolf: Dekadenz und Heroismus. Zeitroman und völkisch-nationalistischeLiteraturkritik, Stuttgart, 1964.

Grimm-Hermand (Hrs.): Exil und innere Emigration, Frankfurt a.M., 1972.

Grisson, Alexandra Carola: Bekenntnis zu Hans Carossa, Stuttgart, 1948.

Gruß der Insel an Hans Carossa. Den 15. Dez. 1948, Leipzig, 1948.

Gundolf, Elisabeth: Stefan George, Amsterdam, 1976.

Hass, Kurt: Literaturkritik im Dritten Reich. In: Frankfurter Hefte, Nr. 29, 1974, S. 52-60.

Hermann Hesse Sonderheft. Die schöne Literatur, H. 7, 1927 (28. Jg.), hrsg. von Will Vesper, Leipzig, S. 289-335.

Helbling, L. - Bock, C. V. (Hrs): Stefan George, Dokumente seiner Wirkung.
Aus dem Friedrich Gundolf-Archiv der Universität London, Amsterdam, 1974.
Hohendahl-Schwarz (Hrs.): Exil und Innere Emigration II, Frankfurt a. M. ,
1973.
Kaiser, Helmut: Mythos,Rausch und Reaktion. Der Weg Gottfried Benns und
Ernst Jüngers, Berlin (Ost), 1962.
Kasimir Edschmid. Ein Buch der Freunde zu seinem 60. Geburtstag hrsg. von
G. Schab, München, 1950.
Ketelsen, Uwe Karsten: Vom heroischen Sein und völkischen Tod. Zur Dra-
matik des Dritten Reiches, Bonn, 1970.
Kerker, Armin: Ernst Jünger - Klaus Mann. Gemeinsamkeit und Gegensatz in
Literatur und Politik. Zur Typologie des literarischen Intellektuellen, Bonn,1974.
Killy, Walther (Hrs.): Die deutsche Literat.-Texte u. Zeugnisse, Bd. VII, Mün. 1967.
Landfried, Klaus: "Stefan George - Politik des Unpolitischen", Heidelberg,
1975.
Manthey, Jürgen: Hans Fallada, rm 78, 1963.
Nadler, Josef: Literaturgeschichte der deutschen Stämme und Landschaften,
Band 1-3, Regensburg, 1912/13/18.
Paetel, Karl O. : Ernst Jünger. Die Wandlungen des Dichters und Patrioten,
New York, 1946.
Plesske, Hans Martin: Ernst Wiechert, Berlin (Ost), 1967.
Reiner, Guido: Ernst Wiechert-Bibliographie 1916-1971, I. Teil, Paris, 1972.
ders. : Ernst Wiechert im Dritten Reich, II. Teil, Paris, 1974.
ders. : Ernst Wiechert im Urteil seiner Zeit, III. Teil, Paris/1976.
Riemenschneider, Ernst G. : Fall Klepper, Stuttgart, 1975.
Der Romain-Rolland-Almanach. Zum 60. Geburtstag des Dichters. Gemeinsam
hrsg. von seinen deutschen Verlegern, Frankfurt-München-Zürich, 1926.
Rune, Doris: Franz Lennartz' Literaturführer im Dritten Reich und nach
1945. Studien zum Inhalt, Stockholm. 1969.
Schiller, Dieter: "...von Grund auf anders. " Programmatik der Literatur im
antifaschistischen Kampf während der dreißiger Jahre, Berlin (Ost), 1974.
Schnell, Ralf: Literarische Innere Emigration 1933-1945, Stuttgart, 1976.
Sedlacek, Peter: Ernst Jünger und der totale Staat, Moderna språk mono-
graphs, 1972.
Sontheimer, Kurt: Thomas Mann und die Deutschen, Fischer 650, 1961.
Weber, Brigitte: Ricarda Huch, Dortmund, 1964.
Wiesner, Herbert: Innere Emigration. Die innerdeutsche Literatur im Wider-
stand 1933-1945. In: Kunisch (Hrs.): Handbuch der deutschen Gegenwartslite-
ratur, s. d.

C. Nachschlagewerke

Drews, Richard-Kantorowicz, Alfred: Verboten und verbrannt. Deutsche Literatur
- 12 Jahre unterdrückt, Berlin u. München, 1947.
Geschichte der deutschen Literatur von 1917 bis 1945 von einem Autorenkollektiv
unter Leitung von Hans Kaufmann in Zusammenarbeit mit Dieter Schiller, Berlin
(Ost), 1973.
Kunisch, Hermann (Hrs.): Handbuch der deutschen Gegenwartsliteratur, München,
1965.

Lattmann, Dieter (Hrs):Kindlers Literaturgeschichte in Einzelbänden: Die Literatur der Bundesrepublik Deutschland, München u. Zürich, 1973.

Franke, Konrad (Hrs.): Kindlers Literaturgeschichte der Gegenwart in Einzelbänden: Die Literatur der Deutschen Demokratischen Republik, München u. Zürich, 1972.

Ny illustrerad svensk litteraturhistoria, Stockholm, 1957.

NACHTRAG

Autoren, deren Schriften in der NL (in verschiedenen Aufzählungen) als Judenliteratur, Asphaltliteratur, Schundliteratur, kulturbolschewistische Literatur
usw. diffamiert wurden und die im Text nicht genannt worden sind:

Asch, Schalom	Vgl. u. a. U. M. 1933, S. 162, 366, 420;
Bernhard, Georg	NL 1933, S. 392-398; U. M. 1934, S.
Borchardt, Georg Hermann	394, 537-538; U. M. 1936, S. 363;
(Hermann, Georg)	U. M. 1938, S. 149-151, 154; U. M. 1939,
Brentano, Bernard von	S. 264.

Asch, Schalom

Bernhard, Georg

Borchardt, Georg Hermann
(Hermann, Georg)

Brentano, Bernard von

Frey, Alexander M.

Frischauer, Paul

Habe, Hans

Heartfield, John

Holitscher, Arthur

Jacob, Heinrich Eduard

Kaus, Gina

Kersten, Kurt

Keun, Irmgard

Kisch, Egon Erwin

Kolb, Annette

Lothar, Ernst

Neumann, Robert

Plivier, Theodor

Regler, Gustav

Renn, Ludwig

Stuck, Paula

Torberg, Friedrich

Tschuppik, Karl

Türk, Werner

Urzidil, Johannes

Weiss, Ernst

Windsloe, Christa

Wolff, Theodor

Zarek, Otto

Abkürzungen:

DAI	= Deutsches Auslandsinstitut
IE	= Innere Emigration
IR	= Inneres Reich
NG	= Nordische Gesellschaft
NL	= Neue Literatur
NS	= Nationalsozialismus
NSMH	= Nationalsozialistische Monatsh.
SDS	= Schutzverband deutscher Schriftsteller
SU	= Sowjetunion
U. M.	= Unsere Meinung (Leitartikel der NL)
VB	= Völkischer Beobachter

EXKURS

Einige Anmerkungen zum Begriff der "Inneren Emigration"

In Schriften und Aufsätzen[1] über die "Innere Emigration" wird nicht nur das
Phänomen an sich, sondern auch die Bedeutung des Begriffes verschieden aufgefaßt und gewertet. Es stellt sich daher die Frage, in welcher Bedeutung
der ohne Zweifel stark symbolische Ausdruck eigentlich ursprünglich gebraucht
wurde, und von wem er gebraucht wurde. War der Begriff schon bei seiner
Entstehung ein Symbol für "inneren Widerstand" und damit ein schwer kontrol-
lierbares Alibi für die Zeit nach Hitler, oder bedeutete er ursprünglich etwas
ganz anderes?

Im Jahre 1947 veröffentlichte die "Deutsche Rundschau" ein Gedicht von
Hermann Stegemann mit dem Titel "Die beiden Emigranten[2]. Es heißt hier:

> Wir schwuren, nie aus diesem Land zu gehen,
> weil uns des unterdrückten Volks gejammert,
> und, an der Heimat Boden festgeklammert,
> den Kampf mit dem Tyrannen zu bestehen.
> Ihr habt der Fremde bitt'res Brot gegessen;
> wir in der Heimat mußten vor den Schergen
> und Henkersknechten stündlich uns verbergen.
> Wer kann sein Leid an dem des andren messen?
> Wir in der Heimat, ihr in fremder Ferne,
> Brüder im Geist - uns ziemt es nicht zu streiten,
> ob ihr gesiegt, ob wir den Streit gewannen.
> Es glänzen über uns die gleichen Sterne,
> und über grenzenlose Ozeane
> eint uns der Wahlspruch: gegen die Tyrannen!

Das Gedicht ist eine Ermahnung zur Besinnung im Streit über die äußere und
innere Emigration, der 1945 ausgebrochen war. Es umgrenzt aber auch sehr
genau den Kreis der inneren und äußeren Emigration, denn sowohl die innere
wie auch die äußere Emigration wird mit aktivem Widerstand gleichgesetzt.
Ein solcher Widerstand bedeutete für die "Kämpfer" im Reich: Konspiration
zur Beseitigung des NS-Regimes, Kritik an diesem Regime in illegalen Schriften
zum Zwecke der Volksaufklärung, offene und getarnte Kritik in veröffentlichten
Schriften[3] oder öffentlichen Reden sowie im Gespräch. Die öffentliche Kritik
war auf Grund ihrer Gefährlichkeit sehr selten.[4] Die getarnte wurde oft nur
von einem Kreis Gleichgesinnter verstanden. Nur manchmal - wenn die Tarnung
allzuleicht durchschaubar war - wurde sie auch von Mitläufern und Nazis erkannt.[5] Das Gedicht ist - mit dieser Deutung der inneren Emigration - eine

Kritik an Thiess, denn er hatte diesen Begriff ganz anders verstanden, als er

1945 schrieb:

> ...Die Welt, auf die wir innerdeutschen Emigranten uns stützen, war
> ein innerer Raum, dessen Eroberung trotz aller Bemühungen nicht
> gelungen ist... 6)

So erklärt, bedeutet "Innere Emigration" nur noch Rückzug aus der Zeit ins

eigene Innere, ins nur Geistige oder in die "reine Kunst", also passiver Wider-

stand. Was war im Einzelnen ein solch passiver Widerstand? Nach Angaben

vieler "Innerer Emigranten" u. a. innere Vorbehalte gegenüber dem National-

sozialismus, Äußerungen von fachlichen und wissenschaftlichen Bedenken,

Festhalten an christlichen Wertungen oder an wissenschaftlichen und literarischen

Grundsätzen, Kritik am Regime im vertrauten Kreis, Wahl von unpolitischen

Themen, äußeres Mitmachen, "um Schlimmeres zu verhüten", manchmal auch

Hilfe gegenüber einzelnen Verfolgten. Das waren alles Oppositionsäußerungen,

die zum Teil schwer nachzuprüfen waren. Insbesondere die Motive für das

"äußere Mitmachen" mußten in manchen Fällen unwahrscheinlich wirken. Für

die Auffassung der Emigranten ist sicher aber auch von Bedeutung, daß die

politisch engagierten Exilautoren die "reine Kunst" als nicht zeitgemäß abge-

lehnt hatten. [7]

Wahrscheinlich verstand Thiess den Begriff, den er selbst geprägt haben will, [8]

schon 1933 so wie 1945 [9]. Als er 1933 in einem Brief an den Reichskulturwart

Hinkel gegen die Verbrennung und Indizierung zweier seiner Bücher protestierte,

will er davor gewarnt haben, daß die besten deutschen Schriftsteller durch die

nationalsozialistische Kulturpolitik in die "Innere Emigration" gezwungen würden.

Nach einer Erklärung von 1962 will Thiess damit Rückzug ins Schweigen oder

sogar indirekten Widerstand gegen den Zwang gemeint haben. In einem Brief

an Robert Neumann schrieb Thiess im Jahre 1937:

> ...Daß "Tsushima" [10] mißverstanden werden kann (=u. a. von Emigranten,
> Anm. d. Verf.) ...darüber herrscht kein Zweifel. Doch... stand ich vor
> der Entscheidung: Emigration oder letzter Versuch einer "Machtergreifung
> auf legalem Weg" ...und so wagte ich es... (...). Zunächst aber hatte ich
> mit der Behandlung dieses Stoffes die Möglichkeit, Dinge zu sagen, die auf
> andere Art unmöglich gesagt werden können ... Diese dreiviertel Jahre
> haben in Deutschland eine neue Problematik geschaffen, jene der "inneren
> Emigration" ... vollends undenkbar heute, ein Buch zu schreiben, das
> gegen die herrschende Zeitströmung (ist)..., geht nur mit dieser Strömung

zu schwimmen, innerhalb dieser Richtung aber ... so gut zu tarnen,
daß es Einsichtige herauslesen ...   11).

Nach Robert Neumann gab es hier nichts herauszulesen. So getarnt, mußte
die indirekte Kritik sinnlos werden. Aus Thiess Zeilen läßt sich erkennen,
wie dehnbar[12] der Begriff "Innere Emigration" schon 1937 (im Reich?) geworden ist.

Nun ist aber so gut wie sicher, daß Thiess diesen Ausdruck überhaupt nicht
als erster gebraucht hat. Ganz abgesehen davon, daß das Phänomen einer
"Inneren Emigration" in der deutschen Dichtung 1933 gar nicht neu war,[13] so
schien ein symbolisch-bildhafter Vergleich zwischen Emigrierten und ihren
Gesinnungsgenossen im Reich damals in der Luft gelegen zu haben. Es ist wahrscheinlich schwer zu ermitteln, ob ihn ein Einzelner als erster geprägt hat,
oder ob er von mehreren ungefähr gleichzeitig geprägt worden ist.[14] Thiess'
Brief an Hinkel kann kaum vor dem 15. November 1933 geschrieben worden sein.[8]
Lion Feuchtwanger hat den Ausdruck aber schon früher und noch dazu in einer
erweiterten Bedeutung gebraucht, und zwar in seinem Roman "Die Geschwister
Oppenheim", der von April bis September 1933 geschrieben wurde. Hier sagt
ein illegaler Kämpfer:

> "...Wir waren Nummern, wenn Sie es genau wissen wollen. (...) Ich zum
> Beispiel war Nummer C II 743. Es handelt sich da um Aufklärungsdienst
> im Innern. (...) Eine beschwerliche Sache, die Innere Emigration, kann
> ich Ihnen sagen. Man lebt in Restaurants, Hotels, schläft jede Nacht wo-
> anders, die Polizei immer hinterher..."   15)

Hier scheint "Innere Emigration" als aktiver Widerstand im Reich verstanden
zu werden. Dann würde "äußere" Emigration mit aktivem Widerstand außerhalb
des Reiches zu vergleichen sein. Beide Arten von Emigranten wirken also, wenn
auch mit verschiedenen Methoden und unter andersartigen Gefahren, für einen
Umsturz im Reich. In einem Brief von 29. 5. 1973[16] schreibt Marta Feuchtwanger
an die Verfasserin, daß die Bezeichnung "Innere Emigration" von Feuchtwanger
wahrscheinlich in schriftlicher Form zum ersten Mal in den "Oppenheim" ange-
wandt wurde. Der Ausdruck sei damals im Gespräch zwischen Exilanten gebraucht
worden, obwohl man nur selten von greifbaren Beweisen über diese " innere Emigration" erfahren habe. Lion Feuchtwanger habe jedoch nie an dieser Geistes-
haltung gezweifelt. In ihrem Brief gibt sie ein Beispiel für diese Haltung, von
dem Feuchtwangers durch eine Münchener Schauspielerin erfuhren, die in ihrem
Urlaub auf Besuch zu ihnen kam. Dieses Beispiel (ironische Äußerung eines

Münchener Beamten über den Antisemitismus der Nazis) kann jedoch nur als passive Opposition gedeutet werden, eine Deutung, die Frau Feuchtwanger dem Begriff "innere Emigration" in ihrem Brief gibt, da nach ihrer heutigen Auffassung "aktive innere Emigration aktive Widerstandbewegung gewesen wäre". Es ergibt sich nun die Frage, ob der Begriff erst 1945 oder schon während des Exils in "passiven Widerstand" abgewertet worden ist. Ob die eventuelle Abwertung also auf Erkenntnissen beruht, die man von 1933 bis 1945 machte, oder ob er seinen hauptsächlichen Grund in der Diskussion über die "Innere Emigration" hat, die 1945 so unglücklich mit dem vielleicht gutgemeinten, aber "ungeschickten" Brief von Walter von Molo an Thomas Mann begann. Dieser Briefwechsel scheint zu beweisen, daß es 1945 zwischen den Autoren der äußeren und "inneren" Emigration kaum noch Verständigungsmöglichkeiten gab. [17] War Feuchtwangers Deutung des Begriffes vielleicht eine Ausnahme, war der Streit von 1945 damit eigentlich unvermeidlich?

Noch 1937 gebraucht Kurt Kersten den Ausdruck in derselben Bedeutung wie Feuchtwanger 1933. In einer Rezension über Weiskopfs Roman "Lissy - oder die Versuchung" schreibt er:

> ...Mit diesen wenigen Worten aber läßt auch Weiskopf den schweren Kampf eines Menschen innerhalb des Dritten Reiches ahnen und beweist sein Verständnis für die Wirksamkeit der "inneren Emigration", seine Verbundenheit mit den illegalen Kämpfern überhaupt..." [18]

Die Hauptperson Lissy, von der hier die Rede ist, findet den Weg vom stillen inneren Protest zum aktiven Widerstand. In einem Artikel von 1938 [19] behauptet Kersten, daß Fallada nicht zum Überläufer werden wolle, sich aber auch nicht als Angehöriger der Inneren Emigration empfinden möchte und daher auf Widerstand verzichte und sich treiben lasse. Auch hier wird (für einen daheimgebliebenen Autor) innere Emigration mit Widerstand gleichgestellt. Eine ähnliche Entwicklung wie bei Weiskopfs Lissy (vom inneren Protest zum aktiven Widerstand) kann man auch bei der Hauptperson in Bruno Franks Roman "Der Reisepass" beobachten. Auch hier wird diese Entwicklung in einer Rezension von Golo Mann [20] mit "Innerer Emigration" charakterisiert. Wörtlich heißt es hier:

> ...Er ist uns vertraut in der verwundeten Einsamkeit [21] der inneren Emigration und in der Bitternis der äußeren. Er ist ein sehr guter Deutscher ...

Innere und äußere Emigration werden wie bei Stegemann also auch von Emigranten, und zwar schon vor 1945, gleichwertig nebeneinander gestellt, aber – und das ist wichtig und gilt übrigens auch für Stegemann – nur so lange "Innere Emigration" sich auch in aktivem Widerstand manifestiert.

Als jedoch die Möglichkeiten und die Größe des aktiven Widerstandes im Reich von den Exulanten nach 1934 immer pessimistischer eingeschätzt werden, [22] scheint auch der Begriff "Innere Emigration" mit der Zeit eine eher passive Bedeutung zu erhalten. So deutet Klaus Mann ihn in seinem Roman "Der Vulkan", geschrieben von Herbst 1937 bis Frühjahr 1939, offenbar mit heimlicher, indirekter Opposition, die sich erst dann in aktiven Widerstand verwandelt, als die hier geschildert Romanfigur sich im September 1938 zur Desertation und Emigration entschließt. Angesichts dieses jungen Deutschen auf der Flucht, dessen Züge "Spuren ausgehaltener Leiden, eines langen Trotzes, standhaft ertragener geistiger Einsamkeit" verraten, sagt der Autor (den Emigranten):

> ... Die Grenzen, die euch von Deutschland trennen, sind unübertretbar. Dahinter ist für euch verfluchte Gegend; nur in Alpträumen werdet ihr hineinversetzt. Es atmen aber dort Menschen, viele von ihnen leiden, sind heimatlos in der Heimat, man nennt sie "die innere Emigration". ... [23]

Und zwei Seiten weiter spricht er von den "Kräften der inneren und äußeren Emigration, die sich nun verbinden wollen". Ähnlich, wenn auch negativer, scheint F.C. Weiskopf [24] die "Innere Emigration" 1939 verstanden zu haben. Er nennt sie "Abseitige, Einsame, Wetterfahnen". Im Ausdruck "Wetterfahnen" liegt die stark abwertende Bedeutung, den Mantel nach dem Wind zu drehen, also Opportunist zu sein. Der Ausdruck bezeichnet hier die literarischen Vertreter "jener deutschen Volksschichten", die dem Faschismus "gleichgültig, mißtrauisch und zum Teil feindselig gegenüberstehen". Mit aktivem Widerstand hat "innere Emigration" hier also kaum noch etwas zu tun.

Neben dieser "neuen" Deutung des Begriffes lebte jedoch die alte fort u.a. bei Thomas Mann, der noch im November 1938 in seinem Vortrag "Dieser Friede" [25] sagt:

> ... Die deutsche Emigration hat ein furchtbares Erlebnis mit denen gemeinsam, die innerhalb Deutschlands ihre Schmerzen und Hoffnungen teilten: Es war das qualvoll langsame, bis zum Äußersten immer wieder geleugnete Gewahrwerden der Tatsache, daß wir, die Deutschen der inneren und äußeren Emigration, Europa, zu dem wir uns bekannt hatten und das wir moralisch hinter uns zu haben glaubten, in Wirklichkeit nicht hinter uns hatten; daß

dieses Europa den mehrmals in greifbare Nähe gerückten Sturz der
nationalsozialistischen Diktatur gar nicht wollte...

Mit ähnlicher Bitterkeit wie Thomas Mann schildert auch Rudolf Pechel die
Situation der Antihitlerfronde nach dem Münchener Abkommen. [26] Noch reagieren Gegner Hitlers, ob sie sich nun im Reich oder im Exil befinden, ähnlich.
Das gilt auch für die Faschismus-Analyse beider Gruppen. So wurde der Sieg
des Nationalsozialismus von bürgerlichen Autoren häufig als irrationale Verführung des deutschen Volkes durch den Dämon Hitler, der vor allem von den
halbgebildeten Mittelschichten (Diktatur der Postbeamten und Schreibfräuleins)
unterstützt wurde, gedeutet. [26a] Erklärungen bei dem Exulanten Walther Rode
(Deutschland ist Caliban) und dem "Inneren Emigranten" Reck-Malleczewen sind
z. B. wörtlich fast identisch. [26b] Beide nennen die "nationale Revolution" den
Aufstand der Bürosklaven, der nicht geständigen Proletarier, die Diktatur des
Postbeamten, der Schultyrannen, der Durchgefallenen, Halbgebildeten usw. Die
gesellschaftlichen Beweggründe der Zeitgeschichte werden z. T. nur oberflächlich erörtert, die individualpsychologische Betrachtungsweise herrscht vor.
Bei dieser Deutung überwiegen die irrationalen Aspekte.

Als Thomas Mann den Begriff "Innere Emigration" im Oktober 1943 wieder
gebraucht, kann er damit keinen aktiven Widerstand mehr meinen, denn sonst
würde er nicht von "Millionen Deutschen" reden, die zu den "inneren Emigranten"
gehören. In seinem Vortrag "Schicksal und Aufgabe" heißt es nämlich:

> ... Und nun will ich nicht mehr bloß an uns hier draußen, an uns Emi-
> granten denken; ich will mich endlich der Menschen drinnen, der deutschen
> Massen selbst erinnern und der grausamen Zwangslage, in die das Schick-
> sal das deutsche Gemüt gedrängt hat. Glauben Sie mir: für viele dort ist
> das Vaterland eben so zur Fremde geworden wie für uns, eine nach
> Millionen zählende "Innere Emigration" wartet dort auf das Ende, wie
> wir es tun.... [27]

Man wartet auf die Niederlage, man verhält sich also passiv. Jetzt ist der
Begriff auch in der Exilliteratur doppeldeutig geworden. Und so charakteri-
siert Paetel 1946[28] sowohl den passiven wie den aktiven Widerstand in seiner
Dokumentensammlung mit "Innerer Emigration".

In seinem Essay "Der historische Roman und wir"[29] hatte Alfred Döblin die
Emigration im eigenen Lande schon 1936 ähnlich gedeutet wie Thomas Mann 1943,
und zwar nicht nur mit Hinsicht auf die eigene Zeit, sondern als zeitloses

Phänomen. Hier heißt es:

> ...Man kann Emigrant im eigenen Lande sein. Und solche Emigranten
> waren nicht nur viele Schriftsteller in Deutschland, sondern ganze
> Volksteile, nämlich die, die in gewollter oder gemußter politischer
> Abstinenz lebten ....

Der Begriff "innere Emigration" (Emigration im eigenen Lande) ist also von

Exulanten spätestens seit 1936 in zwei verschiedenen Bedeutungen gebraucht

worden: 1) aktiver, illegaler Widerstand; 2) passive Opposition als indirek-

ter, heimlicher Protest oder Rückzug ins Schweigen (Privatleben). Zunächst

wurde jedoch - und das darf nicht vergessen werden - im allgemeinen die

passive Opposition als ein Übergangstadium zum aktiven Widerstand aufgefaßt.

Damit stehen die beiden Deutungen des Begriffes eigentlich nicht im Widerspruch

zu einander. Wenn auch Döblin politische Abstinenz nicht abzuwerten scheint,

so warnten jedoch andere Emigranten wie Ludwig Marcuse (1934)[30] u. a. die

kämpfenden Christen im Reich vor dieser Haltung, denn ein stilles, verborgenes,

wirkungsloses Leben innerhalb eines mächtigen, heidnischen Kriegerstaates

würde bedeuten, daß Christi Worte nicht überleben könnten.

Es muß beachtet werden, daß der Begriff "Innere Emigration", so wie er in

den hier behandelten Exilschriften verwendet wurde, sich nicht ausschließlich

auf daheimgebliebene Autoren und Intellektuelle bezieht. Er ist hier meistens

ein allgemeiner Begriff für alle Deutschen, die vom Faschismus nicht infiziert

wurden und die sich, aktiv oder passiv, gegen die Ideologie der Nazis wehrten.

Erst nach 1945 scheint sich der Begriff mehr ausschließlich auf Autoren zu

beziehen, die 1933 in Deutschland blieben und sich nicht (endgültig) gleich-

schalteten. Beweise für den aktiven Widerstand von Autoren im Dritten Reich

sind in den Exilschriften veröffentlicht worden, soweit man etwas über diesen

Widerstand erfuhr, oft ohne Rücksicht darauf, ob eine solche Veröffentlichung

die genannten Oppositionellen gefährden konnte.[31]

So werden z.B. 1935 in den "Deutschlandberichten der Sopade" einige kon-

servative Autoren bei Namen genannt, die sich seit 1933 enttäuscht vom National-

sozialismus abgewandt hätten und ihn jetzt (=1935) in verhüllter Form kriti-

sieren.[32] 1937 veröffentlicht "Das Wort"[33] die ins Ausland geschmuggelte

Ansprache an die Münchener Studenten von Ernst Wiechert. Im Nachwort der

Redaktion steht zu lesen:

... Da spricht einmal ein Redender für hunderttausend Schweigende;
denn wenn er auch einzig ist in seinem Mut, so ist er doch nur einer
von vielen mit seinen Sorgen. (...) Und wir wünschen nach dieser
Rede noch dringender mit den Wiecherts ins Gespräch zu kommen....

Das Nachwort schließt mit der bezeichnenden Frage:

... Aber sind wir auch schon darin einig, daß in einem Sumpfgebiet
selbst die gescheitesten Hygieniker die Menschen nicht gesund halten
können, solange der Sumpf nicht ausgerottet wird....

Mit anderen Worten: Sind wir uns einig darin, daß eine innerdeutsche Revolution
notwendig ist? Aber die Hoffnung, mit den "Inneren Emigranten" ins Gespräch
zu kommen, war eine Illusion, die praktisch schon seit 1933, spätestens 1934,
aussichtslos war. Thomas Mann scheint diese Hoffnung aber noch lange gehegt
zu haben. So berichtet Ferdinand Lion[34], daß Thomas Mann mit seiner Zeitschrift "Maß und Wert" ein Sprachrohr für die Autoren drinnen und draußen
schaffen wollte und daß es sich zwischen dem ersten und zweiten Heft erweisen mußte,

...ob die innere Emigration den Drang, das Bedürfnis empfinden würde,
mitzuschreiben. Die Zeitschrift wäre der Treffpunkt der inneren und
äußeren Emigration geworden....

Das war im Herbst 1937 keine realistische Einschätzung der Verhältnisse im
Dritten Reich[35], denn ein "Innerer Emigrant" hätte für eine Emigrantenzeitschrift
nur einmal schreiben können und sich damit an seine Feinde verraten. Auch
zeigt Thiess' Brief an Robert Neumann (1937), daß z.B. er und seine Freunde
ein solches Risiko gar nicht auf sich genommen hätten.

Spätestens seit 1935 haben die meisten Exulanten begriffen, daß sie und ihre
Gesinnungsgenossen in Deutschland auf lange Sicht arbeiten müssen. Damit gewinnt der nur passive Widerstand an Gewicht. Er wird jetzt auch häufig im positiven Sinne in der Exilpresse geschildert, ohne daß immer die Bezeichnung "Innere
Emigration" dafür gebraucht wird. So versuchte Walter Benjamin mit einem
Briefband "deutscher Menschen", der 1936 in der Schweiz erschien, die "Stillen"
im Lande zu stärken.[35a] Kurt Kersten berichtet 1939[36] von der passiven
oppositionellen Rolle der Stillen im Lande, dem opferreichen Leben der Ausharrenden, die in künstlerischen Werken ihre Zeit für den kommenden Tag
schildern. Dabei schildert er die Situation der Ausharrenden und Einsamen
so wie z.B. Barlach sie erlebte, den er übrigens auch nennt, und von dem er

sagt, daß man ihn in die "innere Emigration" gedrängt habe. Er meint, daß die Emigranten (und hier müßte er sich selbst mitrechnen, vergleicht man diesen Artikel mit einem früheren von 1934[37]) diese Stillen und ihren Weg in die Opposition oft nicht verstehen und sich erst von den Faschisten zeigen lassen müssen, daß die Flucht ins Idyllische zum Protest werden kann. Sein zweiter Artikel zum selben Thema[38] hört sich stellenweise fast an wie die Verteidigungsrede eines "Inneren Emigranten" nach 1945, wenn er u.a. anführt, daß die Wortführer der Wahrheit längst Methoden, Ausdrucksformen und Gleichnisse gefunden hätten, die den Außenstehenden (=Emigranten?) nicht mehr sofort verständlich seien.[39] Beide Artikel sind übrigens Kommentare zu den Konflikten zwischen der Opposition der Einsamen und den Nationalsozialisten. Auch in anderen Exilzeitschriften u.a. in "Das wahre Deutschland", der Exilzeitschrift der deutschen Freiheitspartei, werden wiederholt Wesen und Haltung der Inneren Emigration geschildert.[40] Man will (vgl. oben Das Wort) mit den Wiecherts ins Gespräch kommen, also mit Autoren, zu denen man schon vor 1933 im Gegensatz stand.[40a] Es scheint, als habe man diesen Gegensatz, der sowohl ein literarischer wie politischer war, jetzt überbrücken wollen. Der alte Streit hätte angesichts des gleichen Feindes beigelegt werden können, wenn man nur Kontaktmöglichkeiten gefunden hätte und diese Versuche der Exilautoren damals beachtet hätte. Das aber war aus verschiedenen Gründen nicht möglich, und so entbrannte der Streit mit alten und neuen Argumenten[40b] 1945 erneut.

In den Exilzeitschriften werden häufig folgende Verhaltungsweisen als ein Zeichen für passive Opposition angegeben: geistige Gemeinschaft Gleichgesinnter; das Lesen der großen deutschen Dichtung, die im Gegensatz zum Nationalsozialismus steht; indirekter Protest durch Rezitieren und Veröffentlichung dieser Dichtung; Beifall zu bestimmten Szenen im Theater usw.[41] Dieses neue Verständnis für die Äußerungen einer nur passiven Opposition (u.a. die Flucht ins nur private Dasein) steht im Gegensatz zu früheren Aufrufen der Emigranten, z.B. zum Vorwort der "Neuen Deutschen Blätter" von 1933.[42] In der ersten Zeit nach der Machtergreifung hatte man ziemlich allgemein die passive und resignierte Haltung von Gegnern des Nationalsozialismus kritisiert. Das hatte die Exulanten jedoch von Anfang an nicht daran gehindert, kleine Zeichen von Unzufriedenheit, Unbehagen oder Opposition bei u.a. ehemals nationalgesinnten Autoren zu beobachten und zu kommentieren. So spricht z. B.

Klaus Mann schon 1933[43] von den edleren unter den konservativen Schrift-

stellern (Autoren wie Carossa, R. Huch, Pannwitz, George), die in "spröder

Zurückhaltung verharren". Die Exulanten erkannten und bezeugten den passiven

Widerstand, aber sie beschworen gleichzeitig die "Stillen" und "Einsamen" im

Lande, nicht dabei stehenzubleiben und so bald wie möglich zum aktiven Wider-

stand überzugehen. Noch kurz vor und kurz nach Kriegsausbruch wendet sich

Klaus Mann in zwei illegal verschickten Flugblättern direkt an die daheimge-

bliebenen Autoren und Intellektuellen [44] und bekennt:

> ... Wir haben schwere Fehler gemacht. Nun büßen wir sie – Ihr im
> Dritten Reich, wir in der Emigration. (...) Ist in unseren Kreisen vor-
> schnell und unfair über Euch geurteilt worden? Es mag sein. Indessen
> haben die Schwierigkeiten und Bitternisse der eigenen Lage uns wissender
> gemacht, auch was die Problematik Eurer Situation betrifft. Mit ernsterer
> Bemühung, Euch gerecht zu werden, bedenken wir nun Motive, Impulse
> und Hemmungen, die Eure Haltung bestimmt haben mögen. Sicherlich,
> es gab Gefühle und Erwägungen verschiedener Art, die Euch die Emi-
> gration unannehmbar, unerträglich erscheinen ließen. 45) (...) Inzwi-
> schen hat sich herausgestellt, daß die Kultur nicht gedeihen kann ohne
> ein gewisses Maß an Freiheit, Rechtssicherheit und sozialer Gerechtigkeit.
> Ein Autor, der im Hitlerland geblieben ist, hat sich lebendig begraben...

Er beschwört "seine Kollegen", den Krieg nicht zuzulassen, den Kontakt mit

den Massen zu finden, um mit ihnen Hitler zu stürzen und schließt mit den

Worten:

> ... Wir sind Kollegen als Diener am deutschen Wort. Solche Kollegialität
> ist Verpflichtung, für Euch und für uns. Die Entfremdung – von uns allen
> verschuldet – war Episode. Wir überwinden sie schnell... 46)

Aber Kontakt mit den Massen zu finden, das war damals für die wenigen echten

"Inneren Emigranten" eine unmögliche Aufgabe. Solche Sätze zeigen, daß die

Exulanten die Haltung der Massen und die Möglichkeiten, das Volk durch anti-

nationalsozialistische Propaganda zu beeinflussen, immer noch illusionär ein-

schätzen. [47] Sie mögen bei eventuellen Lesern der Flugblätter Kopfschütteln,

manchmal sogar verzweifelte Bitterkeit geweckt haben, aber sie beweisen

gleichzeitig, daß die Exulanten damals bemüht waren, ihre Kollegen im Reich

zu verstehen. Eine ähnliche Bereitschaft gegenüber den Kollegen im Exil scheint

es bei Gegnern des Nationalsozialismus seltener gegeben zu haben. [48] Das mag

hauptsächlich daran gelegen haben, daß man innerhalb der "Inneren Emigration"

und der mit ihnen verbundenen Widerstandsbewegung andere politische Auf-

fassungen vertrat als die Majorität der Exilautoren. Sicher ist auch, daß die

vielen, die sich nach 1945 als "Innere Emigranten" ausgaben, aber es zumindest 1939 noch gar nicht waren, den Kontakt mit den Exilierten gar nicht
gesucht hätten.

Von Thiess' Schriften kann wahrscheinlich erst sein Geschichtswerk "Das
Reich der Dämonen" (1941)[49] der "Inneren Emigration" zugerechnet werden.
1933 hatte er sich übrigens durch sein antisemitisches Vorwort zur Neuauflage
seines Romans "Der Leibhaftige" dem Zeitgeist angepaßt.[50] Zu einer grund-
legenden Besinnung scheint es zumindest 1937, als er seinen schon zitierten
Brief an Neumann schrieb, noch nicht gekommen zu sein. Gewiß lassen sich
für viele mutige Antifaschisten positive Zitate von 1933 zum Nationalsozialismus
finden, ohne daß damit etwas über ihre Entwicklung und ihre Lernprozesse im
Dritten Reich oder ihre Gesamthaltung zum Nationalsozialismus ausgesagt wäre.[51]
Aber Thiess scheint zu denen, die "umgelernt" hatten, nur mit Einschränkungen
zu gehören, denn seine Angriffe von 1945 auf Thomas Mann zeigen, wie ressenti-
mentgeladen er immer noch reagierte, und wie wenig bereit er war, eigene Schuld
und Irrtümer zu erkennen. Wie er, umgingen nach der Niederlage manche Vertreter der "Inneren Emigration" die heiklen Stellen ihrer Vergangenheit und
waren dann um so empörter, wenn die Exulanten und die Verfolgten des nationalsozialistischen Regimes ein besseres Gedächtnis hatten als sie. Sicher haben
die Emigranten dies z. T. vorausgesehen.[52] Trotzdem geht man auch nach
Kriegsausbruch (u. a. Thomas Mann in seinen Rundfunkreden) von ähnlichen
Vorstellungen aus wie Klaus Mann und Kurt Kersten 1939. So ruft Johannes R.
Becher 1941 die "Dichter" im Dritten Reich auf, zu den Stillen im Lande zu
werden, in deren Stille sich der große Freiheitssturm vorbereite.[53]

Dieses wachsende Verständnis für die nur passive Opposition, das man in den
hier genannten Exilzeitschriften feststellen kann, war sicherlich z. T. taktisch
bedingt, aber beruhte wohl auch auf Erkenntnissen und Erfahrungen sowohl mit
der Wirklichkeit des Dritten Reiches wie mit der der Exilländer. Das bedeutet
jedoch nicht, daß nun die unverbindliche Flucht ins nur "Geistige" verteidigt
wird.[54] Mit Sicherheit kann man annehmen, daß für die Exulanten auch weiterhin der passive Widerstand nur der erste Schritt auf dem Wege zum aktiven
Widerstand war.[55] Dabei konnten vor allem kommunistische Emigranten zuweilen
übersehen, daß die Flucht ins Idyll, ins Schöne eine wichtige Funktion erfüllte.

Sie bestärkte nämlich den vom Nazismus nicht infizierten Leser in seiner
passiven Widerstandshaltung. [56] Die Funktion dieser Dichtung ist von anderen
Exilierten durchaus erkannt worden. So veröffentlichten z. B. noch während
des zweiten Weltkrieges "Die Deutschen Blätter" Gedichte von "Inneren Emigranten" u. a. Gedichte "einer Frau, die in Deutschland heimlich umgehen" [57],
von Friedrich Georg Jünger [58] und eine Novelle von Ernst Wiechert (Der Kinder-
kreuzzug, 1935) [59]. Ernst Jüngers Tagebuch "Gärten und Straßen" wird in
einer Rezension ganz im Sinne der "Inneren Emigration" (=einer passiven Widerstandshaltung) gedeutet, ohne daß diese Haltung dabei kritisiert würde. [60] Mitarbeiter der "Deutschen Blätter" scheinen damals erkannt zu haben, daß gerade
das Gedicht (Sonett) also die "reine Kunst" für "Innere Emigranten" eine Aus-
drucksform für inneren Widerstand war. [61]

Auch der indirekte, zwischen den Zeilen geäußerte Protest der Daheimgebliebenen
wurde, wenn er nicht gar zu subtil und verhüllt war, [62] von Anfang an von den
Exulanten beachtet. So wird z. B. in einem Artikel im "Wort" über Wiecherts
Novellen "Tobias" und "Die weißen Büffel" behauptet, daß die indirekte Kritik
in diesen Novellen dem deutschen Volk verständlich sei, da es für biblische
Bilder und Worte empfänglich geworden sei. [63] Damit wird diese Art der Kritik
bejaht, [29] obwohl durch die Mehrdeutigkeit der Texte Mißverständnisse entstehen können. [64] Nicht nur die "Inneren Emigranten", sondern auch die Exilautoren hatten im historischen Roman ein Mittel des Protestes und der Beeinflussung gesehen, sofern der Autor mit seinem Roman nicht nur eine vergangene
"gute alte Zeit" (das Idyll) heraufbeschwor und wiederzufinden suchte. Wenn der
historische Roman die erhoffte Wirkung haben sollte, dann mußte der Leser
hier den überzeitlichen Gehalt eines politischen Geschehens erkennen. Solche
Romane sind sowohl von äußeren wie inneren Emigranten geschrieben worden. [65]
Manchmal wählte man, wie Csokor und Reck-Malleczewen sogar dasselbe Thema. [66]
Die historischen Parallelen zum Dritten Reich, die diese und andere Werke
zeigen, sind von den Nationalsozialisten zuweilen begriffen worden, so wurden
u. a. Wiecherts schon genannte Novellen und Reck-Malleczewens Roman verboten.
Diese Übereinstimmung zwischen Romanen beider Gruppen beziehen sich nicht
nur auf das Thema, sondern auch auf Form, Inhalt und Geschichtsauffassung; so
wurde das historische Geschehen oft irrational gedeutet [68] als kollektiver
Wahnsinn, Sieg des Bösen. Die Geschichte wurde so entdinglicht. Das konnte

sogar im Exilroman vereinzelt zu einer Ästhetisierung des Krieges führen
(Bruno Frank, Joseph Roth, Alfred Neumann). [69]

In manchen Beziehungen haben Exilautoren und Daheimgebliebene also ähnlich
reagiert. Das gilt übrigens auch für das Bestreben beider Gruppen, geistes-
geschichtliche Erscheinungen und Repräsentanten der deutschen Kultur, die
die Nationalsozialisten für sich usurpiert hatten, wieder in ihrer eigentlichen
Bedeutung darzustellen, [70] um so dem Leser eine Gegenwelt zum Nationalsozialismus zu zeigen.

Diese Gemeinsamkeiten zwischen der deutschen Literatur drinnen und draußen
sind von Exilautoren (u. a. Kesten, Th. Mann [71]) damals durchaus erkannt worden.
Kesten spricht 1938 in seiner Übersicht "Fünf Jahre nach unserer Abreise" von
den "Autoren der äußeren und inneren Opposition" und sagt:

> ...Der ziffermäßig größere Teil der deutschen Schriftsteller blieb im "Dritten
> Reich". Innerhalb der Reichsschrifttumskammer wurden sie entweder
> Afterskribenten Hitlers oder sie versagten sich in ihren Veröffentlichungen
> jegliche Denkäußerung oder sie übten mehr oder weniger versteckte Oppo-
> sition, eine Opposition, die zuweilen ebenso verwegen wie verdienstlich
> war ... 72)

Er hält an dieser Auffassung auch nach 1945 fest. [73] Auch Heinrich Mann behauptete 1934, daß zur emigrierten Literatur auch einige in Deutschland ver-
bliebenen Autoren gehörten. [74]

Selbstverständlich beschäftigten sich auch viele Artikel in der Exilpresse mit
dem Verrat der Daheimgebliebenen [75], wobei man die spätere Entwicklung der
einmal Kritisierten nicht immer zur Kenntnis nahm. [76] Heinrich Mann scheint
bald nach 1933 davon überzeugt gewesen zu sein, daß von Schriftstellern und
Intellektuellen kein aktiver Widerstand zu erwarten war, [77] und er warnt die
Arbeiter im Reich davor, den Intellektuellen zu vertrauen. Manche Kritik mag
damals auf Grund einseitiger, oft sogar falscher Informationen oder später auf
Grund einmal gewonnener Überzeugungen und andersartiger Erfahrungen vor-
schnell und unfair gewesen sein, [78] aber im großen und ganzen waren die Vorwürfe der Exulanten berechtigt und wurden nach 1945 u. a. durch das Verhalten
von deutschen Intellektuellen und Autoren sogar noch bestätigt. [79] Übrigens
waren die wirklichen "Inneren Emigranten" in ihren Kommentaren gegenüber
der deutschen Intelligenz nicht weniger bitter, als es die Emigranten waren. [80]

Von beiden Gruppen wurde u. a. behauptet, daß der geistige Verrat der talen-
tierten Autoren mit dem Verlust des Talentes bezahlt würde.[81]

Urteilt man nur nach den hier angeführten Dokumenten, so wäre anzunehmen,
daß die Exilautoren trotz allem Mißtrauen und aller Kritik zu einer Verständigung mit den daheimgebliebenen Kollegen (soweit sie keine Nationalsozialisten
waren) bereit gewesen wären.[82] Man erwartete allerdings von den "Nichtnationalsozialisten" im Reich, daß sie wenigstens angesichts der Niederlage zu
einer Erkenntnis der allgemeinen deutschen wie auch der eigenen Schuld an dem,
was geschehen war, bereit wären.[83] Exilautoren wie Thomas Mann sprachen sich
selbst von dieser allgemeinen Schuld an der politischen Entwicklung in Deutschland nicht frei[84] und schienen so die Kollektivschuldthese, wenn auch mit Einschränkungen, zu bejahen. Viele Exulanten waren nach 1933 zu einer Bewältigung
der eigenen politischen Vergangenheit bereit gewesen. Aber diese Bereitschaft
schienen 1945 viele prominente Daheimgebliebene nicht zu zeigen, da es ihnen
wie Thiess und seinen Mitstreitern an einem Gefühl für Realitäten mangelte. In
Briefen und Artikeln, in denen sie sich an die Emigranten wandten, zeigten sie -
als die selbsternannten Wortführer der "Inneren Emigration" - wenige Zeichen für
Selbstbesinnung[85], Umkehr oder Schuldbewußtsein. Was z. B. Thiess 1945
schrieb, beweist mit den selbstmitleidigen Klagen über die eigene Not, wie ich-
bezogen man damals in diesen Kreisen reagierte und wie blind man war für die von
Deutschen verschuldete Not anderer Völker. Dagegen mußten die Exulanten, auch
bei allem Verständnis für die deutsche Not, reagieren.[86] Die taktlose Heroisierung
des eigenen Schicksals und die falsche, abwertende, ja beleidigende Einschätzung
des Exils bei Thiess und anderen mußten Empörung und Abwehr erwecken. Zumal
die Exilierten damals noch ganz unter dem Eindruck der vor aller Welt entlarvten
Verbrechen des Nationalsozialismus standen und sich mit der These von der
Kollektivschuld des ganzen deutschen Volkes auseinandersetzen mußten. Diese
These ist von einigen Exilautoren, wenn auch oft mit Einschränkungen, wenigstens
vorübergehend bejaht worden[87], aber von anderen Exilierten, Vertretern der
Linken (Brecht, Kantorowicz, Hiller u. a.) wie auch Vertretern mehr bürgerlich
eingestellter politischer Gruppen (dem Kreis um die "Deutschen Blätter", "Mit-
gliedern" der ehemaligen Deutschen Freiheitspartei u. a.), bekämpft worden. Wenn
Thomas Mann auf Walter von Molos Brief aus dieser Situation heraus zu scharf

und ungerecht reagierte, dann war das verständlich. Mit seiner Antwort wurde
die Kluft zwischen den beiden Gruppen weiter vertieft, denn es scheint, daß
seine verächtlichen Worte über alle im Dritten Reich erschienene Literatur
nun auch Empörung und Abwehr bei Schriftstellern hervorrief, die mehr Grund
als Thiess hatten, sich zu einer "Inneren Emigration" zu rechnen. [88] Außerdem
schien es auch zwischen Exilautoren und jenen Daheimgebliebenen, die wie u. a.
Karl Jaspers, ihre Selbstbesinnung in Worten und Handlungen bewiesen[89], eine
Entfremdung zu geben. [90] Erschwert wurde das ganze Problem auch durch die
Tatsache, daß angesichts der Niederlage plötzlich ehemalige Mitläufer und Nationalsozialisten ihre "Innere Emigration" entdeckten und in jenen "guten Glauben"
flüchteten, den Robert Neumann später in seinem Roman "Der Tatbestand" mit
psychologischer Schärfe entlarvte und der dann eine eigentliche Bewältigung
der Vergangenheit mit verhindert hat. Es zeigte sich 1945, daß der Begriff "Innere
Emigration" mit seiner neuen Bedeutung "Rückzug ins eigene Innere" zu dehnbar
war. Ursprünglich hatte er für eine klare antinationalsozialistische Haltung von
Daheimgebliebenen, die sich direkt oder indirekt manifestierte, als Symbol gedient.
Jetzt ließ der Begriff eine Verhaltensskala von trägem oder reserviertem Mit-
laufen bis hin zum echten Widerstand zu. [91] Gerade innerhalb der Familie Mann
scheint dieser Begriff ursprünglich im positiven Sinne gebraucht worden zu sein,
jetzt wurde er durch Thiess' Artikel (Innere Emigration; Abschied von Thomas
Mann) entwertet, [79] und war damit für die Zukunft im negativen Sinne zweideutig
geworden. Gegen dieses Entwerten hätten sich die "wirklichen inneren Emigranten" empören müssen, wenn dieser Begriff im Dritten Reich bei Gegnern des
Nationalsozialismus allgemein verbreitet gewesen wäre und man sich seit langem
mit ihm identifiziert hätte. Das ist jedoch nicht sicher.

Der Ausdruck scheint in der Zeit von 1933 bis 1945, wenigstens was schriftliche Belege in heimlich geschriebenen Tagebüchern oder Briefen anbelangt,
ziemlich selten gebraucht worden zu sein. Häufiger findet man ihn jedoch in
späteren Autobiographien und anderen Äußerungen von Autoren der "Inneren
Emigration" (u. a. bei Langgässer, Bergengrün, Hausmann, Thiess). Ernst
Barlach nennt sich in Briefen an Verwandte und Freunde einen "Emigranten im
eigenen Vaterland" und gibt mit diesen Briefen ein erschütterndes Zeugnis für
"innere Emigration". [92] Ähnliche Aussagen findet man bei Jochen Klepper und

Gottfried Be   hel scheint jedoch nach 1945 die Bezeichnung
zu vermeide   ie zweideutig geworden war. Er spricht stattdessen vom '   nd", zu dem er jedoch nur die Widerstandskämpfer
rechnet, die   ismus spätestens seit dem 30. Juli 1934 bekämpft
haben.[94] Mö   , daß z. B. Pechel und seine Freunde sich vor
1945 mit dem   n" gar nicht identifizieren wollten, da zwischen
ihnen und ein   Exilierten alte Gegensätze bestanden[95], die
das Jahr 193:   eue durch das Getrenntsein entstanden waren.
So hält Ernst   9 das Schicksal derjenigen, die "in der Hölle
gewesen sind"   s das der Exilierten.[96] Für andere innere
Emigranten sc   ergleich mit der Emigration nach 1945 eine
"Gemeinsamkeit des Schicksals" zu symbolisieren, die jetzt willkommen war
und die vielleicht die Emigranten verpflichten sollte, bei den Alliierten für das
deutsche Volk (vgl. Molos Brief an Thomas Mann) einzutreten. Aber nachdem
Thomas Mann und mit ihm andere Exilierte ablehnend reagiert hatten, war diese
Gemeinsamkeit des Schicksals keine Realität mehr. Man wies nun stattdessen
auf die verschiedenartigen Blickpunkte hin, die sich durch das Getrenntsein ergeben hatten und eine andersartige Betrachtung der deutschen Situation mit sich
brachten.[97] Möglicherweise ist der Ausdruck "Innere Emigration" von Gegnern
des Nationalsozialismus aber auch vermieden worden, weil er nach 1945 mißbraucht wurde. Kästner gebraucht die Bezeichnung in seinem Tagebuch "Notabene
1945" nirgends, beschreibt dagegen den Geist des pervertierten Begriffes.[98]
Reck-Malleczewen verwendet den Ausdruck nicht ein einziges Mal in seinem Tagebuch. Das Buch erhält jedoch später, wahrscheinlich durch den Verleger, den
Untertitel "Zeugnis einer inneren Emigration". In seinem Fall muß "Innere Emigration" sowohl als passiver als auch aktiver Widerstand gedeutet werden. Da
er aber in seinem Tagebuch die Befürchtung ausspricht, daß Emigranten und
innerdeutsche Gegner des Nationalsozialismus sich nach dem Untergang des
Dritten Reiches nicht mehr verstehen würden, weil Erlebnisse und Erfahrungen
so verschiedener Art gewesen seien[99], ist anzunehmen, daß er sich schon aus
diesen Gründen nicht als "Inneren Emigranten" bezeichnet hätte. Übrigens werden
auch bei ihm, wenn er u. a. von hochmütigen Ansichten der Emigranten und einsam-
ahnungsvollen Leiden bei den daheimgebliebenen Antinationalsozialisten spricht,

Vorbehalte, wenn nicht sogar Vorwürfe gegen die Exulanten spürbar. Dieselben Vorwürfe formuliert Thiess 1945 boshafter und gehässiger.Sie scheinen schon vor 1945 in Kreisen der "Inneren Emigration" vorgekommen zu sein und sind nach 1945 durch den Streit um die "Innere Emigration" sicher heftiger geworden.

Margret Boveri will den Ausdruck "Innere Emigration" zum ersten Mal aus dem Mund von Theodor Heuss gehört haben. Sie hält die Bezeichnung nur für sinnvoll, sofern die Erwartung bestand, daß äußere und innere Emigration durch einen schnellen Sturz Hitlers bald wieder vereinigt würden. Mit Hinsicht auf die Situation von 1945 schreibt sie:

> ... Wer in Deutschland lebte, war, wie widerstrebend auch immer, dem ungeheueren Verwandlungsprozeß unterworfen, der sich ringsum ab- spielte. Die oft fast unmerklichen inneren Veränderungen waren bei den einzelnen graduell verschieden, blieben bei vielen unbewußt, wurden erst spürbar, als die Tür zur großen Welt sich wieder öffnete, und erklären die tiefen Mißverständnisse (Frank Thiess, Thomas Mann), die zwischen den Gebliebenen und Wiederkehrenden den Augenblick verbitterten, den die Mehrzahl der inneren Emigranten jahrelang ersehnt hatten... 100)

In seinem autobiographischen Bericht "Wo aber Gefahr ist" schreibt Friedrich Franz von Unruh u. a. :

> ... Plötzlich hörte man von einer "inneren Emigration", die sich jahrelang der Tyrannei erwehrt haben wollte, und traf neben Namen, die vielleicht hierauf Anspruch hatten, auch solche, deren Träger gewandt im Fahr- wasser des gehaßten Nazismus geschwommen waren... 101)

Für Unruh scheint der Begriff also neu zu sein und außerdem suspekt zu werden, weil ehemalige Nationalsozialisten, Mitläufer und Opportunisten 1945 in die "Innere Emigration" fliehen, um so "ihr Beteiligtsein am Nationalsozialismus so sehr wie möglich zu verdunkeln". Seine Formulierungen müssen jedoch nicht beweisen, daß er den Ausdruck 1945 zum ersten Mal hört. Wie Thomas Mann[102] kann er nach den beschämenden Erfahrungen von 1945 und der Pervertierung des Begriffes den früheren Gebrauch des Ausdruckes "vergessen" haben. Ähnlich wie Unruh schildert Klaus Mann die Situation in seinen Memoiren:

> ...Nazis, so stellt sich jetzt heraus, hat es in Deutschland nie gegeben; selbst Hermann Göring war im Grunde keiner. Lauter "Innere Emigration ... 103)

Da der Begriff jetzt offenbar nur noch im Sinne von passiver, heimlicher Oppo- sition verstanden wird, braucht die "Innere Emigration" des Einzelnen nur noch von ihm selbst behauptet, nicht mehr durch äußere Taten bewiesen werden. Er wird damit unkontrollierbar. Da man einen "Widerstand" kultivierte, der nur

in der ganz privaten Sphäre der "Innerlichkeit" zu finden war, entstand erneut

die Gefahr, daß die "innere Freiheit" als absoluter Begriff aufgefaßt wurde [104]

und die Kluft zwischen Geist und Politik bestehen blieb. [105] Folgerungen für

eine echte Bewältigung der Vergangenheit konnten deshalb aus dieser "Inneren

Emigration" nicht gezogen werden. Wiechert z. B. ermahnt nach 1945 seine

Leser im Roman "Jerominkinder",aus der Verderbnis des modernen Lebens zu

fliehen. Er lehrt Glauben statt Denken, seine Menschen sind von vorgestern

und leben in der Welt, die nicht mehr existiert.

Die meisten Autoren der "Inneren Emigration" scheinen das Dritte Reich sowie

den historischen Prozeß, der zum Sieg des Nationalsozialismus geführt hatte,

als Tragödie, dämonische Verstrickung, Zufall, Schicksalsfügung, Verhängnis,

also durch außermenschliche Faktoren zu charakterisieren und zu erklären, [105a]

für die eigentlich niemand verantwortlich war. Die Handlungen des Einzelnen im

Dritten Reich entschuldigt man mit allgemein menschlichen Schwächen wie Rausch,

Blindheit, Irrtum, Wahnsinn, Torheit, Verzweiflung, Angst. Indem man in die

Sphäre des Irrationalen auswich, [106] konnte man eine Analyse über das konkrete

Verhalten von politischen Parteien, Machtgruppen und Persönlichkeiten vermeiden.

Man brauchte also nicht zu erkennen, welche sozialen, wirtschaftlichen und politi-

schen Interessen oder Fehlentscheidungen für den Nationalsozialismus mitverant-

wortlich waren. Kein Wunder, daß diese Haltung bei den politisch bewußten

Exulanten Proteste hervorrief, denn sie wußten, daß durch eine Verdrängung

und Verschleierung der Schuld die Wurzeln des Nationalsozialismus nicht erfaßt

werden konnten, die Nation von Irrlehren nicht frei wurde und damit für eine

Wiederholung, wenn auch in anderer Form, anfällig blieb. [107] Den Deutschen

1945 die Flucht in die "heile Welt" der Kindheit, des "einfachen Lebens", der

Innerlichkeit zu empfehlen, entsprach nicht den wirklichen Möglichkeiten und

konnte nur reaktionäre Tendenzen bestärken. Natürlich läßt sich das Dritte

Reich nicht ausschließlich mit sozialen und politischen Entwicklungen erklären,

psychologische und irrationale Faktoren haben sicher eine Rolle gespielt, aber

sie haben wohl nie dieselbe Bedeutung gehabt wie die politischen, wirtschaft-

lichen und sozialen Begebenheiten. Robert Neumann hat sicher nicht so unrecht,

wenn er angesichts der damaligen und der späteren Zeugnisse von Autoren, die

sich 1945 zu Wortführern der "Inneren Emigration" machten, von der "Substanz-
losigkeit" dieser "Inneren Emigration" spricht, [108] wobei er jedoch betont, daß sie

nicht verwechselt werden darf mit den kleinen mutigen Gruppen wirklichen Widerstandes.

Übrigens sind die literarischen Werke der "Inneren Emigration" auch von den

Autoren der späteren Gruppe 47 scharf kritisiert worden. So schreibt z. B.

Horst Lange 1947 im "Ruf":

> ... Wir haben in den Jahren, als die Konturen des Grauens, das Deutsch-
> land bedrohte, immer schärfer und deutlicher sichtbar wurden, wieder
> und wieder Bücher von jungen begabten Autoren gelesen, deren Zeitferne
> und Traumverlorenheit kaum zu überbieten waren (...). Solche Bücher
> waren überaus edel, feinsinnig und kunstvoll, - aber auch müde, eklektisch
> und epigonenhaft. Überall standen sie hoch im Kurs, denn die Bildung galt
> bereits als bedeutsames Element der Opposition, weil die Ignoranz und Bos-
> haftigkeit der Dummdreisten die öffentliche Meinung beherrschten. Wer
> sich heute all der erfolgreichen Schönschreiber von gestern entsinnt,
> wird nicht umhin können, sie jenen Falschmünzern beizuzählen, die dazu
> beitrugen, die Verwirrung, in die wir gerieten, noch zu erhöhen, denn
> sie taten das Ihre, um vor all den Schädelstätten und Gräberreihen wohl-
> proportionierte Fassaden zu errichten, hinter denen das Vertierte sich
> austoben konnte. (...) Wir haben nicht ohne Erstaunen jene Wendung
> wahrgenommen, in der sich, als es an der Zeit war, das "innere Reich"
> als "innere Emigration" deklarierte. Und wir waren mit Recht darauf
> neugierig, was diese innere Emigration nun vorweisen würde, wenn sie
> nach außen hin in die Öffentlichkeit heimkehrte. Es ist das alte Lied,
> das wir zu hören bekommen, und wir sind noch nicht einmal davon über-
> rascht, daß man keine neue Tonart fand, um es noch einmal zu Gehör zu
> bringen. Erfindungsreichtum gehört nicht zu den Vorzügen der Idylliker,
> denn sie vertrauen auf die Harmlosigkeit der leisen Melodien und auf die
> Schnellebigkeit und Vergeßlichkeit ihrer Zeitgenossen... 109)

Nach Lange können ihre Bücher keine Geltung mehr haben. Bücher, die man

jetzt brauche, seien dagegen Pliviers "Stalingrad" und Haushofers "Moabiter

Sonette". Seine literarischen Vorbilder sind - wahrscheinlich nicht zufällig -

ein Exilautor und ein Widerstandskämpfer. Aber das bedeutet jedoch nicht, daß

die Exilliteratur als Gesamtheit von den jungen deutschen Autoren der BRD nach

1945 als Vorbild empfunden wurde. Vielmehr wandte man sich zunächst ab von

der Politik und der politisch engagierten Literatur und kehrte zur "Dichtung"

zurück. Exilautoren erhielten oft die Beurteilung "fremd" und "veraltet". [110]

Bedeutend großzügiger als Lange urteilt 1965 Hermann Kesten:

> ... Autoren, drinnen wie draußen, die schrieben, als gäbe es gar keinen
> Hitler, oder die drinnen wie draußen gegen die Barbarei schrieben und
> aufstanden, retteten durch Charakter, Vernunft und guten Geschmack und
> freilich auch durch Talent die Kontinuität der deutschen Literatur... 111)

E r rechtfertigt damit auch solche "Inneren Emigranten", die ins Idyll flohen oder sich "unzeitgemäßen" Themen zuwandten. Damit wäre nicht nur die Literatur, die in mehr oder weniger getarnter Form oder als geheimes Manuskript und gesprochenes Wort den Nazismus im Reich bekämpfte, der Exilliteratur ebenbürtig, sondern auch diejenige, die im politischen Sinn unverfänglich blieb, falls sie sich vom nationalsozialistischen Gedankengut freihielt. [112] Das Verdammungsurteil von Thomas Mann über alles, was zwischen 1933 und 1945 im Dritten Reich veröffentlicht wurde, wird hier korrigiert. Dies war übrigens schon recht bald nach 1945 von Thomas Mann selbst und von anderen Exilautoren nicht mehr aufrechterhalten worden. [113] 1949 schreibt z. B. Klaus Mann in einem Vorwort für seine Anthologie "Deutsche Stimmen" mit Beiträgen aus der Produktion des Querido Verlages 1933-1945, die jedoch nicht erschien:

> ... Wer hatte es schwerer - die "innere Emigration" oder die "äußere"?
> Müßige Frage! Wie ja denn die ganze Rivalität zwischen den daheim-
> gebliebenen deutschen Antifaschisten und ihren ausgewanderten oder
> verbannten Kameraden für mein Gefühl steril und eitel ist. Manche
> Deutschen scheinen der Ansicht zu sein, die Gegner des Nationalsozialis-
> mus hätten das Vaterland aus purer Vergnügungssucht oder aus schlauer
> Spekulation verlassen - womit sie sich für immer des Rechts begeben
> haben sollen, in deutschen Angelegenheiten mitzureden. (...) Aber lassen
> wir das! Wenn die Eulogisten der "inneren Emigration" zuweilen Dumm-
> heiten sagten - auch wir "Äußeren" lassen uns wohl manchmal gehen. Hat
> man in unseren Kreisen nicht dazu geneigt, jeden nicht-emigrierten (oder
> doch nicht physisch emigrierten) Deutschen als blutrünstige Bestie oder
> gesinnungslosen Zyniker zu verdächtigen? Es bewiese nur, daß auch das
> Exil nicht vor Torheit schützt. Im übrigen mögen diejenigen Dichter und
> Literaten, die im Dritten Reich geblieben sind, für sich selber sprechen
> oder vielmehr ihre Werke für sich sprechen lassen... [114]

Alfred Kantorowicz, der nach 1947 in der DDR selber ein inneres Exil durch-lebte[115], hat in seinen Schriften die Ansicht vertreten, daß das "innere Exil" zur Gemeinschaft der Exilierten gehört, "nicht nur in der Rückschau auf Vergangenes, sondern auch mit unvoreingenommenem Blick auf Entsprechungen der Gegenwart". [116] In "Deutsche Schicksale" gibt er mit Peter Huchel und Gottfried Kapp[117] zwei Beispiele für literarisches inneres Exil im Dritten Reich. Ähnlich beurteilt auch Paetel die "innere Emigration". [118] Die Autoren, die sich nicht gleichschalteten, gehören für ihn zur "Stillen Brudergemeinschaft des anderen Deutschlands", das durch Exil und Widerstand repräsentiert wird. Er erklärt die scharfen und bitteren Reaktionen beim Streit über die innere und äußere Emigration damit, daß die Autoren, die hier miteinander stritten, unpolitisch seien und ihre Reaktion auf den Nationalsozialismus im Grunde eine

private gewesen sei. Und er betont, daß sowohl im Exil wie auch im Reich nur

wenige am aktiven Widerstand gegen Hitler teilnahmen und deshalb Exulanten

und inneres deutsches Exil als Ganzes keine Begegnungspartner seien. [119] Die

Begegnung zwischen beiden Gruppen, die zunächst vor allem von den Kommunisten

gewünscht wurde, ist außerdem durch den "kalten Krieg", der kurz nach 1945

ausbrach, erschwert worden. [120]

Die Gruppen der "inneren Emigranten", deren Opposition gegen den National-

sozialismus sich indirekt oder direkt literarisch manifestierte, war klein. [121]

Größer war die Gruppe, die gegen einzelne nationalsozialistische Ideen opponierte.

Sie war z. T. erfolgreich und konnte u. a. die totale Gleichschaltung der Wissen-

schaft durch verhüllten oder seltener offenen Protest verhindern. [122] Aber das

war nur möglich, weil die Nationalsozialisten nicht in der Lage waren, diese

Fachleute durch eigene NS-Gläubige zu ersetzen. Auch darf nicht übersehen

werden, daß viele Intellektuelle, die zu dieser Gruppe gehörten und dem National-

sozialismus in verschiedener Weise auf ihrem Fachgebiet widerstanden, auf

Grund ihrer nationalen und häufig auch antidemokratischen Einstellung [123] für

einige Lehren Hitlers anfällig waren. Ihre Einstellung zu den Exilierten ist

daher sicher nicht eindeutig positiv gewesen. Für die Nationalsozialisten waren

diese Intellektuellen renitente Verbündete, die man schonen mußte, weil man sie

brauchte. So lange ihre Kritik sich nur auf einzelne Auswüchse des Nationalsozi-

alismus richtete und nicht auf das ganze System, ließ man sie im allgemeinen in

Ruhe. Daher kann diese Gruppe trotz ihres partiellen Widerstandes von einer

Mitschuld am Dritten Reich nicht freigesprochen werden. Es ist daher auch

zweifelhaft, ob sie zu einer "Inneren Emigration" gerechnet werden kann. Es

darf aber auch nicht übersehen werden, daß es zwischen bedeutenden Vertretern

der "Inneren Emigration" (u. a. Wiechert) und dem Nationalsozialismus weltan-

schauliche Übereinstimmungen gab. [124] Das gilt übrigens auch für einige Emigran-

ten. [125] Die Grenzziehung zwischen den verschiedenen Gruppen, die nach 1945

vorgaben, "Innere Emigranten" zu sein, ist überhaupt schwierig. Wiesner und

Brekle rechnen bei den Autoren nur diejenigen zur "Inneren Emigration", die sich

bewußt oppositionell vom NS distanzierten. Eine Flucht vor der politischen

Realität in eine unverbindliche, bürgerlich-restaurative Erbaulichkeit halten sie

nicht für ausreichend. Das ist nach allem, was hier dargestellt worden ist, natürlich auch richtig. Beide sind daher wie Grimm der Meinung, daß es nicht notwendig sei, auf den Namen und Begriff "Innere Emigration" zu verzichten, nur weil der Begriff mißbraucht worden sei. Sicher bleibt jedoch, daß der Begriff durch den Bedeutungswandel, den er nach 1933 (auch im Exil) durchmachte, und durch diejenigen, die sich nach 1945 hinter diesem Symbol verbargen, für viele einen negativen zweideutigen Sinn erhielt. Nach Walter A. Berendsohn ist der symbolhafte Vergleich mit der äußeren Emigration literargeschichtlich fragwürdig, da er das Verständnis für die Verschiedenartigkeit des Schicksals und der Leistung beider Autorengruppen erschwert.[126]

Andererseits erleichtert die Vorstellung von der äußeren und inneren Emigration es uns vielleicht, die Vertreter der beiden literarischen Richtungen in ihrer Gesamtheit zu betrachten als Phänomen der modernen deutschen Literatur, ohne daß eine Richtung gegen die andere abgewertet wird. Allzu lange ist die Exil-literatur im Gegensatz zur Literatur des Inneren Exils in der westdeutschen Litera-turgeschichte aus sicher vorwiegend politischen Gründen (die meisten Exilautoren wurden wegen ihrer "linken" Einstellung ignoriert oder sogar abgelehnt) vernachläs-sigt worden, obwohl die bedeutsamsten literarischen Werke, die in der Zeit von 1933 bis 1945 erschienen, von Exilautoren geschrieben wurden.

Anmerkungen zum Exkurs

1) Vgl. u. a. hier genannte Schriften von Berendsohn, Wiesner, Brekle, Grimm.
2) Deutsche Rundschau, H. 9, 1947, S. 182.
3) Vgl. u. a. Wolfgang Brekle: Die antifaschistische Literatur in Deutschland, (1933-1945), Weimarer Beiträge, H. 6, 1970, S. 67-128.
4) So wurde z. B. Wiechert auf Grund seiner offenen Kritik verhaftet. S. a. Brekle.
5) Über verschiedene Methoden der indirekten Kritik vgl. u. a. Margret Boveri: Wir lügen alle, Olten, 1965, S. 260-272, 478-483, 486-489, 596-597 u. a., sowie Rudolf Pechel: Zwischen den Zeilen, Wiesentheid, 1948; Brekle, S. 77-118.
6) Thomas Mann-Frank Thiess-Walter v. Molo: Ein Streitgespräch über die äußere und innere Emigration, Dortmund, 1946, S. 3.
7) Vgl. Gisela Berglund: Deutsche Opposition gegen Hitler in Presse und Roman des Exils, Stockholm, 1972, S. 59-62 u. a.; Theodor Ziolkowski: Form als Protest, in: Grimm-Hermand: Exil und Innere Emigration, Frankfurt a. M., 1972, S. 153-172.
8) Vgl. Herbert Wiesner: "Innere Emigration". Die innerdeutsche Literatur im Widerstand 1933-1945, in: Hermann Kunisch (Hrs): Handbuch der deutschen Gegenwartsliteratur, München, 1965, S. 696-697.

9) Vgl. Reinhold Grimm: Innere Emigration als Lebensform, in: Grimm-Hermand, S. 38-47.

10) Zu "Tsushima" vgl. Grimm, S. 44-46. Das Buch wurde von den Nationalsozia-listen gefördert.

11) Robert Neumann: Vielleicht das Heitere, München, 1968, S. 337-338.

12) Der Criginalbrief (ohne Verkürzungen) von Thiess an R. Neumann zeigt dies noch deutlicher.

13) Vgl. Grimm, S. 72-73.

14) Hermann Kesten schreibt in einem Brief vom 17. 7. 1973 an die Verf.:
"...Es ist mit solchen Vergleichen und Aussprüchen innerhalb einer Schick-salsgemeinschaft (=Exil) sehr schwer, den Ursprung zu lokalisieren. Meist oder häufig werden solche schiefen Bilder von verschiedenen gleichzeitig gebildet, oder solch ein Bild greift um sich wie ein Waldbrand. Wer es dann zuerst im Druck prägt, ist kaum festzustellen..." Robert Neumann kann sich dagegen nicht daran erinnern, daß der Begriff nach 1933 von Emigranten im positiven Sinne gebraucht wurde. Der terminus technicus hatte für ihn durch den Brief von Thiess schon im Jahre 1937 (s. 10) eine ironische Bedeutung erhalten. Brief an die Verf. vom 6. 7. 1973. Hans Albert Kluthe bestätigte der Verf. (Interview vom 28. 2. 1970, Brief vom 16. 10. 1969), daß er den Aus-druck "Innere Emigration" von Exulanten während des Exils gehört hat, aber persönlich die Bezeichnung "das andere Deutschland" oder "deutscher Wider-stand" u. a. vorgezogen hat. Im übrigen hätten in den Kreisen der "inneren Emigration" recht verschiedene politische Auffassungen geherrscht, ähnlich wie im Exil. Persönlich habe er jedoch nach 1945 keine Konflikte zwischen äußerer und innerer Emigration erlebt.

15) Lion Feuchtwanger: Die Geschwister Oppenheim, Amsterdam, 1934, S. 397-398.

16) Brief im Besitze der Verf.

17) Vgl. Grimm, S. 35-39, sowie Hans Mayer: Konfrontation der inneren und äußeren Emigration. Erinnerung und Deutung, in: Grimm-Hermand, S. 84.

18) Das Wort, H. 1, 1937, S. 90.

19) Kurt Kersten: Fallada unter den Wölfen, Das Wort, H. 2, 1938, S. 135-138, insb. 135.

20) Neue Weltbühne, Nr. 37, 1937, S. 848.

21) Vgl. hierzu die ähnlichen Beurteilungen der eigenen Situation (tödliche Ein-samkeit) bei Friedrich Percyval Reck-Malleczewen: Tagebuch eines Ver-zweifelten, Fischer 1162, 1971, S. 31.

22) Der Widerstand wurde jedoch aus Gründen der Selbstbehauptung (vielleicht auch auf Grund einseitiger Nachrichten von den Illegalen im Reich) weiterhin überschätzt. Vgl. Werner Röder: Emigration und innerdeutscher Widerstand - zum Problem der politischen Legitimation des Exils. In: Widerstand, Ver-folgung und Emigration 1933-1945, Bad Godesberg, 1965, S. 120-142. Eine solche "Täuschung" war auch im Reich möglich. Vgl. Sebastian Haffner: Die Deutschen und Hitler, in: Walter Kempowski: Haben Sie Hitler gesehen, Reihe Hanser 113, 1973, S. 111: "...Die "innere Emigration" - man mag darüber denken, wie man will, aber es gab sie. Ich habe bis 1938 in Berlin gelebt, und ich lebte damals in einem verhältnismäßig großen Freundes- und Bekannten-kreis, der ausschließlich aus Hitlerfeinden bestand. Das war gar nicht beson-ders schwierig oder unbequem; im Gegenteil, wie leicht bildeten sich damals Freundschaften auf der bloßen Grundlage gemeinsamen "Dagegenseins"! Manchmal konnte man fast der Täuschung verfallen, daß die meisten Leute im Grunde immer noch "dagegen" seien. Natürlich war das eine Täuschung..."

23) Klaus Mann: Der Vulkan, München, 1968, S. 411 und 413.
24) Vgl. Brekle, S. 70.
25) Thomas Mann: Politische Schriften und Reden 3, mk 118 Fischer, S. 36-48, Zitat, S. 38-39.
26) Rudolf Pechel: Deutscher Widerstand, Erlenbach-Zürich, 1947, S. 261-268.
26a) Klaus Schröter: Der historische Roman, in: Grimm-Hermand, S. 111-151; Karl Pawek: Heinrich Manns Kampf gegen den Faschismus im französischen Exil 1933-1940, Hamburg, 1972, S. 48-64.
26b) Walther Rode: Deutschland ist Caliban, Zürich, 1934, S. 151-156 u. a.; Reck-Malleczewen, S. 17-19, 27-29, 38-39, 50 u. a.
27) Thomas Mann: Politische ... 3, S. 133. Bermann-Fischer behauptet irrtümlich (s. Gottfried Bermann-Fischer: Bedroht-bewahrt, Fischer 1169, 1971, S. 291), daß Th. Mann den Begriff hier vor Thiess geprägt habe.
28) Paetel-Thompson-Zuckmayer: Deutsche Innere Emigration, New York, 1946.
29) Das Wort, H. 4, 1936, S. 70. Vgl. auch Brief aus Berlin, Neue Weltbühne, Nr. 44, 1933, S. 1369-1374, über einen Artikel in der Frankfurter Zeitung mit dem Titel "Emigration in Deutschland".
30) Ludwig Marcuse: Erhebung der Christen, Die Sammlung, H. 7, 1934, S. 339-354.
31) Was kommt nach Hitler? Neues Tagebuch, Nr. 1, 1935, S. 1256-1258 über einen Artikel Samhabers in der Deutschen Rundschau. Siehe auch Boveri, S. 264 (Scheffers Artikel wurden u. a. im Neuen Tagebuch und Pariser Tageblatt entschlüsselt, die indirekte Kritik damit erklärt).
32) Deutschlandberichte der Sopade, Nr. 2, 1935, S. 68-75, Nr. 6, 1935, S. 60-61; u. a. Berglund, S. 75-92, S. 67-71.
33) Vgl. Das Wort, H. 4/5 1937, S. 5-11, Zitat S. 11. Zu der Methode, offene oder indirekte Kritik der Gegner in einer Diktatur öffentlich im Ausland zu preisen, äußert sich später Alfred Kantorowicz in seinen Memoiren (Deutsches Tagebuch 1, München, 1959, S. 672-673). Nach K. wäre es "Denunziation", die "Anständigen", so lange sie sich noch in der Gewalt der Machthaber befinden, zu rühmen.
34) Vgl. Ferdinand Lion: II Mass und Wert, Akzente, Zeitschrift für Dichtung, München, H. 1, 1963, S. 37.
35) Vgl. dazu u. a. Barlachs Situation im Dritten Reich. Siehe Ernst Barlach: Die Briefe II, 1925-1938, München, 1969, S. 366-792.
35a) Mayer, S. 82.
36) Kurt Kersten: Die Stillen im Lande, Das Wort, H. 1, 1939, S. 92-96, insb. S. 93.
37) ders.: Die Angeglichenen, Die Sammlung, H. 7, 1935, S. 384-386.
38) ders.: Die Opposition der "Einsamen", Das Wort, H. 2, 1939, S. 103-105.
39) Vgl. ähnliche Aussagen bei u. a. Pechel: Deutscher ..., S. 286-291; Reck-Malleczewen, S. 12-16, 72, 112 u. a., Boveri, S. 260 u. a.
40) Das wahre Deutschland, November 1938, S. 20-23; Januar 1939, S. 16-19, 30-31; Juni 1939, S. 26-28 u. a.; vgl. auch Berglund, S. 84-86, 92, 114.
40a) Vgl. u. a. Inge Jens: Dichter zwischen rechts und links, München 1971.
40b) Vgl. u. a. Grimm.
41) Vgl. u. a. Alfred Kurella: Ich lese Don Carlos, Das Wort, H. 1, 1939, S. 96-101; ders.: Zwischendurch, Berlin (Ost), 1961, S. 233-237, 257-263, Essays von 1938 u. 1939 über die Selbstbesinnung von Intellektuellen im Dritten Reich; Brief aus Berlin, Das Wort, H. 6, 1937, S. 108-109; Anna Seghers:

Illegales legal, Der deutsche Schriftsteller, Nov. 1938, S. 6 (Sie fordert hier
die Gesinnungsgenossen im Reich auf, die Klassiker zu lesen, denn "sie enthalten allen Stoff, der genügt für siebenhundert Scheiterhaufen".). Reck-
Malleczewen berichtet in seinem Tagebuch (S. 72), wie u. a. ein Gedicht
von Keller als scharfe Kritik am NS verstanden wurde. Boveri (S. 481) gibt
Beispiele dafür, wie man diese Art von Kritik am Berliner Tageblatt kultivierte.

42) Neue Deutsche Blätter, H. 1, 1933, S. 1-2.

43) Klaus Mann: Drinnen und draußen (1933), in: ders: Heute und morgen, München,
1969, S. 96-97; vgl. die Berichte in u. a. den Deutschlandberichten der
Sopade, siehe 32).

44) Klaus Mann: An die Schriftsteller im Dritten Reich (1939), ebenda, S. 244-
268, Zitat S. 247, 252-253, 264.

45) Vgl. Barlachs Entschluß unter keinen Umständen zu emigrieren, obwohl die
Nationalsozialisten ihn dazu aufforderten, siehe Barlach, S. 366, 449, 453,
523, 534, 617, 743.

46) Vgl. auch die ähnliche Einstellung bei Egon Erwin Kisch: Antwort an einen
Zurückgelassenen. Der deutsche Schriftsteller, Nov. 1938, S. 25; Hermann
Kesten: Fünf Jahre nach unserer Abreise (1938), in: Egon Schwarz-Matthias
Wegner (Hrs.): Verbannung, Wegner, Hamburg, 1964, S. 263-268; Alfred
Kantorowicz: Deutsche Schicksale, Wien, 1964, S. 83-84 über Peter Huchel,
wo K. u. a. sagt: "...Mein Vertrauen in ihn, niemals erschüttert, erwies
sich als vollkommen gerechtfertigt..." Vgl. auch ders.: Deutsches Tagebuch I,
S. 240-241, 366, 400-403, 482-507 über Begegnungen mit Hausmann, Weisenborn, Werner von Trott zu Solz, v. Molo, Hielscher, die ihn in seiner positiven Auffassung über das innere Exil in Deutschland bestärken.

47) Diese Fehleinschätzung bewahrt Schriftsteller wie Heinrich Mann vor der
Resignation, vgl. Pawek, S. 127 u. a.

48) Kurt Sontheimer: Thomas Mann und die Deutschen, Fischer 650, 1965, S. 119-127;
Reck-Malleczewen, S. 122 u. a.

49) Vgl. Schröter, S. 135-138.

50) Vgl. Ernst Loewy: Literatur unterm Hakenkreuz, Fischer 1042, 1969, S. 184-
185.

51) Siehe u. a. Brekle, S. 102.

52) Vgl. u. a. Thomas Mann: Leiden an Deutschland, in: Politische ..., S. 294.

53) Johannes R. Becher: Rede an die deutschen Dichter, Internationale Literatur,
H. 9, 1941, S. 61-63.

54) Vgl. u. a. Walter Sturm: Der Schöner im deutschen Leben, Das Wort, H. 9,
1938, S. 148-150 (Kritik an der Zeitschrift "Das innere Reich"). Nach Mayer
(vgl. dens. S. 81-82) versuchte die Zeitschrift, einen geheimen Sammelpunkt
einer Gegenliteratur zu formieren. Das ist, wie Mallmann (vgl. dies. insb.
S. 306) mit ihrer Abhandlung bewiesen hat, jedoch viel zu optimistisch
geurteilt, denn der tragende Kreis der Zeitung waren die "Volkstumsideo-
logen".

55) Eine ähnliche Auffassung scheint Fritz Leist zu vertreten, wenn er u. a. sagt,
daß der innere Widerstand die Grundlage des aktiven Widerstandes gewesen
sei; siehe ders.: Möglichkeiten und Grenzen des Widerstandes, in: Die Universität im Dritten Reich, München, 1966, S. 175-213.

56) Vgl. auch Brekle, S. 102-103; Schröter, S. 111-151; Ziolkowski, S. 153-172.

57) Die deutsche Stimme, In: Deutsche Blätter, H. 3, 1943, S. 20-22, H. 6, 1944,
S. 26-27.

58) ebenda, H. 10, 1943, S. 28-29, H. 4, 1944, S. 12-13.

59) ebenda, H. 12, 1943, S. 15-24.

60) ebenda, H. 7, 1944, S. 43-45.

61) Ziolkowski, S. 154-172.

62) Manches Buch, das damals und später vom Autor als indirekte Kritik bezeichnet
    wurde, wurde vom Leser nicht immer als kritisch zum NS verstanden; vgl.
    u. a. Robert Neumann: Vielleicht... S. 336-338 über Thiess' Tsushima.

63) Brief aus dem Dritten Reich, Das Wort, H. 2, 1938, S. 150-152.

64) Vgl. Grimm, S. 61-63, Ich entsinne mich an meine eigene und die Reaktion
    meiner Mitschüler 1946 auf Stefan Andres: El Greco malt den Großinquisitor.
    Wir deuteten die Novelle als Resignation vor der Macht, Aufgabe des Wider-
    standes, auf keinen Fall als Ermahnung zum aktiven Widerstand. Siehe auch:
    Karl O. Nordstrand: Stefan Andres und die "innere Emigration", Moderna språk
    H. 3, 1969, S. 247-264.

65) Vgl. Schröter, S. 111-151; Berglund, S. 60-61; Wiesner, S. 705-709.

66) Friedrich Percival Reck-Malleczewen: Bockelsohn. Geschichte eines Massen-
    wahns, Wiesendheit, 1946; Franz Theodor Csokor: Der Schlüssel am Ab-
    grund, München 1955, Neufassung seiner Romane: Ein Reich gegen die Welt,
    1932 und Das Reich der Schwärmer, 1933. Auch bei Reck-Malleczewen und
    Walther Rode gab es ähnliche Beurteilungen. Siehe 26b)

67) Vgl. Franz Theodor Csokor: Ist der historische Roman noch möglich? in:
    Wort in der Zeit, H. 9, 1962, S. 49-50; Reck-Malleczewen, S. 12-14, über
    die beabsichtigten Parallelen zum Dritten Reich und die Paraphrase des NS-
    Massenwahns. Reck-Malleczewens Roman erschien 1937 und wurde kurz darauf
    verboten. Csokor schrieb die Neufassung seiner Romane s. o. (Der Schlüssel
    am Abgrund) von 1933-1945.

68) Vgl. Schröter, Pawek, S. 48-60; Berglund, S. 128-133, 207-215, 239-263,
    268-274.

69) Schröter, S. 122-129.

70) Vgl. Boveri, S. 481-483 u. a.; Berglund, S. 62-64.

71) Vgl. Kesten: Fünf Jahre...; Thomas Mann: Brief an Eduard Korrodi, in: ders.:
    Miszellen Fischer mk 120, S. 189-193.

72) Kesten: Fünf Jahre..., S. 263.

73) Vgl. ders.: Deutsche Literatur zwanzig Jahre danach, in: Zwanzig Jahre
    danach. Eine deutsche Bilanz 1945-1965, München, 1965, S. 505-519.

74) Neue Deutsche Blätter, H. 12, 1934, S. 799.

75) Vgl. Berglund, S. 67-71. Ähnliche kritische Beurteilungen wie bei den Exulanter
    findet man aber auch bei der innerdeutschen Opposition, vgl. u. a. Reck-
    Malleczewen, S. 57, 59, 82, 101.

76) Vgl. Mayer, S. 81-82.

77) Heinrich Mann: Zur Freiheit, Das freie Deutschland, H. 15, 1937, S. 8-12 u. a.
    s. a. Pawek, S. 64-66.

78) Vgl. u. a. die Anklagen gegen Kästner in einer Prager Emigrantenzeitschrift
    und in "Westland" (1934), s. Luiselotte Enderle: Kästner rm 120, S. 66; sowie
    Thomas Mann: Briefe 1948-1955, Frankfurt a. M., 1965, S. 204-206 (Brief an
    Hans Carossa über Kritik auf Grund falscher Nachrichten). Diese Kritik der
    Emigranten konnte sich auch gegen Deutsche jüdischer Herkunft wenden, die
    scheinbar (aus der Sicht von damals) mit den Nationalsozialisten kollaboriert
    hatten. Vgl. u. a. Albert H. Friedlander: Leo Baeck. Leben und Lehre, Stutt-
    gart, 1973. In Wirklichkeit aber waren manche Angegriffene auf Grund ihrer
    Lage im Reich gezwungen, mit den Nationalsozialisten ins Gespräch zu kommen.
    Siehe auch Haffner, S. 111 ("... Und natürlich half alles Dagegensein nichts,

da es nichts gab, was man effektiv dagegen tun konnte, und da man mit allem, was man tat, auch dem Harmlosesten, ja doch irgendwie dem diente, was man so erbittert ablehnte... ")

79) Sontheimer, S. 119-127.

80) Vgl. u. a. Reck-Malleczewen, S. 56-59; Oskar Loerke: Tagebücher 1903-1939, Heidelberg-Darmstadt, 1955, S. 263-271, 308, 327; Rudolf Pechel: Deutsche Gegenwart, Darmstadt, 1953, S. 13-24.

81) Vgl. u. a.Franz Schönberner: Der Verrat der Intellektuellen (1943) und Von der deutschen Sprache (1941), in: ders. : Der Weg der Vernunft, München, 1969, S. 97-111, 171-180; Loerke, S. 301, 308.

82) Den schriftlichen Dokumenten aus der Exilpresse nach zu urteilen, scheint man 1945 innerhalb des Exils nicht ganz so uninteressiert an einem Kontakt mit der Inneren Emigration gewesen zu sein wie Hans Mayer (vgl. ders. : S. 81) annimmt, auch wenn Autoren wie Benn und Jünger, von vielen Exulanten ein für allemal abgelehnt, äußerst kritisch betrachtet wurden.

83) Diese Selbstbesinnung wurde auch von Widerstandskämpfern gefordert;Pechel in: Deutschen Rundschau nach 1945; A. und M. Mitscherlich: Unfähig zu Trauern, Mü 1967.

84) Vgl. Thomas Mann: Deutschland und die Deutschen, in: Politische Schriften... 3, S. 161-178; Berglund, S. 55-59.

85) Vgl. hierzu auch Ludwig Marcuse: Mein zwanzigstes Jahrhundert, Fischer 884, 1968, S. 304-306. Nicht Benns Haltung und Irrtum von 1933 stößt ihn ab, sondern Benns mangelnde Einsicht 1949.

86) Vgl. Alfred Polgar: Innere und äußere Emigration, in: Schwarz-Wegner, S. 274-278, insb. S. 277-278. Einzelne Briefe von Thomas Mann (vgl. ders. : Briefe 1937-1947, Frankfurt a. M. , 1963, Briefe 1948-1955 a. a. O.) können heute einen hartherzigen Eindruck erwecken, müssen aber aus der Situation von 1945 gedeutet werden, im Gegensatz zu anderen Exulanten kam von Thomas Mann damals keine "Verleugnung" seiner deutschen Herkunft, seiner Verbundenheit mit dem Schicksal Deutschlands. Er bekannte sich vielmehr dazu, vgl. 84).

87) Vgl. Berglund, S. 263-268 u. a. ; Jost Hermand: Schreiben in der Fremde, in: Grimm-Hermand, S. 25-30.

88) Pechel hatte in einem Brief an Willy Sternfeld gefordert, Thomas Mann solle sein "Verdammungsurteil" über alle im Dritten Reich veröffentlichte Literatur zurücknehmen. 1949 schreibt Th. Mann an Sternfeld, daß Pechel ("ein anständiger Mann") wissen müsse, wie jedes Wort über deutsche Bücher 1945 gemeint gewesen sei und auf "die Erlebnisweise des Außenstehenden" zurückzuführen sei, siehe Thomas Mann: Briefe 1948 -1955, S. 107-108, vgl. auch S. 522 (Briefe 1937-1947). Die Kritik Pechels:Deutscher... S. 260, könnte eine Entgegnung auf u. a. Bermann-Fischers "Zueignung" (vom 6. 6. 1945) zu Thomas Manns sechzigsten Geburtstag sein, die im ersten Heft der Deutschen Rundschau, Mai 1945 erschien, und wo er u. a. schrieb: "... Man müßte ein anderes Wort für den Begriff finden, der das repräsentiert, was einstmals der Welt das Wort Deutschland bedeutete - Goethe - Beethoven und heute Thomas Mann...", siehe Bermann-Fischer, S. 206-207.

89) Vgl. u. a. Karl Jaspers: Die Antwort an Sigrid Undset. Vermehrt um Beiträge über die Wissenschaft und Universität, Konstanz, 1947.

90) Vgl. dazu Th. Mann: Briefe 1937-1947, S. 482 (M.'s positive Reaktion auf Jaspers Rede), S. 530 (über die Entfremdung); sowie Jaspers, S. 15.

91) Vgl. dazu u. a.Franz Schoenberner: Innenansichten eines Außenseiters, München, 1965, S. 37-38.
92) Barlach, S. 721, 730, 735.
93) Vgl. Jochen Klepper: Unter dem Schatten deiner Flügel, Stuttgart, 1955, S. 100.
94) Pechel: Deutscher ..., S. 248-260.
95) Vgl. u. a. Reck-Malleczewen, S. 30-31; Barlach, S. 699 ("... wissen kann man aber nur infolge eigener Erfahrung... "). Vgl. auch Pawek S. 30 (über alte Gegensätze zwischen Heinrich Mann und Pechel).
96) Ernst Wiechert, Jahre und Zeiten, Zürich, 1949, S. 401.
97) Vgl. hierzu den Schriftwechsel zwischen Walter A. Berendsohn und dem Verleger Desch; siehe Helmut Müssener: Die deutschsprachige Emigration in Schwe den nach 1933, Stockholm, 1971, S. 27; ders. Exil in Schweden, München, 1974, S. 19.
98) Erich Kästner: Notabene 1945, Fischer 679, S. 115, 133-134, 139-140.
99) Im Gegensatz zu den Exulanten hält er die Ideewelt von 1789, die Welt der Ratio für beendet. Siehe Reck-Malleczewen, S. 30-32 u. a.
100) Boveri, S. 710.
101) Friedrich Franz von Unruh: Wo aber Gefahr ist, Bodmann-Bodensee, 1965, S. 106.
102) Vgl. Thomas Mann: Die Entstehung des Dr. Faustus, in: ders. : Schriften und Reden zur Literatur, Kunst und Philosophie, Fischer mk 115, wo es heißt: "... jenes Dokument, worin eine Körperschaft, genannt "Innere Emigration" sich mit vieler Anmaßung etablierte ... " Das liest sich, als habe Th. Mann den Ausdruck hier zum ersten Mal gehört.
103) Klaus Mann: Der Wendepunkt, Fischer 560-561, S. 446.
104) Vgl. u. a. Bernt Heiseler: Tage, Gütersloh, 1954,und aus der Sicht eines Offiziers, der als "innerer Emigrant" im Sinne von Thiess charakterisiert werden könnte: Udo von Alvensleben: Lauter Abschiede, Berlin, 1971. A. reagiert auf Krieg und NS wie Heiseler resigniert und melancholisch, tröstet sich an dem Schönen. Hitler ist eine Geißel Gottes usw. Die damalige Situation, auch das Grauen, läßt sich so leichter erklären, "unbequeme" Tatsachen werden so leichter verdrängt.
105) Vgl. Walter A. Berendsohn: Die humanistische Front II, Worms, 1976, S. 24-26.
105a) Solche Erklärungen beobachtet man auch, wenn auch nicht in dieser Ausschließlichkeit,bei einigen Exilautoren, vgl. Grimm; Schröter; Berglund, S. 239-255, 268-274.
106) Vgl. hierzu auch Kurt Sontheimer: Antidemokratisches Denken in der Weimarer Republik mit dem Ergänzungsteil Antidemokratisches Denken in der Bundesrepublik, München, 1962, S. 331-334.
107) Vgl. hierzu auch die Kritik am "wehrlosen Antifaschismus",siehe Wolfgang Fritz Haug: Der hilflose Antifaschismus, edition suhrkamp 236, 1967.
108) Robert Neumann: Vielleicht..., S. 215-216.
109) Horst Lange: Bücher nach dem Kriege, in: Der Ruf. Eine deutsche Nach-- kriegszeitung, dtv dokumente 39, S. 216-223, Zitat S.218-219. Vgl. auch Frank Trommler: Emigration und Nachkriegsliteratur, in: Grimm-Hermand, S. 173-197; Nordstrand, S. 249. Zwischen der Gruppe 47 und den Exilautoren kam es also zu keinem gegenseitigen Verstehen, vgl. auch u. a. Thomas Mann: Briefe 1948-1955, S. 340-341; Robert Neumann, S. 88, 439-444 u. a.
110) Hans Mayer: Lion Feuchtwanger oder Die Folgen des Exils, in: Deutsche Rundschau, H. 1, 1965, S. 120-129.
111) Hermann Kesten: Deutsche Literatur..., S. 509.
112) Hans Mayer ist jedoch der Ansicht, daß die Einheit der deutschen Literatur am 30. 1. 1933 endgültig verloren ging. Vgl. ders. : Deutsche Literaturkritik der Gegenwart IV, 1, Frankfurt, 1971, S. 13-39.

113) Vgl. u. a. Berendsohn: Die humanistische Front II, S. 6-32 ; Schoenberner: Innenansichten..., S. 38; Thomas Mann: Briefe 1937-1947, u. a. S. 495-497, wo M. sogar einen Brief von H. F. Blunck freundlich beantwortet, sowie Briefe 1948-1955, S. 107-108, 368 u. a.

114) Klaus Mann: Deutsche Stimmen..., S. 302-319, Zitat S. 301-302.

115) Vgl. Alfred Kantorowicz: Deutsches Tagebuch II, München, 1961 S. 90 u. a.

116) ders.: Im Zweiten Drittel..., S. 33-40, 95-98, 204-209 (über Autoren des inneren und äußeren Exils) sowie ders.: Deutsche Schriftsteller im Exil, in: Ost und West, H. 4, 1947, S. 42-51.

117) ders.: Deutsche Schicksale, S. 79-93, 215-226; vgl. auch Brekle.

118) Karl O. Paetel: Deutsche im Exil, in: Außenpolitik, H. 9, 1955, S. 584-585.

119) ders.: Das deutsche Exil, in: Deutsche Rundschau, H. 5/6, 1947, S. 95-102.

120) Vgl. hierzu u. a. Mayer, S. 84-87.

121) Vgl. Wiesner, S. 678-717; Brekle; Hans Baumgart: Der Kampf der sozialistischen deutschen Schriftsteller gegen den Faschismus (1933-1935), Diss. Berlin (Ost), 1962, S. 53-136.

122) Karl Ferdinand Werner: Das NS-Geschichtsbild und die deutsche Geschichtswissenschaft, Stuttgart 1967, S. 41-69. Vgl. auch Jaspers, S. 12-17.

123) ebenda, S. 70-95.

124) Grimm, S. 64-72.

125) Vgl. Werner, S. 92-93 (er behauptet, daß u. a. Ernst Kantorowicz, Emil Ludwig, Hans Joachim Schoeps zumindest vor 1933 ähnliche nationale Auffassungen vertreten haben wie konservative Intellektuelle im Reich); Klaus Mann: Der Wendepunkt, S. 262. Vgl. auch Hans Joachim Schoeps: Bereit für Deutschland - Der Patriotismus deutscher Juden und der Nationalsozialismus, Berlin, 1970 (Aufsätze aus den Jahren 1930-1938).

126) Walter A. Berendsohn: "Innere Emigration", in: Germanistische Beiträge. Gert Mellbourn zum 60. Geburtstag am 21. 5. 1972, Stockholm, 1972, S. 1-5.

Literaturverzeichnis zum Exkurs

A. Quellenmaterial

I. Briefe an die Verfasserin von:

Feuchtwanger, Marta vom 29. 5. 1973
Kesten, Hermann vom 17. 7. 1973
Kluthe, Hans-Albert vom 16. 10. 1969
Neumann, Robert vom 6. 7. 1973

II. Interview mit:
Kluthe, Hans-Albert vom 28. 2. 1970

B. Gedrucktes Quellenmaterial

I. Folgende Artikel aus der Exilpresse:
Deutsche Blätter:
Die deutsche Stimme, H. 3, 1943, S. 20-22; H. 6, 1944, S. 26-27; H. 4, 1944, S. 12-13.
Jünger, Friedrich Georg: Aus: "Halieutika", H. 10, 1943, S. 28-29.
Paetel, Karl O.: (über Jünger, Ernst: Gärten und Straßen), H. 7, 1944, S. 43-45.
Wiechert, Ernst: Der Kinderkreuzug, H. 12, 1943, S. 15-24.

Deutschlandberichte der Sopade:
Nr. 2, 1935, S. 68-75; Nr. 6, 1935, S. 60-61.

Das freie Deutschland:
Mann, Heinrich: Zur Freiheit, H. 15, 1937, S. 8-12.

Das wahre Deutschland:
Briefe aus dem wahren Deutschland, Nov. 1938, S. 20-23.
Mahnung eines Unverzagten, Jan. 1939, S. 16-19.
Nationalsozialistische Exportware, Juni 1939, S. 26-28.
Wo ist Erich Kuhn?, Jan. 1939, S. 30-31.

Internationale Literatur:
Becher, Johannes R.: Rede an die deutschen Dichter, H. 9, 1941, S. 61-63.

Neue Deutsche Blätter:
Mann, Heinrich: Brief an den Kongress der Sowjetschriftsteller, H. 12, 1934, S. 79?
Rückblick und Ausblick (Vorwort), H. 1, 1933, S. 1-2.

Neues Tagebuch:
Was kommt nach Hitler?, Nr. 1, 1935, S. 1256-1258.

Neue Weltbühne:
Brief aus Berlin, Nr. 44, 1933, S. 1369-1374.
Mann, Golo: (Rez. über Bruno Frank: Der Reisepass), Nr. 37, 1937, S. 848.

Die Sammlung:
Kersten, Kurt: Die Angeglichenen, H. 7, 1935, S. 384-386.
Marcuse, Ludwig: Erhebung der Christen, H. 7, 1934, S. 339-354.

Der deutsche Schriftsteller:
Kisch, Egon Erwin: Antwort an einen Zurückgelassenen, Nov. 1938, S. 29.
Seghers, Anna: Illegales legal, Nov. 1938, S. 6-7.

Das Wort:
Brief aus Berlin, H. 6, 1937, S. 108-109.
Brief aus dem Dritten Reich, H. 2, 1938, S. 150-152.
Döblin, Alfred: Der historische Roman und wir, H. 4, 1936, S. 56-71.
Kersten, Kurt: (Rez. über F.C. Weiskopf: Lissy - oder die Versuchung), H. 1,
1937, S. 90.
Kersten, Kurt: Fallada unter den Wölfen, H. 2, 1938, S. 135-138.
Kersten, Kurt: Die Stillen im Lande, H. 1, 1939, S. 92-96.
Kersten, Kurt: Opposition der "Einsamen", H. 2, 1939, S. 103-105.
Kurella, Alfred: Ich lese Don Carlos, H. 1, 1939, S. 96-101.
Sturm, Walter: Der Schöner im deutschen Leben, H. 9, 1938, S. 148-150.
Wiechert, Ernst: Ansprache an die Münchener Studenten. Kurzes Nachwort, H. 4/
S. 5-11.

II. Artikel aus Zeitschriften von nach 1945:

Akzente:
Lion, Ferdinand: II Maß und Wert, H. 1, 1963, S. 36-39.

Außenpolitik:
Paetel, Karl O.: Deutsche im Exil, H. 9, 1955.

Deutsche Rundschau:
Mayer, Hans: Lion Feuchtwanger und die Folgen des Exils, H. 1, 1965, S. 120-129.
Paetel, Karol O.: Das deutsche Exil, H. 5/6, 1947, S. 95-102.
Stegemann, Hermann: Die beiden Emigranten (Gedicht), H. 9, 1947, S. 182.

Ost und West:
Kantorowicz, Alfred: Deutsche Schriftsteller im Exil, H. 4, 1947, S. 42-51.

Der Ruf:
Lange, Horst: Bücher nach dem Kriege. In: Der Ruf. Eine deutsche Nachkriegs-
    zeitschrift, dtv dokumente 39.

Wort in der Zeit:
Csokor, Franz Theodor: Ist der historische Roman noch möglich?, H. 9, 1962, S. 49-50.

III. Romane und andere literarische Werke:

Csokor, Franz Theodor: Der Schlüssel am Abgrund, München, 1955.
Feuchtwanger, Lion: Die Geschwister Oppenheim, Amsterdam, 1934.
Mann, Klaus: Der Vulkan, München, 1968.
Reck-Malleczewen, Percival: Bockelsohn. Geschichte eines Massenwahns,
        Wiesendheit, 1946.
Rode, Walther: Deutschland ist Caliban, Zürich, 1934.

IV. Autobiographisches: Memoiren, Tagebücher, Briefe usw.:

Alvensleben, Udo von: Lauter Abschiede, Berlin, 1971.
Barlach, Ernst: Briefe II 1925-1938, München, 1969
Bermann-Fischer, Gottfried: Bedroht - bewahrt, Fischer 1169, 1971.
Heiseler, Bernt: Tage, Gütersloh, 1954.
Kantorowicz, Alfred: Deutsches Tagebuch I, München, 1959.
Kantorowicz, Alfred: Deutsches Tagebuch II, München, 1961.
Kästner, Erich: Notabene 1945, Fischer 679.
Klepper, Jochen: Unter dem Schatten deiner Flügel, Stuttgart, 1955.
Loerke, Oskar: Tagebücher 1903-1939, Heidelberg-Darmstadt, 1955.
Mann, Klaus: Der Wendepunkt, Fischer 560-561
Mann, Thomas: Briefe 1937-1947, Frankfurt a. M., 1963.
Mann, Thomas: Briefe 1948-1955, Frankfurt a. M., 1965.
Marcuse, Ludwig: Mein zwanzigstes Jahrhundert, Fischer 884.
Neumann, Robert: Vielleicht das Heitere, München, 1968.
Pechel, Rudolf: Zwischen den Zeilen, Wiesentheid, 1948.
Reck-Malleczewen, Percival: Tagebuch eines Verzweifelten, Fischer 1162, 1971.
Schönberner, Franz: Innenansichten eines Außenseiters, München, 1965.
Unruh, Friedrich Franz von: Wo aber Gefahr ist, Bodmann-Bodensee, 1965.
Wiechert, Ernst: Jahre und Zeiten, Zürich, 1949.

V. Dokumentationen, Sammelwerke usw.:

Boveri, Margret: Wir lügen alle, Olten, 1965.
Die Universität im Dritten Reich, München, 1966.
Haffner, Sebastian: Die Deutschen und Hitler. In: Walter Kempowski: Haben
    Sie Hitler gesehen?, Reihe Hanser 113, 1973.

Jaspers, Karl: Die Antwort an Sigrid Undset. Vermehrt um Beiträge über die Wissenschaft und Universität, Konstanz, 1947.

Kantorowicz, Alfred: Im zweiten Drittel meines Jahrhunderts, Köln, 1967.

Kurella, Alfred: Zwischendurch, Berlin (Ost), 1961.

Loewy, Ernst: Literatur unterm Hakenkreuz, Fischer 1042, 1969.

Mann, Klaus: Heute und morgen, München, 1969.

Mann, Thomas: Miszellen, Fischer mk 120.

Mann, Thomas: Schriften und Reden zur Literatur, Kunst und Philosophie, Fischer mk 115.

Mann, Thomas: Politische Schriften und Reden 3, Fischer mk 118.

Mann, Thomas-Thiess, Frank-Molo, Walter von: Ein Streitgespräch über die äußere und innere Emigration, Dortmund, 1946.

Mayer, Hans: Deutsche Literaturkritik der Gegenwart IV, Frankfurt a.M., 1971.

Paetel-Thompson-Zuckmayer: Deutsche Innere Emigration, New York, 1946.

Schönberner, Franz: Der Weg der Vernunft, München, 1969.

Schoeps, Hans Joachim: Bereit für Deutschland. Der Patriotismus deutscher Juden und der Nationalsozialismus, Berlin, 1970.

Schwarz, Egon-Wegner, Matthias (Hrs.): Verbannung, Hamburg, 1964.

Zwanzig Jahre danach. Eine deutsche Bilanz 1945-1965, München, 1965.

C. Sekundärliteratur

Historische, zeitgeschichtliche und literaturgeschichtliche Darstellungen:

Baumgart, Hans: Der Kampf der sozialistischen deutschen Schriftsteller gegen den Faschismus (1933-1945), Diss. Berlin (Ost), 1962.

Berendsohn, Walter A.: Die humanistische Front II, Worms, 1976.

Berendsohn, Walter A.: "Innere Emigration". In: Germanistische Beiträge. Gert Mellbourn zum 60. Geburtstag am 21.5.1972, Stockholm, 1972.

Berglund, Gisela: Deutsche Opposition gegen Hitler in Presse und Roman des Exils, Stockholm, 1972.

Brekle, Wolfgang: Die antifaschistische Literatur in Deutschland (1933-1945). In: Weimarer Beiträge, 11.6.1970, S. 67-128.

Enderle, Luiselotte: Kästner, Rowohlt, rm 120.

Friedlander, Albert H.: Leo Baeck. Leben und Lehre, Stuttgart, 1973.

Grimm, Reinhold-Hermand, Jost (Hrs.): Exil und innere Emigration, Frankfurt a.M., 1972.

Kantorowicz, Alfred: Deutsche Schicksale, Wien, 1964.

Kunisch, Hermann (Hrs.): Handbuch der deutschen Gegenwartsliteratur, München, 1965.

Mallmann, Marion: "Das Innere Reich". Analyse einer konservativen Kulturzeitschrift im Dritten Reich, Bonn, 1978.

Mitscherlich A. u. M.: Die Unfähigkeit zu trauern, München, 1967.

Pawek, Karl: Heinrich Manns Kampf gegen den Faschismus im französischen Exil 1933-1940, Hamburg, 1972.

Pechel, Rudolf: Deutscher Widerstand, Erlenbach-Zürich, 1947.

Sontheimer, Kurt: Antidemokratisches Denken in der Weimarer Republik, München, 1962.

Sontheimer, Kurt: Thomas Mann und die Deutschen, Fischer 650, 1965.

Müssener, Helmut: Exil in Schweden, München, 1974.

Werner, Karl Ferdinand: Das NS-Geschichtsbild und die deutsche Geschichtswissenschaft, Stuttgart, 1967.

Widerstand-Verfolgung-Emigration 1933-1945, Bad Godesberg, 1965.

Register der im Text genannten Zeitschriften und Zeitungen

sowie Verlage

NAMENREGISTER

DIE NACHFOLGENDEN INSERATE BEZIEHEN SICH VORWIEGEND AUF
PUBLIKATIONEN ZUR DEUTSCHSPRACHIGEN EMIGRATION NACH 1933

EXIL
LITERATUR

Gerstenberg Verlag

EVA

Kritische Auseinandersetzung mit dem Nationalsozialismus

Europäische Verlagsanstalt Frankfurt a.M.

Else R. Behrend-Rosenfeld
Ich stand nicht allein
Erlebnisse einer Jüdin in Deutschland
1933 – 1944
3. Auflage
1979. 264 Seiten, kartoniert 14,80 DM
ISBN 3-434-00412-2

Ein menschliches Dokument aus der Zeit der Unmenschlichkeit. Zwangsarbeit, Ghettoleben mit dem Judenstern, drohende Deportation, Untergrundexistenz und schließlich die abenteuerliche Flucht in die Schweiz waren die Stationen ihres Lebens in den schweren Jahren bis 1944. Als kurz nach dem Ende der Nazi-Barbarei die erste Auflage dieser Tagebuchblätter erschien, schrieb die Nationalzeitung (Basel): „Ein Buch, das ganz ohne Wehleidigkeit und Ekstase geschrieben ist. Eine hochgebildete Frau kämpft bis zum letzten Rest ihrer Kraft um das Schicksal der anderen. Und immer wieder zeigt sich, daß es die sittliche Kraft ist, die die Welt bewegt."
Das Buch spiegelt das Leben einer bewunderungswürdigen Frau, die im Angesicht bitterster Erfahrungen und schwerster Leiden zu schreiben vermochte: „Waren wir doch glücklicherweise völlig einig darin, daß wir unter keinen Umständen Haß und Erbitterung zu Herren über uns werden lassen, mochten Verfolgungen noch so schwerer und ungerechter Art über uns hereinbrechen."

H. G. Adler,
Hermann Langbein,
Ella Lingens-Reiner (Hrsg.)
Auschwitz
Zeugnisse und Berichte
Zweite, überarbeitete Auflage
1979. 316 Seiten, kartoniert
14,80 DM
ISBN 3-434-00411-4

Auschwitz war eine Realität, bevor es zum Symbol wurde. Dieses Buch – die bislang umfassendste, perspektivenreichste Dokumentation zu diesem Thema – schildert so sachlich wie möglich und mit strenger Wahrheitsliebe die Wirklichkeit des größten nationalsozialistischen Konzentrations- und Vernichtungslagers.
Eine Reihe von Häftlingen, Männern und Frauen aus verschiedenen Ländern, Menschen verschiedener Herkunft und Denkart, berichten über das Leben und Sterben im Lager, über den Alltag und besondere Ereignisse wie über das gigantische Vernichtungswerk, das namentlich Juden, aber auch Zigeuner, Russen, Polen und andere Mißliebige betroffen hat.

Ernst Fraenkel
Der Doppelstaat
Ein Beitrag zur Theorie der Diktatur
Aus dem Amerikanischen rückübersetzt von Manuela Schöps
1974. 254 Seiten, kart. 24,00 DM
ISBN 3-434-20062-2

Ernst Loewy
Literatur unterm Hakenkreuz
Das Dritte Reich und seine Dichtung
Eine Dokumentation
3. überarbeitete Auflage
1977. 332 Seiten, kart. 19,80 DM
ISBN 3-434-45062-9

Franz Neumann
Behemoth
Struktur und Praxis des Nationalsozialismus 1933 – 1944
Aus dem Amerikanischen von Hedda Wagner und Gert Schäfer
Herausgegeben und mit einem Nachwort „Franz Neumanns Behemoth und die heutige Faschismusdiskussion" von Gert Schäfer
1977. 784 Seiten, kart. 45,00 DM
ISBN 3-434-20100-9

Heiner Lichtenstein
Majdanek
Reportage eines Prozesses
192 Seiten, kart. 14,80 DM
ISBN 3-434-00413-0

Gerhard Paul,
Bernhard Schoßig (Hrsg.)
Jugend und Neofaschismus
Provokation oder Identifikation?
Herausgegeben im Auftrag des Deutschen Bundesjugendringes
Mit Beiträgen von Konrad Gilges, Eike Hennig, Gerhard Paul, Karl-Klaus Rabe, Bernhard Schoßig, Joachim Schwagerl, Ali Wacker, Frank Wolff
232 Seiten, kart. 19,80 DM
ISBN 3-434-00415-7

Europäische Verlagsanstalt
Savignystr. 61-63
6000 Frankfurt/M. 1

Ausführlich unterrichtet über unsere Titel zu dieser Thematik der Sonderprospekt „Kritische Auseinandersetzung mit dem Nationalsozialismus". Bitte anfordern.

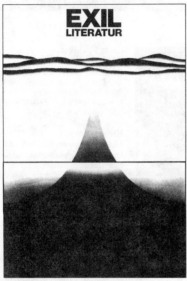

HITLER
TREIBT ZUM
KRIEG

EDITIONS

DU CARREFOUR

PARIS

Alexander Stephan

Die deutsche Exilliteratur 1933 - 1945

Eine Einführung. 376 Seiten.
Paperback DM 29,50.
(Beck'sche Elementarbücher)

Alexander Stephan
Einführung in
die deutsche Exilliteratur
1933 – 1945

Beck'sche Elementarbücher

Die in den Jahren 1933-1945 im Ausland veröffentlichte Literatur deutscher Autoren, die vor den Nazis geflohen oder von ihnen vertrieben worden waren, ist noch lange Jahre nach dem Krieg auf Verständnislosigkeit, ja Abwehr gestoßen. Seit Mitte der sechziger Jahre hat sich, nicht zuletzt durch eine bedeutende Ausstellung über Exilliteratur und durch Neudrucke wichtiger Werke der Exilliteratur ein Wandel vollzogen. Eine alle wichtigen Aspekte umfassende, dennoch knapp gefaßte Einführung in die Werke deutscher Exilanten hat es jedoch bislang nicht gegeben. Alexander Stephan liefert sie mit diesem Buch: Das umfangreiche Material wird kritisch analysiert. Der Zusammenhang von Literatur und Geschichte der Epoche wird eindrucksvoll gezeigt, indem der Verfasser die Beziehung von gesellschaftlichen Verhältnissen und literarischen Produktionsbedingungen herstellt. Besonders wichtige, vor allem zeitgeschichtlich bedeutende Werke, werden ausführlich gewürdigt. Zeittafel, Anmerkungen und eine umfangreiche Bibliographie leiten zur Weiterarbeit an.

Verlag C. H. Beck, München

KLAUS-MANN-SCHRIFTENREIHE

Herausgeber: Fredric Kroll

<u>Band 1</u>: Bibliographie. ISBN 3-88179-003-9. 214 Seiten, Balacron DM 44,-- (Subskription), DM 52,-- (apart). Ist erschienen.
<u>Band 2</u>: 1906-1927 / Unordnung und früher Ruhm. ISBN 3-88179-004-7. 202 Seiten, Balacron DM 46,80 (Subskription), DM 52,-- (apart). Ist erschienen.
<u>Band 3</u>: 1927-1933 / Vor der Sintflut. ISBN 3-88179-005-5. 250 Seiten, Balacron DM 52,-- (Subskription), DM 60,-- (apart). Ist erschienen: (Stand: Juni 1980)

Die Jahre 1927-1932 glichen für Klaus Mann einer schöpferischen Pause. Der etwas hektische Höhenflug des Adoleszenten zum Ruhm wich einem gemäßigteren Prozeß weniger auffälligen Wachstums, der ihn für die plötzlich verlangte Reife des Exils stärkte. Dieser Lebensabschnitt begann mit Klaus Manns erster Reise nach seinem späteren Asylland, den U.S.A., und der Rückkehr über Sibirien.
Außer diesem Abenteuer werden Klaus Manns Beziehungen zu Gustaf Gründgens, Pamela Wedekind, Carl Sternheim, Mopsa Sternheim, René Crevel, Rudolf von Ripper, Brian Howard und vielen anderen Personen geschildert. Große Schmerzen verursachten ihm die Selbstmorde seiner Freunde Wolfgang Deutsch und Ricki Hallgarten. In diese Zeit fällt auch Klaus Manns beginnende Abhängigkeit von Drogen. Aber er profiliert sich auch mit immer größerer Entschlossenheit im Kampf gegen den Nationalsozialismus.

Neben vielen politischen und literarischen Essays sowie dramatischen und erzählerischen Versuchen werden der Roman ALEXANDER und die Bearbeitung des Romans "Les enfants terribles" von Jean Cocteau fürs Theater, die den Titel GESCHWISTER trägt, analysiert. Den Kernpunkt der Auseinandersetzung mit Klaus Manns Werk in diesem Band bildet eine umfassende Analyse von TREFFPUNKT IM UNENDLICHEN, dem von Huxley und Hemingway beeinflußten Roman, der im Keime Klaus Manns gesamtes späteres Romanschaffen birgt und in seiner Darstellung von Einsamkeit und Ratlosigkeit junger Menschen eines der persönlichsten und aktuellsten Werke Klaus Manns geblieben ist.

Die weiteren Bände enthalten Biographie und Werksanalysen der Jahre 1933-1939 (Band 4), 1939-1945 (Band 5), 1945-1949 (Band 6); sämtlich in Vorbereitung.

Der Subskriptionspreis gilt jeweils bei Bestellung der gesamten Reihe (6 Bde.).

EDITION KLAUS BLAHAK · POSTFACH 2704 · 6200 WIESBADEN

Literarische und politische Texte aus dem deutschen Exil 1933–1945

Herausgegeben von Ernst Loewy, unter Mitarbeit von Brigitte Grimm, Helga Nagel, Felix Schneider

1979. XIV, 1282 Seiten. Gebunden DM 68,– ISBN 3-476-00408-2

Mit der Machtübernahme des Faschismus in Deutschland am 30. Januar 1933 wurde fast die gesamte deutschsprachige Literatur von Rang und Namen ins Exil getrieben. Zum weitaus größten Teil ist diese Literatur nach 1945 nicht mehr in das lebendige Bewußtsein der Leser zurückgekehrt. In zunehmendem Maße wenn auch außerhalb des marktgängigen Literaturbetriebs, wurden in den letzten Jahren die Werke bislang vernachlässigter oder in Deutschland selbst noch gar nie verlegter Autoren wieder gedruckt. Was bislang freilich fehlte und nicht in Angriff genommen wurde, war eine umfassende Dokumentation, die in exemplarischer Weise die gesamte deutschsprachige Exilliteratur für den heutigen Leser aufbereitet. Eine solche Dokumentation legt nun nach langjährigen Vorarbeiten der Frankfurter Publizist Ernst Loewy vor, der selbst im Exil war und das Entstehen dieser Literatur und ihrer sozialen Voraussetzungen unmittelbar miterlebt hat. Entstanden ist auf diese Weise ein Lesebuch, das sich an jeden Interessierten wendet, der sich ein Gesamtbild dieser Literatur verschaffen möchte. Die Spannweite reicht dabei von der Literatur im engeren Sinne über die nichtliterarischen Äußerungen der Exilschriftsteller bis hin zu Reportagen und Artikeln der wichtigsten Publizisten. Alle politischen Richtungen sind vertreten, die anerkannten Autoren ebenso wie die Vergessenen, lange Verdrängten, auf die aufmerksam zu machen das besondere Anliegen des Bandes ist.

J.B.Metzler · 7000 Stuttgart 1

Deutsches Exil 1933 – 1945

Eine Schriftenreihe (Hrsg. von Georg Heintz)

Bisher sind folgende Bände erschienen:

In Vorbereitung:

VERLAG GEORG HEINTZ — Wasserturmstraße 7, D-6520 WORMS